汽车维修电工手册

《汽车维修电工手册》编委会　组织编写

化学工业出版社
·北京·

本手册根据汽车维修电工工作需要，结合汽车维修电工的工作经验，全面系统地介绍了汽车维修电工基础、汽车基础电气系统、汽车发动机电控系统、汽车底盘电控系统、汽车车身控制系统等内容。手册结合与汽车维修有关的最新国家标准及产品资料，详细地讲解了各系统的结构组成、工作原理、故障诊断分析与检修方法，帮助读者掌握汽车维修电工的基础知识与维修技能，是一本非常实用的工具书。

本手册可供汽车维修技术人员学习查阅之用，也可供职业院校、培训学校相关专业的师生参考。

图书在版编目（CIP）数据

汽车维修电工手册/《汽车维修电工手册》编委会组织编写．—北京：化学工业出版社，2019.11
ISBN 978-7-122-35116-6

Ⅰ.①汽⋯　Ⅱ.①汽⋯　Ⅲ.①汽车-电工-维修-技术手册　Ⅳ.①U463.6-62

中国版本图书馆CIP数据核字（2019）第188191号

责任编辑：万忻欣　李军亮　　　　　文字编辑：陈　喆
责任校对：王鹏飞　　　　　　　　　　装帧设计：王晓宇

出版发行：化学工业出版社（北京市东城区青年湖南街13号　邮政编码100011）
印　　装：大厂聚鑫印刷有限责任公司
787mm×1092mm　1/16　印张24¼　字数650千字　2020年1月北京第1版第1次印刷

购书咨询：010-64518888　　　　　　售后服务：010-64518899
网　　址：http://www.cip.com.cn
凡购买本书，如有缺损质量问题，本社销售中心负责调换。

定　　价：99.00元　　　　　　　　　　　　　　　　　　版权所有　违者必究

《汽车维修电工手册》编委会

主　任　　陈忠民　　魏金营

副主任　　姚东伟　　杨光明

委　员（按姓氏笔画排序）

　　　　　杨小军　　杨小波　　杨光明　　连　昂　　汪立亮
　　　　　汪倩倩　　张　晨　　陈忠民　　周　宁　　姜琳晖
　　　　　姚东伟　　徐　峰　　徐　淼　　黄　芸　　琚秀云
　　　　　程宇航　　潘旺林　　潘明明　　潘珊珊　　魏金营

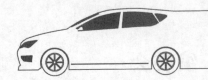

前言

随着我国国民经济持续快速的发展，汽车保有量大幅度上升，社会对汽车维修技术人员的需要也与日俱增。汽车技术的快速更新对汽车维修技术人员提出了更高的要求，汽修人员必须不断地学习新知识、掌握新技能以适应汽车技术的发展。汽车的大部分故障为电气故障，因此汽车电工技术是汽车维修的基础。为了使广大汽车维修技术人员全面系统地了解汽车电工知识，特编写了本手册。

本手册是一本汽车维修电工的工具书。根据汽车维修技术人员的实际需要，结合汽车维修电工的工作经验，以应用为目的，手册注重内容的全面、系统、实用，在内容编写上既介绍了汽车维修电工的基础知识、数据资料等，又融入了汽车维修电工的维修经验与维修技能，对提高从业人员基本素质、掌握汽车维修电工的核心知识与技能有直接的帮助和指导作用。手册主要内容包括汽车维修电工基础、汽车基础电气系统、汽车发动机电控系统、汽车底盘电控系统、汽车车身控制系统等。

本手册具有以下特点：

- 资料全面　本手册采用最新的技术标准、产品规范和技术资料。
- 汽车维修电工基础及技能全面覆盖　系统地讲解了汽车各系统的结构组成、工作原理及故障诊断维修。
- 实用性强　对常见故障进行了归纳总结，详细讲解各故障的诊断及维修方法。

本手册在编写过程中得到汽车维修专家、汽车维护与修理杂志社主编李东江老师的指导，他帮助确定了本手册基本编写框架，并进行了审稿工作。本手册的编写也得到了众多汽车维修单位的大力支持和帮助，在此一并表示最诚挚的谢意。

由于编者水平有限，书中难免有不足之处，敬请批评指正。

编　者

目录

第1章 汽车维修电工基础 ………………………………………………………… 1
1.1 汽车电气设备组成及特点 …………………………………………………… 1
1.1.1 汽车电气设备系统的组成 ……………………………………………… 1
1.1.2 汽车电气设备系统的特点 ……………………………………………… 2
1.1.3 汽车电气设备的工作条件 ……………………………………………… 3
1.1.4 汽车电气设备的发展概况 ……………………………………………… 4
1.2 汽车电路图及其识读 ………………………………………………………… 6
1.2.1 汽车电路图分类 ………………………………………………………… 6
1.2.2 电路原理图的识读 ……………………………………………………… 9
1.2.3 定位图的识读 …………………………………………………………… 9
1.2.4 其他电路资料 …………………………………………………………… 11
1.3 汽车电工常用工具及仪表 …………………………………………………… 12
1.3.1 汽车检测试灯 …………………………………………………………… 12
1.3.2 跨接线 …………………………………………………………………… 13
1.3.3 数字式万用表 …………………………………………………………… 13
1.3.4 汽车故障诊断仪 ………………………………………………………… 14
1.3.5 汽车示波器 ……………………………………………………………… 15
1.4 现代汽车电气检修方法 ……………………………………………………… 17
1.4.1 汽车电气系统故障及检修特点 ………………………………………… 17
1.4.2 汽车电气系统故障检修一般程序 ……………………………………… 18
1.4.3 汽车电气维修安全常识 ………………………………………………… 18

第2章 汽车基础电气系统 ………………………………………………………… 23
2.1 汽车电源系统 ………………………………………………………………… 23
2.1.1 车用蓄电池 ……………………………………………………………… 24
2.1.2 交流发电机及调节器 …………………………………………………… 37
2.1.3 电源系统常见故障诊断 ………………………………………………… 54
2.2 启动系统 ……………………………………………………………………… 58
2.2.1 启动系统的结构特点 …………………………………………………… 58
2.2.2 起动机的使用与维修 …………………………………………………… 62
2.2.3 启动系统常见故障诊断 ………………………………………………… 70
2.3 点火系统 ……………………………………………………………………… 72
2.3.1 点火系统的结构特点 …………………………………………………… 72

2.3.2　点火系统零部件的检修 …………………………………………………… 74
　　2.3.3　点火系统的性能测试 …………………………………………………… 79
　　2.3.4　点火系统常见故障诊断 ………………………………………………… 80
2.4　照明与信号装置 …………………………………………………………………… 82
　　2.4.1　汽车照明装置 …………………………………………………………… 83
　　2.4.2　汽车电喇叭 ……………………………………………………………… 96
2.5　仪表、报警及显示装置 …………………………………………………………… 98
　　2.5.1　汽车仪表 ………………………………………………………………… 98
　　2.5.2　汽车报警装置 …………………………………………………………… 113
　　2.5.3　电子显示装置 …………………………………………………………… 119
2.6　汽车空调系统 ……………………………………………………………………… 124
　　2.6.1　汽车空调暖风系统 ……………………………………………………… 124
　　2.6.2　汽车空调制冷系统 ……………………………………………………… 125
　　2.6.3　空调的调节与控制系统 ………………………………………………… 129
　　2.6.4　空调系统的检修 ………………………………………………………… 135
　　2.6.5　空调系统故障诊断与排除 ……………………………………………… 138
　　2.6.6　汽车自动空调简介 ……………………………………………………… 141

第3章　汽车发动机电控系统 …………………………………………………………… 145

3.1　汽车发动机电控技术概述 ………………………………………………………… 145
　　3.1.1　汽车发动机电控系统的组成 …………………………………………… 145
　　3.1.2　发动机电控系统的工作过程 …………………………………………… 147
3.2　汽油机电控燃油喷射系统 ………………………………………………………… 147
　　3.2.1　电控燃油喷射系统概述 ………………………………………………… 147
　　3.2.2　空气供给系统 …………………………………………………………… 151
　　3.2.3　燃油供给系统 …………………………………………………………… 152
　　3.2.4　电子控制系统 …………………………………………………………… 158
3.3　发动机电控点火系统 ……………………………………………………………… 174
　　3.3.1　发动机电控点火系统概述 ……………………………………………… 174
　　3.3.2　有分电器电控点火系统 ………………………………………………… 179
　　3.3.3　无分电器电控点火系统 ………………………………………………… 180
3.4　电控发动机辅助控制系统 ………………………………………………………… 187
　　3.4.1　怠速控制系统 …………………………………………………………… 187
　　3.4.2　进气控制系统 …………………………………………………………… 194
　　3.4.3　排放控制系统 …………………………………………………………… 200
　　3.4.4　巡航控制系统 …………………………………………………………… 204
　　3.4.5　电子节气门系统 ………………………………………………………… 207
　　3.4.6　应急备用系统 …………………………………………………………… 208
　　3.4.7　失效保护系统 …………………………………………………………… 210
　　3.4.8　故障自诊断系统 ………………………………………………………… 211
3.5　汽油机电控系统常见故障诊断与检修 …………………………………………… 213
　　3.5.1　汽油机电控发动机的使用注意事项 …………………………………… 213
　　3.5.2　故障排除的基本原则及方法 …………………………………………… 215

3.5.3	汽油机电控发动机常见故障诊断与排除	230
3.6	柴油机电控技术	236
3.6.1	柴油机电控系统的特点	236
3.6.2	柴油机电控系统的基本组成	238
3.6.3	柴油机电控系统的控制内容与功能	240
3.6.4	第三代共轨式电控燃油喷射系统	242

第4章 汽车底盘电控系统 … 248

4.1	自动变速器	248
4.1.1	自动变速器概述	248
4.1.2	液力变矩器	251
4.1.3	齿轮变速机构	255
4.1.4	液压控制系统	266
4.1.5	电子控制系统	270
4.1.6	自动变速器的基本检查	276
4.1.7	自动变速器的试验	279
4.2	电控悬架系统	283
4.2.1	电控悬架系统概述	283
4.2.2	电控悬架的检修	289
4.3	电控动力转向系统	294
4.3.1	电动式动力转向系统	294
4.3.2	电控液力式动力转向系统	300
4.3.3	电控液压式四轮转向系统	301
4.4	汽车防抱死制动系统	305
4.4.1	ABS系统结构原理	305
4.4.2	液压ABS系统	308
4.4.3	气压ABS系统	316
4.4.4	ABS系统的检修	319
4.5	驱动防滑系统	325
4.5.1	ASR系统概述	325
4.5.2	液压ASR系统	326
4.5.3	气压ASR系统	329
4.5.4	ASR系统的检修	332

第5章 汽车车身控制系统 … 334

5.1	汽车总线系统	334
5.1.1	汽车总线系统的结构特点	334
5.1.2	汽车总线系统的故障检修	340
5.2	汽车电控安全带	344
5.2.1	汽车电控安全带的结构特点	344
5.2.2	汽车电控安全带系统的故障检修	346
5.3	电控安全气囊系统	347
5.3.1	电控安全气囊系统的结构特点	347

  5.3.2　电控安全气囊系统的故障检修 …………………………………………… 354
5.4　电控防碰撞系统 ………………………………………………………………………… 360
  5.4.1　电控防碰撞系统的结构特点 …………………………………………………… 360
  5.4.2　电控防碰撞系统的故障检修 …………………………………………………… 362
5.5　汽车防盗报警系统 ……………………………………………………………………… 365
  5.5.1　汽车防盗报警系统的结构特点 ………………………………………………… 365
  5.5.2　汽车防盗报警系统的故障检修 ………………………………………………… 370
5.6　中控门锁系统 …………………………………………………………………………… 374
  5.6.1　中控门锁系统的结构特点 ……………………………………………………… 374
  5.6.2　中控门锁系统的故障检修 ……………………………………………………… 377

参考文献 ………………………………………………………………………………………… 378

第 1 章 汽车维修电工基础

1.1 汽车电气设备组成及特点

汽车电气设备作为汽车四大组成部分之一，在现代汽车上所占的比例已越来越大。电气设备系统的合理结构、优良性能以及良好的技术状况，对汽车的动力性、经济性、安全性、可靠性、舒适性和排放水平有着越来越重要的影响。随着汽车电子技术的发展，新型汽车电子产品和控制技术不断取代传统电气设备。现代汽车电气设备电子化已成为一种发展趋势。

1.1.1 汽车电气设备系统的组成

现代汽车电气设备系统的种类和数量繁多，但按照各电器的作用归纳起来主要有以下 8 个子系统。

（1）电源系统

主要由蓄电池、发电机、调节器及充电指示装置组成。其作用是给汽车各用电设备提供低压直流电，保证全车的用电需要。

（2）启动系统

主要由起动机、启动开关及控制装置组成。其作用是带动飞轮旋转启动发动机。

（3）点火系统

主要由点火开关、点火线圈、分电器、电子点火器和火花塞等组成，当采用电控单元进行点火控制时，可以不用分电器。该系统用于汽油发动机，其任务是产生高压电火花，点燃汽油发动机气缸中的可燃混合气。

（4）照明与信号系统

主要由前照灯、雾灯、转向灯、制动灯、倒车灯、电喇叭等组成。其中，汽车内外各种照明灯及其控制装置,用来保证夜间行车安全;音响和行车信号标识灯,用来为车辆安全运行提供必需的指示信号。

(5) 仪表与报警系统

主要由各种电器仪表(电流表、电压表、机油压力表、水温表、燃油表、车速及里程表、发动机转速表等)组成。其主要用来显示汽车的运行参数。

(6) 空调系统

主要由制冷系统、暖风系统、通风系统、空气净化系统和控制系统等组成。其作用是保持车内适宜的温度和湿度,并使车内空气清洁、新鲜。

(7) 辅助电器系统

主要由风窗清洁装置、电动车窗与后视镜、电动座椅、进气预热系统、中央门锁与防盗系统、安全气囊、低温启动预热装置等组成。其为提高汽车行驶的安全性、舒适性和经济性提供辅助保障。

(8) 电子控制系统

主要由电控燃油喷射系统、动力传动控制、行驶状态控制、车身稳定控制、舒适性控制、信息与通信控制等组成。随着现代汽车技术的发展,各控制系统由独立变成了相互联系,构成了汽车局域网络。电子控制系统的运用可以使汽车的各个系统均处于最佳工作状态,提高汽车行驶中的动力性、经济性、安全性、舒适性及环保性。

汽车电气设备在桑塔纳 2000 型轿车上的布置,如图 1-1 所示。

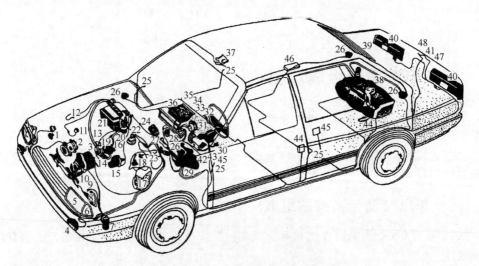

图 1-1 桑塔纳 2000 型轿车电气设备布置示意图

1—双音喇叭;2—空调压缩机;3—硅整流发电机;4—雾灯;5—前照灯;6—转向指示灯;7—空调储液干燥器;8—卸荷继电器;9—电动风扇双速热敏开关;10—风扇电动机;11—进气电预热器;12—化油器怠速电磁切断阀;13—热敏开关;14—机油油压开关;15—起动机;16—火花塞;17—风窗清洗液电动泵;18—冷却液液面传感器;19—分电器;20—点火线圈;21—蓄电池;22—制动液液面传感器;23—倒车灯开关;24—空调、暖风用鼓风机;25—车门接触开关;26—扬声器;27—点火控制器;28—风窗刮水器电动机;29—中央接线盒;30—前照灯变光开关;31—组合开关;32—空调及风量旋钮;33—雾灯开关;34—后窗电加热器开关;35—危险信号报警灯开关;36—收放机;37—顶灯;38—油箱油面传感器;39—后窗电加热器;40—组合后灯;41—牌照灯;42—电动天线;43—电动后视镜;44—中控门锁;45—电动车窗;46—顶灯;47—后盖集中控制锁;48—后备厢灯

1.1.2 汽车电气设备系统的特点

汽车上的各种电气装置,通过不同直径和颜色的导线按一定规律连接起来,构成完整的

全车电气系统。汽车电气设备与其他电气设备相比，具有以下特点。

（1）两个电源

蓄电池和发电机，汽车所有电气设备均与蓄电池、发电机并联。发电机为主电源，主要提供汽车运行时各用电设备的用电；蓄电池为辅助电源，主要供起动机和发电机不发电时全车电气设备的用电，以及储存电能。

（2）低压直流

汽车用蓄电池是直流电源，放电后也需要用直流电源对其充电。因此，汽车上的发电机也必须输出直流电。由于这方面的原因，汽车上采用的是直流电源。

现代汽油机用12V电源，柴油机用24V电源。随着汽车电气设备电子化程度的提高和设备的增多，为满足不断增加的用电要求，汽车电源电压有提高的趋势。传统的14（12）V电源将逐步被42V电源系统所取代。欧洲的汽车公司将率先使用42V电源系统，目前已经制定了42V电源系统的相应标准。

（3）并联单线

汽车用电设备较多，均采用并联方式连接。从电源到用电设备只用一根导线，即"火线"；汽车车身、底盘和发动机等基本用金属制造，可作为一根共用导线，即"零线"。这样可以达到节约导线、线路连接简单、使用维修方便的目的。但是，安装在钣金件上、挂车上或非金属车厢板上的电气设备，需采用双线制。

（4）负极搭铁

采用单线制时，电气设备中的两条连接线路必须有一条用车体的金属来代替。使用中，电源的一极或用电设备的一极要与金属机体相连，通常称为"搭铁"。对于直流电，电源的正、负极均可作为搭铁极。但按照国际通行做法，汽车电气系统一定为负极搭铁。

1.1.3 汽车电气设备的工作条件

汽车电气设备的工作条件可概括为：大范围的温度和湿度变化，波动的电压及较强的脉冲干扰，电器件的相互干扰，剧烈的振动以及尘土的侵蚀等。

（1）温度与湿度的影响

温度的变化包括外界环境温度和条件使用温度。在我国，外界环境温度变化范围是$-40 \sim +50$℃（阳光下）；条件使用温度与汽车工作时间的长短、电子线路布置的位置及其自身的发热、散热条件等有密切关联。就一般情况而言，发动机的温度可达100℃以上，仪表板内壁温度可达60℃以上，而排气管内温度可达600℃以上（排气含氧传感器即置于此）。这样高的使用温度往往是造成电子元器件过热损坏的主要原因之一。另外，在寒冷地区工作的汽车，温度变化较大，如汽车在寒冷地区启动后立即行驶时，各部分温度发生急剧变化，冷却液温度从室外的-30℃到启动10min后升到$+80$℃左右；发动机油温也在启动30min后升到80℃左右。因此电气设备特别是电子元器件的安装要考虑到所安装位置的温度环境。

湿度的增加会增加水分子对电子元件的浸润作用，使电子元器件的绝缘性能减弱，加速其老化。

（2）电压的波动的影响

正常情况下，汽车电源电压是波动的。在发动机未启动前或转速低于某值时，由蓄电池供电；在发动机转速超过一定转速时，发电机给用电设备供电和给蓄电池充电。由于蓄电池放电程度不同，因此其输出电压变化较大，同时发电机调节器是用通、断的方式来控制发电机励磁电流的，故输出电压在标准电压附近上下波动，这个波动范围应是从蓄电池端电压到调节器起作用的电压之间。例如使用12V电源的汽车，低温启动时其蓄电池端电压可低到$6 \sim 8$V，而发电机高速运转时，则可达14.5V。

汽车电气设备在使用过程中的开关过程、触点断合、点火脉冲等动作会由于电磁感应而在短时间内产生较高电压，称为脉冲电压，也称为瞬时过电压。瞬时过电压的峰值很高，但持续时间很短，对强电设备（如起动机、电喇叭等）危害不大，但对微电子设备及其元件危害较大。因此，在使用有电子控制装置的汽车时，需特别注意瞬时过电压的产生及其预防。

（3）无线电干扰的影响

现代汽车上的各个电器工作方式不同，它们之间会以不同的方式彼此侵扰。点火、开关等工作产生的脉冲，即是一种干扰。通常所有汽车电器能在车上共同工作而不干扰其他电器的正常工作，同时也能抵抗其他电器干扰的能力称为汽车电器的相容性。

事实上，由于汽车电器间的相互干扰不可避免，因此，对汽车电子电路来说，电磁相容性非常重要。任何因素激发出的电路中的振荡，都会通过导线等以电磁波的形式发射出去，这不仅干扰收音机、通信设备，而且对车上具有高频响应特点的电子系统也会产生电磁干扰。此外，由车外收发两用机之类的无线电设备、雷达、广播电台等发射的无线电波，也会干扰汽车上的仪器，使电子控制装置失控。因此，汽车上应用的计算机（控制器）、传感器、执行器等，应具有良好的电磁屏蔽措施，确保电气设备正常工作。

（4）其他环境的影响

振动和冲击在汽车行驶过程中是不可避免的，其对电子设备的破坏是机械性的，会造成脱线、脱焊、触点抖动、搭铁不良等故障。除此之外，水、盐、油及其他化学物质也有危害。所以，电子元器件应具备对水浸、冰冻的承受能力；对盐的耐腐蚀性；对沙尘的耐脏性；对机油、机油添加剂、汽油和防冻液的耐腐蚀性。

1.1.4　汽车电气设备的发展概况

汽车是当今社会最重要的交通工具之一，是国民经济的支柱产业。从传统意义上讲，汽车由发动机、底盘、电气和车身四部分组成，在很长一段时间内其技术发展主要表现在机械方面。随着新兴技术的不断发展，计算机技术、电子控制技术、人工智能及网络通信技术在汽车上广泛应用。电子产品的费用占整车价格的比例逐渐上升，为汽车向智能化、多功能机电一体化移动系统的方向发展创造了必要的条件。电子技术在汽车电气设备中的广泛应用，是当今汽车工业发展的重要标志之一。

（1）汽车电气设备的发展过程

20世纪50年代以前，限于电子技术的发展，汽车的发展以机械设备为主，电气设备在汽车上的应用较少，只有一些必备的电源和用电设备。

20世纪60年代以后，随着电子技术的进步，汽车上也开始采用电子设备，主要标志是交流发电机，采用二极管整流技术，将交流电变为直流电，减少了发电机的重量和体积，提高了发电机的可靠性。之后，又用电子调节器替代了传统的触点式调节器，使发电机输出的电压更加稳定，并大大减少了维护工作量。

进入20世纪70年代，电子技术也应用在点火系统中，出现了电子控制高能点火系统，随之，又出现了点火提前的电子控制系统，使点火能量大大提高、点火提前的控制更加精确，提高了汽车的动力性，降低了汽车的排放污染。为进一步降低汽车的排放污染和提高汽车的整体性能，随之又出现了电子控制燃油喷射系统（EFI）、电子控制自动变速器（ECT）、制动防抱死系统（ABS）等。

20世纪80年代以后，汽车用的电子装置越来越多，诸如驾驶辅助装置，安全警报装置，通信、娱乐装置等。特别是微机技术的发展，给汽车电子控制技术带来了一场技术革命，电子控制技术深入到汽车的各个部分，使汽车的整体性能得到了大幅度的提高。

2000年以前，汽车电子技术的研究主要围绕汽车各重要部件，解决其自动控制问题，包括控制系统的输入、输出、控制策略与实施方法,从控制理论与实践上,在低成本的前提下,研制高实时性、高可靠性和高精度的控制系统。

(2) 汽车电子技术的发展方向

今后汽车电子技术将集中围绕如下几方面发展。

① 满足用户需求,大幅度提高汽车的性能,使之更舒适、方便、安全、可靠。

② 满足社会需求,保护环境,节省能源,节约资源。

③ 实现包括道路在内的交通系统智能化,将汽车和社会有机地连接起来。

在 21 世纪,汽车电子技术将在运用信息技术使汽车与社会连接方面获得较大的进展,包括广泛使用蜂窝电话与全球定位系统(GPS),以及采用多路总线分布式网络来集成所有汽车部件的电子控制模块,使整个系统具有数据融合、故障诊断和一定的自修复功能。运行在社会和经济结构中的汽车,将会发生更多变化。未来的先进安全的概念汽车(Advanced Safety Vehicle,ASV)如图 1-2 所示。通过应用电子技术,将显著提高人机系统(驾驶员与汽车)的安全性,预防事故的发生,减轻受伤害的程度。汽车安装着各种监控驾驶员、汽车、周围环境情况的传感器,以及微型计算机和执行机构等,将大幅度地提高汽车行驶的自动化和智能化水平,为解决交通拥堵和交通安全问题创造良好的条件。

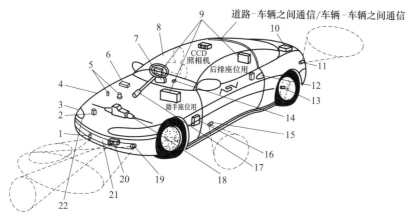

图 1-2 先进安全的概念汽车(ASV)

1—路面传感器;2—碰撞检测传感器;3—吸收步行者冲击的车身结构;4—吸收冲撞的车身结构;5—车速传感器、加速度传感器;6—火灾检测传感器;7—各种信息显示板(导行系统);8—防水挡风玻璃;9—安全气囊;10—车辆位置传感器;11,15,19—障碍物传感器(后方、侧边、前方);12—车门内侧锁定解除装置;13—空气压力传感器;14—驾驶员状态传感器;16—驱动记录器;17—转向角传感器;18—自动操纵装置;20—车辆之间距离传感器;21—步行者保护及防止撞倒前部结构;22—提高目视性和目视性的照明系统

(3) 汽车电子技术的主要内容

当前汽车电子技术的内容,大致可分为发动机控制技术、底盘控制技术和车身电子技术。

① 发动机控制技术。发动机控制技术用于实现低油耗、低污染,提高汽车的动力性、经济性,主要有汽油喷射发动机集中控制系统和电控柴油喷射系统。

② 底盘控制技术。汽车底盘控制技术用于提高汽车的舒适性、安全性和动力性等,主要有自动变速器、主动/半主动悬架及车高自动调节系统、制动和防滑电子控制系统(ABS/ASR)、转向控制、牵引控制等。

③ 车身电子技术。车身电子技术包括汽车仪表、汽车安全、舒适性控制和通信与智能化系统。

a. 仪表方面 电子转速表、电子车速里程表、电子燃油表、多功能综合屏幕显示。

b. 安全方面　电控安全气囊、防盗报警系统、电控安全带、电控前照灯系统、雷达防撞系统。

c. 舒适性方面　中央门锁系统、电动门窗与电动天窗系统、电动座椅、电动后视镜与电动除霜系统、汽车音像系统、自动空调系统。

d. 通信与智能化方面　卫星导航与定位系统、车载电话与计算机网络系统、安全维护与监控系统、故障自诊系统、智能汽车与自动化高速公路。

1.2　汽车电路图及其识读

1.2.1　汽车电路图分类

汽车电路图主要用于表达各电气系统的工作原理及电器间的连接关系，同时还可标示各电器、线束等在车上的具体位置。尽管不同车型的电路图风格各异，但根据各图的特点可分成以下几种。

（1）电气线路图

图1-3为日产（NISSAN）柴油机电气线路图。该图表达了各电器在车上的大致布局，图1-3左侧代表汽车的前部，右侧代表汽车的尾部。各电器以实物轮廓图表示。导线分布大体上与车上的实际位置、走向相同。

电气线路图完整地表达了整车的电器及线路连接，但不能清晰、方便地反映各电器系统的工作原理，且识读所需的时间较长。随着汽车电路的日趋复杂，这类电路图越来越不实用。

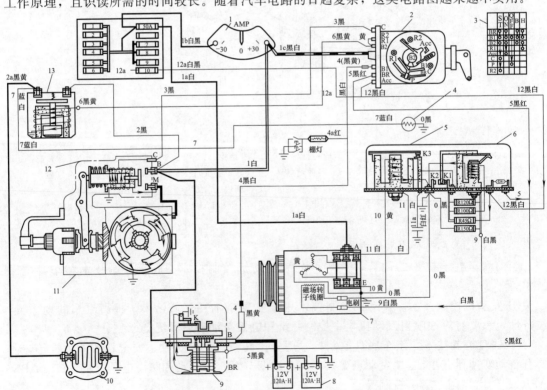

图1-3　日产（NISSAN）柴油机电气线路图

1—电流表；2,12—启动开关；3—启动开关位置；4—预热指示灯；5—磁场继电器；6—电压调节器；7—硅整流交流发电机；8—蓄电池；9—蓄电池开关；10—空气预热器；11—起动机；13—电磁预热开关

(2) 电路原理图

电路原理图重在表达各电气系统电路的工作原理，既可以是全车电路图，也可以是各系统电路原理图，如图 1-4 所示。尽管各汽车制造公司的表达方式不一，但其一般具有以下的特点。

① 通过电器符号表达各电器。一般通过这些符号可了解该电器的基本结构和作用。

② 在大多数图中，电源线在图上方，接地线在图下方，电流方向自上而下。电路较少迂回曲折，电路图中电器串、并联关系十分清楚，电路图易于识读。

③ 各电器不再按电器在车上的安装位置布局，而是依据工作原理，在图中合理布局，使各系统处于相对独立的位置，从而易于对各用电设备进行单独的电路分析。

④ 各电器旁边通常标注有电器名称及代码，如控制器件、继电器、过载保护器件、用电器、铰接点及接地点等。

⑤ 电路原理图中所有开关及用电器均处于不工作的状态，例如点火开关是断开的，发动机不工作，车灯关闭等。

⑥ 导线一般标注有颜色和规格代码，有的车型还标注有该导线所属电器系统的代码。根据标注，易于对照定位图找到该电器或导线在车上的位置。

在电路原理图中，如果不标注出上述第④点中的各代码，则称为电路原理简图。图 1-5 为桑塔纳 GLS 空调电路原理简图，这类图仅用于说明工作原理。

总之，电路原理图是分析电气系统工作原理，以及维修电气系统的最基本、最实用的资料。

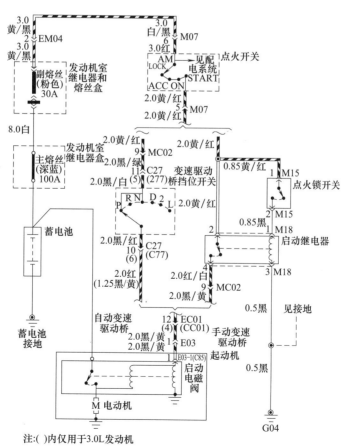

图 1-4　启动系统电路原理

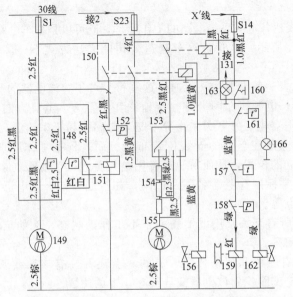

图1-5 桑塔纳GLS空调电路原理简图

148—热敏开关；149—散热器与冷凝器电风扇；150—空调继电器；151—减荷继电器；152—制冷系统高压切断开关；153—鼓风机变速开关；154—鼓风机换挡电阻；155—鼓风机；156—进风门电磁阀；157—制冷量控制开关；158—压缩机工作开关；159—压缩机电磁离合器；160—空调启用开关；161—室温控制开关；162—怠速升高电磁阀；163—空调控制开关照明灯；166—空调启用指示灯

（3）定位图

定位图用于指示各电器及导线在车上的具体位置。其一般采用绘制的立体图或实物照片的形式，立体感强，能直观、清晰地反映电器在车上的实际位置，如图1-6所示，因此有很高的实用价值。

定位图在某些车型中还有进一步的分类，可分为用电器定位图，控制器件定位图，熔丝盒、继电器盒、接线盒定位图，连接器定位图，接地点和铰接点定位图，诊断座定位图等，还有帮助确定熔丝具体安装位置的熔丝盒内部熔丝布局图（图1-7），以及确定连接器内部导线连接位置的连接器插脚接线图（图1-8）。

导线的定位是由导线的两个端点来确定其位置的。由于大多数导线是裹在线束中的，因此只用线束定位图是不能找到各导线的，需要参照电路原理图中该导线两

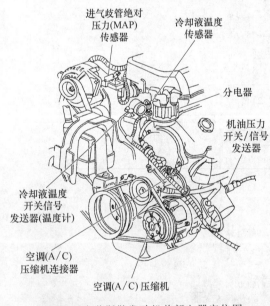

图1-6 克莱斯勒发动机前部电器定位图

端连接器的相应插脚代码，在定位图中找到相应连接器，参照连接器的插脚排列图找到导线相应的插脚或接线柱，才能找到该导线。

目前，大多数汽车制造公司均采用了电路原理图结合定位图的表达方式。为便于结合两类图，大多数车型的电路图还附有表格，指出电路原理图上的电器、导线等在哪一张定位图上（如通用等车型）。

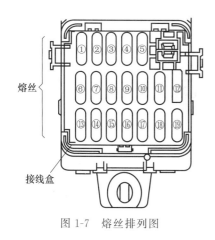

图 1-7 熔丝排列图

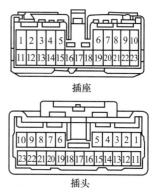

图 1-8 连接器插脚排列

1.2.2 电路原理图的识读

(1) 电路原理图的识读方法

① 判断该电气系统的控制方式。若其属于电子控制系统,则要把该系统的线路分成三部分,即:电控单元与电源的连接电路;信号输入电路;执行器工作电路。

若该用电器电路中使用了继电器,则要区分主电路及控制电路。注意,无论主电路还是控制电路,往往都不止一条。

② 识图从用电器入手。在电路图中,从其他部分处入手,不利于掌握各电器的工作原理,而从用电器入手,则很容易把与之相关的控制器件查找出来。

③ 运用回路原则。找出用电器与电源正负极构成的回路。

(2) 其他识读技巧

① 电路按其作用来分,可分为电源电路、接地电路、信号电路、控制电路。

② 直接连接在一起的导线(也可经由熔丝、铰接点连接)必有一个共同的功能,如都为电源线、接地线、信号线、控制线等。即凡不经用电器而连接的一组导线若有一根接电源或接地,则该组导线都是电源线或接地线。与电源正极连接的导线在到达用电器之前是电源电路;与接地点连接的导线在到达用电器之前为接地电路。

③ 在分析各条电路(电源电路、信号电路、控制电路、接地电路等)的作用时,经常会用到排除法判断电路,即对不易判断功能的电路,通过排除其不可能的功能来确定其实际功能。如分析某一具有三根导线的传感器电路时,已经分析出其电源电路、接地电路,则剩余的电路必然为信号电路。

④ 注意各元器件的串、并联关系,特别要注意几个元器件共用电源线、共用接地线和共用控制线的情况。

⑤ 传感器经常共用电源线、接地线,但绝不会共用信号线。执行器会共用电源线、接地线、控制线。

1.2.3 定位图的识读

定位图直观地反映了各电器及线路在车上的具体位置。其有绘制和照片两种形式。按照作用,定位图可以分为以下几类。

(1) 电器定位图

显示用电器、控制器件(包括传感器、电控单元、开关、继电器等)、连接器、接线盒、熔丝盒、继电器盒等在车上的具体位置,如图 1-9 所示,可以帮助我们迅速准确地找到各电器元件在车上的安装位置。

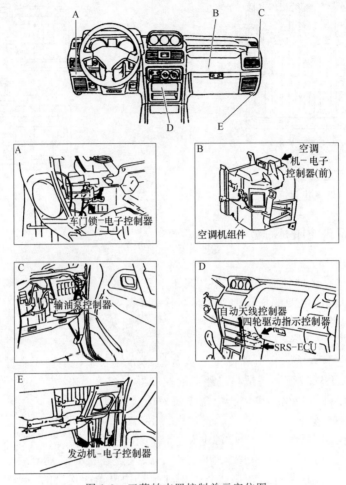

图1-9 三菱帕杰罗控制单元定位图

(2) 线束图

线束是电路的主干,其通过连接器、铰接点与车内电器或车体连接。可从线束图中了解线束的走向及线束各部连接器的位置,如图1-10所示。

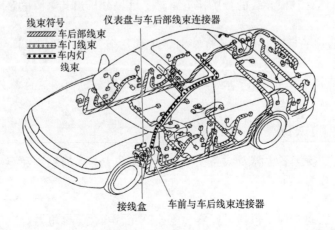

图1-10 线束图

（3）连接器的插脚排列图

连接器是一个连有线束的插座，是电路中线束的中继站。其对电路中导线连接的正确及可靠起着重要的作用。电控单元与外部所有电器的连接均通过 ECU 上的连接器。

认识线路图上的连接器，了解各导线是如何与连接器连接的是识读电路图的重要前提。一般连接器用代码标注，标注内容有两方面。一是连接器的代码，可据此代码，从定位图上找到其安装位置。二是连接器上的端子代码，它与连接器的平面图上各端子对应。

连接器上往往有多个插脚，所以必须通过插脚排列图来明确各插脚的连接，如图 1-11 所示，从而追踪各条进入该连接器的导线。丰田、马自达、克莱斯勒等车型常将连接插脚排列图附在原理图上。

（4）熔丝盒、继电器盒及接线盒的内部线路图

为便于检修，熔丝、继电器及导线的铰接点往往集中安装在熔丝盒、继电器盒及接线盒中。在读图时先从电器定位图了解各盒在车上的安装位置，再通过各盒的内部线路图了解盒内的连接关系，如图 1-12 所示。许多车上把这三种盒组合在一起成为熔丝/继电器盒、中央接线盒等。

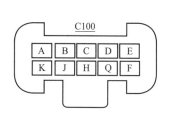

图 1-11　代码 C100 的连接器插脚排列图

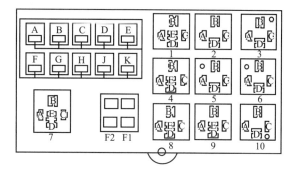

图 1-12　熔丝盒、继电器盒平面图

综上所述，在识读电路原理图掌握了电路工作原理后，再根据图上的电器代码，综合查阅各定位图，即可确定电器及导线在车上的位置。

1.2.4　其他电路资料

通过电路原理图和定位图可以掌握电路原理并在车上找到各电器和导线。但在实际电路检修时，还需要其他的信息，所以在电路图后面还有文字说明及各种表格等辅助资料。常见的相关信息如下。

① 在集中控制的电子控制系统中，一个电子控制单元同时连接多个信号输入装置，控制多个执行器，在维修时需要知道各执行器分别与哪些传感器有关，这在电路图中是看不出的，需要有相应的文字资料说明。

② 对电子控制系统，在检修时需要知道电控单元各插脚的检修条件及数据，这可以通过对插脚的说明来了解。

③ 对复杂的电气系统，某些车系会提供检修流程图。

④ 对仅靠电路图难以清晰表达的复杂工作原理，如电控单元之间的数据总线的数据传输，还需用专门的文字来说明。

图 1-13 及表 1-1 为一组显示福特汽车头灯开关的资料。图 1-13（a）显示了头灯开关接柱与外部导线的关系，每一导线的两则分别标注着线路代码及颜色代码。如接柱 2 上所接的导线的线路代码是 LC41，它的颜色代码是 O/BK。据此结合电路原理图即可了解原理图中与开关相连的导线具体接在开关的哪个接柱上。图 1-13（b）使我们了解到开关的内部线

路，帮助我们分析开关的工作原理。而表1-1进一步使我们知道如何检查测试开关的工作。

要了解某个电气系统的工作或要检查某条线路时，要学会综合利用生产厂商提供的电路图及相关图表资料。首先通过电路原理图，了解电流的通路，即电流流经的各类电器（如熔丝、开关、继电器电控单元及用器等）、各电器间连接的导线、连接器及接地点等。然后根据电器的名称及代码找到电器在车上的安装位置，从线束图及连接器定位图上找到对应的导线。为便于查找，有的厂商还会在原理图后提供与之对应的定位图页码的表格或索引，这能帮助我们准确迅速地了解该系统。

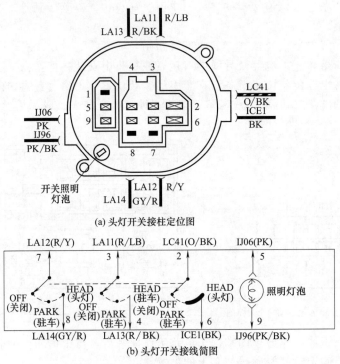

图1-13 福特汽车头灯开关电路图

表1-1 福特汽车头灯开关测试步骤

测试项目	将欧姆表或带电试灯接到该接线柱	将开关转到下一位置	正常开关应指示
头灯线路	LA12(R/Y)以及LA14(GY/R) LA11(R/LB)以及LA13(R/BK)	OFF（关闭） PARK（驻车） HEAD（头灯）	开路 开路 通路
驻车灯线路	LC41(O/BL)以及CE1(BK)	OFF PARK HEAD	开路 通路 通路
指示灯线路	IJ06(PK)以及IJ96(PK/BK)	将开关转到PARK（驻车） 或HEAD（头灯）位置	

1.3 汽车电工常用工具及仪表

1.3.1 汽车检测试灯

汽车电路的检测试灯有无源试灯和有源试灯两种。

（1）无源试灯

无源试灯就是在一段导线中连接一个12V灯泡,如图1-14所示。当试灯一端搭铁另一端接触到带电的导体时,灯泡就会点亮,如图1-15所示,它不能像电压表那样显示出被检电路点的电压,只能显示是否有电压。

警告:不提倡用试灯检测计算机控制的电路,那样做容易烧坏计算机的内部控制电路。

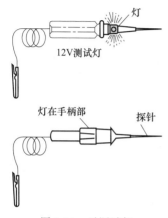

图1-14 无源试灯

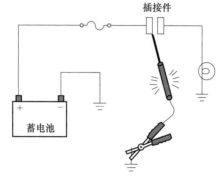

图1-15 无源试灯的使用

(2)有源试灯

有源试灯同无源示灯类似,只是自带一个电池电源,连接到一条导线的两端上时,试灯内灯泡点亮,可用于测试线路的通、断,如图1-16所示。不能用有源示灯测试带电电路,否则会损坏试灯。

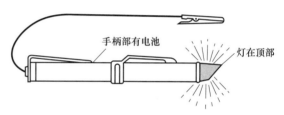

图1-16 有源试灯

1.3.2 跨接线

跨接线有时可作为故障诊断的辅助工具,如图1-17所示,其可用于跨过某段被怀疑已断开的导线,而直接向某一部件提供电的通路,也可用于不依赖于电路中的开关或导线而向电路中加上电池电压。如图1-18所示,它可配上与通导性测试笔相同的探针和夹子,也可设计为各种特殊形式。切勿将跨接线直接跨接在蓄电池的两端或蓄电池正极和搭铁之间。

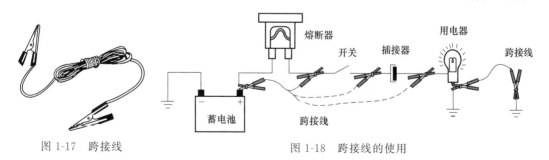

图1-17 跨接线　　　　　　图1-18 跨接线的使用

1.3.3 数字式万用表

数字式万用表是一种新型的电工测量工具,具有很高的灵敏度和准确度,显示清晰直观,功能齐全,性能稳定。不同的汽车万用表功能及结构不尽相同,但基本都是由数字及模拟量显示屏、功能按钮、测试项目选择开关、温度测量插孔、公用插孔(用于测量电压、电阻、频率、闭合角、频宽比和转速等)、搭铁插孔、电流测量插孔、测试探针(或大电流钳)

等全部或部分构成。

(1) 概述

数字万用表表面如图 1-19 所示，用来测量直流电压、直流电流、交流电压、交流电流、电阻和电容等参数，量程如图 1-20 所示。

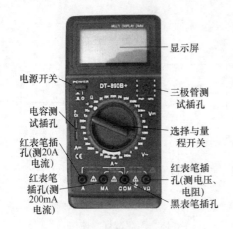

图 1-19 数字万用表

图 1-20 万用表量程

(2) 使用方法

图 1-21 万用表开关位置

① 使用前，应认真阅读有关使用说明书，熟悉电源开关、量程开关、插孔、特殊插口的作用。

② 将电源开关置于 ON 位置，如图 1-21 所示。

③ 测量电压、电阻时将红表笔接"VΩ"孔，黑表笔插入"COM"孔，如图 1-22 所示。

④ 测量直流电流时将红表笔接"MA"孔，黑表笔插入"COM"孔，如图 1-23 所示。

使用后，拔出表笔，将选择开关旋至交流电压最大量程挡，并关闭电源。若长期不用，应将表内电池取出，以防电池电解液渗漏而腐蚀内部电路。

图 1-22 测量电压、电阻时的表笔连接

图 1-23 测量直流电流时的表笔连接

1.3.4 汽车故障诊断仪

故障诊断仪通过数据通信线以串行的方式获得控制计算机的实时数据参数，包括故障信息、实时运行参数、控制计算机与诊断仪之间的相互控制指令等。故障诊断仪有两种：通用

诊断仪和专用诊断仪。

（1）通用诊断仪

通用诊断仪的主要功能有：控制计算机版本的识别、故障码的读取和清除、动态数据参数显示、传感器和部分执行器的功能测试与调整、某些特殊参数的设定、维修资料及故障诊断提示、路试记录等。通用诊断仪可测试的车型较多，使用范围较宽，但它与专用诊断仪相比，无法完成某些特殊功能。通用诊断仪如图 1-24、图 1-25 所示。

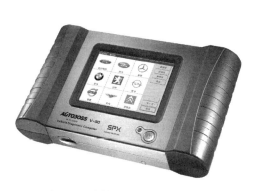

图 1-24　车博士 V-30 通用诊断仪

图 1-25　金德 KT600 通用诊断仪

（2）专用诊断仪

专用诊断仪除具有通用诊断仪的功能之外，还能完成某些特殊功能，诊断的内容更深、更完善。专用诊断仪如图 1-26、图 1-27 所示。

图 1-26　大众 VAG1552 诊断仪

图 1-27　大众 VAG5051 诊断仪

1.3.5　汽车示波器

示波器在汽车修理中之所以有用的一个原因，就是示波器能够"看"到电子信号。示波器不仅使我们看到了系统的问题，还可以帮助我们查出许多电子和机械方面的故障。

汽车示波器用波形显示的方式，表现电路中电参数的动态变化过程，它能够对电路上的电参数进行连续式图形显示，是分析复杂电路上电信号波形变化的专业仪器。汽车示波器通常有两个或两个以上的测试通道，它可以同时对多路电信号进行同步显示。

示波器用电压随时间变化的图形来反映一个电信号，它显示的电信号准确、形象。电子设备的信号有些变化速率非常快，变化周期达到千分之一秒。通常测试设备的扫描速度应该是被测信号的5～10倍，许多故障信号是间歇的，时有时无，这就需要仪器的测试速度高于故障信号的速度。汽车示波器不仅可以快速捕捉电路信号，还能够以较慢的速度来显示这些波形。汽车示波器能够帮助修理人员确认故障是否真的被排除了，而不是仅仅知道故障码是否清除。

汽车示波器在汽车电子故障诊断中的应用如下。

一是整个系统运行状态的分析——确定整个系统的运行情况。

二是某个电器或电路的故障分析——确定在整个系统运行正常的情况下，某个电器或某段电路的故障。

常见的汽车专用示波器按功能一般可分为专用型示波器和综合型示波器两种。

(1) 专用型示波器

这类示波器专用性比较强，可以精确地显示各种变化的波形，如点火初级次级波形、各种传感器的输入输出电压波形、各种执行器的电流或电压波形、脉冲宽度和占空比等，缺点是功能比较单一，如图1-28所示。

(2) 综合型示波器

综合型示波器除了具有专用型示波器的一般功能外，通常还具有读取与消除故障码功能和动态数据分析功能等，部分示波器还具有发动机动力性能测试功能等，缺点是系统稳定性及精度略低，如图1-29所示。

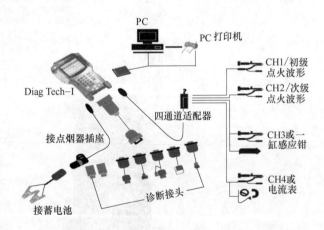
图1-28　金奔腾Diag Tech-Ⅰ汽车专用型示波器

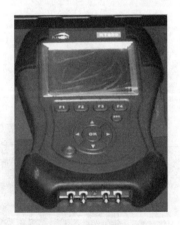
图1-29　金德KT600综合型示波器

警告：① 测试点火高压线时，必须使用专用探头，不能将示波器探头直接接入点火次级电路。

② 使用汽车专用示波器时，应注意远离热源，如排气管、催化器等，温度过高会损坏仪器。

③ 汽车示波器在测试时，要注意尽量离开风扇叶片、皮带等转动部件。

④ 测试时应确认发动机盖支撑良好，防止发动机盖自动下降时伤及头部或示波器。

⑤ 路试时，不要将汽车专用示波器放在仪表台上方，最好是拿在手中测试。

1.4 现代汽车电气检修方法

1.4.1 汽车电气系统故障及检修特点

(1) 故障特点

现代汽车上的电气故障特点可逐一与其使用特点相联系。一般电子元器件对过电压、温度十分敏感,例如晶体管的 PN 结易过压击穿,电解电容器在温度升高时漏电亦增加,可控硅元件对过流敏感等。这些故障特点可归纳如下。

① 元件击穿。击穿有过电压击穿或过流、过热引起的热击穿等。击穿有时表现为短路形式,有时表现为断路形式。由于电路故障引起的过压、过流击穿常常是不可恢复的。

据统计,汽车电容器的损坏大约 85% 是由于介质击穿造成的,而其中约有 70% 的击穿故障发生在新车上,即工作的头几百个小时内。这是因为如果电容器有缺陷的话,则在头几百个小时的使用中就会被击穿。电容器击穿时,又常常烧坏与其串联的电阻元器件。

晶体管 PN 结的击穿则是主要的故障现象。热稳定性差的故障,应视为元器件质量问题,有些进口汽车上的电子元器件,常常由于自身的热稳定性较差而导致类似于击穿故障的"热短路"(或称"热穿透")现象。

② 元器件老化或性能退化。这包括许多方面,如电容器的容量减小,绝缘电阻下降,晶体管的漏电增加、电阻的阻值变化,可调电阻的阻值不能连续变化,继电器触点烧蚀等。像继电器这类元器件,往往还存在由于绝缘老化、线圈烧断、匝间短路、触点抖动,甚至无法调整初始动作电流的故障。

③ 线路故障。这类故障包括接线松脱,接触不良,潮湿、腐蚀等导致的绝缘不良、短路、旁路等。这类故障一般与元器件无关。

(2) 检修特点

① 现代汽车电子电路的维修,目前突出的问题是资料缺乏,备件困难。一旦碰到不熟悉的车型和线路,常常要自己动手,分析电路原理,甚至测绘必要的电路图,以弄清总体电路及联系,再作故障电路的分析。因此,现代汽车电子电路的维修将涉及电路分析方法问题。

② 现代汽车许多电子电路,出于性能要求和技术保护等多种原因,往往采用不可拆卸封装,如厚膜封装调节器、固封点火电路等。如若某一故障可能涉及它们内部时,则往往难以判断,需要先从外围逐一排除,最后确定它们是否损坏。

③ 一些现代汽车上的电子电路,虽然可拆可卸,但往往缺少同型号分立元器件代换。故需要设法以国产或其他进口元器件替代。这涉及元器件替换的可行性问题。

④ 在检修方法上,传统汽车电器故障,往往可以用"试火"的办法逐一判明故障部位与原因。尽管这种方法并不十分安全可靠,且对蓄电池有一定的危害,但在传统检修方法中还是可行的。在装有电子线路的进口汽车上,则不允许使用这些方法。因为"试火"产生的过电流,会给某些电路或元件带来意想不到的损害。因此维修进口汽车电器时必须借助一些仪表和工具,按一定的方法进行。

⑤ 不允许使用欧姆表及万用表的 R×100 以下低阻欧姆挡检测小功率晶体管,以免电流过载损坏。

⑥ 更换三极管时,应首先接入基极,拆卸时,应最后拆卸基极。对于金属氧化物半导体管(MOS),应当心静电击穿,焊接时,应从电源上拔下烙铁插头。

⑦ 拆卸和安装元器件时,应切断电源。如无特殊说明,元器件引脚距焊点应在 10mm

以上，以免烙铁烫坏元器件，且宜使用恒温或功率小于75W的电烙铁。

⑧ 修理好以后，应保证有散热片的元器件与其散热片之间良好接触，确保传热良好。

⑨ 其他必要的维修经验。

所有以上这些特点，均应要求检修人员具有一定的电工电子学基础和分析电路原理及使用基本仪表工具的能力。

1.4.2 汽车电气系统故障检修一般程序

检修故障时，可以采用下面介绍的"五步法"。

第一步，验证用户的反映。将有问题线路中的各个元器件都通上电试一试，看用户的反映是否属实，同时注意观察通电后的种种现象。在动手拆卸或测试之前应尽量缩小事故原因的设定范围。

第二步，分析线路原理图。在线路图上画出有问题的线路，分析一下电流由电源负载入地的路径，弄清线路的工作原理，如果对于线路原理还不太清楚，应仔细阅读电路说明及相关资料，直至弄清为止。对有问题线路的相关线路也应加以检查。每个电路图上都给出了共用一个保险、一个接地点或一个开关的相关线路的名称。对于在第一步中漏检的相关线路要试一下，如果相关线路工作正常，则说明共用部分没问题，故障原因仅限于有问题的线路中。如果几条线路同时出现故障，则原因多半出在保险或接地线。

第三步，检查问题集中的线路/部件。测试线路，验证第二步中所做的推断。

故障检修的快慢、成功与否关键在于排障程序简单明了而有条理，应将系统故障诊断表中最有可能的原因突出出来，先加以测试，且先测试最容易测试的地方。

第四步，进行修理。问题一经查明，便可着手进行必要的修理。

第五步，试验线路是否恢复正常。对线路再进行一次系统检查，看问题是否已经解决。如果故障是熔丝熔断，则应对使用该保险的每条线路都要测试。

对于汽车主要电气系统的检修，除明显的故障部位外，对于一时难以确认的故障，可以依照如图1-30所示的程序进行，并可根据具体情况灵活掌握。

1.4.3 汽车电气维修安全常识

安全用电是企业安全生产永恒的主题，是劳动保护教育和安全技术的主要内容之一。汽车电气设备、汽车维修与检测设备用电虽属低压电，但是如果不懂得安全用电的重要性，不遵守安全用电的规程，同样会导致人身的伤亡和设备的损坏。

(1) 用电必备常识

在汽车的使用与维护中经常与电及用电设备打交道，例如发动机的启动、车灯照明、汽车空调、汽车音响、举升机、电焊机、车轮动平衡仪、充电机等。让我们一起来了解一下用电常识吧。

① 触电现象及危害。人体接触或接近带电体，所引起的人体局部受伤或死亡的现象称为触电。根据人体受到伤害的程度，触电可分为电伤和电击两种。

a. 电伤。电伤是指在电流热效应、化学效应、机械效应作用下造成的人体损伤。常见的有灼伤、烙伤和皮肤金属化等现象。

灼伤是由电流热效应引起的电弧灼伤、皮肤红肿、皮肤烧焦或皮下组织受伤；烙伤也是由电流热效应引起的，指皮肤烫伤或指因人体与带电体紧密接触而留下的肿块、硬块，使皮肤变色等；皮肤金属化是指因电流热效应和化学效应而熔化的金属微粒渗入到皮肤表层，使受伤部位带有金属颜色而留下肿块的现象。

b. 电击。电击是指电流通过人体，使人体内部器官组织受到损伤。它是最危险的触电事故，触电死亡多数是由电击造成的。电击引起的伤害程度与人体电阻的大小、通过人体的电流强度、电流通过人体的途径、作用于人体的电压及电流通过人体的时间长短等因素有关。

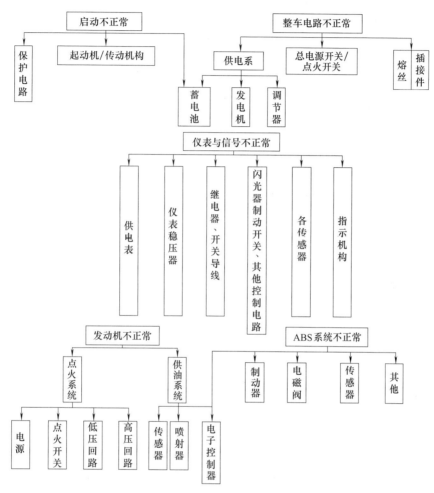

图1-30　汽车电气系统故障检修一般程序

② 触电形式。

a. 单相触电。人体的某一部位碰到相线或绝缘性能不好的电气设备外壳时，电流从相线经人体流入大地的触电现象称为单相触电，如图1-31所示。

b. 两相触电。人体的不同部位分别接触到同一电源的两根不同相位的相线，电流从一根相线经人体流到另一根相线的触电现象称为两相触电，如图1-32所示。

c. 跨步电压触电。电气设备相线碰壳短路接地，或带电导线直接触地时，人体虽没有接触带电设备外壳或带电导线，但是跨步行走在电位分布曲线的范围内而造成的触电现象称为跨步电压触电，如图1-33所示。

③ 电火灾的原因与防范。

a. 原因。

漏电：电气设备或线路的绝缘性能下降，导致电气设备或线路电流泄漏。

短路：电路导线选择不当，绝缘老化和安装不当等原因，引起电路短路。

过载：流过导线的电流大大超过导线的允许电流值，就会引起过载。

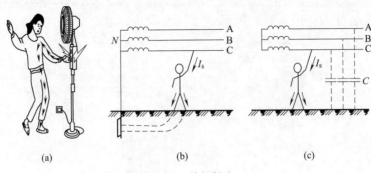

图 1-31 单相触电

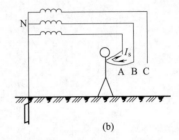

图 1-32 两相触电

图 1-33 跨步电压触电

以上原因都有可能引起电流过大，使电气设备过热，造成火灾。汽车上的电火灾通常表现为"自燃"。

b. 防范。

• 合理选取供电电压，使电气设备的额定电压与供电电压相配，供电电压应与环境状态、环境保护、安全因素等相配。

• 合理选用导线截面，导线是传输电流的，不允许过热，导线的额定电流应比输送电流大些，以防线路过载。

• 合理选用电气设备的类型，对于容易引起火灾或爆炸的场所，应选用防爆型、密封型等合适的电气设备。

• 严格遵守安全操作规程和有关规定，万一出现电火灾或汽车自燃，首先要切断电源，然后灭火并及时报警。

(2) 安全用电

安全用电直接关系到人身和设备的安全，影响企业生产任务的完成和经济效益的高低。在生产和生活中，每个人都要充分认识安全用电的重要性，自觉遵守安全用电操作规程，懂得用电保护和触电急救的措施。

① 用电保护。

a. 绝缘。为防止人体触电，可采用绝缘物把带电体封闭起来。常用的绝缘材料有：瓷、玻璃、云母、橡胶、木材、塑料等。

应当注意：很多绝缘材料在受潮后或强电场作用下，会丧失绝缘性能。

b. 屏护。即采用遮栏、护罩、护盖箱等把带电体同外界隔绝。尤其是高压设备，不论是否有绝缘，均应采取屏护。

c. 间距。即保证必要的安全距离。间距除用于防止触及或过分接近带电体外，还能起到防止火灾、混线、方便操作的作用。在低压系统中，最小检修距离不应小于 0.1m。

d. 接地。指电气装置与大地直接连接。

e. 保护接地。为了防止电气装置外露的不带电导体意外带电造成危险，将该电气设备经保护接地线与深埋在地下的接地体紧密连接起来的做法叫保护接地。

电机、变压器、开关设备、照明电器等金属外壳都应予以接地。在低压系统中，保护接地电阻值应小于 4Ω。

f. 保护接零。即把电气装置在正常情况下不带电的金属部分与电网的零线连接起来。应当注意的是，在三相四线制的电力系统中，通常是把电气设备的金属外壳同时接地、接零，这就是所谓的重复接地保护措施。但还应该注意：零线回路中不允许装设熔断器和开关。保护接地、保护接零如图 1-34 所示。

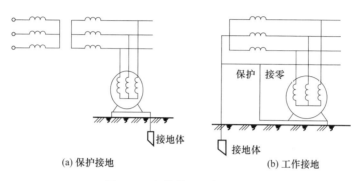

图 1-34　保护接地、保护接零

g. 装设漏电保护装置。为了保证在故障情况下的人身和设备安全，应尽量装设漏电流动作保护器。这样当发生线路漏电时，装置能自动切断电源，起到保护作用。

h. 采用安全电压与电流。根据欧姆定律，电流与电压成正比，当我们把加于人身上的电压限制在某一范围内时，通过人体的电流就不会超过允许范围，这一电压就叫作安全电压。人体的安全电压在 36V 以下。人体对电流有一定的阻碍作用，这种阻碍作用表现为人体电阻，人体电阻约为 500～2000Ω，从安全的角度考虑应作 500Ω 计算。

实践证明，常见的 50～60Hz 工频电的危害性最大，高频电的危害性较小。通过人体的工频电流达到 1mA 时就会使人有麻木的感觉；10mA 为摆脱电流，50mA 为致命电流。人体通过 50mA 的工频电流时，中枢神经就会遭受损害，使心脏停止跳动而死亡。

i. 加强绝缘。加强绝缘就是采用双重绝缘或另加总体绝缘，即保护绝缘体以防止绝缘损坏后的触电。

② 电器事故防护。

a. 电器防火与防爆。电气设备使用过程中常见的事故是火灾和爆炸，归纳其原因主要有以下两点。其一，电气设备使用不当，例如不适当的过载、通风冷却条件差，引起电器过热，导体之间接触不良，接触电阻过大，造成局部高温；电烙铁、电熨斗之类高温设备使用不当，烤燃了周围物质等。其二，电气设备发生故障，例如绝缘损坏，引起短路而造成高温，因断路而引起火花或电弧等。

电器防火和防爆的主要措施为合理选用电气设备。在合理选择电气设备的容量和电压的同时，要根据工作环境的不同，选用合适的结构形式，尤其是在易燃易爆场所，必须选用合理的防爆型电气设备。我国的防爆型电气设备分为 2 类：Ⅰ类是煤矿井下使用的电气设备；Ⅱ类是工厂使用的电气设备。使用时应根据危险场所的等级、性质和使用条件来选择。

b. 静电的防护。静电是指在宏观范围内暂时失去平衡的相对静止的正、负电荷。静电现象非常普遍，极其容易产生，又容易被人们忽视。静电一方面被广泛应用（静电复制、静电喷涂等），另一方面也会给人们带来危害。产生危险的原因是静电不断积累，形成对地或两种带异性电荷之间的高电压，这些高电压有时可高达数万伏，这不仅会影响生产、危及人身安全，而且静电放电时的火花还会造成火灾和爆炸。防止静电危害的基本方法有三种。

• 限制静电的产生。限制静电产生的主要办法是控制工艺过程。例如降低液体、气体和粉尘的流速，在易燃、易爆场合不采用带轮传动等。

• 防止静电的积累。防止静电积累的主要方法是给静电一条随时可以入地或与异性电荷中和的出路。例如增加空气的湿度，采用金属等导电良好的材料制作容易产生静电的设备、管道，并可靠接地，添加抗静电剂和使用静电中和器等。

• 控制危险的环境。在易燃易爆的环境中，加强通风，尽量减少易燃易爆物的形成。

③ 触电急救。

在日常生产和生活中，要绝对避免触电是不可能的，一旦出现触电，要积极采取措施进行现场抢救。

a. 使触电者尽快脱离电源。发现有人触电，最首要的措施是使触电者尽快脱离电源，一般有三种应急方法。

• 要迅速切断电源。如果不具备断电的条件，应使用绝缘材料（如干燥的木板、绳索等）将带电体从触电者身上转移走，千万不可触及带电人的皮肤。

• 如果一时不能将触电者拉离电源，可用绝缘绳索将触电者拉离地面然后在人体与地面间塞入干燥木板，暂时切断人体中的电流，然后再想法切断电源。

• 用带绝缘柄的工具（刀、斧、锄等），从电源的来电方向将电线切断，救护人不可接触电线的裸露部分和触电者。

b. 脱离电源后的急救。将触电者转移至安全处，应视伤害程度尽快采取施救措施。

• 判断呼吸是否停止。把触电者转移至干燥、宽敞、通风的地方，解开其衣、裤，使其仰卧，观察其胸部或腹部有无因呼吸而产生的起伏动作。若不明显，可用手靠近触电者鼻孔，观察有无气流流动；用手放在触电者胸部，感觉有无呼吸动作，若无动作，说明呼吸已停止。

• 判断脉搏是否搏动。用手检查触电者的颈部动脉或腹股沟处的股动脉，看有无搏动。有则说明心脏还在工作，没有则说明心脏跳动已停止。也可用耳朵贴在触电者心脏附近，倾听有无心脏跳动的声音，如有，说明心脏还在工作。

• 判断瞳孔是否放大。瞳孔是受大脑控制的一个能自动调节大小的光圈。如果大脑机能正常，瞳孔可随外界光线的强弱自动调节大小。处于死亡边缘或已经死亡的人，大脑失去对瞳孔的调节功能，瞳孔会自行放大，对外界光线不再作出任何反应。

根据上述简单判断的结果，就近送触电者到医院进行救治。

第 2 章
汽车基础电气系统

2.1 汽车电源系统

汽车电源系统的任务，是供给汽车各用电设备可靠工作所需要的电能。不论是汽油车还是柴油车，电源系统均由蓄电池、发电机、电压调节器、充电指示灯、点火开关及其连接连线路等组成，如图 2-1 所示。

蓄电池、发电机与汽车用电设备都是并联的。当发动机未工作和发动机需要启动时，汽车上各用电设备（含起动机）均由蓄电池供电。在发动机正常工作时，由发电机向用电设备供电，并向蓄电池充电，构成充电过程的装置又称为充电系统。充电指示灯用来指示蓄电池的充放电状况，电压调节器的作用是使发电机在转速变化时，保持发电机输出电压的恒定，如图 2-2 所示。

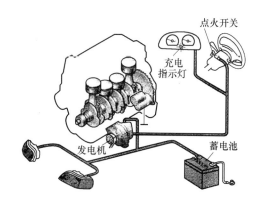

图 2-1 汽车电源系统组成图

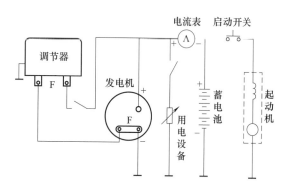

图 2-2 汽车电源系统电路示意图

2.1.1 车用蓄电池

2.1.1.1 车用蓄电池的结构特点

蓄电池是汽车电源系统的一个重要组成部分。蓄电池的主要作用是在启动发动机时向起动机供电,并在发动机怠速、电路负荷过大时,由它协同发电机共同工作。

目前,在国内外汽车上广泛使用的蓄电池是铅酸蓄电池,简称铅蓄电池。铅蓄电池内阻小,能在短时间内输出大电流,启动性能好,且结构简单,价格便宜,反复充电性能好。现代轿车上使用的蓄电池主要有普通蓄电池、干荷蓄电池和免维护蓄电池三种。

(1) 普通蓄电池

普通蓄电池的壳体内一般装有3个或6个单格蓄电池,它们串联连接。每个单格蓄电池的标称电压为2V,串联成为6V或12V蓄电池。蓄电池一般由外壳、正极板、负极板、隔板、接线柱及电解液等部分组成,如图2-3所示。

表2-1列出了常用启动型铅蓄电池的产品规格,表2-2给出了不同地区和气候条件下适宜的电解液密度。

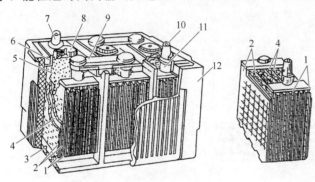

图2-3 蓄电池的基本结构

1—正极板;2—负极板;3—肋条;4—隔板;5—护板;6—封料;7—负极接线柱;8—加液孔螺塞;9—连接条;10—正极接线柱;11—电极衬套;12—蓄电池外壳

表2-1 常用启动型铅蓄电池产品规格

蓄电池型号	额定电压/V	20h率额定容量/A·h	储备容量/min	启动电流 I_s/A
3-Q-75	6	75	123	300
3-Q-90	6	90	154	315
3-Q-105	6	105	187	368
3-Q-120	6	120	223	420
3-Q-135	6	135	260	435
3-Q-150	6	150	300	450
6-Q-45	12	45	67	180
6-Q-50	12	50	76	200
6-Q-55	12	55	85	220
6-Q-60	12	60	94	240
6-Q-70	12	70	113	280
6-Q-75	12	75	123	300
6-Q-80	12	80	133	320
6-Q-90	12	90	154	315
6-Q-100	12	100	176	350
6-Q-105	12	105	187	368
6-Q-120	12	120	223	420
6-Q-135	12	135	260	435
6-Q-150	12	150	300	450
6-Q-165	12	165	342	495

表 2-2 不同地区、气候条件下的电解液密度

气候条件	全充电蓄电池 15℃时电解液密度/(g/cm³)	
	冬季	夏季
冬季气温低于-40℃的地区	1.310	1.270
冬季气温高于-40℃的地区	1.290	1.250
冬季气温高于-30℃的地区	1.280	1.250
冬季气温高于-20℃的地区	1.270	1.240
冬季气温高于 0℃的地区	1.240	1.240

(2) 干荷蓄电池

干荷蓄电池是一种干荷式铅酸蓄电池。它的结构、电解液的成分及极板的材料与普通蓄电池相同。

由于干荷蓄电池的极板，特别是负极板，在制造过程中加入了抗氧化剂，用特殊工艺进行抗氧化处理，并在干燥后密封在蓄电池的壳体内，因此它能较长时间地保存在制造过程中获得的电荷。目前干荷式铅酸蓄电池均采取穿壁跨接式联条、整体塑料容器结构，如图 2-4 所示。

干荷蓄电池具有如下特点。

① 在规定的保存期内启用干荷蓄电池，只需加入规定密度的电解液，放置 20~30min，其容量即可达到额定容量的 80%，调节好液面高度即可装车使用。它不需要像普通蓄电池那样进行充、放电循环。

② 干荷蓄电池的贮存期为两年，超过贮存期后由于极板缓慢氧化，故在使用前应补充充电 5~10h 后再使用。

③ 干荷蓄电池的使用与维护方法与普通电池相同。

(3) 免维护蓄电池

铅蓄电池在使用中需要经常进行维护，如擦拭表面、检查液面高度、加注蒸馏水、定期充电等，给使用带来不便。此外，普通铅蓄电池寿命短，腐蚀作用强，要求安装在通风良好易于拆装和维护的部位。

免维护蓄电池或称为无维护蓄电池，也是铅酸蓄电池。它由于结构、材料和加工工艺等的改进，克服了上述缺点而得到了广泛应用。图 2-5 是免维护蓄电池的结构示意图。

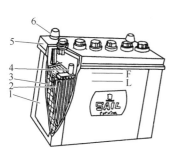

图 2-4 干荷式铅酸蓄电池结构
1—容器；2—隔板；3—极板；4—穿壁式联条；5—整体盖；6—极桩

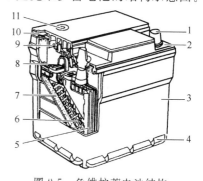

图 2-5 免维护蓄电池结构
1—电桩；2—模压代号；3—壳体；4—用于安装的下滑面；5—隔板；6—极板的栅架；7—活性物质；8—单格电池连接器；9—液-气隔板；10—壳内消除火焰作用的排烟孔；11—电解液密度观测孔

免维护蓄电池在出厂前加注了足够量的电解液，因此它的表面无加液孔，可以防止水分散失和灰尘落入，在整个使用期内不需加注蒸馏水，因此它在使用中无需维护。此外，它还具有腐蚀作用小、自放电少、内阻小、启动性能好、寿命长（普通蓄电池的 2~4 倍）等许多优点。

免维护蓄电池的结构特点如下。

① 采用铅-钙合金或低锑合金的栅架,可以减少水分消耗和自放电损失。

② 采用袋状隔板,将整个正极板包住,防止正极板活性物质脱落,因此可以取消壳体底部的凸棱,降低极板的高度,增加电解液的贮量。

③ 蓄电池上部装有安全通气孔,采用安全通气装置。它可以阻止蓄电池内部的酸气排出,以减少酸气对机体和接线柱的腐蚀,保持蓄电池表面清洁。在通气装置中有催化剂钯,它促使化学反应中产生的氢、氧离子再结合成水返回电解液,只有少量气体从通气孔中排出,从而减少水分的消耗。

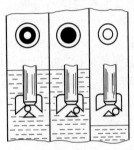

图 2-6 充电状态指示器

④ 有些免维护蓄电池的上部还装有充电状态指示器,可以检查蓄电池的充电状态。指示器装在极板上部的电解液中,指示器内有一个绿色小球,如图 2-6 所示。当电解液密度高于 1.265g/cm^3,或充电程度高于 65% 时,小球浮起,指示器显示绿色;若充电程度低于 65%,小球下沉,指示器显示黑色;若电解液液面低于极限值,小球露出液面,指示器变为无色透明,表明蓄电池应当报废。

⑤ 单格蓄电池之间采用穿壁式连接方式,在蓄电池内部将各单格蓄电池串联起来,缩短了连接电路长度,减少能量损失,改善了启动性能。

部分免维护蓄电池的型号及规格见表 2-3。

表 2-3 部分免维护蓄电池型号及规格

欧洲/日本(新)型号	通用汽车型号	每单元极板数/片	20h率额定容量/A·h	整体尺寸/mm			净质量/kg	冷启动电流/A	储备时间/min	负荷试验电流/A
				长	宽	高				
30B20R	NS40ZMF	8	35	197	126	219	10.2	275	55	135
30B20L	NS40ZLMF	8	35	197	126	219	10.2	275	55	135
46B24R	NS60MF	9	45	237	126	219	12.3	325	75	160
46B24R(S)	NS60SMF	9	45	237	126	219	12.3	325	75	160
46B24L	NS60LMF	9	45	237	126	219	12.3	325	75	160
46B24L(S)	NS60LMF	9	45	237	126	219	12.3	325	75	160
A50D24R	A50D20RMF	8	50	206	172	201	12.3	350	78	170
A50D20L	A50D20LMF	8	50	206	172	201	12.3	350	78	170
55D26R	N50ZMF	10	55	260	172	221	16.65	475	90	230
55D26L	N50ZLMF	10	55	260	172	221	16.65	475	90	230
65D26R	NS70MF	11	65	260	172	221	17.51	550	140	250
80D26L	NX1105LMF	13	75	260	172	221	18.87	580	140	290
95D31L	NX1207MF	13	80	305	172	221	20.48	620	140	310
95D31R	NX1207MF	13	80	305	172	221	20.48	620	140	310
65D23L	65D23LMF	11	65	230	172	221	16.59	490	111	240
65D23R	65D23RMF	11	65	230	172	221	16.59	490	111	240
9SE41R/L	1151K	15	108	330	172	240	25.94	625	180	310
54533	26R60SK	11	45	206	172	220	12.79	410	75	200
55530	20-55	11	55	242	172	190	14.80	400	90	200
56318	20-63	13	63	293	172	175	16.60	625	100	310
56618	20-66	13	66	277	172	190	17.40	500	110	250
64322	72-143	17	143	513	217	210	43.7	900	300	450
58815	20-88	15	88	381	172	190	24	600	180	300
Jaguar87-89	85C60	11	55	230	172	200	15.7	630	90	315
Jaguar(85)	34-60	11	66	260	172	195	16.8	500	110	250
Solar Energy	S2000	—	105	330	172	240	26.8	—	180	300
Aircompressor	65-72	15	102	248	193	202	20	850	160	425
Rolls Royce/cm	78DT72	13	72	628	177	200	19.3	770	120	400
Marine/boat	M24MF	13	75	275	172	242	20	400	125	200
Marine/yacht	M27MF	15	105	321	172	243	23.6	550	160	275

由于免维护蓄电池具有以上优点,并且在车辆上的安装位置灵活,给使用者带来很多方便,故现已得到广泛的应用,如上海桑塔纳系列轿车发动机,采用的是免维护型蓄电池,其规格为12V-54A·h-265A。上海桑塔纳系列轿车用蓄电池的技术特性见表2-4,其特点如下。

① 极板栅架采用低锑合金制造,含锑量小于2%,析气量可减少95%,水损耗不大于$6g/(A·h)$。自放电大为减少,仅为普通蓄电池的1/6,电阻率为普通型的1/2,从而启动电流可提高30%左右。

② 采用薄壁聚丙烯外壳,在盖上装有许多析流和排气的管道,并设有新型安全通气孔,保护了内部的酸气,防止其析出腐蚀接线柱,提高了接线可靠性。

③ 隔板采用超细聚氯乙烯材料,将极板包牢,保护正极板上的活性物质不脱落,并防止极板短路,同时电解液容量也增大,延长了使用时间。

表 2-4 桑塔纳系列轿车用蓄电池的技术特性

充电状态		波美度/°Bé	电解液密度/(g/cm^3)
在常温下	放电	16	1.12
	半充电	24	1.20
	全充电	32	1.28
在热带	放电	11	1.08
	半充电	18	1.14
	全充电	27	1.23

2.1.1.2 蓄电池的使用与维护

(1) 普通铅蓄电池的使用与维护

普通铅蓄电池使用与维护的要点与注意事项如下。

① 要经常保持蓄电池外部清洁。
② 检查极桩与接线头的连接状况。
③ 检查和调整各单格内电解液的液面高度。
④ 根据当时的季节,及时调整电解液密度。
⑤ 如冬季补加蒸馏水,应在充电时进行。
⑥ 检查加液孔盖及盖上的通气孔。
⑦ 检查蓄电池的放电程度。
⑧ 每次接通起动机时间不得超过3～5s。再次启动时,应间隔5～6s以后再进行。

为了使蓄电池经常处于完好状态,延长其使用寿命,对使用中的蓄电池应进行定期的保养和检查。具体操作如下。

① 清洁蓄电池外表的灰尘及泥水,疏通加液孔盖上的通气小孔,清除蓄电池极桩和导线接头的氧化物,并涂以保护剂(凡士林或黄油)。

② 紧固蓄电池安装架,紧固极桩与接线头的连接。

③ 检查电解液液面的高度,一般每行驶1000km或冬季行驶10～15天,夏季行驶5～6天,应检查液面高度,电解液液面高度应高出极板10～15mm,如图2-7所示。电解液不足时应及时添加蒸馏水,若液面降低确系溅出所致,应补加相应相对密度的电解液并充电调整。

检测时,使用内径为3～5mm的玻璃管,一般竖直插入蓄电池加液孔中,且与极板的防护片相抵;另一端用手指堵住,利用其真空度,当把玻璃管提起(取出)时就把电解液吸入管内,管内的电解液高度即为电解液高出极板的数值。若液面过高,应该用密度计吸出,否则电解液容易外溢,腐蚀极桩和连接件,易造成短路等问题。

④ 测量电解液密度，判断蓄电池的容量，应用吸管式密度计进行测量，它的结构及测量电解液密度的方法如图 2-8 所示。

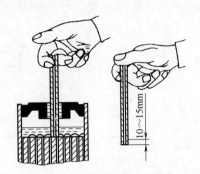

图 2-7 检查电解液液面高度

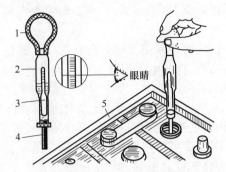

图 2-8 吸管式密度计结构及测量电解液密度的方法
1—橡胶球；2—玻璃管；3—浮子；4—橡胶吸管；5—被测电池

测量时先将密度计下部的橡胶吸管插入蓄电池单格电池内，用手捏一下橡胶球，然后慢慢松开，电解液被吸入玻璃管中，此时密度计的浮子浮起，其上刻有读数，浮子与液面相平行的读数就是该电解液的密度。

在测量电解液密度的同时，应该用温度计测量电解液的温度，然后将所测得的密度再换算出 25℃时的密度才是实际的电解液密度。这是因为电解液的密度随温度升高而降低，温度每上升 1℃，电解液密度减少 $0.00075g/cm^3$，所以必须先确定温度标准。我国以 25℃为标准（美国、日本分别以 25℃和 20℃为标准），所以无论是新配制的电解液还是待检查蓄电池的电解液，其密度一律要按表 2-5 换算为 25℃时的密度，并加以修正。

实践表明，电解液密度每减少 $0.01g/cm^3$，相当于蓄电池放电 25%，蓄电池电解液密度与放电程度及气温的关系见表 2-6。

表 2-5 不同温度下电解液密度计读数的修正值

电解液温度/℃	密度修正数值/(g/cm³)	电解液温度/℃	密度修正数值/(g/cm³)
+45	+0.0140	−5	−0.0102
+40	+0.0105	−10	−0.0245
+35	+0.0070	−15	−0.0285
+30	+0.0035	−20	−0.0315
+25	0	−25	−0.0350
+20	−0.0035	−30	−0.0385
+15	−0.0070	−35	−0.0420
+10	−0.0105	−40	−0.0455
+5	−0.0140	−45	−0.0490
0	−0.0175		

表 2-6 蓄电池电解液密度与放电程度及气温的关系　　　　g/cm³

放电率	冬季气温低于 40℃的地区		冬季气温在−40℃以上地区		冬季气温在−30℃以上地区		冬季气温在−20℃以上地区		冬季气温在 0℃以上地区	
	冬季	夏季	冬季	夏季	冬季	夏季	冬季	夏季	冬季	夏季
全充电时	1.31	1.27	1.29	1.26	1.28	1.25	1.25	1.24	1.24	1.23
放电 25%	1.27	1.23	1.25	1.22	1.24	1.21	1.23	1.20	1.20	1.19
放电 50%	1.23	1.19	1.21	1.18	1.20	1.17	1.19	1.16	1.16	1.16
放电 75%	1.19	1.15	1.17	1.14	1.16	1.13	1.15	1.12	1.12	1.12
全放电时	1.15	1.12	1.13	1.10	1.12	1.10	1.11	1.09	1.09	1.09

在大电流放电和加注蒸馏水后,不应立即测量电解液密度,因为此时电解液混合不均匀,测得不准。

⑤ 用高率放电计检查蓄电池的放电程度。确定蓄电池放电程度的另一个方法是用高率放电计测量单格电池电压,测量单格电池在强电流放电时的端电压,可以确定蓄电池的放电程度。高率放电计的结构及测量单格电池电压的方法如图2-9所示。

高率放电计由一个3V的电压表和一个负载电阻组成,是按汽车启动时向起动机提供大电流的情况设计的一种检测仪表。测量时,应将两个叉尖用力压在单格电池的正、负极桩上,时间不超过5s,观察接

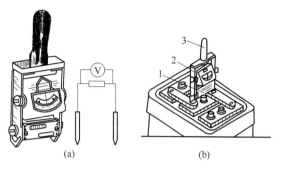

图 2-9 用高率放电计测量单格电池电压
1—分流电阻;2—电压表;3—高率放电计手柄

起动机的负载大电流放电时的端电压,以此来判断蓄电池的存放电情况,详见表2-7。

表 2-7 蓄电池单格电池电压与放电程度对照表

用高率放电计(100A)测得单格电压/V	蓄电池的放电程度/%	用高率放电计(100A)测得单格电压/V	蓄电池的放电程度/%
1.7~1.8	0	1.4~1.5	75
1.6~1.7	25	1.3~1.4	100
1.5~1.6	50		

注:电压上限值适用于新的或容量较大的蓄电池。

一般技术状况良好的蓄电池,单格电池电压应在1.5V以上,且在5s内保持稳定。若其电压在5s内迅速下降,或某一单格电池比其他单格要低0.1V以上,表明该单格电池有故障,应进行修理。

高率放电计因型号不同,其分流电阻的阻值也不同,故测量时放电电流和电压值也不同,使用时应按照出厂说明书的规定。

(2)新型蓄电池的使用与维护

两种新型蓄电池的使用与维护如下。

① 干荷蓄电池。

初次使用时,需将蓄电池加液盖旋开,疏通通气孔,加入标准相对密度 $1.26g/cm^3$(15℃)电解液到规定高度,记下相对密度和温度,将蓄电池静放20min,然后再测量电解液温度和相对密度,如温度上升不到6℃,相对密度下降不到 $0.01g/cm^3$,蓄电池即可使用。若超过以上规定差值,应按照正常充电率对蓄电池再充电。

干荷式蓄电池除不必长时间初充电外,其余使用与维护要求与普通蓄电池一致。

在下列情况下,要对干荷式蓄电池补充充电,并达到允足电状态。

a. 电解液注入后,超过48h后不使用的。

b. 由于发电机发电量不足或车辆长时间停放或行驶行程过短等原因,造成蓄电池容量损失或充电不足。

c. 蓄电池干储存超过有效期一年。

② 免维护蓄电池。

这种密封型铅蓄电池,不需要加注蒸馏水,只需要检查外壳和电池表面有无裂纹和腐蚀情况。有电解液指示器的,应检查电解液液面及相对密度。检查时,需注意指示器呈现的颜色。当呈现出绿点时,说明存电足;当呈现出黑点时,说明需要补充充电;当指示器显示无

色透明或浅黄色，表明电池内部有故障，应更换蓄电池。

新型铅蓄电池的检测如下。

用普通蓄电池的检测方法已不适应新型蓄电池，但新型蓄电池的下列测试方法照样适用于普通蓄电池。

① 静止电动势测试。

如果蓄电池刚充过电或者车辆刚行驶过，应接通前照灯远光 30s，消除"表面充电"现象。然后熄灭前照灯，切断所有负载，用万用表测量蓄电池的开路电动势，若额定电压为 12V 的蓄电池，测得小于 12V，说明蓄电池过量放电；测得 12.2～12.5V，说明蓄电池部分放电；测得高于 12.5V，说明蓄电池存电足。

② 电解液相对密度的检测。

干荷式和一些维护蓄电池都设有测量电解液相对密度的加液孔，可用密度计来测得电解液的相对密度。免维护蓄电池多数不能使用这种密度计测量，但有的也可以取下盖进行检测。

很多免维护蓄电池均设有内装式密度计（充电状态指示器），内部装有一颗能反光的绿色塑料小球，随其浮升的高度变化，从观察孔中可以看到代表不同状态的颜色。

当电解液相对密度为 $1.22g/cm^3$ 以上时，存电为 $65\%Q_e$，绿色球上升到笼子顶部，并与玻璃棒的下端接触，此时能看见绿色，这意味着可以做进一步负载试验。

当看不见绿色小点（变黑和深绿色时）时，表明小球已经降到了笼子底部，说明蓄电池存电不足，必须先充电，直到出现绿色亮点，才能再做负载试验。

若电解液液面已下降到低于密度计，指示器显示浅黄色或者无色透明，此时必须更换蓄电池。

③ 负荷测试。

铅蓄电池性能的最佳测试方法是负荷测试，要求被测蓄电池至少存电 75% 以上，若电解液密度低于 $1.22g/cm^3$，用万用表测得静止电动势不到 12.4V 应先充足电，再做测试。

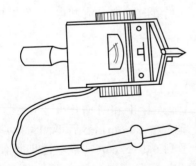

图 2-10　新式 12V 高率放电计

a. 新式 12V 高率放电计测试。普通蓄电池用的高率放电计只能检测单格电池电压，而新式蓄电池联条均为穿壁跨接式，蓄电池表面只有正、负极桩，所以用普通电池用的高率放电计已不能测取高率放电端电压。新式高率放电计有可变电流式和不可变电流式两种，我国目前应用较多的是不可变式，如图 2-10 所示。测试时，用力将放电针插入正、负极桩，保持 15s，若蓄电池电压能保持在 9.6V 以上，说明该蓄电池性能良好，但存电不足；若稳定在 11.6～10.6V，说明存电足；若电压迅速下降，则说明蓄电池已损坏。

b. 随车启动测试。如果没有高率放电计，在车辆启动系正常情况下，可用起动机作为试验负荷。

第一步，拔下分电器中央线，并将线头搭铁。

第二步，将万用表接于蓄电池正、负极桩上。

第三步，接通起动机历时 15s，读取电压表读数。

第四步，对于 12V 蓄电池，电压表读数不应低于 9.6V。

④ 3min 充电测试。

这个试验用来确定已放完电的蓄电池是否能进行补充充电或是否已严重硫化。具体做法是将蓄电池从车上拆下，用充电机对 12V 蓄电池以不超过 40A 的电流连续充电 3min，若

3min结束，充电电压超15.5V，说明蓄电池有故障，应予更换；若不超过15.5V，可按该电池制造厂推荐值继续补充充电。

蓄电池的贮存分为干贮法和湿贮法两种。

① 干贮法。

暂不使用的蓄电池最好采用干贮存法，即将蓄电池进行补充充电，将电充足，然后再以20h率放电至终止电压1.75V，将电解液倒出，加蒸馏水浸渍3h，再倒出电解液并重新加入蒸馏水浸渍，直至浸不出酸液为止。最后倒净蓄电池内的水，旋紧加液口盖，用蜡封堵通气孔，放入室内贮存。

未使用的新蓄电池，贮存时应选择通风干燥及室温常年保持在5～40℃的房间，距阳光等热源1m以上，或按厂方说明书规定进行贮存。

干贮存的蓄电池在启用时，应按启用新蓄电池的方法处理。

② 湿贮存。

对暂时不用、贮存时间不超过半年的蓄电池采用湿贮存法。具体做法是将蓄电池充足电，密封加液孔盖上的通气孔，然后放置于室内阴暗处。储存期间应定期检查其电解液密度，并用高率放电计检查其放电程度，若容量降低25%，应立即补充充电，或每隔1～2个月进行一次补充充电。湿贮存的时间一般不宜超过6个月。

干荷电铅蓄电池的存放期有限，一般湿贮存不超过3个月，干储存期限为1～1.5年。在启用时，除必须加足规定密度的电解液外，还需进行6h以上的充电。

（3）电解液的配制

① 蓄电池电解液用硫酸与蒸馏水的标准。

配制电解液的硫酸必须是纯净的化学硫酸，不得用工业硫酸代替；必须使用蒸馏水（所含各种杂质和金属离子不能超过允许值），严禁用自来水代替。

② 配制电解液。

配制相对密度为1.26g/cm^3（25℃）的电解液，具体操作步骤如下。

a. 操作时应佩戴好防护眼镜、耐酸手套、耐酸围裙、高筒胶鞋等劳动保护用品。

b. 安装有通风换气设备的应开启通风设备，如没有通风设备，应在通风良好、宽敞的工作间里操作。

c. 将蒸馏水倒入容器内（一般为敞口的陶瓷缸），然后查表2-8估算出所需硫酸的体积与重量。

表2-8 电解液配制成分的比例

电解液相对密度/(g/cm^3)	硫酸与蒸馏水的体积比	硫酸与蒸馏水的重量比	电解液相对密度/(g/cm^3)	硫酸与蒸馏水的体积比	硫酸与蒸馏水的重量比
1.20	1:4.33	1:2.36	1.26	1:3.05	1:1.60
1.21	1:4.07	1:2.22	1.27	1:2.80	1:1.57
1.22	1:3.84	1:2.09	1.28	1:2.75	1:1.49
1.23	1:3.60	1:1.97	1.29	1:2.60	1:1.41
1.24	1:3.40	1:1.86	1.30	1:2.47	1:1.34
1.25	1:3.22	1:1.76	1.40	1:1.60	1:1.02

当配制的电解液相对密度为1.26g/cm^{3}时，查表2-8可知，硫酸与蒸馏水的重量比为1:1.60，取重量为蒸馏水1/1.6的化学用纯硫酸，将硫酸分2～3次贴容器边缘缓缓地倒入，并不断地用玻璃棒搅拌，操作时如没有通风设备，操作者应站在上风头。

d. 测定刚刚配好的电解液密度。可用吸式密度计测定，将密度计下部插入容器内轻捏橡皮球，吸入少量电解液，使玻璃管中的浮子浮起，按管内液面水平线读数就是电解液的密度值。在测定密度的同时用温度计测量电解液的温度值，并记录密度值ρ_t和温度t。

e. 如果温度值 t 刚好是 5 的倍数，可查表 2-5，得到密度修正值，将 ρ_t 加上修正值就是 25℃标准温度时的电解液密度。

如果温度值 t 不是 5 的倍数，可以按公式 $\rho_{25℃} = \rho_t + 0.00075(t-25)$，直接计算出 25℃时的密度值。

f. 如果上一步得出的 $\rho_{25℃}$ 刚好是 $1.26g/cm^3$，电解液配制完成。如果 $\rho_{25℃}$ 低于 $1.260g/cm^3$，还要在电解液中加入预先配备的相对密度为 $1.40g/cm^3$ 的稀硫酸，重新测定密度值，然后计算，换算为标准温度时的密度值，直到相对密度达到 $1.26g/cm^3$。

一般情况下，按表 2-8 的配方比例配制电解液，不会高出所要求的密度值。

配制电解液时，硫酸稀释发热，使电解液温度升高。因此，配制好的电解液需冷却至 35℃以下，才能加入蓄电池或注入密封的耐酸容器内以备使用。

（4）蓄电池的充电

无论是启用的新蓄电池和修复的蓄电池，还是装在车上使用的蓄电池以及存放的蓄电池，都须对其进行充电，这关系到蓄电池的容量及寿命。

① 充电方法。

蓄电池的常规充电方法有定电流充电和定电压充电两种，非常规充电有脉冲快速充电法。

a. 定电流充电。蓄电池在充电过程中，使其充电电流保持恒定不变，随着蓄电池电动势的逐渐提高，逐步增加充电电压的方法叫定电流充电。当充到蓄电池单格电压上升至 2.4V（电解液开始冒气泡）时，将充电电流减小一半后保持恒定，直到蓄电池完全充足。

使用充电机，在充电工作间对蓄电池进行充电时，常采用这种定电流充电法。它具有较强的适用性，可任意选择和调整电流，适应各种不同条件（新蓄电池的初充电，使用中的蓄电池补充充电以及去硫充电等）下的蓄电池充电。其主要缺点是充电时间长。

b. 定电压充电。在充电过程中，加在蓄电池两端的充电电压保持恒定不变的充电方法，称为定电压充电。

汽车上的发电机对蓄电池的充电即为定电压充电。其特点是充电开始，充电电流很大，随着蓄电池电动势的不断增高，充电电流逐渐减小。充电终了，充电电流将自动减小至零，因而不需要人照管。同时由于定电压法充电速度快，4～5h 内蓄电池就可获得本身容量的 90%～95%，比一般充电时间大大缩短，所以特别适合对具有不同容量的蓄电池进行充电。其主要缺点是不能调整充电电流，因而不能保证蓄电池彻底充足电。

c. 脉冲快速充电法。脉冲快速充电，亦为分段充电法。整个充电过程为：正脉冲充电→停充（25ms）→负脉冲（瞬间）放电或反充→再停充→再正脉冲充电。

该充电方法显著的特点是充电速度快，即充电时间大大缩短。一次充电只需 5h 左右，补充充电仅需 1h 左右。采用这种方法充电，还可以使蓄电池容量增加，使极板"去硫化"明显。其缺点是由于充电速度快，析出的气体总量虽减少，但出气率高，对极板活性物质的冲刷力强，故使活性物质易于脱落，因而对蓄电池的使用寿命有一定的影响。

② 蓄电池的连接。

a. 定电流充电时蓄电池的连接。定电流充电时，被充蓄电池常采用串联法，如图 2-11 所示，即把同容量的蓄电池串联起

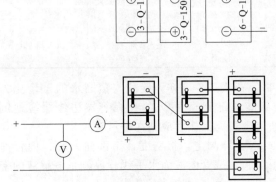

图 2-11　同容量蓄电池串联后充电

来接入充电电源。

这样连接后，由于充电时每个单格电池电压按充足时 2.7～2.8V 计算，故可按下列公式计算出串联的蓄电池单格数和蓄电池只数，即

$$蓄电池单格数 = \frac{充电机的额定电压}{2.7}$$

$$蓄电池总数 = \frac{\frac{1}{2}(总单格数)}{3(6V\ 蓄电池)} + \frac{\frac{1}{2}(总单格数)}{6(12V\ 蓄电池)}$$

$$= 6V\ 蓄电池数 + 12V\ 蓄电池数$$

如果被充蓄电池的容量大小不等，可按图 2-12 所采用的混联方法连接蓄电池，也就是在接线前先把被充电的蓄电池按容量与放电程度分组，将额定容量相同且放电程度相同的电池串联起来，并使各串联组内单格电池数相等，然后将各串联组并联接到充电电源上。此时，各串联支路的蓄电池数目可按下式计算：

$$串联 6V\ 蓄电池数 = \frac{充电机额定电压}{2.7 \times 3}$$

$$串联 12V\ 蓄电池数 = \frac{充电机额定电压}{2.7 \times 6}$$

所有串联支路的蓄电池，其容量最好相同，否则电流必须按容量最小的蓄电池来选定，而容量大的蓄电池则不容易充足或充得太慢。

b. 定电压充电时蓄电池的连接。定电压充电，被充蓄电池常采用并联连接法，如图 2-13 所示，要求各并联支路的单格电压总数相等，但各蓄电池的型号、容量以及放电程度则可不同。

要注意，并联蓄电池的数目必须按充电设备的最大输出电流来确定。

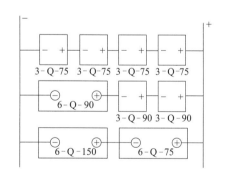

图 2-12　蓄电池混联后充电

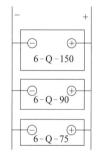

图 2-13　不同容量蓄电池并联后充电

③ 充电种类。

a. 初充电。新蓄电池或修复后的蓄电池（更换极板）在使用之前的首次充电为初充电。具体操作步骤如下。

第一步，检查铅蓄电池外壳是否破裂，拧下加液口盖的螺塞，检查通气孔是否畅通。

第二步，按照不同季节和气温选择电解液密度，将选择好的温度低于 35℃ 的电解液从加液孔处缓缓加入蓄电池内，液面要高出极板上沿 15mm。

第三步，蓄电池加入电解液后，静止 6～8h，让电解液充分浸渍极板。此时由于电解液渗透到极板内部，容器里的电解液减少，液面下降，应再加入电解液把液面调整到规定值。待电池内温度低于 30℃ 时，将充电机的正极接到蓄电池的正极，充电机的负极接到蓄电池的负极，准备充电。

第四步，初充电按充电规范进行，见表2-9。因为新蓄电池在贮存中可能有一部分极板硫化，充电时容易过热，所以初充电的电流选取得较小，充电分两个阶段进行。

第一阶段的充电电流约为蓄电池额定容量的1/15，充电至电解液中有气泡析出，端电压达到2.4V。

第二阶段充电电流约为蓄电池额定容量的1/30。

表2-9 蓄电池充电规范

蓄电池型号	初充电				补充充电			
	第一阶段		第二阶段		第一阶段		第二阶段	
	电流/A	时间/h	电流/A	时间/h	电流/A	时间/h	电流/A	时间/h
3-Q-75	5	25～35	3	20～30	7.5	10～11	4	3～5
3-Q-90	6		3		9		5	
3-Q-105	7		4		10.5		5	
3-Q-120	8		4		12.0		6	
3-Q-135	9		5		13.5		7	
3-Q-150	10		5		15		7	
3-Q-195	13		7		19.5		10	
6-Q-60	4		2		6		3	
6-Q-75	5		3		7.5		4	
6-Q-90	6		3		9		4	
6-Q-105	7		4		10.5		5	
6-Q-120	8		4		12.0		6	

充电过程中，应经常测量电解液的密度和温度。充电初期密度会有降低的情况，这不需要调整，但要随时以相同的电解液调整液面高度到规定值。如果充电时电解液的温度上升到40℃，则应停止充电，将充电电流减半；如果温度断续上升到45℃，则应停止充电，采用水冷或风冷的办法实行人工降温，待冷至35℃以下时再继续充电。整个初充电大约需60h，初充电过程中，如减少充电电流则应适当延长充电的时间。

第五步，初充电接近终了时，如果电解液密度不符合规定，应用蒸馏水或相对密度为1.40g/cm³的稀硫酸进行调整，再充电2h，直至电池单格端电压上升到最大值，并在2～3h不再增加；电解液密度上升到最大值，在2～3h不再增加，并产生大量气泡，电解液呈"沸腾"状态。这时电池已充满电，应切断电源，以免过充电。

第六步，新蓄电池充满电后，应以20h率放电，如3-Q-90型蓄电池以4.5A电流连续放电20h，单格电压至1.75V，再按表2-9中补充充电的电流值充足，又以20h率放电，如果第二次放电时蓄电池容量不小于额定容量的90%，即可进行一次最后的充电，然后送出使用。

放电的方法如下。

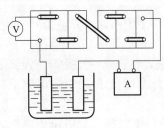

图2-14 蓄电池的放电

使充足后的蓄电池休息1～2h，放电时的连接线路，如图2-14所示，调整可变电阻（或水阻）以蓄电池额定容量的1/20连续放电。放电开始后每隔2h测量一次单格电压，当单格电压降至1.8V时，每隔20min测一次电压，单格电压降到1.75V应立即停止放电。另外也可以用车用灯泡作负载进行放电。

b. 补充充电法。蓄电池在使用中，如果发现起动机运转无力，灯光比平时暗淡，冬季放电超过25%，夏季放电超过50%，以及贮存不用已近一个月的蓄电池，都必须进行补充充电。另外，由于汽车上使用的蓄电池进行的是定电压充电，不可能使蓄电池充足，因此为了有效防止硫化，最好每2～3

个月进行一次补充充电。补充充电具体步骤如下。

第一步,从汽车上拆下蓄电池,清除蓄电池盖上的脏污,疏通加液孔盖上的通气小孔,消除极桩和导线接头上的氧化物。

第二步,检查电解液的密度和液面高度,如果密度不符合规定要求,用蒸馏水或密度为 $1.4g/cm^3$ 的稀硫酸调配,电解液液面应高出极板上缘 15mm。

第三步,用高率放电计检查各单格电压的放电情况,要求蓄电池的各个单格电池读数(电压值)基本一致。

第四步,将蓄电池正极接充电机正极,蓄电池负极接充电机负极。补充充电也应按表 2-9 所示的充电规范进行,一共分两个阶段:第一阶段的充电电流约为蓄电池额定容量的 1/10,充至单格电压为 2.3~2.4V;第二阶段的充电电流约为容量的 1/20,充至单格电压为 2.5~2.7V,电解液达到规定值,并且在 2~3h 内基本不变,蓄电池内产生大量气泡,电解液呈"沸腾"状态,此时表示电池已充足,时间大约为 15h。

第五步,将加液口盖拧紧,擦净蓄电池表面,便可使用。

c. 间歇过充电和循环锻炼充电。蓄电池充电终了后,继续充电是有害的,但考虑到蓄电池在汽车上经常处于充电不足或部分放电状况,可能产生硫化现象,因此每隔一定时间,在完成补充充电的基础上,应进行一次预防硫化的过充电,也就是间歇过充电,即有意识地把充电时间延长,让蓄电池充电更彻底些,以消除可能产生的轻微硫化。具体做法是:在正常的补充充电后,停止 1h,再用第二阶段的电流继续充电,直到电解液大量冒气泡时,再停止 1h,然后再恢复第二阶段的充电。如此循环,直到一接通充电电源,蓄电池在 1~2min 内就出现大量气泡为止。

循环锻炼充电是为了使极板的活性物质得以充分利用,保证蓄电池容量不下降的一种方法。在蓄电池正常补充充电(或间歇充电)之后,用 20h 放电率进行放电,然后再实施正常补充充电。一般要求循环锻炼后的蓄电池容量应达到 $90\%Q_e$ 以上,否则应进行多次充放电循环。

d. 去硫化充电。蓄电池发生硫化故障后,内阻将显著增大,充电时温升也较快。硫化严重的铅蓄电池就只能给予报废,硫化程度较轻时可以用去硫充电法加以消除。具体操作如下。

第一步,首先倒出原有的电解液,并用蒸馏水清洗两次,然后再加入足够的蒸馏水。

第二步,接通充电电路,将电流调到初充电的第二阶段电流值进行充电,当密度上升到 $1.15g/cm^3$ 时倒出电解液,换加蒸馏水再进行充电,直到电解液密度不再增加为止。

第三步,以 10h 率放电,当单格电压下降到 1.7V 时,再以补充充电的电流进行充电、再放电、再充电,直到容量达到额定值 80% 以上,即可上车使用。

e. 充电注意事项。

充电的种类很多,但注意事项基本相同。

- 严格遵守各种充电方法的充电规范。
- 充电过程中,要密切观察各单格电池的电压和密度变化,及时判断其充电程度和技术状况。
- 在充电过程中,密切注意电池的温度。
- 初充电时应连续进行,不能长时间间断。
- 配制和灌入电解液时,要严格遵守安全操作规则和器皿的使用规则。
- 充电时要经常备用冷水、10% 苏打溶液或 10% 的氨水溶液。
- 充电室要安装通风装置,并严禁明火。
- 充电设备不应和蓄电池放置在同一工作间,充电时应先接牢电池线,停止充电时应先切断电源，严防火花发生。

2.1.1.3 蓄电池常见故障诊断

(1) 蓄电池非正常自行放电

蓄电池自行放电是指充足的蓄电池，在没有使用的情况下逐渐失去电量。正常的自行放电，是由于蓄电池本身结构因素所致。充足电的蓄电池放置3天不用，平均每昼夜自行放电量不超过其额定容量的1%，否则应属于故障性（非正常）自行放电。

① 故障现象。

充足电或前一天使用良好的蓄电池，第二天使用时电压明显降低很多或几乎没有电，从而使起动机不转、电喇叭不响、车灯不亮。

② 故障诊断与排除。

a. 首先应检查蓄电池外部是否清洁，尤其是蓄电池盖上有无电解液或污物堆积，然后检查连接线有无搭铁、短路处。检查时，可关断电源闸刀，拆下蓄电池上的一根电池粗导线，再用一根细导线与它相接，然后在拆下粗导线的那个蓄电池极桩上刮火。若有火花，应逐段检查有关导线，找出搭铁、短路之处；若无火花，则说明故障出在蓄电池内部。

b. 蓄电池内部自行放电故障的排除。若自行放电是由于电解液杂质太多所致，可把原电解液全部倒出，用蒸馏水灌注清洗，更换新配制的电解液后再进行充、放电。

c. 若少数单格电池自行放电严重，而电解液杂质又未超过规定，则可将蓄电池解体修复，或更换新的蓄电池。

(2) 蓄电池存电量不足

① 故障现象及原因。

启动起动机运转无力，电喇叭声响低弱，车灯灯光暗淡。

a. 新蓄电池充电不足，或因储存过久而未能及时补充充电。

b. 汽车发动困难，经常长时间使用起动机，造成大电流放电而使蓄电池极板损坏。

c. 蓄电池因电解液渗漏没及时加稀硫酸进行调整，只加蒸馏水，造成电解液密度下降，低于规定值。

d. 电解液液面经常过低，或经常用稀硫酸代替蒸馏水注入电池内，造成电解液密度过高，而使极板硫化。

e. 发电机电压调节器的限额电压值调整不当，偏低使蓄电池经常处于充电不足状态；偏高使充电电流过大，导致蓄电池极板上的活性物质脱落。

② 故障诊断与排除。

可用高率放电计和密度计以测量单格电池的电压和密度来判断蓄电池的存电量。

a. 若测得单格电池电压在1.75V以上，并且在5s内保持不变，且电解液密度在$1.240\sim1.265g/cm^3$时，说明此单格电池的存电量良好，容量正常。

b. 若测得单格电池电压在1.5V以下，并且保持5s内不变，且电解液相对密度值下降，说明单格电池容量不足，应给予充电。在充电过程中应检查调整电解液的相对密度和液面高度。

c. 若在蓄电池的充电过程中，电解液很快就呈"沸腾"状，用万用表测量端电压上升很快，可判断此电池是因硫化而容量不足。

d. 若测得单格电池电压在1.5V，但5s内迅速下降，或各单格电池电压的电压差大于0.1V，表明蓄电池内部有短路、硫化及活性物质脱落等故障，应解体修理。

e. 检查发电机电压调节器的限额电压值，如偏高或偏低都应予调整，以免造成新的故障。

(3) 蓄电池电解液损耗过快

① 故障现象。

电解液损耗超过正常情况，需要频繁加注蒸馏水予以补充。

② 故障原因。

a. 蓄电池外壳破裂或封口胶破裂损坏，导致电解液渗漏流失。

b. 蓄电池极板硫化或短路。

c. 发电机电压调节器限额电压值偏高或调整失灵，造成蓄电池充电电流过大或过充电，加速电解液水分的消耗。

③ 故障诊断及排除。

首先应检查蓄电池外壳有无裂纹。若有裂纹，必须倒出电解液，抽出极板组，修补和更换外壳。若是封口胶破裂，轻微破裂的可用烙铁将封口烫合，消除裂缝；如果封口胶破裂严重，应全部除掉重新封口。

然后检查、调整电压调节器的限额电压值，使之达到规定范围，消除过充电或充电电流过大的情况。

若外壳完好无缺，封口胶无裂纹，充电电流属正常值，则是由于极板硫化和短路造成的。如硫化严重，要更换蓄电池；如硫化轻微，可用去硫充电法来修复；如发现短路故障应解体修理。

(4) 蓄电池充不进电

① 故障现象。

在汽车运行中，电流表指针很快回到零，指示不充电，或蓄电池温度过高，且长时间行车时电流表仍指在+5A以上。

② 故障原因。

a. 蓄电池疲劳损伤，使用时间过长。

b. 蓄电池内部短路。

c. 蓄电池极板上活性物质脱落，而使其容量减小。

d. 蓄电池极板硫化或负极板硬化。

③ 故障诊断与排除。

对上述故障，要根据其故障现象和蓄电池使用的情况综合分析作出判断。若蓄电池使用1年以上而充不进电，一般为蓄电池劳损、衰竭，应更换新蓄电池；若温度偏高，且行车很长时间电流表仍指在+5A以上，可用高率放电计检测，如果测得某单格电池电压低于1.5V，说明此格内有短路故障，应拆开检修；若电解液非常混浊，一般为极板上的活性物质已大部分脱落，基本失去了工作能力，应换用新蓄电池；若使用1~2次起动机，再启动时起动机运转无力，说明该蓄电池"浮电"，大多由于极板硫化或负极板硬化所致，应对蓄电池进行恢复性充电。

2.1.2 交流发电机及调节器

汽车电源系统中的发电机，在发动机运行时为汽车上的点火系统、燃油喷射系统、照明与信号系统、ECU等用电设备提供电能。

早期使用的是直流发电机，它是配合汽车上的常规铅酸蓄电池使用的。在很长的一段时间内，它能够满足汽车的需要，一直到20世纪70年代中期，随着汽车电子技术的发展和用电设备的增多，才逐渐被交流发电机所取代。

汽车交流发电机具有体积小、重量轻、结构简单、维护方便、使用寿命长和低速充电性能好等显著特点。充电系统中设有电压调节器的目的是满足汽车电器设备用电及向蓄电池恒定电压充电。充电装置用于指示汽车电源系统的工作情况。

2.1.2.1 交流发电机的结构特点

现代轿车装用的交流发电机是一个带有硅整流器的三相同步交流发电机,具有体积小、功率大、对无线电干扰小、维护周期长等优点,能够满足现代汽车高转速、用电设备多和安全舒适的要求。图2-15是交流发电机的组成示意图。它由转子、定子、整流器以及端盖、带轮、风扇叶轮等组成。

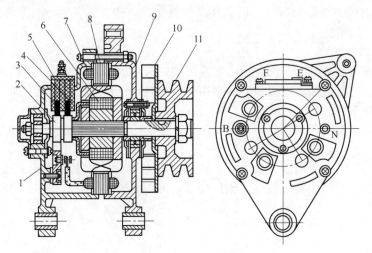

图2-15 交流发电机组成示意图

1—带轮;2—风扇叶轮;3—驱动端盖;4—转子;5—爪极;6—磁场绕组;7—集电环;8—定子;9—电刷端盖;10—整流器总成;11—电刷和刷架

2.1.2.2 电压调节器的结构特点

硅整流发电机配用的电压调节器有触点式、晶体管式和集成电路式,按照与电压调节器的装配关系,可分为分立式和整体式两大类。分立式即硅整流发电机和调节器各为一独立部件,分别装置在汽车上的适当部位;整体式即是发电机与电压调节器组装成为一个整体。目前,小轿车多装用整体式硅整流发电机。整体式硅整流发电机充电系统连线简单,故障率低。

(1) 触点式调节器

触点式调节器在触点开闭过程中存在着机械惯性和电磁惯性,触点振动频率较低,当发电机高速满载突然失去负载时,有可能因触点动作迟缓而导致发电机产生过电压,损坏晶体管元件。此外,触点分开时,磁场电流的迅速下降使触点间产生火花,使触点氧化、烧蚀,使用寿命缩短,还会造成无线电干扰。这种调节器结构复杂,体积和重量大,维修、保养、调整不便。

(2) 晶体管式调节器

晶体管式调节器,也叫电子调节器,它利用晶体三极管的开关作用,控制发电机磁场电路的通、断,在发电机转速变化时,调节磁场电路的阻值,使发电机电压保持稳定。这种调节器没有触点,使用过程中无须保养和维护,结构简单、体积小、重量轻,目前已经逐步取代触点式调节器。现在国内外晶体管调节器的电路设计原理大致相同,结构也基本相同,都是由1~2个稳压管、1~3个二极管、2~3个三极管、若干个电阻、电容等元件组成,由印制电路板连成电路,外壳由薄而轻的铝合金制成,表面有散热片,总成为不可拆卸,外有三个接线柱,分别为"+"(或火线、电枢)接线柱,"-"(或搭铁)接线柱,"F"(或磁场)接线柱,分别与发电机的三个接线柱对应连接。

以往我国习惯采用内搭铁式发电机,所谓内搭铁是指励磁绕组负极端直接在发电机上搭铁的控制方式，这种发电机配套的调节器是控制励磁绕组的火线。随着国外技术的引进，硅整流发电机逐渐采用外搭铁式，即励磁绕组的负极端通过调节器搭铁的方式，这种发电机的调节器控制励磁绕组的搭铁线。

（3）集成电路式调节器

集成电路式调节器是利用集成电路（IC）组成的调节器，可分为全集成电路调节器和混合集成电路调节器两类。前者是将二极管、三极管、电阻、电容等电子元件同时制在一块硅基片上；后者是用厚膜或薄膜电阻与集成的单片芯片或分立元件组装而成，使用最广泛的是厚膜混合集成电路调节器。

集成电路调节器除具有晶体管调节器的优点外，还有以下特点。

① 体积小、重量轻。因此可以直接装在发电机内部或壳体上成为整体式交流发电机的一个零件，这样可以省去调节器和发电机之间的导线，减小线路损失和线路故障，使调节器精度达±0.3V，工作更为可靠。

② 耐高温性能好，可在130℃温度下正常工作。

③ 更加耐振，使用寿命更长。

国外车辆上已大量采用集成电路调节器，国内也在加紧研究和试制，现已生产出了如JFT151型、JFT152型混合集成电路调节器与国产交流发电机配套使用，这种发电机称整体式交流发电机。

集成电路调节器的基本工作原理与晶体管调节器完全一样，都是利用晶体三极管的开关特性控制发电机的磁场电流来达到稳定发电机输出电压的目的。其也有内搭铁和外搭铁之分，而且以外搭铁使用的较多。

奥迪A4系列轿车充电系统采用内装集成电路调节器JFT的整体式交流发电机，其结构如图2-16所示。该发电机的整流器拥有11只二极管，其中6只为输出整流二极管，组成三相桥式全波整流电路为蓄电池充电和供整车负载做电源；2只为中性点二极管，用于将发电机中性电压整流后送入输出端，以提高发电机的输出功率；3只磁场二极管它们与3个负极二极管组成了另一个三相桥式全设整流电路直接向发电机的磁场绕组供电以提高电压的调节

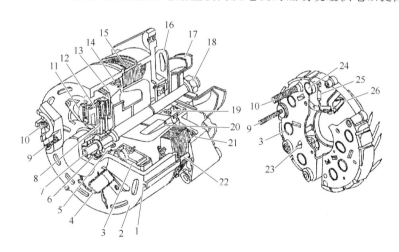

图2-16 整体式硅整流发电机结构

1—连接螺栓；2—后端盖；3—元件板；4—防干扰电容器；5—集电环；6—全封闭轴承；7—转子轴；8—电刷；
9—磁场接线柱；10—输出接线柱；11—电压调节器；12—电刷架；13—磁极；14—定子绕组；15—定子铁芯；
16—风扇叶轮；17—传动带轮；18—紧固螺母；19—全封闭轴承；20—励磁绕组；21—前端盖；
22—定子槽楔子；23—电容器插接片；24—输出整流二极管；25—磁场整流二极管；26—电刷架压紧片

精度。输出电流分别可选用55A、65A、90A几种。

桑塔纳轿车用发电机是长沙汽车电器厂生产的JFZ1913Z和上海汽车电机二厂生产的JFZ1813Z型整体式交流发电机。该发电机输出电流为90A，额定输出功率为1.2kW，电压调节器的电压调节范围为12.5~14.5V，同样采用11只二极管作为整流器，图2-17为该发电机电路原理图。

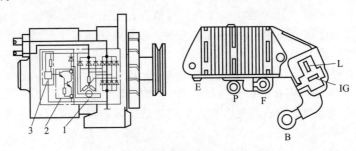

图2-17 整体式发电机电路原理图
1—交流发动机；2—内装式调节器；3—调节器的传感器

该调节器有6个接线端子。F、P、E三个端子用螺钉直接和发电机连接，B端用螺母固定在发电机的输出端子B上，IG、L两个端子用金属线引到调节点的外部接线插座上。

富康轿车采用的发电机是上海法雷奥（Valeo）汽车电器系统有限公司生产的SA13V1系列交流发动机。

PX型、RG型富康轿车的发电机规格为650W，50A；AL型富康轿车的发电机规格为1050W，80A。

富康轿车采用晶体管混合电路的电压调节器，集成电路和保护电阻共同固化在一块陶瓷基片上，封装在一个金属盒中，并和电刷块连成一体。调节器的作用，主要是通过调节发电机转子的励磁电流，使发电机输出电压稳定，其调压范围一般为13.8~14.5V。

2.1.2.3 硅整流发电机的维修

（1）硅整流发电机的检查

① 二极管的检查。

在不拆卸发电机的情况下，用万用表的黑表棒接触后端盖，红表棒接触发电机"电枢"（B+）接线柱，并以R×1挡测其电阻值。若示值在40~50Ω以上，可认为无故障；若示值在10Ω左右，说明有失效的硅整流二极管，须拆检；示值为0，则说明有不同极性的二极管击穿，已形成回路，须拆检。

拆下发电机后端盖和元件板，逐一检查每个二极管。首先将每个二极管的中心引线从接线柱上拆下或焊下。然后用500型万用表的R×1挡位测二极管的电阻值，即将一支表棒接触后端盖或元件板，另一支表棒接触硅二极管的中心引线，如图2-18所示，读出表的示值，

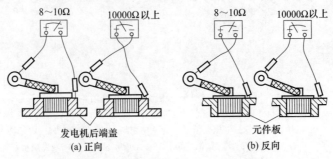

图2-18 用万用表检查硅整流二极管

然后交换万用表表棒再测。若两次测量值一次大（大于10kΩ），一次小（8~10Ω），说明二极管性能良好。若两次均测得在1kΩ以上，说明此管子已断路。若两次示值均很低，说明此管已被击穿。断路和被击穿的二极管均需换新。应该注意，当使用不同型号的万用表时，检查出的二极管正向电阻值有所区别，见表2-10。

表2-10 二极管正向电阻值

万用表型号	MF500	MF7	MF18	MF10	MF30	MF14	MF12
二极管正向电阻值/Ω	8~10	8~8.5	9	10.5~11.5	19~20	40~50	115~120

在更换二极管时，必须识别二极管的正负极性，如无标志可用万用表判断二极管极性。

② 转子的检查。

a. 转子绕组搭铁故障检查。在单相220V火线上串入一照明用25W白炽灯，线端接上一支表棒，地线上也接上一表棒形成交流试灯，用两表棒分别接触集电环和转子轴，如图2-19所示，灯不应发红或发亮，否则说明线圈或引出线有搭铁故障。用万用表R×1k挡测量两集电环与轴之间的电阻值，表针应不动并指示无穷大。

b. 转子绕组的断路与短路检查。用万用表R×1挡测两集电环之间电阻值，如图2-20所示，结果应符合技术标准。一般12V的硅整流发电机转子绕组电阻约3.5~6Ω，24V的硅整流发电机转子绕组电阻为15~21Ω。若阻值小于规定值，说明线圈短路；若阻值无穷大，则线圈断路。

图2-19 磁场绕组的搭铁故障检查

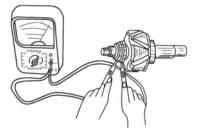

图2-20 用万用表测量磁场绕组的电阻值

c. 集电环的检查。集电环工作表面应平整，表面粗糙度Ra不大于3.2μm，无明显烧蚀或磨损沟槽。电刷与集电环配合位置应正常，如发现接触位置偏移，甚至造成电刷与集电环跨接的现象，装复时应加以调整，两集电环间隙处应无积物，防止造成短路。集电环厚度不少于2mm，电刷磨损超过原高度1/2以上，应予以更换。

d. 转子轴的检查。转子轴的检查主要检查其弯曲程度和轴颈磨损情况，如图2-21所示，转子轴的摆差可在车床上或专用夹具上用百分表检验，轴外圆与集环对轴线的径向跳动公差不应大于0.1mm。转子轴前轴颈与轴承内孔配合为-0.004~+0.030mm，后轴颈与轴承内孔配合为+0.006~+0.045mm。转子轴颈与传动带轮内孔配合为+0.006~+0.100mm。

③ 定子的检查。

a. 搭铁故障检查。将定子放置在垫有胶板的工作台面上，使三相绕组接线端（首端）朝上并保持其与铁芯不接触，如图2-22所示。

用220V试灯一端接铁芯，一端分别接三个接线端，凡是灯亮，表明绕组有搭铁故障。

用万用表R×1k挡将两表棒分别触试铁芯和接线端，表针应不动并指示无穷大，否则说明有搭铁故障。若发现搭铁故障可将三相绕组末端（中性抽头）解焊分开，重复上述试验，以确定在哪一组有搭铁故障。

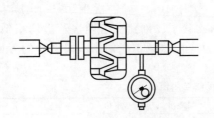

图 2-21 转子轴的检查

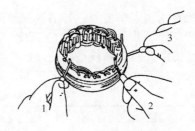

图 2-22 电枢绕组的测量

1,2—测绕组短、断路；1,3—测绕组搭铁

b. 短、断路故障。用万用表 R×1 挡测量定子绕组三个线头，两两相测，阻值为 1Ω 以下为正常，指针不动，说明有断路，阻值特别小为短路。

④ 其他零件失效检查。

a. 发电机各接线柱绝缘检查。用万用表或 220V 试灯测量后端盖上中性抽头接线柱、电枢接线柱、磁场接线柱与后端盖的绝缘情况，发现搭铁故障应拆检。

b. 前后端盖、风扇、传动带轮等应无裂损。

c. 检查电刷磨损量，电刷表面不得有油污，且在电刷架中应活动自如。

d. 轴承外径与前后端盖孔配合分别为 -0.008~+0.04mm、0~0.050mm。轴承轴向和径向间隙均不应大于 0.20mm，滚珠和滚道上不允许有斑点，轴承无转动异响、不发卡，轴承油封损坏应更换。

（2）硅整流发电机的维修

① 硅整流发电机的解体。

a. 拆下前后端盖上的穿心螺栓。

b. 拆下传动带轮固定螺母，取下传动带轮、风扇叶片、前端盖。

c. 从转子上用拉器取下轴承。

d. 拆出前端盖轴承护盖，取出轴承。

e. 拆下后端盖护板上整流装置固定螺母，取下定子线圈和整流装置。

f. 二极管引线采用焊接连接结构，需熔开焊点时，应用尖嘴钳夹住二极管引线，帮助散热。

g. 取下电刷及电刷架（有些发电机为外装式，如 JF132 等，解体时应首先拆下电刷架和电刷）。

② 机件清洗。

a. 将转子绕组、定子绕组及电刷用清洁的布或棉纱蘸少量的清洗剂擦洗干净。

b. 其余机件均可用清洗剂洗净擦干。

③ 机件修理。

a. 更换二极管。经检查发现有失效的二极管时，应按元器件型号、极性换装新二极管。发电机整流装置为焊装组合件时，应整体更换；当整流器为分立压装式时，可压出旧管，压入新管。国产硅整流发电机二极管外壳直径均为 $\phi 13^{+0.15}_{-0.08}$ mm，其他技术参数见表 2-11。

表 2-11 硅整流发电机用硅二极管技术参数

型号	额定电流/A	正向压降/V	反向峰值电压/V	反向漏电流/mA	适用硅整流发电机规格
2CZQ10	10	≤0.6	100	<3	300W/14V
			150	<3	350W/28V,500W/28V

续表

型号	额定电流/A	正向压降/V	反向峰值电压/V	反向漏电流/mA	适用硅整流发电机规格
2CZQ15	15	≤0.6	100	≤4	350W/14V,500W/14V
			150	≤4	750W/28V,1000W/28V
2CZQ30	30	≤0.6	100	≤5	750W/14V,1000W/28V
			150	≤5	1500W/28V
QZ10	10	≤0.6	100	≤4	150W/14V,180W/14V,350W/14V,500W/14V
			150	≤4	350W/28V,500W/28V
QZ20	20	≤0.6	100	≤5	200W/14V(封闭式),750W/14V
			150	≤5	750W/28V,1000W/28V

注：2CZQ为长沙汽车电器厂的产品，QZ为上海汽车电器厂的产品。

压装、拆卸二极管应使用专用的顶套和压套，其外形如图2-23所示，使用中不得用手锤敲击以免损坏元件，该顶套和压套可自制，其过盈量应控制在0.05~0.10mm之间。若孔已拉毛，应用铰刀铰光滑，内孔过大时，可垫入适当厚度的薄铜皮。

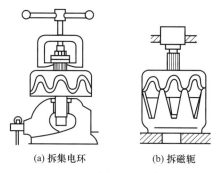

(a) 拆集电环　　(b) 拆磁轭

图2-23　分解磁场组合件

b. 励磁绕组的修理。励磁绕组出现断路或短路故障的原因主要发生在线圈引出线头与集电环的焊接处，只要重新焊牢即可。如因励磁绕组框架相对爪极转动而扯断线头，应用环氧树脂将线框重新固定牢固。如确认断点或搭铁点在线圈内部，则需拆出线圈重新绕制。

第一步，拆出线圈。焊脱集电环上的引线焊点，抽出引线，把转子放在台钳上夹紧，用专用拉器拉去两集电环，如图2-23（a）所示。然后把转子放在小型压力机上，在轴的上面放一根冲销，下面用套筒支承，将套筒上的六只脚顶在爪形铁芯的爪尖上，如图2-23（b）所示。施加压力即可将轴从爪极和磁轭上推出。操作时，压力与支承面应垂直，以免轴弯曲。当压下一块爪极后，即可把线圈从转子轴上取出。在绕线机上拆去旧线圈时，应注意观察短路或断线处，若故障处于表层，可及时停拆，接好断线或补好绝缘层后重新绕好。拆时还应记下匝数、线径以便重新绕制。

第二步，重绕线圈。按原线径（或略大于原线径）选用新漆包线，用绕线机在原线圈骨架上重新绕制，如图2-24所示，匝数应按拆线时记录的数据。若线圈结构无骨架，要按铁芯尺寸自制绕线模，其直径应比铁芯大1mm，长度比铁芯短1mm，绕线时需在线模上包裹一层青壳纸，以便绕成后脱模。在挡板缺口里铺好布带，两端暂扎于轴上。绕线首端先在线模一端扎一圈并留出100mm引出线头，套上绝缘管后从端面挡板缺口中伸出，绕线时应注意匝间紧密，拉力适中。当绕至规定匝数前5~10圈时，垫入一棉线套扣，绕到规定匝数后，将线头从套扣中穿过，抽头长度应留足约100mm，然后抽紧套扣，扣住端头，以防松脱。用挡板缺口里铺好的布带将绕好的线圈扎紧，从绕线模上脱出线圈（或随同骨架一起脱出）。用白纱布带缠好，每缠一周压住前周的半幅带宽，然后，将线圈浸漆烘干。

第三步，浸漆处理。把绕组总成放在烘箱中加热到100℃左右，趁热浸入绝缘漆中约10～15min，取出后滴干放入烘箱，烘干温度不得超过120℃，烘10h左右取出。

第四步，装复转子。按拆卸相反顺序装入线圈，注意保证爪极和集电环在轴上的轴向距离和位置不变，两爪极周边之间间隙均匀，且带引线孔或槽的爪极应靠近集电环相应位置一边。从引线孔或槽中引出抽头，套入绝缘套管（其中一个抽头还应从集环下缺口中穿出），剪去抽头多余长度，焊接于集电环上。最后，全面检查新线圈有无断路、短路和搭铁故障，确认合格后方可使用。

注意转子轴只能经受一次爪极的压入或压出，再次修理时需将轴重新滚花，增大配合段直径后再压入爪极。

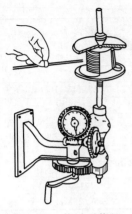

图2-24 绕励磁绕组

c. 电枢绕组的修理。硅整流发电机电枢绕组的常见故障有导线断路、绝缘层损坏而引起绕组搭铁和绕组匝间短路。下面以350W电枢绕组为例，简述其绕制方法。

第一步，拆除旧绕组。将电枢铁芯夹在台钳上，用钢锯锯断旧漆包线，用旋具、手锤、钳子等工具撬去铁芯内圆的销子，从铁芯上撬下旧导线。若撬不动，可把整个电枢铁芯在气焊火焰上烧一下，使绝缘层碳化后再撬，把铁芯槽中的废物清除干净，并记下原有绕组的各项数据（导线直径、绕组匝数等）。

第二步，绕制线圈。线圈的绕制应在专用的线模上进行，线模的尺寸与电枢铁芯槽的间距相匹配，绕线模具的外形及线模的制作如图2-25所示。

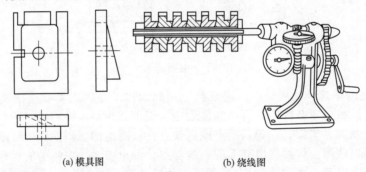

(a) 模具图　　　　　　　(b) 绕线图

图2-25 电枢绕组绕线模具外形及线模制作

线圈的宽度节距与极距相等，应符合下式：

节距＝极距＝电枢铁芯槽数/磁极数

上式表明，36槽的铁芯，若线圈的起边绕在第一槽中，末边应绕在第四槽中，相距三个铁芯槽。每相绕制六个线圈，每个线圈的匝数和导线直径，应按照绕组或制造厂参数进行。一组绕组绕毕，在线圈边上用细蜡线扎紧，再从线模上卸下来，防止嵌入时松散。共绕制三相绕组，线圈绕毕后展开的形状，如图2-26所示。在绕线过程中，每个线圈的匝数应相等，每个线圈的绕向应一致。

第三步，裁绝缘衬纸。铁芯槽内用厚0.4～0.5mm厚的青壳纸，做成U形绝缘衬垫。青壳纸的宽度应比铁芯长5～6mm，长度应以能将线圈包起来为限，如图2-26所示，裁一张试样，然后按试样裁36张。

第四步，嵌线圈。要求三相绕组的电角度互相对称，相隔120°，电角度的大小与磁极对数及各相绕组之间的间隔角有关，即

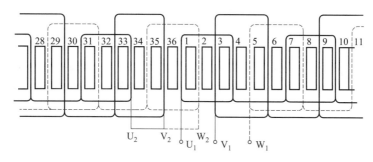

图 2-26 三相绕组展开图

电角度＝磁极对数×间隔角度

间隔角度＝电角度/磁极对数＝120°/6＝20°

由上式可知，每二相之间间隔为 20°，得到电角度 120°，即三相绕组在嵌制时，始边分别为 1、3、5 铁芯槽或者始边分别为 1、9、17 铁芯槽或始边分别为 1、5、9 铁芯槽或始边分别为 1、11、7 铁芯槽四种嵌法，得到的电角度不变。上述四种嵌法的三相绕组首端彼此相距 120°、480°、240°、600°电角度，它们均为 120°的倍数，得到的波形相同，因而均可获得相同的结果。

线圈的嵌制，可以一相一相嵌，也可以三相一起嵌，后一种方法嵌制的线圈比较美观，但嵌制难度较高。嵌完后，绕组线圈应用绝缘纸包起来，在铁芯槽口处用竹销或胶木片销好，如图 2-27 所示。

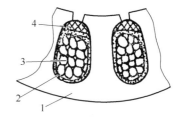

图 2-27 电枢线圈槽的填充
1—铁芯；2—青壳纸；3—线圈；4—竹销

第五步，线圈整形和检验。绕组整形应用细蜡线扎紧，在三相绕组的起始端分别刮漆上锡，焊接好中性抽头并套以塑料绝缘套管，对其他三线头刮漆后应用万用表作搭铁检验，绕组与铁芯应绝缘良好。

第六步，浸漆烘干。其工艺与转子绕组浸漆烘干方法相同。

d. 真空泵修理。有些带泵发电机在检修时应对真空泵同时进行检修，其主要方法如下。

第一步，发现真空泵有干摩擦声，拆开泵后如发现缺油，应拆洗真空泵，检查进油管及泵盖接头孔是否堵塞。

第二步，发现制动不灵，应检查真空泵性能，若真空无力，应拆检油泵，检查泵体、泵座有无裂纹，泵内工作面与转子及叶片工作表面有无硬质杂物，有无摩擦伤痕。若损坏，应及时更换有关部件。

第三步，检查油封是否磨损过度或因变形、破损等引起漏油，若有，应及时更换。

第四步，当发动机机油消耗过多，制动不灵，拧下真空筒放油螺塞，发现有过多机油时，应及时更换单向阀。

④ 硅整流发电机的装复。

通常汽车硅整流发电机可按分解时的相反顺序装复，最后装入电刷。但有些发电机需事先将电刷压入刷架内，并用细钢针插入端盖和刷架上的小孔中挡住电刷，使电刷弹簧保持压缩状态。装好后，将钢针再从后端盖的小孔中抽出。安装时应特别注意以下几点。

a. 整流部分的元件板装在后端盖上，但元件板和后端盖之间要保证绝缘。

b. 元件板上有三个接线柱螺栓，每个接线柱分别接正、负二极管引出线各一根，相线一根。要保持这三根线头的牢固连接，又要保证三个线头和接线柱螺栓和元件板之间的绝缘。

c. 元件板和后端盖之间有一较长螺栓连接，并从后端盖穿出作为发电机的电枢（B+）接线柱，该螺栓和元件板之间不能绝缘，该螺栓穿过后端盖时，应和后端盖之间有可靠绝缘。

d. 装复时，轴承应用专用润滑脂润滑（一般用锂基2号润滑脂）。

e. 装复后，用手转动传动带轮，检查转子转动是否灵活自如，有无扫膛现象，用手持传动带轮检查轴的轴向和径向间隙，若无异常方可进行修后试验。

（3）硅整流发电机的检测

硅整流发电机检测方法主要包括单机静态测试、试验台动态测试、就车动态测试。这些方法均可作为修前故障诊断或修后性能检查。

① 单机静态测试。

a. 各接线柱间阻值测量。在发动机不解体时，用万用表测量各接线柱间的电阻值，可初步判断发电机是否有故障。其方法是用万用表 R×1 挡测试发电机"F"与"−"之间的电阻值；发电机 B+（电枢）与"−"之间以及发电机"+"与"F"之间的正反向电阻值。正常情况下，其电阻值应符合表 2-12 所示数值。

如"F"与"−"之间的电阻超过规定值，可能是电刷与集电环接触不良，接触电阻变大。如小于规定值，可能是励磁绕组有匝间短路或搭铁故障。如电阻为零，可能是两个集电环之间有短路或者"F"接线柱有搭铁故障。

表 2-12 硅整流发电机各接线柱之间的电阻值

硅整流发电机型号		"F"与"E"间/Ω	"B"与"E"间/Ω		"N"与"E"（或"B"）间/Ω	
			正向	反向	正向	反向
有刷	JF11、JF13、JF15、JF21	5~6	40~50	>10000	10	>10000
	JF12、JF22、JF23、JF25	19.5~21				
无刷	JFW14	3.5~3.8				
	JFW28	15~16				

用万用表的黑表棒接发电机外壳、红表棒接发电机"+"（或"电枢"）接线柱，表针指在40~50Ω之间，说明二极管正常；如指示在10Ω左右，说明有个别二极管已经击穿短路；如指示值接近于零或等于零，说明正极管、负极管均有击穿、短路故障。

若硅整流发电机有中性抽头（N）接线柱，用万用表 R×1 挡，测"N"与"+"以及"N"与"−"之间的正反向电阻值，可进一步判断故障所在处是正极管部分还是负极管部分。

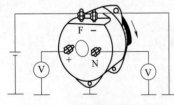

图 2-28 发电机的手转试验

b. 手转测电压。用12V直流电源给发电机励磁（注意搭铁极性及搭铁方式），将万用表置直流2.5V挡，且红表棒接"电枢"（B+），黑表棒搭铁，然后用力转动传动轮，如图2-28所示，万用表指针应快速摆动。将红表棒移到"N"接线柱试验，示值应为前者的一半左右，这种方法可用在无检测设备的场合。

② 试验台动态测试。

利用 TQD-2 型汽车万能试验台做发电机空载及负载试验，可进一步检查硅整流发电机的工作性能。

a. 空载试验。如图2-29所示，试验时先将发电机安装在夹具上，选好套筒及橡胶传动接头，调整升降龙门夹具，使发电机转子与调整电机主轴同心；然后用附件 F_5 连接40、41插孔，使试验台龙门升降夹具成为负搭铁；用附件 F_4 将插孔39与发电机"电枢""磁场"接线柱相连（注意：这种接法是指内搭铁式硅整流发电机；外搭铁式则是39与发电机"电枢"接线柱相连,"磁场"与"搭铁"相连),转动调速调整开关27到"低速",将转速表量程开关65向下扳至"测0~1000r/min";根据发电机旋转方向旋转试验台调整手轮,视转速上升,用F_5将37与相应电压等级插孔连通(35为14V发电机用、36为28V发电机用),对发电机励磁,待发电机电压超过蓄电池电压实现自励后,拔出F_5,观察电压表12指示值随转速的变化规律。当电压达到额定值(12V系统发电机为14V,24V系统发电机为28V)时,观察此时的发电机转速(称为空载转速)不得超过1000r/min。

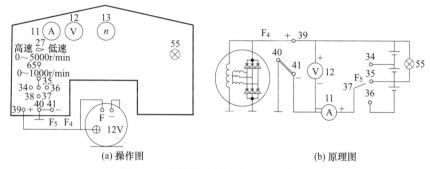

图2-29 内搭铁硅整流发电机空载试验

11—±50A直流电流表;12—50V直流电压表;13—转速表;27—调速电机低高速转换开关;34—6V插座;35—12V插座;36—24V插座;37—电流表插座;38—变阻器插座;39—"+"插座;40—接地插座;41—"-"插座;55—直流电源指示灯;65—转速表量程控制开关

b. 负载试验。如图2-30所示,空载试验合格后,用附件F_8将被试发电机与一标准调节器各接线柱连通,仪表板上插孔连线及转换开关位置保持在做空载试验时的状态,然后根据发电机的转向,转动调速电机调速手轮,使转速上升,用F_5将37与35或36(视发电机电压而定:35为14V发电机用,36为28V发电机用)连通。对发电机励磁,待电压建立后,拔出F_5;将转速开关27换入"高速",相应将量程开关65向上扳到0~5000r/min位置,用附件F_5连接37、38,转动调速手轮,可从转速表13中读出转速值,然后慢慢转动可变电阻手轮,逐渐减小负载电阻,当发电机输出电压和输出电流均达到规定的额定值时,发电机的转速(称满载转速)不得超过2500r/min。

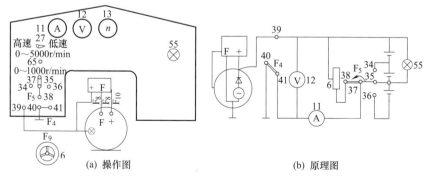

图2-30 硅整流发电机负载试验

6—变阻器;11—±50A直流电流表;12—50V直流电压表;13—转速表;27—调速电机低高速转换开关;34—6V插座;35—12V插座;36—24V插座;37—电流表插座;38—变阻器插座;39—"+"插座;40—接地插座;41—"-"插座;55—直流电源指示灯;65—转速表量程控制开关

c. 真空泵排气特性试验。发电机装有真空泵时,在试验台上还应做真空泵排气特性试验。试验时,将真空泵进气口与真空表连通,进油口进给规定压力的机油,排油口通向集油箱,观察规定转速下的真空度值,应符合表2-13所列规定。真空泵达到-73kPa时,停泵15s后,真空度下降值应小于3kPa。

表 2-13　真空泵技术特性

转速/(r/min)	真空度/kPa	排气时间/s	进油压力/MPa
900	-73	≤60	0.15
5000	-73	≤30	0.4

③ 就车动态测试。

a. 传动带松紧度检查。硅整流发电机一般用两根 V 形传动带由发动机曲轴传动带轮带动旋转。传动带过松易使发电机转速减小，发动机水温过高；传动带过紧易使传动带早期疲劳损坏，加速水泵及发电机轴承磨损。检查时，应在发电机传动带轮和风扇传动带轮中间，用 30~50N 的力按下传动带，如图 2-31 所示，传动带挠度应为 10~15mm。若过松，应松开发电机前端盖与撑杆的锁紧螺栓，向外扳动发电机进行调整，松紧度合适后，重新旋紧锁紧螺栓。

当发电机位置调节到最外极限或传动带底部有磨光印痕、V 传动带有老化裂痕时，应及时更换同规格型号传动带，而且应两根同时更换。

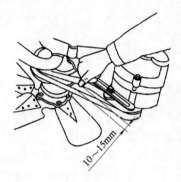

图 2-31　发电机 V 带松紧度检查

V 传动带运转时有异响或异常磨损时，应检查曲轴传动带轮、水泵传动带轮、发电机传动带轮是否在同一旋转平面内。

b. 发动机电压测试。如果汽车装有催化式排气净化装置，则在做此试验时，发动机的运转时间不得超过 5min。

第一步，在发电机停转且不使用车上电气设备的情况下，测量蓄电池电压，并把这个电压称参考电压或基准电压。

第二步，启动发动机，使发动机转速保持在 2000r/min，在不使用车上电气设备的情况下，测量蓄电池电压，这个电压称空载充电电压，空载充电电压应比参考电压高些，但不超过 2V。

第三步，在发动机转速仍为 2000r/min 时，接通电器附件，如暖风机、空调和前照灯远光等，当电压稳定时测量蓄电池电压，这个电压称负载电压。负载电压至少应高出参考电压 0.5V。

如果上述电压值在规定范围内，则硅整流发电机和调节器工作均正常。

第四步，若有问题，可在充电 20A 时检查充电线路压降，如图 2-32 所示。将电压表正极接发电机"电枢（B+）"接线柱，负极接蓄电池正极桩头，电压表读数不得超过 0.7V；将电压表正极接调节器壳体，另一端接发电机壳，电压表读数不得超过 0.05V；当电压表一端接发电机机壳，另一端接蓄电池负极时，电压表读数不得超过 0.05V。若示值不符，应清洁、紧固相应连接线头及安装架。

c. B 接线柱电流测试。

第一步，熄火、拆掉蓄电池搭铁线（为了安全目的），从硅整流发电机"电枢"（B+）接线柱上拆下原有引线，将 0~40A 电流表串接在拆下的引线接头与"电枢"接线柱之间，并将电压表正极接"电枢"接线柱，负极与发动机机体相接，如图 2-33 所示。

第二步，切断汽车所有电器开关。

第三步，装复蓄电池搭铁线，启动发动机，使发电机在略高于额定负荷转速下工作，这时电流表读数应小于

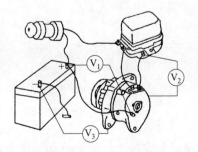

图 2-32　充电线路压降测试

10A，电压表示值应在调节器规定的调压值范围内。

第四步，接通汽车主要用电设备（如前照灯远光、暖风机、空调、刮水器等），使电流表示数大于30A，此时电压表示数应大于蓄电池电压。

第五步，熄火，先拆去蓄电池搭铁线，拆除电压表、电流表，重新装复发电机"电枢"线和电池搭铁线。

如该车有蓄电池搭铁线控制开关，可用开关控制搭线通断，不必拆装搭铁线。

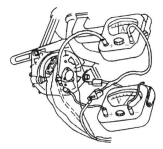

图 2-33 测 B 接线柱电流

若电压值超过规定电压上限，一般为调压器故障；若电压远低于电压下限、电流过小，应检查发电机个别二极管或个别电枢绕组是否有损坏等故障。

2.1.2.4 电压调节器的检修

（1）触点振动式调节器检修

触点振动式电压调节器分单触点式和双触点式两种。有些调节器与充电指示灯继电器组合在一起，有些与磁场继电器或启动保护继电器组合在一起，形成双联调节器。由于调节器零件精巧细小，一旦损坏、大多只能整体更换处理。

① 外观检查。

a. 触点。触点表面不得有较深蚀坑或严重残缺，磨平后触点厚度不得小于 0.4mm。修磨触点应用专用白金砂条插入触点接触面之间，轻压活动触点，往复抽动白金砂条，直至磨光或磨平接触面。最后再用硬纸片夹在触点间，擦去脏物和遗留砂粒。对于蚀坑较严重的触点，可拆下在平整的油石上修磨平整后使用。装复时，上下触点中心应对正，其偏移量不得超过 0.2mm，以保证触点接触面积。

b. 电阻。电阻不得有断丝、叠丝、变色、烧焦等现象，阻值变化过大或烧焦严重时必须更换。更换时，可采用同型号废旧调节器上的相应的未损坏电阻，也可拆取大阻值的电阻丝在石棉芯上重新绕制成阻值相同的电阻。

c. 线圈。表面有烧焦痕迹或机械损伤的线圈，用万用表测量后其阻值与标准值相差太大的线圈均应更换或拆开重绕。

d. 弹簧。调节器弹簧均采用密圈拉力弹簧，若拆下的弹簧在自由状态下，各簧圈之间有未压紧现象，应予以修整。弹簧两端的拉钩若有折断不足一圈长度时，可用尖嘴钳弯起端圈重做钩环。

② 静态阻值测试。

在外电路全部断开情况下，用万用电表测量调节器各接线柱之间在触点开启和闭合时的阻值，可判断出各电路元件的性能。

以 FT-111/14V 单级式调节器为例加以说明。FT-111/14V 调节器是在 FT-61、FT-70 双级调节器基础上设计的产品（三者可通用），目前应用较为广泛，其等效电路，如图 2-34 所示。

a. 触点闭合时 用万用表 R×1 挡检测，当红表棒接"电枢"（B），黑表棒接"磁场"（F）时，阻值应为零。否则说明触点接触不良或触点接触压力太小。

当红表棒接"电枢"（B），黑表棒接底座（一）时，阻值应为15Ω。如阻值约为26Ω时，表明二极管断路或管脚有假焊；如阻值为零，说明二极管短路。

b. 当触点打开时，当红表棒接"电枢"（B），黑表棒接"磁场"（F）时，阻值约为154Ω。若阻值为无穷大，说明150Ω附加电阻断路。

当红表棒接"电枢"（B），黑表棒接底座时，阻值应为26Ω，若阻值大于300Ω，说明主磁化线圈 W_1 断路。

再以丰田双联调节器为例加以说明。丰田汽车双联调节器由一只双级式节压器和一只充电指示灯继电器组合而成，其基本电路及外形如图 2-35 所示。

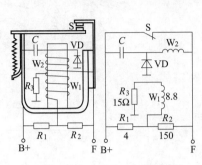

图 2-34 FT-111 电路图

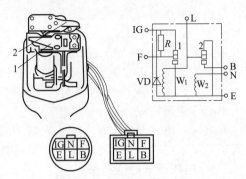

图 2-35 丰田汽车双联调节器电路图
1—节压器；2—继电器；W_1—1000Ω；
W_2—24Ω；R—11Ω

用万用表 R×1 挡测量各接线柱之间电阻值。

IG 与 F 间为 0Ω，按下调压器活动臂后，阻值为 11Ω。

L 与 E 间为 0Ω，按下继电器活动臂后，阻值为 100Ω。

B 与 L 间阻值为无穷大，按下继电器活动臂后，阻值为 0Ω。

N 与 E 间阻值约为 24Ω，红表棒接 IG，黑表棒接 E 时，阻值约为 10Ω。

上述阻值有不合格时，应对照线路图及表 2-14 所示阻值检修调压器和继电器。

表 2-14 丰田双联调节器柱间电阻表

被测插接器线端代号	检测对象	触点臂	阻值/Ω	判定结论	处理方法
IG、F	附加电阻	按	≈11	良好	继续使用
			∞	电阻断路	更换
	调压器低速触点	不按	0	良好	继续使用
			>1	触点烧蚀、接触不良	打磨
		按	0	触点烧结	更换
E、F	调压器高速触点	按	0	良好	继续使用
			>1	触点烧蚀接触不良	打磨
		不按	∞	良好	继续使用
			0	触点烧结	更换
L、E	调压器线圈	按	≈100	良好	继续使用
			∞	线圈断路	更换
	继电器常闭触点	不按	≈100	触点严重烧蚀，接触不良	打磨
		按	0	触点烧结	更换
B、L	继电器常开触点	按	0	良好	继续使用
			>1	触点烧蚀，接触不良	打磨
		不按	∞	良好	继续使用
			0	触点烧结	更换
N、E	继电器线圈	按	≈24	良好	继续使用
			∞	线圈断路	更换
		不按	≈24	良好	继续使用
			∞	线圈断路	更换
IG、E	调压器二极管	不按	≈10	良好	继续使用
			∞	二极管断路	更换
			0	二极管短路	更换

③ 电压调节器限压值调整。

在电气万能试验台上,按发电机负载试验线路,将被试调节器与标准发电机相连。逐步提高发电机转速到额定值,然后缓慢减少可变电阻,使发电机输出电流达到半载状态,调节器起作用电压(闭合电压)和从轻载(4A)到半载输出的电压变化应符合规定值,见表 2-15。若电压过高,应减弱弹簧弹力;若电压过低,应增强弹簧弹力。当弹力调节已无法修正电压时,可调整铁芯气隙。常见触点式调节器调节部位,如图 2-36 所示。

表 2-15 触点振动式调节器的调整数据

项目	调节器型号	规格/V	适用的交流发电机型号	高速触点间隙/mm	铁芯与衔铁的间隙/mm	调节电压值/V	轻载与半载时调节电压差/V≤	继电器闭合电压/V
单级	FT111	14	JF01、JF11、JF21	—	1.4~1.5	13.5~14.5	0.5	—
	FT211	28	JF23、JF25	—	1.4~1.5	27.0~29.0	1.0	—
双级	FT61	14	JF13、JF15	0.2~0.3	1.05~1.15	13.2~14.2	0.5	—
	FT61A	28	JF12A	0.2~0.3	1.2~1.3	27.6~29.6	1.0	8~10
	FJ70	14	JF11	0.3~0.4	1.2~1.3	13.8~14.5	0.5	—
	FT70A	28	JF12	0.3~0.4	1.2~1.3	27.6~29.6	1.0	—
	FT121	14	JF13、JF5	0.25	1.0~1.2	13.5~14.5	0.5	4~5
	FT221	28	JF23、JF25	0.25	1.0~1.2	27.0~29.0	1.0	8~10

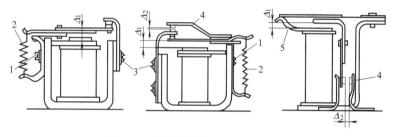

图 2-36 常见触点式调节器调整部位
1—振动臂调整螺钉;2—弹簧;3—上触点调整螺钉;4—高速触点;5—调整臂;
Δ_1—铁芯气隙;Δ_2—触点间隙

(2) 晶体管调节器的检修

目前我国汽车上已广泛使用结构简单、性能稳定的晶体管调节器,其型号及型式多种多样,一般都专与特定的硅整流发电机所匹配,其结构和工作原理基本相同。按发电机励磁绕组的搭铁方式的不同,晶体管调节器分内搭铁和外搭铁两种;按接线方式的不同,又可分为插接式、旋压式两种;按元件的制造方式不同,又可分为分立元件式和集成电路式两种。早期的分立元件式晶体管调节器为便于检修与更换元件,调节器的上盖和底座可拆开。最近生产的晶体管调节器则因可靠性提高、成本降低,电子元件装配后用树脂封装起来,故损坏后只能整体更换。

晶体管调节器实质上是一只晶体管开关,在掌握一定的电路元件特性和电路知识后,可用一些简单方法进行检测。常用的检修方法有静态测阻法和动态试验法两种。

① 静态测阻法。

使用万用表 R×100 挡测量晶体管调节器各接线柱之间的静态电阻,可大致判断调节器的性能状况。为了提高精度,应采用灵敏度高(即内阻较大)的万用表。

表 2-16 为 JFT 系列晶体管调节器各接线柱之间的电阻值(供参考)。

② 动态试验法。

将调节器接上外电源,通电后检查其"开关"能否"翻转",即可判明晶体管调节器性能好坏,其试验方法有多种,现介绍如下。

表 2-16　JFT 系列晶体管调节器各接线柱间阻值　　　　　　　　　　kΩ

调节器型号	"S"与"F"之间		"S"与"E"之间		"S"与"E"之间	
	正向	反向	正向	反向	正向	反向
JFT141 JFT142B	500～750	5～3.7	1.2～1.6	3.5～4	550～600	3.9～4.0
JFT241 JFT242B	650～700	5～5.5	1.6～1.8	3～3.3	550～600	4.3～5.0
JFT106 JFT107	1500～2000	3～4	1.4～1.6	1.4～1.6	1400～1600	3.0～4.0
JFT206 JFT207	1300～1500	2～3	1.5～2.0	1.5～2.0	1300～1500	4.0～6.0
JFT126	4600～5000	7.5～8	3.0	3.0	550	6.5～7.0

a. 整体性能判断。首先认清晶体管调节器接线柱符号，然后将一只 0～50V/5A 直流可调电源，两只 2W/12V 或者 3W/24V 灯泡和开关，按图 2-37 所示电路连接。接通开关，逐渐升高电压，当电压升为 4～5V 时（以 12V 系列调节器为例），指示灯泡发亮，靠近正极端灯泡亮表明该调节器为内搭铁式，靠近负极端灯泡亮表明该调节器为外搭铁式。

将不亮的灯泡拆去，继续升高电压，灯泡亮度会随之增强，当电压开到接近调压值时，灯泡会由亮转灭，再继续升高电压，灯泡也不亮，说明调节器性能良好。如果出现下列几种情况，说明调节器有故障。

接通开关，升高电压后指示灯始终不亮，表明调节器内部断路。

接通开关，升高电压后指示灯常亮，即使超过调压值，指示灯也不熄灭，说明调节器内部短路。

b. 分立元器件性能判断。如果该调节器为可拆式分立元器件晶体管调节器，可在整体性能判断后进一步检测，找出故障元器件。采用的方法又分为测元器件压降法和元件短路法两种。下面以 JFT106（与 CA1091 配套）调节器为例，加以说明。

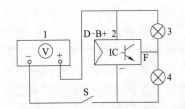

图 2-37　晶体管调节器
整体性能测试
1—可调稳压电源；2—调节器；
3，4—2W/12V 或 3W/24V 灯泡

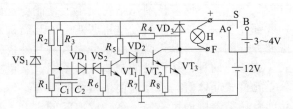

图 2-38　JFT106 调节器性能测试

第一种为测元器件压降法。按图 2-38 连好线路，当电源为 12V 且合上开关灯泡不亮时，说明调节器内部有常开故障。诊断步骤可按图 2-39 所示过程进行，"常通"故障可依此类推。

第二种为元件短路法。将电路中的某个部分用导体短接，根据短路前后电路情况的变化来判断故障的方法，叫短路法。这种方法比较简单实用，但这种方法检测的准确性不高。诊断的线路仍然按图 2-38 所示连接，当开关 S 接通 A 侧时，指示灯应亮，向 B 侧连通时，指示灯应熄灭，如发生异常时，可按表2-17查找故障。例如，当开关接向A侧时，指示灯不亮，查表2-17措施应短接R6，对照线路及实物用镊子两脚同时触及R6在线路板上两端的焊点，若指示灯亮了，便可判为VS_1稳压管被击穿，应更换。

在焊接更换电子元器件时，电烙铁功率不得超过75W，焊接时间要短，速度要快，焊接时可用镊子夹住电子元器件引脚以利散热。选用电子元器件应符合原设计的型号和要求。

③ 万能试验台测试。

将晶体管调节器和配套标准发电机在电气万能试验台上按发电机负载试验的方法连接好线路，然后逐步提高发电机转速到规定值，再逐步变化负载电流，调节器的调压值和各种负载下的电压差值应符合表2-18所示要求。否则，应予以检修或更换。

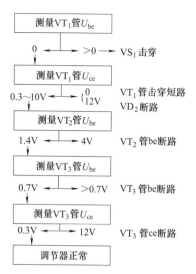

图2-39 压降法诊断过程

表2-17 JFT106调节器短路法故障检查

S接向	H灯	措施	H灯	措施	H灯	措施	H灯	措施	H灯	措施	H灯	检查结论
A	亮	短接VS_1	灭									控制部分有效
			不灭	同时短接VS_1、VD_2	不灭	用500Ω电阻并接R6无效为VT_1坏						R_3断或VT_1不能导通
					灭							VD_2断
			灭									开关部分有效
		短接R7	不灭	解焊R8	灭							VT_2不能截止
					不灭							VT_3不能截止
	不亮	短接R6	亮									VS_1击穿短路
			不亮	同时短接R_6、VD_1	亮							VD_1断
					不亮	解焊VT_1管的E脚	亮					VT_1不能截止
							不亮	用1kΩ电阻并联R_4	亮			R_4断
									不亮	短接T_2管e、c脚	亮	VT_2不能导通或R_7断
											不亮	VT_3不能导通或R_8断
B	灭	短接VS_1										信号检测部分有效
	不灭		灭	短接VS_1并测U_{R1}，若不足8.8V为分压失效								VS_1或分压器失效
			不灭	同时短接VS、VDZ	灭							VD_2断
					不灭	用500Ω电阻并联R_6无为VT_1坏						VT_1不能导通或R_6断

表2-18 晶体管调节器性能参数试验数值

试验项目	试验条件	规格/V	调节电压及电压差/V
调节电压	转速为6000r/min,输出电流为10%额定电流(不低于2A)时	12	14.20±0.25
		24	28.0±0.3
负载特性	转速为6000r/min,输出电流在10%～85%额定电流(不低于2A)变化时	12	$\lvert\Delta U\rvert\leq0.5$
		24	$\lvert\Delta U\rvert\leq0.8$

④ 车上检测法。

可用一个10～20V可变直流电源，按图2-40所示方法连接后，将5A电流表接在发电机"L"接线柱和蓄电池"－"极接线柱之间，将发电机"S"（或F、D+）接线柱与可变

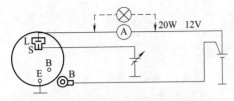

图 2-40　车上检测法检查集成电路调节器连接图

直流电源的"+"极相接。

测量时使可变直流电源从 10V 开始逐渐升高，同时观察电流表的指针变化。当电流表指针指零时，停止上升可变电源的电压，这时可变电源电压值便是调节器的调压值。如果电压不在 13.5～14.5V 的规定范围内，说明调节器有故障。也可用一只 12V、20W 灯泡代替电流表（24V 车应用 24V、25W 灯泡）。测量时，按上述要求，测出灯泡熄灭时的电压值，该电压值即为调节器调压值。测量前要注意，先要拆下发电机"B"接线柱上导线，且不能让该导线搭铁。

2.1.3　电源系统常见故障诊断

2.1.3.1　不充电故障

（1）故障现象

发动机以中速以上速度运转时，电流表指示不充电，充电指示灯不熄灭，电压表指示 11V 以下，运行中汽车上的蓄电池长期亏电。

如果该汽车没有电流表或电压表，仅有充电指示灯且指示灯受继电器控制时，应该用自备的 30～50A 车用电流表进行验证。测量时可将其串联在总熔断器或易熔线插接处或硅整流发电机电枢、电池正极接线柱上。

（2）原因分析

① 发电机传动带太松或沾油打滑。

② 发电机励磁线路不通。

③ 发电机不能发电。

　a. 硅二极管击穿、短路、断路。

　b. 定子绕组断路或搭铁。

　c. 电刷卡滞或与集电环接触不良。

　d. 转子绕组断路，集电环与线头脱焊。

④ 调节器不能闭合。

　a. 触点烧蚀、脏污、弹簧弹力过软、气隙过小。

　b. 晶体管式调压器的稳压管及小功率三极管短路，大功率三极管断路。

　c. 调节器的搭铁方式与发电机不配套。

（3）故障诊断步骤

① 检查发电机传动带紧度，清除油污。

② 清洁发电机各接线柱，检查导线是否松脱，检查线路熔断器是否熔断。

③ 接通点火开关，用小铁器靠近发电机后轴承盖或传动带轮处，探测转子电磁吸力，若有明显吸力，说明励磁回路正常，故障在电枢回路；若无吸力或吸力微弱，说明励磁回路有断路、接触不良或局部短路。

④ 若有明显吸力，说明励磁回路正常，可用试灯一端搭铁，另一端接触发电机"电枢"（B+）接线柱。灯亮，表明蓄电池到发电机电枢接线柱连线通，不充电故障在发电机内电枢回路上，即二极管、三相绕组、元件板等出现故障。若灯不亮，表明蓄电池到发电机"电枢"（B+）线路有故障，应用试灯逐段检查连线的断路点。

⑤ 若无明显吸力，根据该发电机励磁绕组的内外搭铁方式，做"全励磁"试验，内搭铁发电机可短接发电机"电枢"（B+）、"磁场"（F）接线柱；外搭铁式发电机可将"电枢"（B+）、"磁场"（F1）短接，同时将"F2"与"E"短接。

若在"全励磁"时,重新探测磁力,磁力变强,说明发电机内部励磁电路正常,故障是外励磁电路断路;若"全励磁"时磁力仍不增强,说明故障在发电机内部,应检查电刷、励磁绕组等。

⑥ 外励磁电路故障的诊断。先检查发电机励磁电路熔断器有无烧断、接触不良,然后再用试灯依次检查外励磁连线和调节器、磁场继电器等有否断路或接触不良的地方。

2.1.3.2 充电电流过小故障

(1) 故障现象

在蓄电池亏电的情况下,发动机各种转速时的充电电流都小,或者蓄电池经常存电不足,照明灯光暗淡,电喇叭声音小,起动机运转缓慢无力。

(2) 原因分析

① 充电线路接触不良,接触电阻大。

② 风扇传动带打滑,发电机转速过低。

③ 个别二极管损坏。

④ 集电环脏污,电刷与集电环接触不良,导致励磁电流过小。

⑤ 发电机定子绕组连接不良,有短路或断路故障;转子绕组局部短路,转子与定子刮碰或气隙不当。

⑥ 调节器触点脏污或电压调节过低。

(3) 故障诊断步骤

若蓄电池存电足,调节器性能优良,蓄电池充电电流很小,甚至小到零均属正常。此时可按几下电喇叭,打开前照灯,如充电电流仍然很小,说明充电系有充电电流过小故障。

① 检查传动带是否过松,传动带是否有油污打滑,清洁发电机接线柱,查看接线是否牢固。

② 拆下发电机电枢和磁场接线柱上导线,用试灯的两根导线分别接发电机电枢和磁场接线柱,启动发动机,逐步提高转速,查看试灯亮度。若试灯发红,且亮度不随转速升高而增加或亮度增加不明显,则为发电机内部有故障,应拆检发电机。若试灯亮度能随转速增加而增强,则说明发电机良好,故障在调节器。调节器的检查方法可按发电机不充电故障所述方法检查。

有条件的情况下,在发电机中速运转时检查调节器的额定电流值和电压值,进行故障判断更为准确。

③ 上述检查结果均良好,则应进行调节器限压值的检查调整,看限压值是否过低。

2.1.3.3 充电电流过大故障

(1) 故障现象

① 在蓄电池不亏电的情况下,电流表指示充电电流仍在10A以上。汽车白天行驶2~3h,电流表始终指示大于5A充电电流。

② 蓄电池的电解液消耗过快,经常需要添加。

③ 照明灯泡、分电器断电器触点经常烧蚀。

④ 点火线圈和发电机有过热现象。

(2) 原因分析

① 电压调节器限压值调整过高。

② 双级式调压器低速触点烧结或高速触点脏污、接触不良、搭铁电阻增加,使励磁绕组不能及时短路。

③ 发电机绝缘电刷或正电刷与元件板短路。

④ 磁化线圈或温度补偿电阻烧断。

⑤ 晶体管调节器的大功率三极管集电结和发射结之间漏电过大，不能有效截止。

（3）故障诊断步骤

故障诊断步骤以双级式电压调节器电路为例加以说明。

① 用万用表直流电压挡检测发电机电压，正表笔触及发电机电枢接线柱，负表笔搭铁，逐步提高发电机转速，检测电压是否过高。若电压偏低、充电电流很大，应对蓄电池进行检查，判断其是否严重亏电或内部短路。

② 如电压过高，则拆下调节器磁场接线柱接线，逐步提高发动机转速并观察电流表。如仍然指示充电，即为发电机正电刷与元件板短路；如若不充电则为调节器故障。

③ 拆下电压调节器盖，用纸片插在第二级触点（高速触点）之间，以防短路，然后用手按压活动触点，如按压不下，则为第一级触点（低速触点）烧结；能按压下，并且在压下后充电电流有所下降，则为调节器弹簧拉力过大或气隙过大；若无磁力，则为磁化线圈或温度补偿电阻烧断。

④ 取出纸片，检查第二级触点（高速触点）是否烧蚀或接触不良。按压活动触点至第二级触点（高速触点）闭合时，发电机电压应下降，充电电流应迅速减小。

2.1.3.4 充电电流不稳故障

（1）故障现象

发电机在急速以上运转时，时而充电，时而不充电，电流表指针不断地摆动。

（2）原因分析

① 风扇传动带打滑。

② 充电系线路连接导线接触不良。

③ 发电机转子或定子线圈有局部断路或短路故障；集电环脏污或电刷与集电环接触不良，电刷弹簧弹力太弱。

④ 调节器触点烧蚀或脏污，触点臂弹簧过软。

（3）故障诊断步骤

① 首先排除传动带过松打滑和导线接触不良等影响因素。

② 电流表指针在急速以上各种转速下都不稳定，说明调节器电压控制不稳定。用手轻按活动触点的尾部，若指针变稳定，则为弹簧或气隙调整不当。若指针仍不稳定，可用旋具或导线短接第一级触点（低速触点），若有好转则为触点烧蚀或脏污，若仍无好转，可进一步检查发电机内部，主要查看各连接线、集电环与电刷的接触是否良好、硅二极管是否正常。

③ 电流表指针仅在高速时不稳定，说明调节器高速触点接触不良，应检查其有无烧蚀、脏污或接触不良。

④ 电流表指针仅在某一转速范围内不稳，说明电压调节器气隙调整不当。

2.1.3.5 发电机工作中有异响

（1）故障现象

发电机在运转过程中有不正常噪声。

（2）原因分析

① 风扇传动带过紧或过松。

② 发电机轴承损坏被卡住或松旷缺油，轴承钢球保护架脱落及轴承走外圆。

③ 发电机转子与定子相碰，俗称"扫膛"。

④ 电刷磨损过大或电刷与集电环接触角度倾斜，电刷在电刷架内倾斜摆动。

⑤ 发电机总装时部件不到位，使机体倾斜或发电机电枢轴弯曲。

⑥ 发电机传动带盘与轴松旷，使传动带盘与散热片碰撞。

(3) 故障诊断步骤

① 检查风扇传动带松紧度。

② 检视发电机传动带轮与发电机是否安装松旷。

③ 用手触摸发电机外壳和轴承部位，检查是否烫手或有振动感。若烫手说明定子和转子相碰或轴承损坏。借助听诊器或旋具倾听发电机轴承部位，声音清脆、不规则，说明轴承缺油或滚柱已损坏。

④ 拆下电刷，检查其磨损和接触情况。

⑤ 拆检发电机，检查其内部机件配合和润滑是否良好。如果发电机噪声细小而均匀，应检查硅二极管和磁场线圈是否短路或断路。

2.1.3.6 充电指示灯故障

充电指示灯电路一般有两种类型，一类指示灯受继电器控制；另一类受九管交流发电机的整流器直接控制。

(1) 继电器控制式充电指示灯电路故障诊断

① 指示灯在汽车行驶时，时亮时灭。可按充电不稳故障检查方法检查，若充电稳定，应检查充电指示灯继电器至发电机中性接线柱（N）引线之间是否接触不良，有关插接器是否松动。

② 指示灯不熄灭。先按不充电故障检查方法检查，若充电正常，可用试灯一端接发电机电枢（B+）接线柱，另一端接发电机"N"接线柱。若试灯微亮，充电指示灯熄灭，应拆检发电机中性接线柱是否断路；若试灯不亮，说明中性抽头到指示灯继电器线圈间有断路；若试灯微亮，充电指示灯未熄灭，应拆检指示灯继电器，看弹簧是否过硬，触点是否烧结或脏污；若试灯明亮，表明有负极管被击穿。

③ 充电指示灯不亮。接通点火开关，观察机油压力报警灯、燃油表等是否正常。若异常，说明仪表公共线路有问题，应检查仪表熔断器及线路。若仪表线路正常，可将继电器L、E两接柱短接，若指示灯发亮，表明继电器不能闭合。应恢复线路，拆下发电机中性接线柱连线，灯亮，说明发电机有正极管击穿；若仍不亮，说明继电器触点脏污或常开不能闭合。

将继电器L、E接线柱短接时，灯仍不会亮，应检查灯泡灯丝是否烧断，灯泡两端连接线是否断路。

(2) 九管硅整流发电机控制式充电指示灯故障诊断

不同结构的九管硅整流发电机，其故障表现亦有不同，诊断方法也有所不同。

① 充电指示灯不亮。接通点火开关，如充电指示灯不亮，则表明励磁回路断路，应检查充电指示灯是否烧坏，调节器是否断路；这也可能是由点火开关损坏、连接线路断路、蓄电池无电、磁场绕组断路等原因造成的。

② 充电指示灯能熄灭。只要发电机B+与D+达到充电电压值并形成等电位状态，充电指示灯就会熄灭，这时充电指示灯线路一般为正常，但充电电流不一定正常。当发电机三相桥式整流器中三只负极管中任意一只断路时，等效于定子一相断路，在发电机转速稍高时，B+与D+电位才相等，这时发电机有充电电流过小故障，应及时拆检发电机二极管和三相绕组。

当调压器调压值偏高或调压器失控时，发动机启动后充电指示灯也熄灭，但发电机工况已不正常，这时可根据电池逸出硫酸蒸气、灯泡易烧等现象，判断过充电的原因。

③ 充电指示灯常亮。若发动机发动后指示灯亮度正常，表明电路有不充电故障。若发动机发动后指示灯不会熄灭而呈暗淡状态，说明B+与D+间存在电压降，应检查发电机定子是否单相搭铁、正二极管是否有一只短路或励磁二极管有1~2只短路、断路；若充电指示灯发出较强光，说明B+与D+压降大，应检查正二极管是否断路。因为正极管1~2只

断路，会使发电机处于三相不平衡运转状态，输出波形严重畸变，并且影响调压器工作，致使 V_{D+} 高于 V_{B+}，使充电指示灯发出强光。

2.2 启动系统

2.2.1 启动系统的结构特点

汽车启动系统的作用是驱使发动机曲轴转动，直至它能在自身动力作用下继续运转为止。为此，起动机从蓄电池中获取电能，然后把所获能量转化为机械能，并通过驱动机构将其传递到发动机飞轮上。

(1) 起动机

启动系统由蓄电池、起动机、启动开关、启动继电器等组成，其中起动机是启动系统系统的主要部件，且都是直流电动机。起动机主要由直流电动机、传动机构、控制装置三部分组成，如图2-41所示。

直流电动机将蓄电池供给的直流电能转变成机械能，产生电磁转矩，使电枢转子旋转。起动机的传动机构也称为啮合机构，安装在电枢的延长轴上。它在启动发动机时，将电枢轴产生的电磁力矩，通过驱动齿轮和飞轮传递给发动机的曲轴，使发动机启动。起动机的传

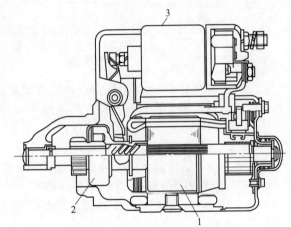

图2-41 起动机组成示意图
1—直流电动机；2—传动机构；3—控制装置

动机构有惯性啮合式、强制啮合式及电枢移动式三种形式。起动机的控制装置又称为操纵机构，安装在电动机的上部。它的作用是控制起动机主电路的通断，并操纵传动机构的工作。常用的控制机构有直接控制和电磁控制两种形式。

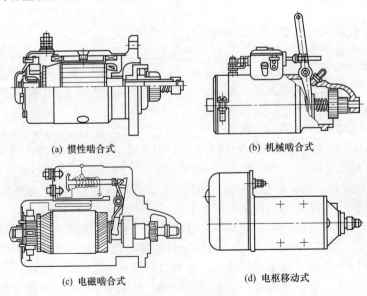

(a) 惯性啮合式　　　(b) 机械啮合式
(c) 电磁啮合式　　　(d) 电枢移动式

图2-42 起动机类型

按传动机构与控制装置不同,车用起动机分为惯性啮合式、机械啮合式、电磁啮合式、电枢移动式四种形式。

惯性啮合式起动机,如图2-42(a)所示,其驱动齿轮靠惯性的作用移出或退回,应用较少。

机械啮合式起动机,如图2-42(b),其靠人力和杠杆机构的作用使起动机主电路接通和驱动齿轮移出或退回。由于操作不便,也基本不使用了。

电磁啮合式起动机,如图2-42(c)所示,其靠电磁力和杠杆机构的作用,使启动主电路接通和驱动齿轮移出或退回。电磁啮合式起动机由串励式直流电动机、电磁开关和传动机构等组成,如图2-43所示。

电枢移动式起动机,如图2-42(d)所示,其靠磁极磁力的作用移动整个电枢,使驱动齿轮移出并将主电路接通,主要应用于大功率发动机。

上海桑塔纳普通轿车发动机的QD1225起动机功率为950W。如图2-44所示为QD1225型桑塔纳轿车发动机起动机的分解图,如图2-45所示为起动机的组成示意图。

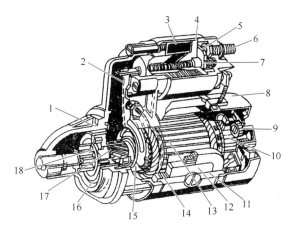

图2-43 电磁啮合式起动机结构示意图

1—后端盖;2—传动叉;3—电磁线圈;4—电磁开关;5—触点;
6—接线柱;7—接触盘;8—前端盖;9—电刷和电刷弹簧;
10—换向器;11—机壳;12—磁极铁芯;13—电枢;
14—磁场绕组;15—移动套筒;16—单向离合器;
17—电枢轴;18—驱动齿轮

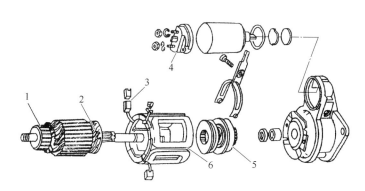

图2-44 QD1225型桑塔纳轿车发动机起动机分解图
1—整流子;2—电枢线圈;3—电刷;4—电磁开关;5—单向离合器;6—磁场线圈

QD1225起动机结构主要特点如下。

① 起动机移动叉、单向离合器中的滑环采用工程塑料制作,减轻了起动机的重量。

② 电枢轴上的花键采用了冷轧加工新工艺,提高了与单向离合器齿轮配合的同心度,抗打滑能力增强。

③ 电磁开关采用整体挤压工艺,减少了磁能损耗,提高了开关的电磁吸力及使用寿命。

④ 采用含环氧树脂滴漆工艺,提高了绝缘性能,尤其是使电枢线圈的结合强度提高,防止由于电枢的高速旋转而引起的甩线现象。

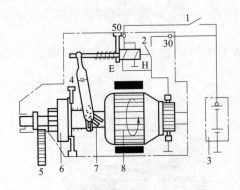

图 2-45 起动机的组成示意图
1—启动开关；2—电磁开关；3—蓄电池；4—啮合拨杆；5—飞轮齿圈；6—带单向离合器的驱动小齿轮；7—螺旋花键；8—直流电动机

⑤ 换向器为全塑材料。

起动机电压为 12V，功率为 0.95kW，低转速时转矩大，使发动机易于启动，电磁开关与常规相同，在电磁开关"50"接线柱处的最低电压为 8.0V。

点火开关接通电源，由红/黑色导线从点火开关上"50"接线柱送至中央线路板 B_8 结点，再通过中央线路板 C_{18} 结点，引到起动机电磁开关"50"接线柱。蓄电池正极用黑色导线与起动机"30"接线柱连接。

永磁起动机（图 2-46）用永磁材料作为磁极，取代普通型起动机中的磁场线圈和磁极铁芯，使结构简化，体积减小，质量减轻。为了增大启动转矩，在电枢轴与启动小齿轮之间装有行星齿轮减速器。

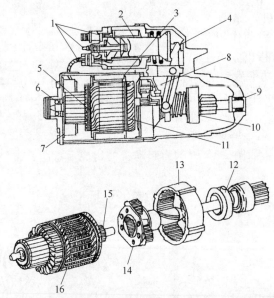

图 2-46 SD6RA 型永磁起动机
1—接线柱；2—拉杆；3—永磁铁磁场；4—驱动杠杆；5—换向器；6,9—轴承；7—电刷；8—行星齿轮减速总成；10—离合机构；11,16—平衡式电枢；12—驱动圈；13—固定内齿圈；14—行星齿轮保护器；15—太阳轮

在永磁起动机的电枢轴上装有减速器的起动机，称为永磁减速起动机，它的结构示意如图 2-47 所示。奥迪 100 轿车（五缸机）采用的是行星齿轮式永磁减速起动机，起动机的体积和重量在永磁起动机的基础上进一步减小，电路简化，拆装和维修方便。

（2）启动系控制电路

启动系的控制电路指除起动机本身电路以外的启动系电路，启动系的控制电路随车型的不同而有所不同，大体上可以分为无启动继电器的启动控制

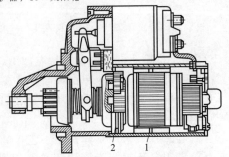

图 2-47 永磁减速起动机结构示意图
1—永磁材料制成的磁极；2—行星齿轮减速器

电路、带有起动机电器的控制电路和带有保护继电器的控制电路。下面介绍两种典型的控制电路。

① 无启动继电器的启动控制电路。

桑塔纳2000系列轿车起动机型号为QD1229和QD1225。控制电路中无启动继电器，起动机接线如图2-48所示。接通电火开关，由红/黑色线从点火开关"50"接线柱送至中央线路板B_8结点，再通过中央线路板C_{18}结点，引到起动机电磁开关"50"接线柱。蓄电池正极由黑色接线与起动机"30"接线柱连接。

点火开关接至启动挡时，电流的流向为：蓄电池正极→点火开关启动挡→端子50→吸引线圈→端子C→励磁绕组→电枢绕组→搭铁→蓄电池负极。同时，保持线圈中也通过电流：蓄电池正极→点火开关启动挡→端子50→保持线圈→搭铁→蓄电池负极。工作过程前已述及，此处不再分析。

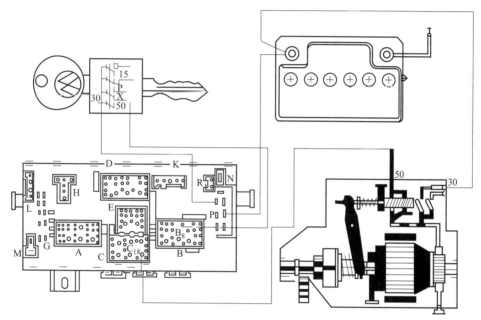

图2-48 桑塔纳2000系列轿车起动机线路

② 有启动继电器的启动控制电路。

通过启动继电器的触点接通或切断控制起动机电磁开关，可以保护点火开关，这种方式在现代汽车上的应用最为普遍。

控制电路原理如图2-49所示。点火开关未接启动挡时，继电器线圈无电流，启动继电器触点张开，电磁开关未通电，驱动齿轮与飞轮齿圈处于分离状态。

点火开关旋至启动挡时启动继电器线圈电路接通，其串路为：蓄电池正极→点火开关接柱1→接柱3→启动继电器"点火开关"接柱→线圈搭铁→蓄电池负极。

电磁线圈电路接通使继电器触点闭合，同时接通吸引线圈和保持线圈电路，此后的工作过程如前所述。

在有些电控发动机的启动系控制电路中，启动继电器线圈的接地端通过空挡启动开关（自动挡车只有在P或N挡下才可启动发动机）或离合器联锁开关控制，如图2-50所示。

有的汽车启动继电器线圈通过防盗系统搭铁，发动机启动时，只有防盗系统发出启动信号后，继电器线圈才能搭铁，如果防盗系统没有收到启动信号，则继电器线圈中无电流，起动机不能工作，实现了防盗功能。

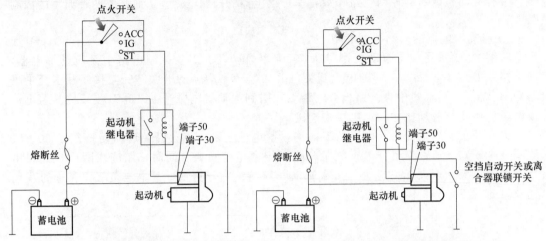

图 2-49　带启动继电器的控制电路　　　图 2-50　由空挡启动开关或离合器联锁开
　　　　　　　　　　　　　　　　　　　　　　关控制继电器线圈的控制电路

2.2.2　起动机的使用与维修

2.2.2.1　起动机使用的注意事项

启动发动机时，蓄电池要给起动机提供很大的电流，为保证发动机安全迅速可靠地启动发动机，并尽量延长其使用寿命，在使用中需注意以下事项。

① 发动机启动后，应必须立即切断起动机控制电路，使驱动齿轮及时退出，减少单向离合器的磨损。

② 起动机启动时，每次启动时间不超过 5s，再次启动时应间歇 10～15s，使蓄电池容量得以恢复。如果连续第三次启动，应在检查与排除故障的基础上停歇几分钟后进行。

③ 经常保持蓄电池处于充足电的状态，各处接线良好。在冬季或低温情况下启动时，应对蓄电池采取保温措施。

④ 对于自动挡汽车，启动时应挂入空挡。

2.2.2.2　起动机的拆装与试验

（1）起动机的拆装

在拆装起动机过程中，应注意从车上拆卸起动机前，应先关闭点火开关后，将蓄电池的搭铁线拆除，再拆除电磁开关上的蓄电池正极线。尤其是计算机控制发动机的车辆更要注意这一点。在安装起动机时，则应先连接电磁开关上的蓄电池正极线，再接上蓄电池的正极线、负极线。接蓄电池正、负极线之前要确保点火开关处在关闭状态，这是保护车上电子装置的必要措施。

常规起动机（以 QD124H 为例）的拆装步骤如下。

① 从电磁开关接线柱上拆开启动电机与电磁开关之间的连接导线。

② 松开电磁开关总成的两个固定螺母。取下电磁开关总成，如图 2-51（a）所示。

在取出电磁开关总成时，应将其头部向上抬，使柱塞铁芯端头的扁方与拨杆脱开后取出，如图 2-51（b）所示。

③ 拆下换向器的两个螺栓，取下换向端盖，如图 2-52 所示。

④ 拆下电刷架及定子总成，如图 2-53 所示。

⑤ 将启动机电枢总成及小齿轮拨杆一起从起动机机壳上拉出来，如图 2-54 所示。

⑥ 从电枢轴上拆下电枢止推挡圈的右半环、卡环、电枢止推挡圈左半环，拆下超速离

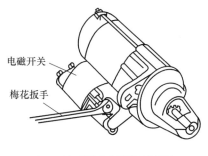 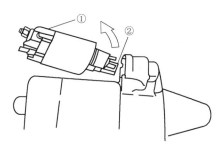

(a) 松开电磁开关固定螺母　　　　　　(b) 取出电磁开关

图 2-51　电磁开关拆卸

合器总成,如图 2-55 所示。

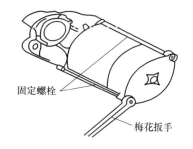 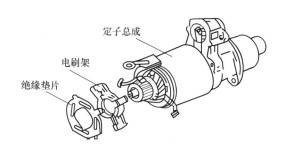

图 2-52　拆换向端盖　　　　　　图 2-53　拆电刷架及定子总成

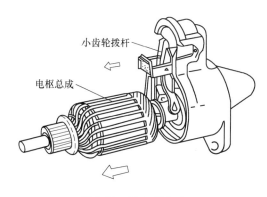 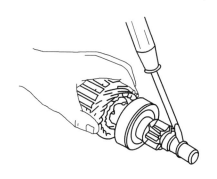

图 2-54　拆电枢总成　　　　　　图 2-55　拆离合器总成

对分解的起动机部件进行清洗时注意起动机电枢、励磁绕组和电磁开关总成只能用拧干汽油的棉纱进行擦拭,然后用压缩空气吹净,以防止由于液体不干而造成短路或失火。其他部件均可用液体清洗剂。

⑦ 起动机的组装程序与分解相反,但要注意:在组装起动机前,应将起动机的轴承和滑动部位涂上润滑脂。

(2) 起动机的试验

起动机装复后,应先调整再进行试验台上的运转试验,来检验起动机性能是否良好。做起动机运转试验时,要先进行空载试验,再进行全制动试验(24V 起动机一般提倡先做 12V

空载试验,再作 24V 空载试验),以防止因意外故障引起过载而烧坏实验设备或起动机本身。

① 空载试验。

将起动机夹紧在实验台上,将起动机与蓄电池和电流表(量程为 0~100A 以上的直流电流表)连接,如图 2-56 所示。蓄电池正极与电流表正极连接,电流表负极与起动机"30"端子连接,蓄电池的负极与起动机外壳连接。

用带夹电缆将"30"端子与"50"端子连接起来,如图 2-57 所示。此时驱动齿轮应向外伸出,起动机应平稳运转。当蓄电池电压大于或等于 11.5V 时,消耗电流应不超过 50A,用转速表测量电枢轴的转速应不低于 5000r/min。

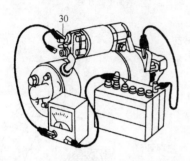

图 2-56 起动机的空载试验

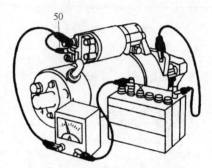

图 2-57 接通"50"端子进行试验

如果电流大于标准值而转速低于标准值,则可能的故障有:起动机装配过紧,电枢绕组、磁场绕组有匝间短路或搭铁故障。

如果电流和转速都低于标准值,则表明电动机电路接触不良,如电刷与换向器接触不良或电刷弹簧弹力不足等。

空载实验时应注意:每次空载试验不应超过 1min,以免起动机过热。试验时,先将蓄电池充足电,每项试验应在 3~5s 内完成,以防线圈被烧坏。

② 电磁开关试验。

a. 吸拉动作试验。将起动机固定到台虎钳上,拆下起动机端子"C"上的磁场绕组电缆引线端子,用带夹电缆将起动机"C"端子和电磁开关壳体与蓄电池负极连接,如图 2-58 所示。用带夹电缆将起动机"50"端子与蓄电池正极连接,此时驱动齿轮应向外移动。如驱动齿轮不动,说明电磁开关有故障,应修理或更换。

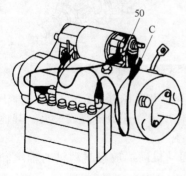

图 2-58 吸拉动作试验线路

b. 保持动作试验。当驱动齿轮保持在伸出位置时,拆下电磁开关"C"端子上的电缆夹,如图 2-59 所示。驱动齿轮应保持在伸出位置不动。如驱动齿轮回位,说明保持线圈断路,应予修理。

c. 回位动作试验。在保持动作的基础上,再拆下起动机壳体上的电缆夹,如图 2-60 所示,此时驱动齿轮应迅速回位。如驱动齿轮不能回位,说明回位弹簧失效,应更换弹簧或电磁开关总成。

③ 全制动试验。

空载试验合格的起动机才能进行全制动试验。全制动试验的目的是测量起动机在完全制动时所消耗的电流(制动电流)和制动力矩,以判断起动机主电路是否正常,并检查单向离合器是否打滑,其实验方法如下。

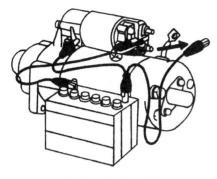
图 2-59 保持动作试验

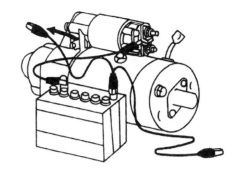
图 2-60 回位动作试验

将起动机夹持在试验台上,如图 2-61 所示。其电路连接与空转试验相同,使杠杆的一端夹住起动机驱动齿轮的 3 个齿。起动机通电后,呈现制动状态,观察单向离合器是否打滑并迅速记下电流表、电压表及弹簧秤的读数,其值应符合规定。

如果电流大而转矩小,则表明磁场绕组或电枢绕组有短路或搭铁故障。

如果转矩和电流都小,则表明起动机连接电路中接触电阻过大。

如果试验过程中电枢轴有缓慢转动,则说明单向离合器打滑。

注意:全制动试验要动作迅速,一次试验时间不要超过 5s,以免烧坏电动机及对蓄电池使用寿命造成不良影响。

2.2.2.3 起动机的维修

起动机解体后,应对各组成部分逐项进行检查,必要时进行修理或更换。

(1) 电枢的检查

① 换向器的检查修理。

a. 目测外观,表面不应有烧蚀。轻微烧蚀用 00 号砂纸打磨,严重时应车削。

b. 换向器失圆度检查。如图 2-62 所示,把电枢总成架在两块 V 形铁上,使轴线水平,转动电枢轴,用千分表测量偏心。换向器与电枢轴的不同心度不应超过规定值,不符合规定值,应在车床上修整。

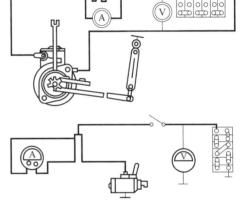
图 2-61 起动机的全制动试验

c. 换向片间切槽深度检查。换向片切槽深度应为 0.7~0.9mm,清除切槽内的异物,槽深仍小于规定值,可用锯条刮削。

d. 换向器直径的检查。用游标卡尺测换向器的外径,若直径小于出厂规定的最小值,则应更换换向器。

② 电枢轴的检查修理。

a. 轴颈与衬套的配合间隙检查。用游标卡尺测轴颈外径与衬套内径,配合间隙为 0.035~0.077mm,间隙过大应更换衬套,并重新铰配。

b. 电枢轴弯曲度的检查。如图 2-63 所示用千分表检查电枢轴,电枢对其轴线的径向圆跳动应不大于 0.15mm,否则应予校正。

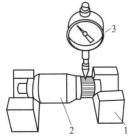
图 2-62 换向器失圆度的检查
1—V 形铁;2—电枢;3—千分表

③ 电枢绕组的检查。

a. 电枢绕组断路的检查。将万用表置于欧姆挡，测换向器换向片间电阻，应有一定电阻值，电阻值为无限大时说明断路，应修理或更换。

b. 电枢绕组短路的检查。如图 2-64 所示，把电枢放在电枢检验器上，接通电源，将锯片放在电枢上转动电枢，若锯片振动表明电枢绕组短路，应修理或更换。

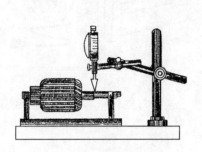

图 2-63　检查起动机电枢轴

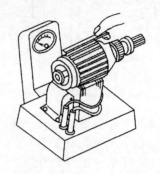

图 2-64　电枢绕组短路的检查

c. 电枢绕组搭铁的检查。将万用表置于欧姆挡，两表笔分别接换向器和铁芯，电阻应为无限大，否则表明电枢绕组搭铁，应修理或更换。

④ 电枢绕组的修理。

电枢绕组的断路故障大多出现在与换向片的焊接处，将脱焊点重新焊牢即可。

电枢绕组的搭铁故障，多出现在铁芯槽两端槽口锐棱处，可通过整形、补修绝缘层的办法来消除。

铁芯槽内线圈匝间短路时，应拆出重新绝缘。图 2-65 为起动机电枢的铁芯槽型，对于闭式和半闭式槽型，需加工成开式后再撬出线圈。修理步骤如下。

a. 拆除线圈，对于闭式和半闭式槽型的电枢，先在电枢外圆柱表面车出两至三条浅槽，然后在铣床上，将所有铁芯槽加工成开式。

在从铁芯槽内撬出线圈之前，先给换向片和转子槽按图 2-66 所示编号。

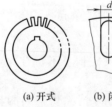 　　　　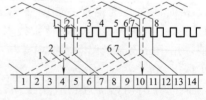

　(a) 开式　　(b) 闭式　　(c) 半闭式

图 2-65　电枢的铁芯槽型　　　　　　　图 2-66　换向片和转子槽的编号

将焊在换向片尾端的线圈端头撬脱，拆除各铁芯槽的面线，再撬出底线，尽量保持各线圈弯曲部分的形状不变，同时在底线边上做好标志，标明片号和槽号。

b. 线圈整形。将拆出的线圈两边校直，矫正变形，用锉刀、砂纸将两个端头打光。

c. 嵌入线圈。将铁芯槽清理干净，在槽中衬入绝缘纸，纸的长度比槽每端长 5mm，纸边应与铁芯外圆柱面平齐，如图 2-67 所示。

在线圈的弯曲部（与两端头相反的一边）套好绝缘管，管长应等于铁芯槽外部分的长度。在底线边的端头也套好绝缘管，使超出铁芯槽部分不致搭铁，端部只留嵌入换向器嵌线槽部分的长度。

按拆除线圈时的编号从 1 号槽开始嵌线。将 1 号槽底线包上 U 形绝缘纸，嵌入 1 号铁芯槽底，检查底线端头是否与其相应的换向片尾部对正，并为换向片嵌线槽留出嵌入线端头，如此依次在各槽内嵌入底线，最后嵌入面线。

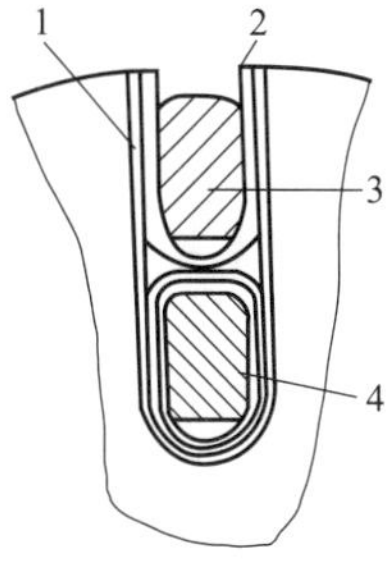

（2）磁场绕组的检查

① 磁场绕组短路与断路的检查。

以单格蓄电池为电源，正极接起动机接线柱，负极接正电刷，如图2-68所示，用旋具接通电源后，迅速检查各磁极磁力，磁力弱的为匝间短路，各磁极均无磁力为断路。将万用表置欧姆挡，测接线柱与正电刷之间的电阻，阻值为无限大时也为断路。

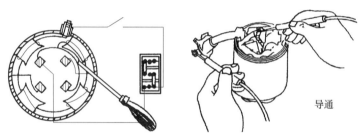

图2-67 电枢线圈的绝缘方法
1—U形绝缘纸；2—面线绝缘纸；3—面线；4—底线

② 磁场绕组搭铁的检查。

将万用表置于欧姆挡，如图2-69所示，测磁场绕组与壳体的电阻，其值应为无限大，否则应更换或重绕。

③ 磁场绕组的修理。

磁场绕组的断路大多发生在线圈与引线的焊接处，只要重新将引线焊牢即可。

磁场绕组的搭铁短路也只限于线圈的表面，只要拆下磁极，再从磁极上拆下线圈，找出破线点，包上绝缘带并涂漆，待漆晾干后即可装复使用。

图2-68 磁场绕组短路与断路检查

磁场绕组的匝间短路一般都是因线圈过热，将绝缘层烧焦所致。修理时先剥下包扎在外面的绝缘布，然后再检查夹在铜带之间的绝缘层，若某段纸层已烧焦，此处即为短路点。如果仅在局部烧焦，可将其刮除，插入绝缘纸，如图2-70所示；如果烧焦面积大，可将线圈放在水中加热，然后刮除烧焦的绝缘层，重新绕制。

图2-69 磁场绕组搭铁的检查

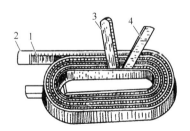

图2-70 磁场绕组搭铁的检查
1—绝缘纸带；2—扁铜带；3—刀片；4—绝缘纸带

（3）电刷、电刷弹簧及刷架的检查

① 外观检查。

a. 电刷在刷架中应活动自如，不应有卡滞现象，否则应调整或更换。
b. 电刷与换向器的接触面积不应低于80%，否则应研配或更换。
c. 电刷架无歪斜、松旷现象，否则应更换。

② 电刷长度的测量。

用游标卡尺测电刷长度，应符合标准，一般不应小于10mm，否则应更换。

③ 电刷弹簧张力的测量。

用弹簧秤测电刷弹簧张力，如图2-71所示，应符合标准值，张力过弱应更换。

(4) 单向离合器的检查

① 驱动齿轮的检查。

如图2-72所示，用游标卡尺测量驱动齿轮，两相邻的齿总厚度不小于11.5mm，齿长应不小于16mm，如有缺损、裂痕应更换。

② 检查单向离合器能承受的扭矩。

如图2-73所示，将单向离合器2装夹在台虎钳3上，用扭力扳手1测离合器所能承受的扭矩，滚柱式离合器应能承受25.5N·m的扭力而不打滑，否则应更换单向离合器。

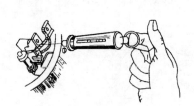

图2-71 电刷弹簧张力的测量

图2-72 测量起动机驱动齿轮

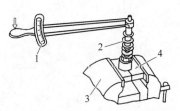

图2-73 单向离合器扭力检测
1—扭力扳手；2—单向离合器；
3—台虎钳；4—夹板

③ 单向传递力矩作用的检查。

一手握住单向离合器，另一只手转动驱动齿轮，齿轮应在一个方向可以自由转动，另一个方向不能转动。若反向也能转动，表明单向离合器损坏，应更换。

(5) 电磁开关的检查

① 触点、接触盘的检查。

目测触点、接触盘，平面应清洁，无烧损。轻微烧损可用细砂纸打磨，严重时可换面使用。

② 吸引线圈的检查。

如图2-74所示，从起动机电磁开关接电动机接线柱2上，拆下接电动机的导线，并将接线柱2和起动机外壳接蓄电池负极，电磁开关接启动开关接线柱3，再接蓄电池正极。电路接通时，驱动齿轮被迅速推到工作位置，表明吸引线圈正常，否则为吸引线圈故障，应更换或重绕。

③ 保持线圈的检查。

如图2-75所示，拆下接线柱2上的蓄电池负极接线，驱动齿轮保持推出后的位置，表明保持线圈正常，否则保持线圈有故障，应更换或重绕。

④ 电磁开关回位弹簧的检查。

如图2-76所示，断开接线柱3上的导线，驱动齿轮迅速退回，表明电磁开关回位弹簧良好，否则为弹簧损坏，应予更换。

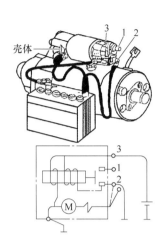 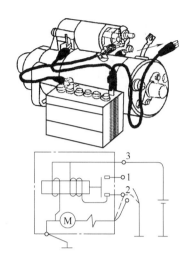

图 2-74 吸引线圈的检查　　　　　　图 2-75 保持线圈的检查
1—电磁开关接蓄电池接线柱；　　　　1—电磁开关接蓄电池接线柱；
2—接起动机接线柱；　　　　　　　　2—接起动机接线柱；
3—接启动开关接线柱　　　　　　　　3—接启动开关接线柱

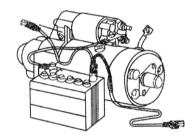 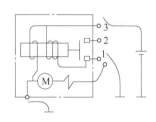

图 2-76 电磁开关回位弹簧的检查
1—电磁开关接蓄电池接线柱；2—接起动机接线柱；3—接起动机开关接线柱

⑤ 电磁开关线圈的绕制。

a. 拆下线圈部分和开关部分的固定螺钉，用电烙铁将线圈线头处烫下，将以上两大部分分解。

b. 用专用工具将线圈前端盖衔铁处拆开，并取出线圈。

c. 拆下漆包线时应将线圈固定在绕线机上，这样，圈数可以从读数盘中读出。

d. 拆下漆包线后，取出绕线轱辘，用纱头将油污擦净。

e. 将绕线轱辘安装在专用工具内，然后一起安装在绕线机上。

f. 用外径千分尺测漆包线直径。

g. 把青壳纸裁成和线圈轱辘大小一样的尺寸，在线圈轱辘上将青壳纸缠绕两层。

h. 绕线时应将保持线圈先绕，绕完后，如保持线圈的末端不在绕线轱辘的顶端，可用绝缘纸或用纱带将其垫平，再绕吸拉线圈。

i. 线圈绕完后，用专用工具将其安装在电磁开关内，进行测试，活动铁芯应露出端盖的 1/3。

第一步，测试保持线圈。直流电源的正极接保持线圈一端，负极接另一端，此时活动铁芯应被吸入。

第二步，测试吸拉线圈。方法同保持线圈一样。

第三步，同时测试吸拉线圈和保持线圈。直流电源的正极同时接保持线圈和吸拉线圈紧挨着的两根线头，直流电源的负极接另外紧挨着的两根线头，此时活动铁芯被吸入。如不能吸入，是因电流方向相反，造成磁场方向相反，将任意一只线圈的两线头对调即可。

2.2.2.4 起动机的性能检测

装复后的起动机整机应在实验台上进行性能测试，项目包括空转试验和全制动试验。

（1）空转试验

按图2-77所示将起动机夹紧在试验台上，并接好试验线路，保证线路的电压降不大于0.3V。

合上开关，起动机转动应均匀、无抖振现象，电刷与换向器之间应无火花；同时记录电流表和电压表的示数，并测量转速值，试验时间应不超过1min。然后，核对记录数据与原技术标准。如果电流大而转速低，则表明存在装配过紧方面的机械故障，或电枢和励磁绕组仍有搭铁、短路的电气故障；若电流与转速都小，则表明电路中有接触不良之处。

（2）全制动试验

按图2-78所示将起动机夹紧在专用试验架上，装好扭力杠杆和弹簧秤，接好线路。

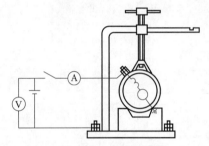

图2-77 空转试验

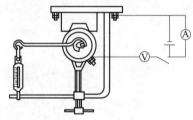

图2-78 全制动试验

合上开关，在5s内观察单向离合器是否打滑，并立即记录电流表数值及电压表和弹簧秤的示数，然后与原技术标准相对照。如果扭矩小而电流大，则表明电枢和励磁绕组中有搭铁短路故障；如果扭矩和电流都小，则表明电路中有接触不良之处。

2.2.3 启动系统常见故障诊断

2.2.3.1 起动机不转故障

（1）故障现象

点火开关扭至启动挡位后，起动机不转动。

（2）故障原因

① 蓄电池存电量不足；接柱与电缆线接触不良。

② 点火开关触点严重烧蚀不能接触。

③ 电磁开关吸拉线圈、保位线圈短路、断路或触点严重烧蚀。

④ 整流器脏污或烧蚀。

⑤ 电刷磨损过甚，电刷弹簧过软或电刷在电刷架中卡滞，以致电刷与整流器不能接触。

⑥ 起动机电枢线圈或磁场线圈断路或短路。

⑦ 蓄电池至起动机间连接线断路或搭铁短路。

（3）故障的诊断与排除

① 开大灯及按喇叭检查，若喇叭声不正常、灯光暗淡，表明蓄电池存电不足或极柱接触不良，应对蓄电池进行检修。

② 用试灯检查电磁开关蓄电池接柱是否有电，试灯不亮表明该接柱至蓄电池间连接线断路或短路，应予排除。

③ 用旋具或导线连接起动机电磁开关的蓄电池接柱和励磁线圈接柱。起动机运转表明电磁开关损坏或其控制电路断路及短路；起动机仍不转，表明故障在起动机内部；励磁线圈或电枢线圈断路及短路、整流器严重脏污或烧蚀、电刷磨损过度、卡滞或弹簧弹力过小等，应对起动机进行解体检修。

④ 故障在电磁开关及其控制电路时，可将点火开关拧至启动挡（3位），察听电磁开关活动铁芯有无吸合声。铁芯吸合，表明电磁开关触点严重烧蚀，应予更换；铁芯不能吸合，表明控制线路或吸拉及保位线圈断路或短路。

⑤ 拆下电磁开关点火开关接柱上的接线，在点火开关处于启动挡位时用试灯检查，试灯亮表明控制线路良好，故障在吸拉或保位线圈，应更换起动机开关或起动机总成；试灯不亮，表明控制线路断路或短路，应查明故障部位予以排除。

2.2.3.2 起动机转动无力故障

（1）故障现象

起动机转动缓慢无力，带动发动机运转困难；或接通点火开关启动挡后，起动机就发出"咔嗒"一声响，但不能转动。

（2）故障原因

① 蓄电池存电不足或其电缆线与极柱接触不良。

② 电磁开关触点烧蚀接触不良。

③ 整流器脏污、电刷磨损严重、弹簧过弱，致使电刷与整流器接触不良。

④ 激磁线圈或电枢线圈短路。

⑤ 转子轴衬套磨损严重与轴配合松旷，或转子轴弯曲变形，致使电枢与磁极相碰。

（3）故障的诊断与排除

起动机转动无力的故障诊断方法与起动机不转基本相同。其诊断与排除方法如下。

① 开大灯及按喇叭检查，若蓄电池存在不足或出现连接松动，应对蓄电池进行充电及检修，并连接好电缆线。

② 用旋具或导线连接起动机蓄电池接柱与励磁线圈接柱；此时，若起动机转动良好，表明电磁开关接触不良，应更换电磁开关或起动机总成。

③ 连接电磁开关蓄电池接柱与励磁绕组接柱后，若起动机仍转动无力，表明故障在起动机内部，应对起动机进行解体检修或更换新件。

2.2.3.3 起动机空转故障

（1）故障现象

拧动点火开关至启动挡时，起动机运转正常，但发动机曲轴不转。

（2）故障原因

① 单向离合器打滑、弹簧过软或驱动齿轮损坏。

② 单向离合器拨叉损坏，不能拨动驱动齿轮轴向移动。

③ 飞轮齿圈损坏。

④ 起动机转子轴支承衬套磨损严重。

（3）故障的诊断与排除

① 从车上拆下起动机总成，检查飞轮齿圈是否损坏，齿圈轮齿严重损伤时，应予更换。

② 检查单向离合器是否打滑（进行制动试验）；弹簧弹力是否明显减弱；驱动齿轮是否损坏。不符合要求时应更换新件。

③ 解体检查转子轴与衬套配合是否松旷；拨叉是否折断，拨叉各铰接部位是否磨损松旷等。转子轴与衬套配合松旷，应更换支承衬套；拨叉损坏应更换新件。

2.2.3.4 起动机不能停转故障

（1）故障现象

车辆启动后，放松点火开关，起动机仍转动不停。

（2）故障原因

① 点火开关不回位。

② 电磁开关触点烧结在一起不能分离。

③ 电磁开关活动触点回位弹簧过软或折断。

④ 单向离合器在转子轴上卡滞，使驱动齿轮不能退出啮合状态。

（3）故障的诊断与排除

出现此故障时，应迅速拆除蓄电池搭铁线，然后进行检修，以防起动机被烧坏。

① 检查由启动挡放松点火开关后，能否自动跳回2位，不符合要求时，应更换新件。

② 用万用表R×1挡检查电磁开关蓄电池接柱与激磁线圈接柱间的电阻值，判断其活动触点能否分离（非启动状态，其阻值应为无穷大）不能分离时，应更换新件。

③ 单向离合器在转子轴上轴向运动不灵活时，应查明原因予以排除。

2.2.3.5 起动机异响故障

（1）故障现象

车辆启动时，起动机发出不正常的响声。

（2）故障原因

① 起动机驱动齿轮或飞轮齿圈磨损严重。

② 单向离合器减振弹簧过软或折断，致使驱动齿轮不能及时进入啮合。

③ 电磁开关保持线圈断路或短路。

④ 转子轴弯曲变形或其支承衬套磨损严重。

（3）故障的诊断与排除

① 拧动点火开关启动车辆，若电磁开关内有较强的"哒哒"声，且起动机不转，表明保位线圈断路或短路，应更换电磁开关或起动机总成。

② 车辆启动时，起动机内发出"沙沙"的摩擦声，表明转子轴与磁极相碰，应查明原因予以排除。

③ 起动机不能进入啮合，并发出较快的连续撞击声，应检查驱动齿轮及飞轮齿圈是否严重磨损，单向离合器减振弹簧弹力是否明显下降或折断，并视情况进行更换与调整。

2.3 点火系统

汽油机点火系统的作用是在压缩行程终了时，火花塞产生电火花，将混合气点燃，使混合气迅速燃烧，并产生强大的动力，推动活塞向下运动，带动曲轴旋转，使发动机做功。

自1910年汽车发动机点火系统正式使用以来，迄今为止，以应用最为广泛的蓄电池点火系统来说，已经历了传统触点式点火系统、半导体辅助点火系统、普通电子式点火系统、微机控制点火系统、微机控制无分电器直接点火系统五个发展阶段。从点火方式分，前面两个阶段又可称为有触点式阶段，而后面三个阶段称为无触点式阶段。从对点火时刻的控制方式来分，前面三个阶段又可称为真空机械式控制方式阶段，而后面两个分阶段可称为微机控制方式阶段。此处主要介绍传统点火系统，微机控制方式点火系统在后面专门介绍。

2.3.1 点火系统的结构特点

（1）传统触点式点火系统

传统点火系统在发动机工作时，利用断电器触点开闭的作用，产生点火信号，控制点火线圈一次侧（初级）电路的通断。因此传统点火系是触点式点火系。这种传统触点式点火系统一直为汽车汽油机所采用，直至20世纪70年代末，才逐步被替代。但目前大部分国产货车汽油机和一些轿车汽油机（如国产夏利TJ7100型轿车的TJ376Q型汽油机）仍采用这种点火系统。

传统触点式点火系统如图2-79所示。它由电源（发电机、蓄电池）、电流表、点火开关、附加电阻短路开关、附加电阻、点火线圈、分电器（包括断电器）、高压导线和火花塞组成。

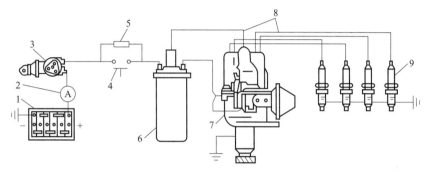

图2-79 传统触点式点火系统的组成
1—蓄电池；2—电流表；3—点火开关；4—附加电阻短路开关；5—附加电阻；6—点火线圈；
7—分电器；8—高压导线；9—火花塞

（2）半导体辅助点火系统

半导体辅助点火系统又称为触点式半导体点火系统。这种点火系统除了有一个半导体辅助点火装置外，其余部分与传统触点式点火系统基本相同。它将开关型大功率晶体三极管串联在点火线圈一次侧电路中，代替断电器的触点，控制一次电路的通断，将断电器的触点串联在三极管的基极电路中，控制三极管的导通与截止和点火系的工作。

触点式半导体点火装置中流过断电器触点的电流是三极管的基极电流，仅为一次电流的1/10～1/5。它可有效地减小触点火花，延长触点使用寿命，还可以增大一次电流以提高二次电压和点火能量。

（3）普通电子式点火系统

不论是传统的触点式点火系统还是半导体辅助点火系统，在系统内均有一个断电器，尽管触点烧蚀问题在采取了一系列措施后可以减少，但是触点的磨损仍是无法避免的。20世纪70年代以来，由于对点火能量、击穿电压要求不断提高，发动机转速也在不断提高，因而采用无触点点火系统的要求日益迫切。随着电子技术的迅猛发展，用大功率晶体管代替原有点火系统中断电器的"白金"触点通断初级电流，起开关作用，由信号发生器输出信号使大功率晶体管导通与截止，诱发点火线圈产生点火电压的传统触点式点火系统（见图2-79）在轿车汽油机上得到了广泛的应用。

这种以无触点点火为特征的普通电子式点火系统，通常由信号发生器（即曲轴位置传感器）、电子点火控制器（点火器）、点火线圈、分电器、点火提前角自动调节装置、火花塞等组成。除信号发生器和电子点火控制器外，其他部件的结构和原理与传统触点式点火系统基本相同。国产桑塔纳1.8LJV型发动机以及奥迪100 1.8L、富康1.36L、标致2L、切诺基2.5L等发动机都采用了普通电子式点火系统。

普通电子式点火按产生点火信号的传感器型式不同，分为磁脉冲式（如富康1.36L和切诺基2.5L发动机）、霍尔效应式（如桑塔纳1.8L和奥迪100 1.8L发动机）和充电式等多种型式。

① 磁脉冲式无触点点火装置。

图 2-80 是日本丰田汽车公司 20R 型发动机采用的磁脉冲式无触点点火装置的组成。

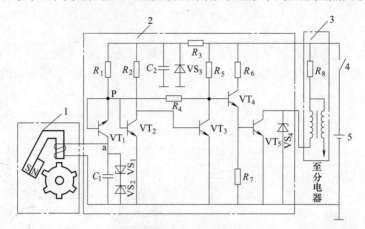

图 2-80　磁脉冲式无触点点火装置
1—磁脉冲式传感器；2—点火控制器；3—点火线圈；4—点火开关；5—蓄电池

② 霍尔效应式无触点点火装置。

霍尔效应式无触点点火装置由霍尔分电器、点火控制器、点火线圈、火花塞等组成，图 2-81 是一汽奥迪 100、上海桑塔纳轿车霍尔效应式无触点点火装置组成示意图。

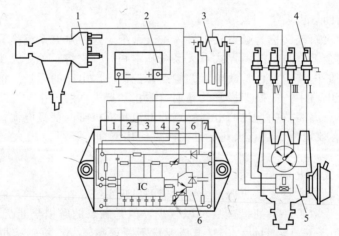

图 2-81　霍尔效应式无触点点火装置
1—点火开关；2—蓄电池；3—点火线圈；4—火花塞；5—霍尔分电器；6—点火控制器

2.3.2　点火系统零部件的检修

（1）点火线圈的故障检查

在使用中，点火线圈的一次绕组、二次绕组和附加电阻可能出现短路、断路，搭铁及绝缘损坏而漏电等，使点火系不能正常工作。

可按下述方法进行点火线圈的故障检查。

① 一次绕组短路与断路的检查。

如图 2-82（a）所示，将万用表置 $R \times 1$ 挡，点火线圈"开关"接线柱与"—"接线柱之间的电阻约为 $0.5 \sim 2\Omega$，不同型号点火线圈的电阻值不等。电阻值过小为短路，电阻值无限大为断路。

"+"接线柱与外壳之间的电阻应为无限大。电阻过小为搭铁故障。

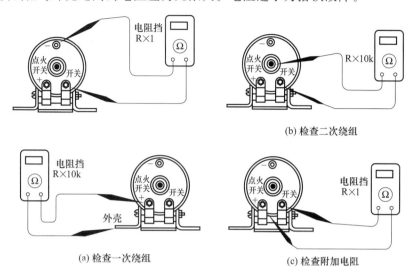

图 2-82 点火线圈的故障检查

② 二次绕组短路与断路的检查。

如图 2-82（b）所示，万用表置 R×10k 挡，"高压插孔"与"开关"接线柱之间电阻约为 5~15kΩ，不同型号点火线圈电阻值不等。电阻值过小为短路，电阻值过大为断路。

③ 附加电阻短路与断路的检查。

如图 2-82（c）所示，万用表置 R×1 挡，"+"接线柱与"开关"接线柱之间的电阻约为 1.5~2Ω，不同型号点火线圈电阻值不等。电阻值过小或是 0 为短路，电阻值无限大为断路。

（2）分电器的故障检修

分电器的故障可能出现在断电器或无触点点火系中的传感器、分电器盖、分火头、点火提前调节机构，还可能出现某些机械故障。

① 断电器和传感器的故障检查。

a. 检查断电器（图 2-83）。触点表面若有轻微烧蚀，应用细砂纸打磨，严重时可用细锉修磨或更换，活动触点与固定触点中心线应重合，触点间隙及弹簧张力应符合标准。

b. 检查磁脉冲式传感器（图 2-84）。转子凸轮齿与线圈铁芯或定子凸齿之间的间隙应符合规定，否则应调整为规定值。

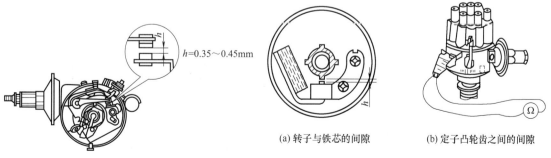

图 2-83 检查断电器　　图 2-84 检查磁脉冲式传感器

传感器线圈的电阻值应符合规定,约为200～400Ω(见表2-19)。电阻值过小为短路,电阻值无限大为断路。过大或过小均应更换线圈。

表2-19 磁脉冲式传感器线圈电阻

序 号	适用车型	传感线圈电阻/Ω
1	广州标致	350～380
2	富康	385
3	北京切诺基	400～800
4	丰田汽车	140～180

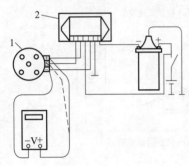

图 2-85 检查霍尔效应式传感器
1—霍尔分电器;2—点火控制器

c. 检查霍尔效应式传感器(图2-85)。打开分电器盖,取下分电器中央高压线并搭铁。万用表置电压挡,检查接线器"+"(红黑线)、"-"端子之间的电压,接通点火开关时应为蓄电池电压。

接线器"S"(绿白线)与"-"端子之间的电压,在接通点火开关,转子叶片在气隙中时约为11V,缺口在气隙中时约为0.3～0.4V。

d. 检查集成电路点火装置的传感器(图2-86):检查转子凸齿与定子极片之间的间隙,约为0.3～0.5mm(因车型而不同),否则应松开固定螺钉,调整极片位置。

检查点火装置接地状况,分电器壳与蓄电池负极之间的电压应小于0.5V,否则为接地不良的故障。

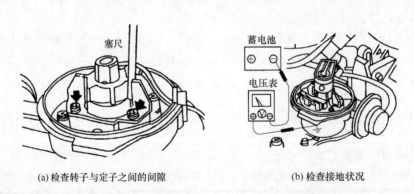

图 2-86 检查集成电路点火装置的传感器
(a) 检查转子与定子之间的间隙 (b) 检查接地状况

② 配电器的故障检查。

a. 检查分电器盖的绝缘状况(图2-87)。万用表置R×10k挡,分电器中央插孔与各旁电极插孔之间的电阻应大于50kΩ,否则分电器有裂纹或积污,应清洁或更换。

b. 检查分火头的绝缘状况。用上述方法检查时电阻应大于50kΩ,或将分火头放在机体上,将分电器中央高压线距分火头3～4mm,触点分开时若有火花为分火头漏电,应更换。

③ 电容器的故障检查。

电容器的检查如图2-88所示。用交流试灯检查时灯亮,为电容器短路,应更换。灯不亮或暗红,移出触针时将引线与外壳相碰,有蓝色火花,为电容器良好。

④ 点火提前调节机构的故障检查。

点火提前调节机构的检查如图2-89所示。

a. 检查离心点火提前调节机构。将分电器轴固定,用手捏住凸轮(或转子)式分火头,将其顺旋转方向转到极限位置后松手,能自动回到原位,否则应修理或更换。

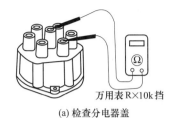 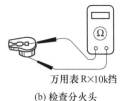 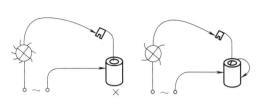

图 2-87　检查分电器盖绝缘状况　　　　　图 2-88　电容器的检查

b. 检查真空点火提前调节机构。用真空泵或用嘴吸吮的方法，在吸气管处抽真空时，膜片能带动调节器拉杆和断电器底板移动，否则应修理或更换。

⑤ 分电器轴及轴套的检查。

分电器轴及轴套的检查如图 2-90 所示。

a. 检查轴与轴套的配合间隙。将千分表的触针垂直顶在轴的上端，

 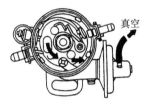

图 2-89　点火提前调节机构的检查

如图 2-90（a）所示，沿触针的轴线方向，推、拉分电器轴、轴与轴套之间的间隙应符合标准。否则应更换轴套并重新铰配。

b. 检查轴的弯曲度。如图 2-90（b）所示，将千分表垂直顶在分电器轴上，转动分电器轴时最大摆差不应大于规定值，否则应校直或更换。

c. 检查轴向间隙。用塞尺测量联轴器与分电器壳接触面之间的间隙，如图 2-90（c）所示，应符合规定值，一般为 0.15～0.5mm，否则应加垫片调整。

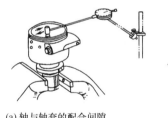 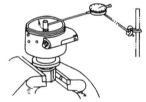

图 2-90　分电器轴及轴套的检查

（3）点火控制器的检查

用于不同车型的半导体点火系中使用的传感器、点火控制器的类型和结构不同，工作方式和接线方法也不相同，因此对点火控制器的故障诊断无固定模式。在进行故障诊断之前应先查清点火系的形式、接线原理及各接线端子的作用，以模拟的传感器信号作为输入信号，进行点火控制器的检查。

① 磁脉冲式点火控制器的检查。

磁脉冲式无触点点火系统中传感器输入信号为交变的电压信号，可以用 1.5V 干电池作为输入信号，用试灯或电压表检查控制器的状态，如图 2-91 所示。

用干电池和试灯进行检查：将 1.5V 干电池交替地接在点火控制器两个输入端子时，试

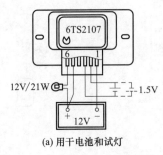
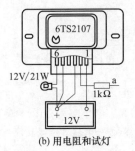

(a) 用干电池和试灯　　　　(b) 用电阻和试灯

图 2-91　磁脉冲式点火控制器的检查

灯也随着交替地亮、灭。否则点火控制器故障，应更换。

用干电池和电压表进行检查：将电压表接点火线圈"－"接柱，当干电池交替地接在控制器输入端时，电压表的读数应在 1~2V 和 12V 之间交替变化。否则点火控制器故障。

用电阻和试灯进行检查：将 1kΩ 电阻接在点火控制器的输入端子"2"，以"a"端触碰一下蓄电池负极时，试灯亮 0.5s 后熄灭。否则为点火控制器故障。

② 霍尔效应式点火控制器的检查。

如图 2-92 所示，将 1kΩ 电阻接在点火控制器接线器（接分电器）的信号输入端"S"，试灯接在电源和点火控制器输出端子"1"之间。当用"a"端触碰蓄电池"＋"时试灯亮，触碰"－"时试灯灭。否则为点火控制器故障。

（4）火花塞和高压导线的检查

火花塞是点火系的重要组成部分。其性能和技术状况对发动机的工作有十分重要的影响。

① 检查火花塞的技术状况。

在发动机工作时，用旋具将要检查的火花塞短路，若发动机运行状况没有变化，则该缸火花塞工作不良，应检查或更换。可将火花塞拆下，螺纹部分放在机体上，点火线圈中央高压线接火花塞接线螺母，转动发动机时，火花塞间隙中有火花，表明火花塞正常。

② 检查火花塞热特性是否与发动机匹配。

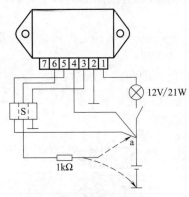

图 2-92　霍尔效应式点火控制器的检查

实践证明，发动机工作时火花塞绝缘体裙部的温度若保持在 500~600℃，落在绝缘体上的油滴能立即烧掉，火花塞不产生积炭，这一温度被称为火花塞的自净温度。当火花塞的温度低于自净温度时易产生积炭；高于自净温度时易产生爆振。

发动机工作时，裙部直接与燃气接触，吸收热量，并经机体和冷却系散发出去。火花塞发火部位的热量向冷却系散发的性能称为火花塞的"热特性"。

在使用中若发动机常因火花塞积炭而不能正常工作，表明火花塞裙部温度达不到自净温度，应换成热型火花塞；反之，若经常发生炽热点火，表明裙部温度高于自净温度应换成冷型火花塞。

③ 火花塞表面状况的检查和积炭清除。

火花塞应保持清洁、干燥，电极应完整而无油污和缺陷。如图 2-93 所示，检查电极的磨损、积炭和烧蚀现象，绝缘体应无裂痕破损。火花塞绝缘体裙部在正常运行以后，应呈现棕红色。

应用喷砂的方法清理火花塞电极周围的积炭，在火花塞试验器上进行。禁止用铜丝刷刷洗或放入火中烧灼及敲击等方法清除，以免绝缘体破裂、受伤而致绝缘失效。清除积炭后的火花塞必须用压缩空气吹干净。

④ 火花塞电极间隙的测量和调整。

火花塞电极间隙应按各发动机原有规定进行检测调整，一般为 0.60~0.80mm。由于火花塞电极在工作过程中容易形成凹陷，用普通塞尺测量不够准确，故宜用火花塞圆形量规测量，如图 2-94 所示。调整时应以专用扳钳扳动侧电极，不得扳动或敲击中心电极。

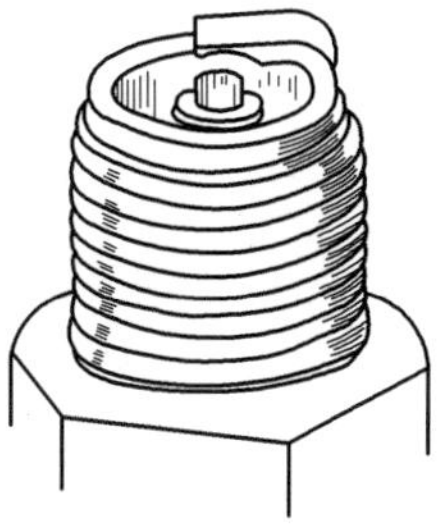

⑤ 火花塞发火性能的检查。

绝缘体如有裂纹，在发动机运行过程中就会发生漏电现象。是否漏电，应在火花塞试验器上进行试验。完好的火花塞应保证在 0.8~0.9MPa 的空气压力下能连续跳火。对于使用过的火花塞，最低可以在 0.7MPa 压力下试验。

图 2-93 检查火花塞

在发动机上试验，当发动机怠速运转时，用有绝缘柄的旋具搭于火花塞接柱并触及气缸体，使高压电流断路，倾听发动机的运转声音。如发动机运转声音有变化，即说明火花塞工作正常。

⑥ 火花塞的密封性检查。

将火花塞旋装于一个可以通入压缩空气的试验工具上，再将工具连同火花塞放入盛有液体的杯内，并在火花塞上方倒放一个充满液体的量筒。如图 2-95 所示。然后将压力为 0.8~1.0MPa 的压缩空气通入试验工具内，如果火花塞密封不良，即有气泡进入量筒。试验时，新火花塞应该密封良好，只允许有个别气泡；使用过的火花塞，每分钟漏气不应超过 50mL。火花塞必须装上密封垫圈并按规定力矩旋紧，不可漏气。

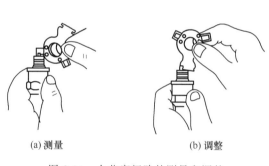

(a) 测量　　(b) 调整

图 2-94　火花塞间隙的测量和调整

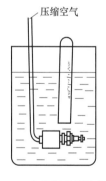

图 2-95　火花塞密封性检查

2.3.3　点火系统的性能测试

(1) 点火线圈的性能测试

点火系统的性能测试应在专用的点火系统试验台或汽车电器试验台上进行。

将与被试点火线圈相匹配且技术状况良好的分电器安装在试验台上，三针放电器的间隙调节为 7mm，按图 2-96 接线。启动电动机，当点火线圈温度达到 60~70℃时，使电动机转速保持 1500r/min。三针放电器间隙中的火花应在 30s 内连续不断，火花弱或断火为点火线圈性能不良。

(2) 分电器的性能测试

将被试分电器安装在试验台上，触点间隙调节为规定值。选择与分电器相匹配且性能良好的点火线圈，按图 2-97 接线。

① 检查分电器的发火均匀性。

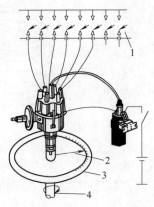 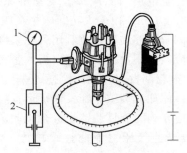

图 2-96　点火线圈性能测试
1—三针放电器；2—指针；
3—刻度盘；4—电动机轴

图 2-97　分电器性能测试
1—真空表；2—真空泵

将点火线圈高压线插接在试验台的刻度盘上。启动电动机，当分电器轴的转速稳定在最低稳定转速时，将一个火花对准 0 刻度，观察刻度盘上火花间隙的角度。四缸发动机应为 90°±1°，六缸发动机为 60°±1°。

若角度偏差过大为分电器轴套松旷，断电器凸轮磨损不均匀或凸轮加工误差过大，应修理或更换。

② 检查离心点火提前角调节机构。

接线方法不变。启动电动机，将分电器在转速稳定在最佳稳定转速（50~100r/min），调节刻度盘使一个火花对准零刻度，逐渐提高转速，记录提前角度的变化。不同转速时的提前角度应符合出厂规定，各车型的分电器提前角度不等。否则应扳动离心提前调节弹簧支架予以调节。

③ 检查真空点火提前调节机构。

接线方法不变。启动电动机，将分电器转速稳定在 1000r/min，将一个火花对准零刻度，拉动真空泵，记录提前角度的变化。真空提前角度应符合出厂规定。否则应在接头处增减垫片，调节膜片张力，使真空提前调节角度达到规定值，若达不到要求值应更换。

2.3.4　点火系统常见故障诊断

点火系统是发动机的重要组成部分，点火系统的工作对发动机性能有十分重要的影响。

当点火系统中出现一次侧电路短路、断路，一次电流过小，二次电压过低，点火提前调节失效，以及点火正时不当等故障时，将出现发动机运转不平稳，发动机运转无力，加速不良或产生化油器回火，排气管放炮等不正常现象，使发动机的功率下降，油耗增加，排气污染加剧，甚至发动机不能启动。

（1）点火正时

为了使发动机工作时能获得最佳点火提前角，断电器触点（或传感器）的动作，即产生点火信号的时刻，必须与活塞运动的规律相适应。因此，在使用中或重新安装分电器时，必须保证分电器轴与发动机的曲轴之间保持正确的装配关系，还要保证产生点火信号的时刻与曲轴所在位置相适应。安装分电器并调整初始点火提前角的工作，称为点火正时。

不同型号的发动机，点火正时的方法和步骤有一定差异，因此点火正时应按生产厂家的规定进行。

点火正时通常按如下步骤进行。

a. 打开分电器盖，检查触点间隙、触点接触状况，必要时应清洁触点，调整触点间隙。触点间隙一般为 0.35～0.45mm。

b. 将一缸活塞置于压缩行程上止点，并使曲轴处于规定的正时位置。操作步骤如下。

拆下一缸火花塞，用手或布堵住一缸火花塞孔，也可以利用气缸压力表观察一缸压缩压力，或观察一缸进、排气门的关闭状况。

转动曲轴，当手感到压力或堵上的布被弹出，气缸压力表指示的压力增加或进排气门均关闭时，表明一缸进入压缩行程。

缓慢转动曲轴，使飞轮或曲轴带轮上的正时记号与规定的标记或提前角度对准，此时一缸活塞到达压缩行程上止点，或规定的正时位置。正时标记因车型而不同，常用标记方法如图 2-98 所示。

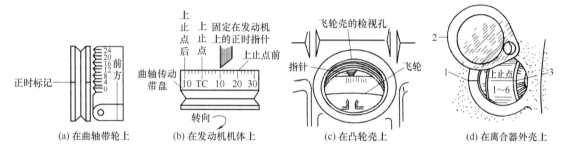

图 2-98 正时标记
1—离合器壳上的标记；2—检查孔盖；3—飞轮上的标记

c. 安装分电器。不同车型的分电器安装方法也不完全相同。

桑塔纳轿车的分电器安装前，应先将发动机上的分电器孔内的中间轴上的缺口转到与曲轴平行的位置，同时使分火头指向与分电器壳体上的标记一致，装入分电器。

北京切诺基吉普车安装时，应先转动分电器轴，使分火头指向分电器盖上一缸高压线插孔，将转子逆旋转方向相对一缸高压线插孔转过 1/8 圈，装入分电器。必要时用旋具转动机油泵轴，使之与分电器轴啮合，再将分电器壳上的标记与缸体上的标记对齐，最后将分电器固定。

d. 以分火头所指的分电器盖上的高压线插孔为一缸，按点火顺序将高压导线连接到各缸火花塞上。

e. 安装分电器后应根据运行情况或用正时灯检查并调整点火正时。

进行检查的方法是：将发动机启动并预热到正常温度，在车速为 25～30km/h（试验转速因车型而不同）时突然加速，能听到短促而轻微的爆振声并立即消失，表明点火正时正确；若无爆振声为点火过迟；爆振声严重为点火过早。点火过迟或点火过早均应松开分电器固定板，逆旋转方向（增大点火提前角）或顺旋转方向（减小点火提前角）转动分电器壳，调节点火提前角。重复上述试验，点火提前角达到正常值后将分电器固定。

用正时灯检查时，将正时灯的电源线（红为正）接蓄电池正、负极，感应夹在一缸高压线上，启动发动机使转速达到规定值。将正时灯对准发动机上的正时指针，观察正时标记，若指针出现在正时标记之前为点火过早；在正时标记之后，为点火过迟。过早或过迟均应松开分电器壳加以调整。

（2）点火系统常见故障

点火系统常见故障、故障原因及排除方法见表 2-20。

表 2-20 点火系统常见故障分析及排除方法

序号	常见故障	故障分析			排除方法
		故障部位		故障原因	
1	发动机不能启动	一次侧电路故障	点火开关至分电器间电路	有断路短路或接触不良处	检查、紧固接点,必要时更换导线
			电流表、点火开关或熔丝	电流表、点火开关或熔丝损坏使一次侧电路断路	更换电流表或点火开关
			点火线圈	一次侧电路断路或附加电阻损坏	更换点火线圈或附加电阻
			传统点火系统 断电器	触点氧化、烧蚀	清洁或更换触点
				固定触点接地不良	修理接点
				接线柱或活动触点搭铁	
			电容器	损坏	更换
			半导体点火系统 传感器	传感器线圈短路、断路或搭铁	修理或更换
				转子凸齿与铁心间间隙不当	调整
				霍尔元件损坏(霍尔效应式)	更换
			点火控制器	损坏	更换
		二次侧电路故障	分电器盖或分火头	漏电	更换
			高压导线	漏电或电阻过大	更换
			火花塞	积炭严重	更换成热特性适当的火花塞
				漏电	重新并调整点火正时
		点火正时	分电器	分电器安装错误	重新安装
			配线	火花塞高压线配线错误	调整配线
2	发动机运转不平稳		点火正时	点火正时调整不当	重新进行点火正时
				点火提前调节器故障	修理或更换分电器
				分电器轴松旷,断电器凸轮磨损不均匀	更换分电器
			火花塞	个别缸火花塞绝缘损坏或火花塞积炭严重	更换火花塞
			高压导线	个别缸高压导线损坏、脱落	检查,必要时更换
3	发动机功率下降、油耗增加、加速性能不良		点火正时	点火正时调整不当,点火提前角过大或过小	调整点火正时
				点火提前调节机构故障	修理或更换分电器
			断电器	触点间隙过大	调整
4	接点火开关发动机能启动,松开点火开关熄火		附加电阻	点火线圈附加电阻或附加电阻线损坏	更换

2.4 照明与信号装置

为了保证汽车的安全行驶和发动机的正常工作,提高工作效率,汽车上安装着各种照明设备和信号装置。按其安装位置和用途不同可分为外部照明装置(如前照灯、牌照灯等)、内部照明装置(如车厢灯、仪表灯等)、灯光信号装置(如转向灯、制动灯等)和声响信号(如电喇叭等)。汽车照明及信号装置为汽车电气系统中的一个独立电路系统,如图 2-99 所示,由车灯总开关和专用开关控制,在不同的行驶条件下分别发挥各自的作用。

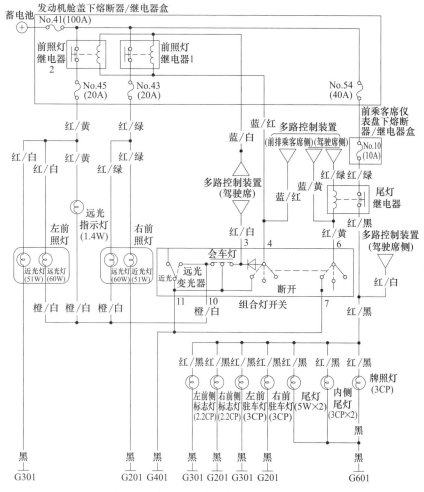

图 2-99 广州本田雅阁轿车照明系统电路

2.4.1 汽车照明装置

汽车照明系统由电源、照明装置和控制部分组成，其主要作用于夜间道路照明、车厢内部照明、车辆宽度标示、仪表与夜间检修等。汽车照明装置根据安装位置和用途不同，一般可分为外部照明装置和内部照明装置。控制部分包括各种灯光开关、继电器等。

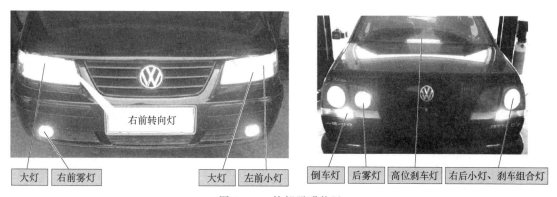

图 2-100 外部照明装置

一般轿车有 15～25 个外部照明灯和 40 多个内部照明灯。外部照明装置包括前照灯、前雾灯、倒车灯及牌照灯等，如图 2-100 所示；内部照明装置包括顶灯、阅读灯、杂物箱灯、仪表及控制按钮照明灯和后备厢照明灯等，如图 2-101 所示。

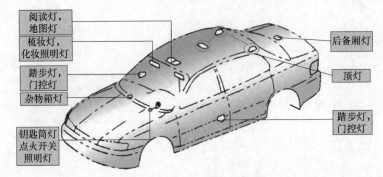

图 2-101　内部照明装置

以上装置中前照灯、示宽灯及尾灯、倒车灯、转向信号灯、牌照灯、刹车灯等都是强制安装使用的，其他灯光设备是在一定条件下强制安装或选装的。

目前，多数情况下将前照灯、雾灯、示宽灯等组合起来，称为组合前灯；将尾灯、后转向信号灯、制动灯、倒车灯等组合起来称为组合后灯。

汽车上各主要照明装置名称及特征如表 2-21 所示。

表 2-21　主要照明装置名称及特征

名称	位置	功率/W	用途	光色
前照灯	汽车头部两侧	远光灯：40～60 近光灯：20～55	夜间行驶时，照亮车前的道路及物体；用远近光的变换，防止会车时对方驾驶员眩目	白色
雾灯	汽车头部和尾部	前雾灯：45 后雾灯：20	前雾灯：雨雾天改善车前道路照明； 后雾灯：警示尾随车辆保持安全距离	前黄色 后红色
牌照灯	汽车尾部牌照上方或左右两侧	5～10	用于夜间照明汽车牌照（光束不应外射，保证在 25m 外能认清牌照上的号码）	白色
顶灯	驾驶室顶部	5～10	用作驾驶室内照明，监视车门照明及监视车门关闭是否可靠	白色
阅读灯	乘客座位前部或顶部	—	供乘员阅读时使用	白色
后备厢灯	汽车后备厢内	5	当开启后备厢盖时，该灯自动点亮，照亮后备厢空间	白色
踏步灯	大中型客车乘客门内的踏步上	3～5	用于夜间乘客安全上下	白色
仪表照明灯	仪表板面上	2	用来照明仪表指针即刻度盘	白色
工作灯	发动机罩上	8～20	方便检修发动机	白色

2.4.1.1　汽车前照灯

前照灯（俗称头灯）主要用于夜间行车道路照明，灯光为白色，有两灯制和四灯制两种配置方式，功率一般为 40～60 W。前照灯有较特殊的光学结构，因为它既要保证夜间车前道路 100m 以上有明亮而均匀的照明，又要具有防眩目装置，避免夜间两车交会时造成对方驾驶员眩目而发生事故。

(1) 前照灯的结构

汽车前照灯一般由光源（灯泡）、反射镜、配光镜（散光镜）三部分组成。汽车前照灯灯泡的结构如图 2-102 所示。灯泡的灯丝由功率较大的远光灯丝和功率较小的近光灯丝组成，由钨丝制成螺旋状，以缩小几何尺寸，接近点光源，有利于光束的聚合。

（2）前照灯的类型

按光学组件的结构不同，可将前照灯分为半封闭式和封闭式两种。

① 半封闭式的前照灯。

半封闭式的前照灯的结构如图 2-103 所示，其配光镜将反射镜边缘上的牙齿卷曲而紧固在反射镜上，为防止灰尘、雨水影响发光效率，两者之间靠橡皮密封圈密封。灯泡拆装从反射镜后端进行，无须拆开光学组件。更换配光镜或反射镜时，只需撬开反射镜边缘的牙齿，换上新件后再将牙齿卷曲复原即可。由于半封闭式前照灯减少了对光学组件的影响因素，维修方便，因此得到广泛使用。

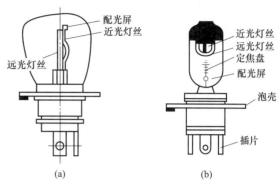

图 2-102 前照灯的灯泡

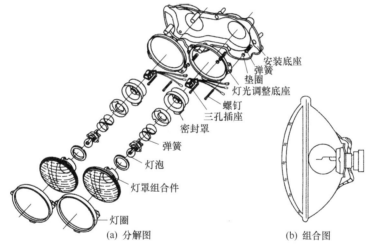

图 2-103 半封闭式前照灯

② 封闭式前照灯。

封闭式前照灯俗称真空灯，其反射镜和配光镜用玻璃制成一体，里面充以惰性气体，灯丝焊在反射底座上，其结构如图 2-104 所示。

封闭式前照灯完全避免了反射镜的污染，其发光效率高，使用寿命长，在中、高档汽车上得到了很快的普及。但因其配光镜、反射镜和灯丝制成一体，所以当灯丝烧断后，只能更换总成件。

为满足前照灯更亮、更远、更美观的要求，近来在一些高级轿车上出现了投射式前照灯和高亮度弧光灯。投射式前照灯的反射镜是椭圆形的，采用无刻纹的凸型配光镜，灯泡为卤素灯泡；高亮度弧光灯的灯泡内用装在石英管内的两个电极来代替灯丝，在管内充有惰性气体及少量金属或金属卤化物。在电极上加上足够高的引弧电压后，气

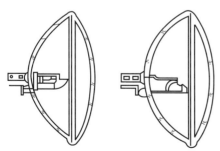

图 2-104 封闭式前照灯

体处于激发状态,开始电离而导电,电子发生能级跃迁而发光。该灯亮度及寿命分别是卤素灯泡的 2.5 倍和 5 倍,维持电弧放电的功率仅为 35W,可节约 40% 的电能。

(3) 前照灯的控制电路

汽车前照灯随车型不同,控制方式亦不同。当灯泡的功率较小时,灯泡的电流直接受灯光总开关控制。当灯的数量多、功率大时,为减少开关的热负荷,减少线路压降,故采用继电器控制。因车型不同,继电器控制线路也有控制火线式和控制搭铁式之分,如图 2-105 所示。

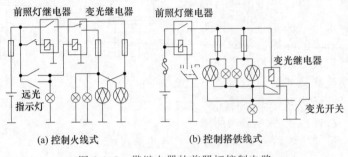

图 2-105 带继电器的前照灯控制电路

(4) 前照灯的检测与调整

汽车在定期维护、更换前照灯零部件及总成时均应对前照灯进行检测与调整,前照灯照明效果的好坏直接关系到行车安全,这也是车管部门对汽车进行审验的主要项目之一。双光束灯以检查调整近光光束为主,单光束灯以检查调整远光光束为主。检查调整时应做好充分的准备工作,如场地应平整、轮胎气压符合规定、车辆处于空载状态(驾驶室内允许乘坐一名驾驶员或配重 75kg)、蓄电池性能良好和存电充足、前照灯安装牢固、配光镜表面清洁等。

① 屏幕式测试法。

屏幕式测试法主要检测汽车前照灯的照射位置是否符合要求,必要时进行调整,具体方法如图 2-106 所示:将准备工作做好后,把车辆和效应屏幕垂直停放在水平路面上,车和屏幕的正对距离为 10m,在屏幕上画一条汽车中心垂直线 $A—A$ 和一条前照灯中心点离地高度水平线 $A'—A'$,打开近光灯,设车灯中心离地高度为 H,在屏幕上找出近光灯光束的左右照射中心 a、b,连接 a、b 点并适当延长得一水平线 $B—B$。将实际照射结果与标准比较,a 与 b 两点的距离应为车灯中心的水平距离且被垂直线 $A—A$ 平分(左右偏差可允许不超过 10m),水平线 $B—B$ 的离地高度为 $(0.6\sim0.8)H$。非对称光束的明暗截止线应与 $B—B$ 线重合,转角点应与 a、b 点重合,转角为 15°。如不符合标准,可调整灯座上的左右及上下调整螺钉(图 2-107)。

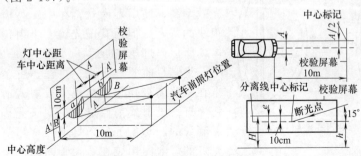

图 2-106 非对称型屏幕式调整

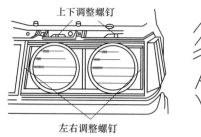 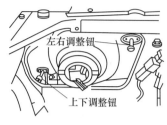

图 2-107　前照灯调整部位

4 灯制前照灯（4 个远光灯丝，2 个近光灯丝）远光光束的检测（打开远光灯开关）方法基本同上，其要求是：远光光束离地高度（类似于上述 $B—B$ 的离地高度）应为 $(0.85\sim 0.9)H$，水平位置（类似于上述 a、b 点）的偏差左灯左偏≤10cm、右偏≤17cm，右灯左右偏差均≤17cm。

② 前照灯检测仪测试法。

前照灯检测仪主要有投影式和自动追踪光轴式两种，它们由受光器、找准器、光度计和光轴偏斜计等部件组成。它可以较精确地进行光束照射角、中心偏移度及发光强度的综合检验，一般多用于生产、维修厂家及车辆检验部门。

a. 投影式前照灯检测仪。FD-2 型灯光上下检测仪（见图 2-108）由光接收箱和行走机构两大部分组成，光接收箱由两根立柱支承，采用齿轮、齿条传动方式，使光接收箱沿立柱上下运动，其左右方向的运动则通过底座上的轮子在导轨上滚动来完成。

检测前，将被检车辆停放在检测仪的前方，并使其前照灯的基准中心（即配光镜表面中心）到检测仪的光接收箱前面的聚光镜的距离保持 1m（可用光接收箱下部的卷尺进行测量）。

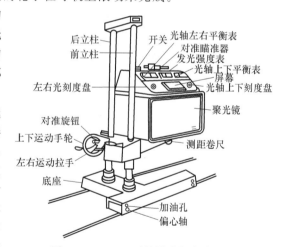

图 2-108　FD-2 型投影式灯光检测仪

检测时，要求被检车辆的纵向中心线与仪器的光学中心线平行（这可利用仪器的光接收箱顶部的对准瞄准镜进行检查），在被检车辆上选定前后相隔 1m 以上的两点（该两点应与汽车纵向中心线平行）用于对准镜的观察。如果该两点均在瞄准镜十字划分板的垂直线上，说明车辆已摆正，否则应通过旋转仪器上的对准旋钮，使光接收箱在一定范围内转动，使上述两点落在垂直线上。这样检测仪器与被检车辆的相对位置已摆正，可以按下述步骤进行检测。

第一，把检测仪移到被检前照灯的前方，打开仪器后盖上影像瞄准器上的影像盖子，从盖子的反射镜上可以观察到被检前照灯在影像瞄准器上的影像，移动光接收箱，使被检前照灯的影像处于瞄准器的正中间，如图 2-109 所示，推拉左右运动拉手，使检测仪沿导轨水平运动，旋转上下运动手轮，使光接收箱在垂直方向上运动，从而使得检测仪与被检前照灯对准。

第二，开亮前照灯远光，将检测仪的电源开关转到"400"位置，给仪器通电，反复旋转面板上的光轴刻度旋钮（左右及上下），使光轴平衡指示（左右及上下）均指在正中位置，此时光轴刻度盘上所指示的读数，就是被检前照灯的光偏移量，同时在发光强度指示表上指示的数值,就是被检前照灯的发光强度(单位是"坎德拉",用"cd"表示)。若指针超出刻度范围,可将电源开关转至"800"位置,在80000cd挡测量。

对每个前照灯进行上述两项操作,从而测得各灯的光轴偏移量和发光强度。

受光器大多采用光电池感光,把光电池与光度计连接起来,在适当的距离使前照灯照射光电池,光电池会产生相应大小的电流,使光度计动作,从而测出前照灯的发光强度;把光电池分割成上下左右4块,经前照灯照射后,4块光电池分别产生大小不同的电动势,其差值可以使上下偏斜指示计或左右偏斜指示计产生动作,从而判断出分光轴位置,如图2-110所示。

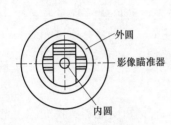

图 2-109 影像瞄准器

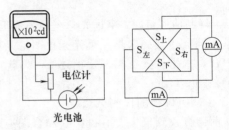

图 2-110 发光强度及光轴位置的检测原理

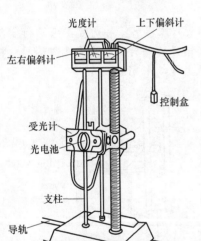

图 2-111 自动追踪光轴式前照灯检测仪

b. 自动追踪光轴式前照灯检测仪。自动追踪光轴式前照灯检测仪是一种在前照灯前方3m的位置用受光器自动追踪光轴的方法进行检测的仪器,如图2-111所示。

前照灯的光轴偏移量标准在屏幕式测试法中已有表述,前照灯的发光强度要求主要是:对于两灯制汽车,在用车的每只灯的发光强度应为12000cd以上,新注册车应为15000cd以上;对于四灯制汽车,在用车的每只灯的发光强度应为10000cd以上,新注册车应为12000cd以上。

(5) 汽车灯泡的更换

① 前照灯光源的更换。

a. 半封闭式前照灯灯泡可单独更换。更换时,先拔下灯泡上的插座,取下密封罩、卡簧,即可取下灯泡(图2-112);装复新灯泡时,应确保灯泡上的定位缺口(或凸起)与灯座上的记号对正。

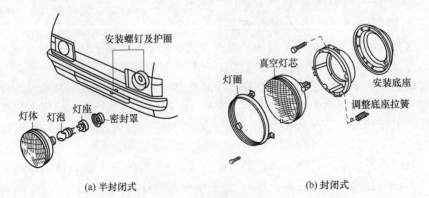

图 2-112 前照灯光源的更换

b. 封闭式前照灯光源的更换。封闭式前照灯损坏后，需更换整个灯芯（光源）总成。更换时，先拔下灯脚与线束连接的插座，然后拆下灯圈，即可取下灯芯（图 2-112）；装复新灯芯时，应注意配光镜上的标记（箭头或字符），不应出现倒置或偏斜现象。

② 其他灯具的白炽灯灯泡的更换。

常用灯具的白炽灯灯泡种类较多，按玻璃体形状不同可分为锥球形、球形、柱形、楔形 4 种（图 2-113），其中锥球形灯泡有单丝和双丝之分，双丝灯泡按插口销钉位置不同又可分为平脚和高低脚两种。

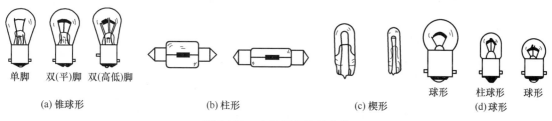

图 2-113　白炽灯灯泡的分类

白炽灯灯泡从灯座上取下的方法如图 2-114 所示。

更换可拆式灯具灯泡时，应先拆去灯罩护框，取下护框、灯罩及密封垫，然后更换灯泡即可；对于不可拆式灯具，从灯具后部捏住灯泡座稍稍用力压进，并逆时针转过一定角度向后拉，即可取下灯座及灯泡。

2.4.1.2　信号系统

为了显示汽车整车或某一系统的工作情况，引起行人及驾驶员注意，保证行车安全，防止事故发生，汽车上设置了一些灯光信号装置。它主要由转向灯及危险报警灯电路、闪光器、蜂鸣器、倒车信号灯及报警器电路组成。

(1) 转向灯及危险报警灯

汽车转向灯的作用是通过明暗交替的闪烁信号，指示车辆的行驶趋

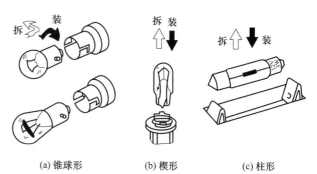

图 2-114　白炽灯灯泡的取下方法

向；在紧急情况下，打开危险报警灯开关，能使前后左右的全部转向灯同时闪烁，警示别的车辆及行人注意避让。

当转向灯受组合开关控制时，会因转向盘回正使组合开关中的转向灯开关因转向盘回正销拨动而自动切断转向灯电路；危险报警灯操纵装置不受点火开关及灯光组合开关的控制。

转向灯及危险报警灯电路由转向灯、转向指示灯、转向灯开关、闪光器、报警开关等组成，转向灯的闪烁由闪光器控制。转向灯闪光器与危险报警灯闪光器可以共用也可单独设置。转向灯与危险报警灯的控制装置和控制电路因车型不同而不尽相同，但基本结构及原理相似。图 2-115 所示是桑塔纳轿车转向灯与危险报警灯的控制电路。

(2) 闪光器

转向灯的闪烁是由闪光器来控制的，常见的闪光器有电容式、晶体管式等类型（图 2-116）。闪光器的作用是串联在转向灯电路中，在汽车转弯（或变道）时，使转向灯发出明暗交替的闪烁光，以示汽车的行驶趋向。

图 2-117 所示为桑塔纳轿车装用的集成电路式闪光器电路图。它的核心件 U243B 是一

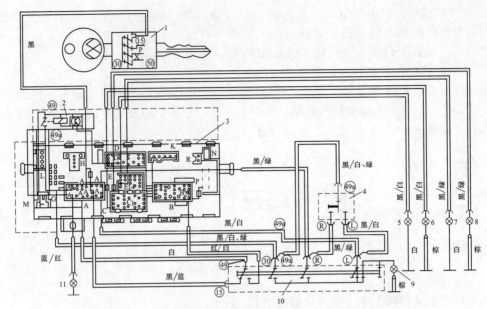

图 2-115 桑塔纳 2000 系列轿车转向灯与危险报警灯控制电路

1—点火开关；2—闪光继电器；3—中央线路板；4—转向灯开关；5—前左转向信号灯；6—后左转向信号灯；7—前右转向信号灯；8—后右转向信号灯；9—报警指示灯；10—报警灯开关；11—转向指示灯

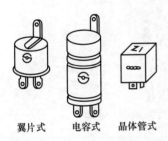

图 2-116 闪光器的类型

块低功耗/高精度汽车电了闪光器专用集成电路。其内电路由输入检测器、电压检测器、振荡器及功率输出级 4 个部分组成。其中，输入检测器用来检测转向灯开关 SW 的工作情况，振荡器由 1 个电压比较器和外接 R 及 C 构成，而电压检测器用来识别取样电阻 R 上的压降（即负载电流大小），从而改变振荡（闪光）频率。当整个电路正常工作时，转向灯和转向指示灯同时闪烁，闪烁频率为 80 次/min。一旦转向灯损坏，则转向指示灯的闪光频率将加快 1 倍，以示报警。

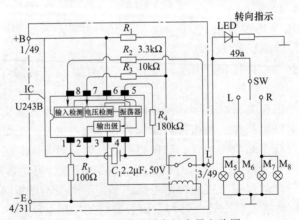

图 2-117 桑塔纳轿车闪光器电路图

（3）倒车信号装置

汽车倒车时，为了警告车后的行人及车辆注意避让，在汽车的尾部通常装有倒车信号装置，并由装在变速器上的倒车传感器控制。倒车信号装置的报警方式分为光报警、声报警和语音报警三种（图 2-118）。

具体的倒车装置，可以采用3种报警方式的不同组合。3种报警方式都是由开关式倒车传感器提供信号的，其结构如图2-119所示。传感器的动触点是由弹性膜片和2个螺旋弹簧并联构成的。当变速杆把倒挡变速叉轴拨到倒挡位置时，倒挡叉轴上的凹槽就对准钢球，传感器中的钢球陷入凹槽而下降1.8mm，于是在弹簧组作用下动触点与静触点闭合（ON），倒车灯亮而报警。当变速杆拨到非倒车挡位时，钢球上升，使弹簧受到压缩，动触点断开（OFF），则不产生倒车报警。

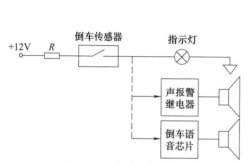

图2-118 倒车报警系统

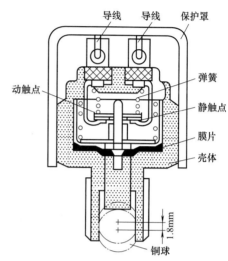

图2-119 开关式倒车传感器结构

① 倒车蜂鸣器。

倒车蜂鸣器是一种间歇发音的音响信号装置，其发音部分是一只功率较小的电喇叭，控制电路是一个由非稳态电路和反相器组成的开关电路。图2-120所示是一般车型倒车蜂鸣器的控制电路。其工作原理是：三极管动触点V_1、V_2组成一个非稳态电路，由于V_1和V_2之间采用电容器耦合，所以V_1与V_2只有两个暂时的稳定状态，或V_1导通、V_2截止；或

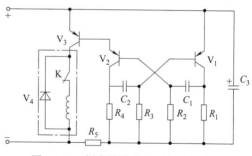

图2-120 倒车蜂鸣器控制电路原理图

V_1截止，V_2导通，这两个状态周期地自动翻转。V_3在电路中起开关作用，它与V_2直接耦合，V_2的发射极电流就是V_3的基极电流。当V_2导通时，V_3基极有足够大的基极电流也导通。电流便从电源（+）极，经V_3蜂鸣器的常闭触点K、线圈流回电源（-）极。线圈通电后，使线圈中的铁芯磁化，吸动衔铁，带动膜片变形，产生声音。当V_2截止时，V_3无基极电流也截止，于是线圈断电，铁芯退磁，衔铁与膜片回位。如此周而复始，V_3按照无稳态电路的翻转频率不断地导通、截止，从而使得倒车蜂鸣器发出"嘟—嘟—"的间歇鸣叫声音。

② 语音报警器。

倒车语音报警器的典型电路如图2-121所示。IC_1是储存有语音信号的集成电路，集成块IC_2是功率放大集成电路，稳压管VD用于稳定语音集成块IC_1的工作电压。为防止电源电压接反，在电源的输入端采用3由4个二极管组成的桥式整流电路，这样无论它怎样接入12V电源，均可保证电子电路正常工作。

当汽车挂入倒挡时，倒车开关接通了倒挡报警电路，电源便由桥式整流电路输入语音倒车报警器，语音集成电路IC_1的输出端便输出一定幅度的语音电压信号。此语音电压信号经C_2、C_3、R_3、R_4、R_5组成的阻容电路消除杂音，改善音质，并耦合到集成电路IC_2的输

入端，经 IC_2 功率放大后，通过喇叭输出，即可发出清晰的"请注意，倒车！"的声音。

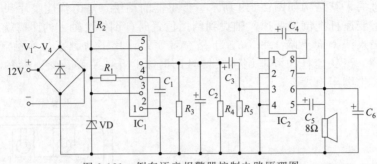

图 2-121　倒车语音报警器控制电路原理图

③ 倒车声呐系统。

声呐系统分主动式和被动式两类。主动式声呐系统是指能辐射出超声波并能接收其反射波的系统，如图 2-122 所示。

丰田汽车公司开发的声呐系统（图 2-123），倒车时能够觉察到汽车后方的障碍物，并用指示灯和蜂鸣器告诉驾驶员关于障碍物到汽车的距离和大致位置。其后保险杠里分别装入 2 个超声波脉冲发生器（T_1、T_2）和 2 个超声波传感器（R_1、R_2），微型计算机装设在行李舱内，显示器装在后支撑托架上。40kHz 的超声波脉冲发送器，以每秒 15 次的频率向车后发射，若车后有障碍物，超声波在该处被反射，则可根据超声波的往返时间，断定从汽车到障碍物的距离。距离的表示方法如表 2-22 所示那样用蜂鸣器和指示灯表达。

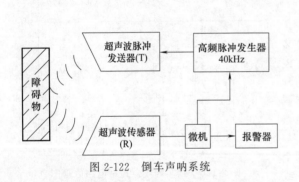

图 2-122　倒车声呐系统

图 2-123　声呐系统在车上的安装位置

当距离为 1~2m 时，黄灯亮，并发出"嘟、嘟"两声短音；当距离为 1~0.5m 时，黄灯和红 1 灯亮，并发出"嘟、嘟、嘟"三声短音；当距离为 0.5m 以内时，黄灯、红 1 灯、红 2 灯全亮并发出"嘟——"的连续长音。

障碍物在车后位置的判断如表 2-23 所示。

表 2-22　距离的表示方法

汽车和障碍的距离	指示灯			蜂鸣器
	黄	红 1	红 2	
约 1~2m 内	亮	灭	灭	嘟、嘟
约 0.5~1m 内	亮	亮	灭	嘟、嘟、嘟
约 0.5m 内	亮	亮	亮	嘟——

表 2-23　障碍物位置判断

超声波脉冲发送器(T)　超声波传感器(R)		覆盖区域
T_1	R_1	覆盖左后方区域
T_2	R_1	覆盖正后方区域
T_2	R_2	覆盖右后方区域

T/R40 系列小型超声波发送器及传感器的结构如图 2-124 所示。超声波脉冲发送器由两片压电晶片紧贴在一起组成双形态振荡，有锥形共振盘，可以提高发射效率。超声波传感器（R）的压电晶片上设有匹配器和锥形共振盘，用来提高接收效率。两者结构稍有差别，工作频率为 40kHz。

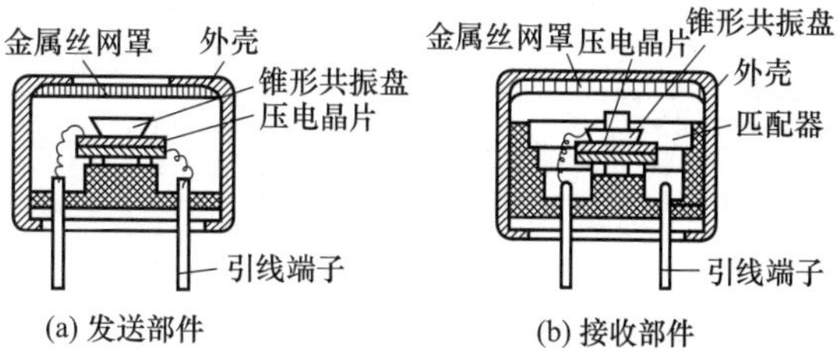

④ 倒车视觉系统。

图 2-124 T/R 系列超声波发送器、传感器的结构

倒车视觉系统比倒车报警系统前进了一步，能在一定范围内不需瞭望就能感知障碍物的存在，但这种感知是非视觉性的，很别扭。驾驶员驾车前进或后退，对路况或障碍物的感知习惯于用眼睛而不是声、光信号。倒车信息系统的理想方案应该是倒车视觉系统——CCD-三维 CRT 车后立体图像显示系统。

三维 CRT 在日本研制成功及 CCD 固体图像传感器的集成化、功能化，为倒车视觉系统开发提供了硬件基础。

图 2-125 立体图像显示系统

CCD—三维 CRT 车后立体图像显示系统如图 2-125 所示。CCD 固体图像传感器装设在后保险杠上，显示器 CRT 装在仪表板上。CCD 传感器芯片的感像窗表面排满了像素感测单体（光敏单元）。当镜头拍摄过来后，图像投射到感像窗上时，这些像素感测单体检测出投射到它们上面的影像，并输出图像的电模拟信号，即将光强的空间分布转换为与光强成比例的、大小不等的电荷包空间分布。图像的电模拟信号经放大、鉴别、对比、驱动后形成相应的视频信号，由电缆传输到三维显示器 CRT 上。驾驶员会从中清晰地看到车后的立体图像，据此实施安全倒车。

2.4.1.3 汽车照明和信号系统常见故障诊断

汽车照明与信号系统在使用过程中，难免会发生这样那样的故障，一旦发生故障，应尽快修复。修复时，应力求做到"找准部位、判断准确、方法得当、效果明显"。图 2-126 为汽车灯光系统的常见故障部位。

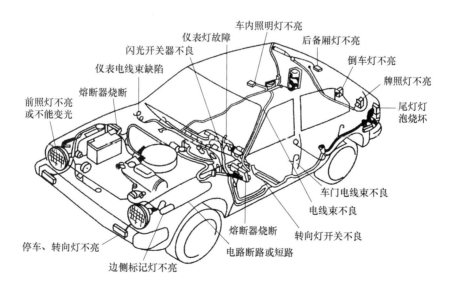

图 2-126 汽车照明和信号系统常见故障的部位

表 2-24 列出汽车照明和信号系统常见故障的现象、原因与排除方法。

表 2-24　汽车照明和信号系统常见故障的现象、原因与排除方法

现象	原因分析	排除方法
危险报警灯不闪烁	①熔断器或电路断电器烧断 ②危险报警闪光器老化或损坏 ③转向信号机构老化、损坏 ④危险报警闪光器开关老化或损坏 ⑤电路开路	①更换熔断器或电路断电器。如果熔断器或电路断电器再次熔断,检查是否短路 ②换用新品 ③修理转向信号系统 ④修理或更换转向灯开关用导线总成,其中包括危险报警闪光器开关 ⑤按照要求修理
倒车灯一个灯不起作用	①灯泡烧坏 ②电路连接松脱 ③电路开路	①更换灯泡 ②在能触及的地方卡紧连接 ③按照要求修复
倒车灯两个灯都不起作用	①熔断器或电路断电器烧断 ②倒车灯开关超出调整范围 ③倒车灯开关老化或损坏 ④电路连接松脱 ⑤灯泡烧坏 ⑥电路开路或搭铁不良	①更换熔断器或电路断电器,如熔断器或电路断电器再次熔断,则检查是否短路 ②调整开关 ③更换开关 ④连接牢固 ⑤更换灯泡 ⑥按照要求修复
仪表板灯不亮	①灯泡烧坏 ②熔断器烧断 ③变阻器电路开路或印制电路板开路	①更换灯泡 ②更换熔断器 ③检查电路有无开路,按照要求修复
打开车门时顶灯不亮	①熔断器烧断 ②插接器松脱 ③灯泡烧坏 ④电路开路 ⑤门控开关老化或损坏	①更换熔断器。如果熔断器再次熔断,检查有无短路 ②卡紧或更换 ③更换灯泡 ④按照要求修复 ⑤更换开关
顶灯常亮	①门控开关老化或损坏 ②灯光主开关老化或损坏	①更换开关 ②更换主开关
接通开关时阅读灯不亮	①灯泡烧坏 ②熔断器熔断 ③电路开路 ④灯总成内的开关损坏或老化	①更换灯泡 ②更换熔断器 ③按照要求修复 ④更换灯总成
阅读灯总亮,前小灯或顶部示廓灯不亮	①灯总成内开关损坏或老化 ②灯泡烧坏 ③开路或搭铁不良	①更换灯总成 ②更换灯泡 ③检查插片有无腐蚀和搭铁损坏,按照要求修复
转向信号灯不亮	①熔断器或电路断电器烧断 ②转向信号闪光器老化或损坏 ③导线连接松脱 ④电路开路或搭铁不良 ⑤转向灯开关损坏	①更换熔断器或电路断电器,如果熔断器和断电器再次熔断,检查有无短路 ②更换新品 ③连接牢固 ④按照要求修复 ⑤检查开关总成的连通性,按要求更换转向灯开关和线束总成
转向信号灯亮但不闪	①转向信号闪光器老化或损坏 ②搭铁不良	①更换新品 ②修复搭铁线

续表

现象	原因分析	排除方法
前转向信号灯不亮	电路插接器松脱或开路	按照要求修复电路
后转向信号灯不亮	电路插接器松脱或开路	按照要求修复电路
一个转向信号灯不亮	①灯泡损坏 ②电路开路或搭铁不良	①更换灯泡 ②按照要求修复
前照灯不亮	①电路连接处松脱 ②电路开路 ③灯光开关老化或损坏	①检查并卡紧仪表板插接器和前照灯开关处的连接 ②检查灯光开关的供电和输出，按要求修复 ③更换灯光开关
一个前照灯不工作	①电路连接处松脱 ②封闭式灯泡损坏 ③插座端子腐蚀	①可靠地连接好前照灯和搭铁 ②更换灯泡 ③按照要求修复或更换
全部前照灯都不亮，驻车灯和尾灯正常	①电路连接处松脱 ②变光开关老化或损坏 ③灯光开关老化或损坏 ④电路开路或搭铁不良	①检查变光开关和灯光开关的连接处 ②检查变光开关性能，验证插接器有无腐蚀。如需要，则更换 ③验证情况，按要求更换灯光开关 ④如果需要，则修理
两个近光或两个远光不工作	①电路连接松脱 ②变光开关老化或损坏 ③电路开路	①检查变光开关和灯光开关的连接处 ②检查变光开关性能，验证插接器有无腐蚀。如需要，则更换 ③修复
一个尾灯不工作	①灯泡烧坏 ②电路开路或搭铁不良 ③灯泡插座腐蚀	①更换灯泡 ②按要求修复 ③修复或更换插座
全部尾灯和示宽灯都不工作	①电路开路或搭铁不良 ②电路连接松脱 ③熔断器烧断 ④灯光开关损坏	①检查前驻车灯和示廓灯的性能，按要求修复 ②在能触及的地方弄紧导线的连接 ③更换熔断器 ④验证情况，如需要，更换灯光开关
制动灯不工作	①熔断器或电路断电器烧断 ②转向信号电路老化或损坏 ③电路连接松脱 ④制动灯开关老化或损坏 ⑤电路开路损坏	①更换熔断器或电路断电器。如果熔断器和电路断电器再次熔断，检查有无短路 ②检查转向信号操作，根据需要修复 ③卡紧制动灯开关的连接 ④更换开关 ⑤按照要求修复
制动灯一直亮	①制动灯开关损坏 ②开关失灵 ③电路中内部短路	①分开开关上的线束插接器。如果灯泡熄灭，更换开关 ②调整开关 ③按照要求修复
一个驻车灯不亮	①灯泡烧坏 ②电路开路或搭铁不良 ③灯泡插座腐蚀	①更换灯泡 ②按照要求修复 ③修复或更换插座
全部驻车灯都不亮	①电路连接松脱 ②电路开路或搭铁不良 ③开关损坏	①按照要求连接 ②按照要求修复 ③更换

2.4.2 汽车电喇叭

(1) 电喇叭的作用与分类

汽车配装喇叭的目的是警告行人和其他车辆注意，保证行车安全。

喇叭按发音动力的不同可分为气喇叭和电喇叭两类；按外形分有螺旋形（蜗牛形）、盆形、筒形三类（图2-127）。按声频分有高音和低音；按接线方式分有单线制和双线制。

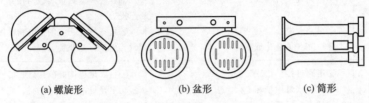

(a) 螺旋形　　(b) 盆形　　(c) 筒形

图 2-127　电喇叭的分类

气喇叭是利用气流冲击使金属膜片振动产生音响的，外形一般为长筒形，多用在具有空气制动装置的重型载货汽车上。电喇叭利用电磁力使金属膜片振动产生音响，其声音悦耳，广泛使用于各种类型的汽车上。

电喇叭按有无触点可分为普通电喇叭和电子电喇叭。普通电喇叭主要是靠触点的闭合和断开，控制电磁线圈激励膜片振动而产生声音的；电子电喇叭中无触点，它是利用晶体管电路产生的脉冲激励膜片振动产生声音的。

在中小型汽车上，由于安装的位置限制，多采用螺旋形和盆形电喇叭。盆形电喇叭因具有体积小、质量轻、指向好、噪声小等优点，被广泛用于轿车及微型车上。

(2) 电喇叭的结构特点

① 盆形电喇叭。盆形电喇叭的结构如图2-128所示，电磁线圈绕在固定铁芯上，固定铁芯中空，导杆可在固定铁芯的中心孔中移动并保持轴心同心。活动铁芯下缘与固定触点臂保持接触，活动铁芯向下移动时，固定触点臂将随之移动，触点就会由闭合状态转变为断开状态。盆形电喇叭的显著特点是没有扬声筒，而是将活动铁芯、膜片和共鸣板固装在中心轴上，并随膜片一同振动。

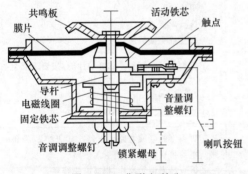

图 2-128　盆形电喇叭

当喇叭按钮按下时，电磁线圈电路接通，电流由电源"+"→电磁线圈→"+"触点→按钮→搭铁→电源"-"。流过线圈的电流在铁芯中产生电磁吸力将活动铁芯向下吸引。活动铁芯向下移动使触点断开，线圈电流切断，电磁吸力消失，活动铁芯复位。当活动铁芯复位时，触点重又闭合，线圈电流重又接通，又会产生电磁吸力吸引活动铁芯向下移动。

当按钮按下时，触点不断断开与闭合，线圈电流循环切断与接通，活动铁芯不断上下移动，带动膜片振动产生一定频率的声波，并激励与膜片一体的共鸣板产生共鸣，从而发出比基本频率强得多且分布又比较集中的谐音。

当松开喇叭按钮时，线圈电流切断，电磁吸力消失，铁芯停止振动，喇叭停止发音。

为了减小触点火化，防止触点严重烧蚀，在触点两端还并联有一只电容器。

② 无触点电子喇叭的结构特点。中高档车辆十分讲究电喇叭的音质，以图发出悦耳的和音，减少对环境的噪声污染。但传统的触点式电喇叭由于其触点及调节机构的稳定性较差

或触点烧蚀致使声音沙哑,不能获得满意的音质且使用寿命短。此外,触点间会产生电火花,电火花的电磁辐射还会对无线电通信、无线电广播及电视等产生干扰。为了从根本上消除普通电喇叭的弊端,无触点电子喇叭便应运而生。

无触点电喇叭的外形及结构如图 2-129 所示,它由主膜片和谐音片组成发音体(其中主膜片产生 400Hz 基音,谐音片产生 1800~3000Hz 高音),主膜片和后壳体构成共振腔,腔内装有电磁线圈、静铁芯、导磁架和电路模块等。

无触点电子喇叭可分为自励式和他励式两种。自励式电喇叭(图 2-130)在模块中设有压电传感器,它与放大器构成自励振荡器,振荡器的基本频率取决于主膜片的劲度系数和发音体的有效质量。而与电路中的 R、C 无关。由于发音体工作在其自然频率上,所以具有振幅大、效率高、音质稳定柔和、工作电压范围宽等特点。他励式电子喇叭在其模块中设有独立的无稳态振荡器(频率由 R、C 参数决定)。由于他励式电喇叭的音膜工作在受迫振动状态,因此在主观听感上显得高音有余而低音不足。

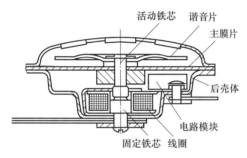

图 2-129 无触点电喇叭的结构

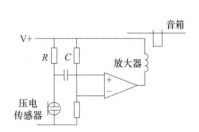

图 2-130 自励式无触点电喇叭的电路

(3)喇叭继电器的工作原理

为了得到更加悦耳的声音,现代汽车均装有高、低音或高、中、低音喇叭。高音喇叭膜片厚、扬声筒短;低音喇叭则相反,装有双喇叭或三喇叭时,为防止大电流(15~20A)烧坏喇叭按钮,在喇叭电路中装有继电器,当按下喇叭按钮时,通过按钮的电流只是继电器线圈工作电流,从而保护了喇叭按钮。

图 2-131 为喇叭继电器电路图,其工作原理是:按下喇叭按钮时,蓄电池"+"经线圈→按钮→搭铁→蓄电池"-"构成回路,线圈内形成小电流,继电器铁芯产生电磁吸力,将继电器触点闭合,接通了喇叭电路(蓄电池"+"→"B"接柱→触点支架→触点→"H"接柱→喇叭→搭铁),喇叭发音。松开喇叭按钮时,继电器线圈断电,铁芯电磁吸力消失,在弹簧弹力作用下,触点张开,切断了喇叭电路,喇叭停止发音。

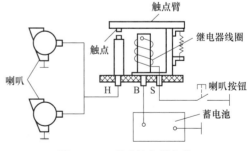

图 2-131 喇叭继电器电路

(4)电喇叭常见故障及原因分析

① 故障现象。

a. 按下喇叭按钮,喇叭不响。

b. 按下喇叭开关时,喇叭声音沙哑、发闷、刺耳或音量小等。

c. 喇叭常响。

d. 按下或放松喇叭按钮时,只响一声以后不再响。

② 原因分析(图 2-132)。

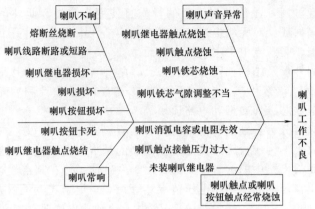

图 2-132　电喇叭故障原因分析

2.5　仪表、报警及显示装置

为了使汽车驾驶员及时获取汽车各系统工作状态的信息，在汽车驾驶员易于观察的转向盘前方台板上装有仪表、报警指示灯及电子显示装置。

2.5.1　汽车仪表

2.5.1.1　汽车常用仪表

（1）汽车仪表概述

汽车仪表分模拟式和电子式两种（图 2-133）。传统机电模拟式汽车仪表主要由电流表、电压表、燃油表、水温表、机油压力表、车速表、里程表、发动机转速表等组成。不同车型所装用的仪表个数及结构类型有所不同（见表 2-25）。

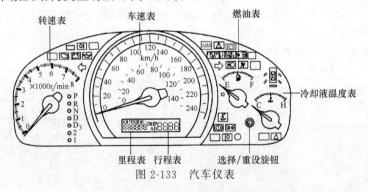

图 2-133　汽车仪表

表 2-25　汽车仪表的分类及传感器结构形式

仪表名称	仪表类型	传感器结构形式	仪表名称	仪表类型	传感器结构形式
电流表	电磁式		水温表	双金属片电热式	双金属片或热敏电阻式
	动磁式			电磁式	可变电阻式
电压表	动磁式		油压表（压力表）	动磁式	可变电阻式
	弹簧管式			双金属片式电热式	双金属片式
燃油表	电磁式	可变电阻式		弹簧式	
	动磁式	可变电阻式	车速里程表	磁感应式	
	双金属片式电热式	可变电阻式		电子式	
水温表	电磁式	热敏电阻式	转速表	磁感应式	
	动磁式	热敏电阻式		电子式	

汽车装备的燃油表、水温表、机油压力表,虽然测量指标的参数不同,但均由指示表(表头)和传感器两大部分组成,两者用导线连接。指示表在结构形式上分电热式和电磁式。电热式指示表利用电热线圈产生热量,使双金属片变形带动指针偏转,它需要的是断续的脉冲电流;电磁式指示表利用垂直布置的两电磁绕组通过不同的电流,形成合成磁场来磁化转子,从而带动指针偏转,它需要的是连续不断的电流信号,传感器是配合指示表工作的,其作用是提取所需参量,将被测物理量(如油压、水温、燃油量等)变为电信号,分为电热式和可变电阻式。电热式传感器提供的是断续脉冲电流信号;而可变电阻式传感器提供的是连续变化的电流信号。为了避免仪表的指示误差,电热式水温表及燃油表在配用可变电阻式传感器时,应在电路中串联一个仪表稳压器。

① 电流表。电流表用来指示蓄电池充放电电流的大小,并监视充电系统是否正常工作。汽车常用电流表有电磁式、动磁式两种。

动磁式电流表的结构如图 2-134 所示。导电板固定在绝缘底板下,两端与接线柱相连,中间夹有磁轭,与导电板固定在一起的针轴上装有指针和永久磁铁转子总成。

当没有电流通过时,永久磁铁转子通过磁轭构成磁回路,使指针保持在中间位置。当电流通过导电板时,在它的周围产生磁场,使浮装在导电板中心的磁钢指针向"—"偏转,显示电流安培数。电流越大,偏转越多;电流方向相反时,指针指向"+",显示充电电流值。

② 电压表。电压表用来指示蓄电池和发电机的端电压;在结构形式上有电热式和电磁式两种,受点火开关控制。电磁式电压表由两只交叉布置的电磁线圈、永久磁铁、转子、指针及刻度盘组成,如图 2-135 所示。

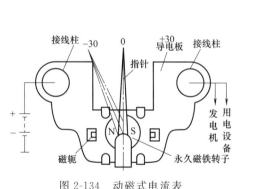

图 2-134　动磁式电流表

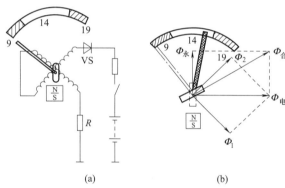

图 2-135　电磁式电压表

两线圈与稳压管 VS 及限流电阻 R 串联,稳压管使电源电压达到一定值时才将电压表电路接通。在电压表未接入电路或电源电压低于稳压管的击穿电压时,永久磁铁将转子磁化,使指针保持在初始的位置(9V)。

电路接通后,电磁线圈中通过电流 I_1、I_2,产生磁场 Φ_1 和 Φ_2 使转子磁化,磁场的方向是 Φ_1 和 Φ_2 的合成磁场 $\Phi_电$ 的方向。该合成磁场与永久磁铁磁场相互作用,使转子带动指针偏转。电源电压越高,通过电磁线圈的电流就越大,产生的磁场就越强,因此指针偏转的角度越大。

③ 机油压力表。机油压力表的作用是在发动机运转时,指示发动机机油压力的大小,它由油压指示表和油压传感器两大部分组成,两者用导线相连接,指示表装在仪表板上,其作用是使指针的偏转角随电路中的电流的大小不同而改变,以指示出油压大小;传感器配合指示表工作装在发动机主油道上或粗滤器壳上,承受油压,使电路中的电流随油压的改变而改变。机油压力表有电热式和电磁式两种,后者应用较多。

润滑油表的正常指示值:发动机低速运转时压力最低不小于 150kPa;正常压力一般应

在 200~400kPa，最高压力不应超过 500kPa。

电磁式油压表的结构及电路如图 2-136 所示。油压传感器是利用油压大小推动滑臂来改变可变电阻阻值的，当压力增大时，其电阻值减小。油压指示表中有两个正十字交叉线圈，中间放置永久磁铁转子，转子上连有指针。

当油压较低时，传感器中电阻值增大，右线圈中电流相对减小，左线圈中电流相对增大，转子转向合成磁场方向，带动指针指向较低油压值；当油压升高时，传感器中的电阻值减小，右线圈中的电流相对增大，而左线圈的电流相对减小，转子朝合成磁场方向转动，使指针指向较高值。

④ 水温表。水温表用来指示发动机工作时水套中冷却水的温度。发动机正常工作时，水温应在 75~90℃ 之间。水温表由装在仪表板上的水温指示表和装在发动机气缸盖水套上的水温传感器组成，两者用导线连接。水温指示表有电热式和电磁式两类，水温传感器有电热式和热敏电阻式两类。

电磁式水温表的结构如图 2-137 所示，传感器为受温度变化的热敏电阻传感器，内装热敏电阻，温度升高时阻值减小，温度降低时阻值增大，如桑塔纳轿车用水温传感器，水温为 115℃ 时，阻值为 62Ω 左右；水温为 40℃ 时，阻值为 500Ω 左右。

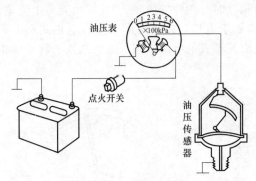

图 2-136 电磁式油压表

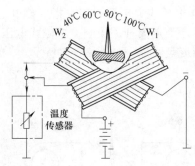

图 2-137 电磁式水温表

电磁式水温表的工作原理是：当温度降低时，热敏电阻阻值增大，流过线圈 W_1 的电流相对增大，而流经线圈 W_2 的电流相对减小，其合成磁通通过转子轴线，转子带动指针指向低温；随着温度升高，热敏电阻阻值减小，此时流经线圈 W_2 的电流增大，流经 W_1 的电流相对减小，其合成磁通使转子带动指针指向高温。

⑤ 燃油表。燃油表的作用是指示油箱内的储油量，当油量减少到一定量时，警告驾驶员及时补充燃油，防止因燃油耗尽而中途停车。燃油表由装在仪表板上的燃油指示表和装在燃油箱内的燃油储量传感器组成，两者间用导线相连。燃油指示表有电热式和电磁式两类，传感器则采用可变电阻式。

电磁式燃油表由电磁式燃油指示表和可变电阻式传感器两部分组成，其结构如图 2-138 所示。

当接通点火开关后，蓄电池向仪表供电，两线圈通过电流后产生磁场，使指针转子处在合成磁场的方向。当油箱内无油时，浮子沉在箱底，滑动触片处在电阻等

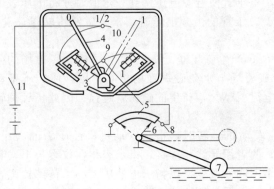

图 2-138 电磁式燃油表

1—右线圈；2—左线圈；3—转子；4—指针；5—电阻丝；6—活动触片；7—浮子；8~10—接线柱；11—点火开关

于零的位置,因此右线圈被短路,这时只有左线圈通过电流,其产生的磁场使指针停在左面"0"的位置。

当油箱内的油量增加时,浮子上升带动滑片。使电阻串入左线圈的电路中。由于左线圈中串入了电阻,故流经线圈的电流减小,磁场降低;但右线圈中电流较大,并产生相应的磁场,转子在两个磁极的作用下最终平衡,使指针向右线圈方向偏转一角度。

当油箱注满油时,浮子带动滑片处在电阻最大位置上,这时由于左线圈上串联的电阻增至最大,故通过的电流减至最小,吸力最弱;而右线圈的电流增至最大,吸力最强,将指针吸在最右方"1"的位置上。

⑥ 仪表稳压器。仪表稳压器的作用是当电源电压变化时稳定仪表平均电压,避免仪表指示误差。电压式水温表和燃油表配用可变电阻式传感器时,应在电路中串联仪表稳压器(图 2-139、图 2-140)。当仪表稳压器损坏时,仪表不能直接连接电源,否则会损坏仪表。仪表稳压器有电热式和电子式稳压器两类。

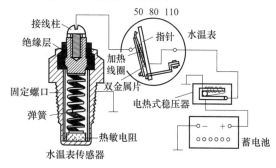

图 2-139 水温表电路中仪表的稳压器

桑塔纳系列轿车的燃油表与冷却液温度表及其指示灯共用一个仪表稳压器,稳压器的输出电压为 9.5~10.5V。该稳压器为 W7800 系列集成稳压电源,通常称为三端稳压源。如图 2-141 所示,在稳压器与仪表盘连接的印刷电路胶片上,印制有"E""A""—",其中标记"E"为稳压器电源输入端,标记"A"为稳压器电压输出端,标记"—"为稳压器电源负极(公共搭铁端)。

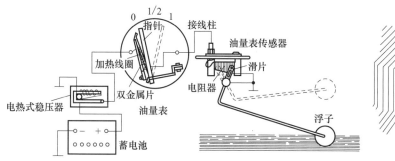

图 2-140 燃油表电路中仪表的稳压器

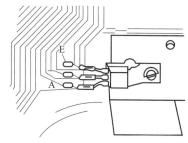

图 2-141 桑塔纳系列轿车仪表稳压器连接示意图

⑦ 发动机转速表。发动机转速表用来测量发动机曲轴转速。转速表按其结构不同可分为机械式和电子式,由于电子式转速表具有指示平稳、结构简单、安装方便等优点,在汽车上被广泛采用。

发动机转速表指针示值乘以 1000 表示发动机每分钟发动机转速。使用转速表能使驾驶员正确地选择换挡时机、防止发动机超速运转。转速表上都标有红色危险区,发动机转速一般不得越过危险标线,否则会造成发动机早期损坏。

图 2-142 为桑塔纳系列轿车发动机转速表电路。桑塔纳轿车发动机转速表为电子式转速表,转速信号取自点火线圈端子"—"。当点火线圈初级电流接通或切断时,产生的脉冲信号经中央线路板、仪表盘印制电路、仪表盘 14 端子白色插座 13 进入转速表控制电路。控制电路为数字集成电路,脉冲信号经集成电路处理后,由转速表指针指示出发动机转速值。在转速表的背面,有一个 3 端子黑色插座 10,该插座与印制电路胶片连接。

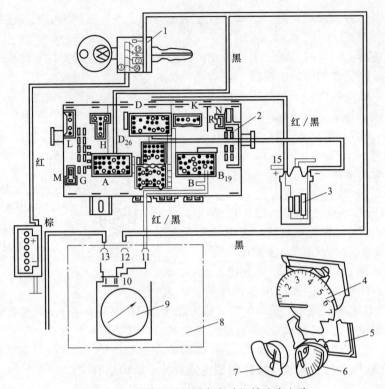

图 2-142 桑塔纳系列轿车发动机转速表电路

1—点火开关；2—中央线路板；3—点火线圈；4—转速表表盘；5—转速表支架；6—燃油表；7—冷却液温度表；8—仪表盘；9—转速表；10—3 端子黑色插座；11,13—14 端子白色插座；12—14 端子黑色插座

有些轿车（如奥迪）利用带有信号的专门传感器从飞轮上获取发动机转速信号，这种转速表由传感器和表头组成，如图 2-143 所示。传感器利用磁感应原理，将发动机转速变为电脉冲信号；表头为带有脉冲电路的电磁式毫安表，将传感器中发出的脉冲信号整形放大，推动表头，以指针偏转角度指示发动机转速。

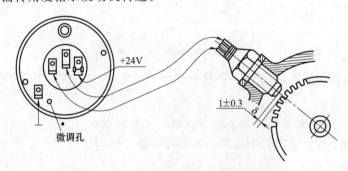

图 2-143 电子转速表与传感器线路连接图

⑧ 车速里程表。车速里程表用来指示汽车瞬时速度和累计汽车行驶里程，它由车速表和里程表两部分组成。车速里程表主要有磁感应式和电子式两种。

a. 磁感应式车速里程表。如图 2-144 所示，磁感应式车速里程表没有电路连接，其主动轴由变速器或分动器传动输出轴经软轴驱动。

汽车行驶时，主动轴带动 U 形永久磁铁旋转，在感应罩上产生涡流磁场和转矩，驱使感应罩克服盘形弹簧弹力做同向旋转，从而带动指针在刻度盘上指示相应的车速值。车速越快，永久磁铁旋转越快，感应罩上的涡流转矩越大，感应罩带着指针偏转的角度越大，指示的车速值也越大；反之，车速越慢，则指示的车速值越小。另外主动轴旋转还带动三套蜗轮蜗杆按一定传动比传动，从而逐级带动计数轮转动，计数器为十进制，右边数字轮每旋转一周，相邻的左边数字轮指示数便自动增加1，从右往左其单位依次为1/10km、1km、10km，依此类推，就能累计出汽车所行驶过的里程。

汽车停驶时，永久磁铁以及蜗轮蜗杆均停止转动，感应罩上的涡流转矩消失，在盘形弹簧作用下使转速表指针回到"0"位置，同时里程表也停止计数。当汽车继续行驶时，里程表又继续计数。

b. 电子式车速里程表。电子式车速里程表主要由电子式车速表、带有总里程表和单独计数的甲程表、信号传感器、电子电路4部分组成。

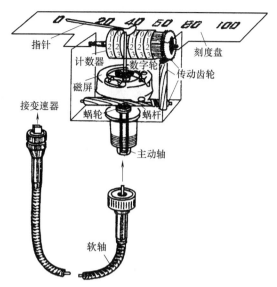

图 2-144 磁感应式车速里程表

其基本原理是由传感器采集转速信息（电信号）输入电子电路处理，电子电路的输出电流驱动电子式车速表来显示车速，电子电路的输出信号驱动步进电机，再经里程表内的蜗轮蜗杆机构驱动计数轮记录总里程和单独里程。

图 2-145 为奥迪 100 指针式电子车速里程表 IC 电路。该电路主要包括：稳压电路、单稳态触发电路、恒流源驱动电路、64 分频电路和功率放大电路。仪表精度由电阻 R_1 调整，仪表初始工作电流由电阻 R_2 调整，电阻 R_3 和电容 C_3 用于电源滤波，此外还有步进电机。

桑塔纳 2000 型轿车采用电子式车速里程表，结构如图 2-146 所示，车速里程表由车速表和里程表两部分组成，既能指示汽车行驶速度，又能记录行驶里程（包括总里程和单程里程），并具有复零功能。桑塔纳 2000 型轿车的电子式车速里程表采用了动圈式测量机构，主要由永久磁铁、针轴、游丝、电子模块、步进电机、3 对蜗轮蜗杆、十进制单程里程计数轮与总里程计数轮以及复零机构等组成。其从装于变速器后部的传感器中取得脉冲信号，通过导线输送给指示表，因此避免了原机械式车速里程表用软轴传输转矩所带来的诸多缺点，并具有精度高、指针平稳和寿命长等优点。

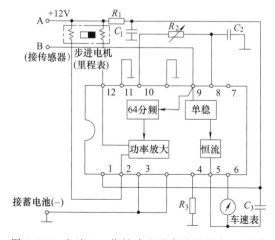

图 2-145 奥迪 100 指针式电子车速里程表 IC 电路
1～12—接线端点

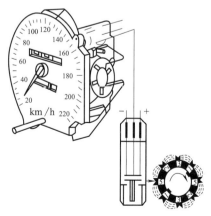

图 2-146 桑塔纳 2000 电子式车速里程表结构示意图

电子式车速里程表以动圈式测量机构指示车速,步进电机通过蜗轮蜗杆机构驱动计数轮记录里程。汽车行驶时,安装在变速器上的车速传感器将车速转化为脉冲信号输入电子模块,经电子元器件组成的电路处理后,输出电流驱动动圈式测量机构并带动指针偏转一定角度指示车速。因为车速传感器产生的脉冲频率经电子电路处理后输出的电流呈线性关系,所以指针指示的车速与汽车行驶速度成正比。里程记录表将输入的脉冲频率由电子电路进行分频处理后,驱动步进电动机,再经蜗轮蜗杆机构驱动计数轮记录总里程和单程里程。

两种里程计数器的任何一位数字轮转动1圈,就使其左边的相邻计数轮转动1/10圈。车速里程表上有一单程里程计复位杆,当需要消除单程里程时,只需按一下复位杆,单程里程计的4个数字轮均复位为零。

(2) 汽车仪表的检修与故障诊断

汽车仪表如不能正常工作,必须尽快修复,检查的范围主要包括指示表、传感器、导线、电子线路等方面,必须逐一加以分析。

① 电流表的检修与故障诊断。

a. 电流表的检验。将被试电流表与标准直流电流表及可变电阻串联在一起,接通蓄电池电源,逐渐减小可变电阻值,比较两个电流表的读数。若读数差不超过20%,则可认为被试电流表工作正常。

b. 电流表的调整。如被试电流表读数偏高,可用充磁方法进行调整,方法如下。

• 永久磁铁法。用一个磁力较强的永磁铁的磁极与电流表永久磁铁的异性磁极接触一段时间,以增强其磁性。

• 电磁铁法。用一个"Π"形电磁线圈通以直流电,然后和电流表的永久磁铁的异性磁极接触3~4s,以增强其磁性。

若读数偏低,调整时可使同性磁极接触一段时间,使其退磁。

c. 电流表常见故障与排除方法。电流表的常见故障现象、可能产生的原因及排除方法见表2-26。

表2-26 电流表的常见故障、产生原因与排除方法

故障现象	产生原因	排除方法
指针转动不灵活	润滑油老化变质,针轴过紧	取下罩壳,将机件在汽油中冲洗,待干后在轴承处滴入几滴仪表润滑油。如针轴过紧应予调整
通电时,指针有时转有时停滞	接线螺钉的螺母松动,接触不良	紧固螺母
通电时,指示值过高	储存或使用过久,永久磁铁磁性减弱	对永久磁铁充磁
通电时,指针偏转迟缓或指示值过低	指针歪斜,碰擦卡住或指针轴和轴承磨损	指针歪斜时用镊子校正,轴承磨损应更换
指针不动	电流过量,接线螺钉与罩壳或车架错接,烧坏仪表	更换电流表

② 机油压力表的检修与故障诊断。

a. 指示表与传感器电阻的检验。测量指示表和传感器的电阻值,看是否符合表2-27的规定。若电阻值小于规定值,则表示有短路;若电阻值很大,则表示内部断路或接触不良。

表2-27 机油压力表电阻的检验数据

名称	加热线圈		电阻/Ω
	材料	直径/mm	
油压指示表	双丝康铜线	0.12	36
传感器	双丝康铜线	0.112	8~12

b. 传感器的检验与调整。将被试传感器装在小型手摇油压机上,并与标准指示表连接,如图 2-147 所示。接通开关,摇转手柄改变油压,当标准油压表分别指示为 0MPa、2MPa、5MPa 压力时,其标准油压指示表也应指示为 0MPa、2MPa、5MPa,否则应对被试传感器进行调整。

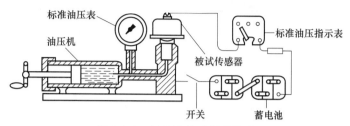

图 2-147 油压表传感器的检验

调整传感器时,应在传感器与指示表之间串入电流表。当油压为低压时,传感器输出电流过大或过小,应打开被试传感器的调整孔,拨动调整齿扇进行调整;若油压为高压时,输出电流较规定值偏低,应更换传感器的校正电阻(一般在 30~360Ω 范围内调整);若在任何压力下,输出电流均超过规定值,而调整齿扇又无效时,则应更换传感器。

c. 油压表常见故障与排除方法。油压表的常见故障现象、可能的原因以及排除方法见表 2-28。

表 2-28 油压表的常见故障分析与排除方法

故障现象	故障判断	故障原因	排除方法
发动机工作,指针不偏转且指在"0"位以下	查看电流表和燃油表,并用螺丝刀将传感器接线柱搭铁 ①指针仍指在"0"以下 ②指针迅速转动至"5"处,检查润滑油量,若润滑油量在规定值以下 ③若油尺反映润滑油量在规定值以上时,拆下传感器使外壳搭铁,用一根无尖头的铁钉顶压传感器膜片,若指针转到"5"处 ④若指针仍指在"0"位不动	熔断丝烧断,表火线断脱,油压指示表损坏,指示表至传感器之间连线断脱 发动机严重缺油 润滑油油路有故障 传感器失效(电热线圈烧断或触点氧化而接触不良)	更换或重新接好 补充润滑油 检查油路故障 更换传感器
接通电源后,尚无润滑油,压力指针已指示一定压力	拆下传感器接线柱的连线 ①若指针迅速转到"0"以下 ②若指针仍指示一定压力	传感器触点被粘住或内部搭铁 传感器与指示表之间连线搭铁,指示仪表内部搭铁	更换传感器 更换导线或指示仪表
指针指示不正确	在传感器与指示表之间接入电流表,测量电路中的电流,此电流值应符合规定值	接线柱连接不良 指示表电热线圈烧坏 传感器安装位置不对	重新接好 更换 正确安装

③ 水温表的检修及故障诊断。

a. 指示表与传感器电阻的检验。测量指示表与传感器的电阻值,看是否符合表 2-29 规定。若电阻值小于规定值,则表示内部有短路;若电阻值过大,则表示内部有断路或接触不良。

b. 水温指示表的检验与调整。将被试指示表串联在电路中,接通开关,调节可变电阻,当毫安表指在规定值 80mA、160mA、240mA 时,指示表应指在 100℃、80℃、40℃ 的位置上,其误差不应超过 20%。

表 2-29 水温表电阻的检验数据

名称	加热线圈		电阻/Ω
	材料	直径/mm	
指示表	双丝康铜线	φ0.12	35.5～36.5
传感器	双丝康铜线	φ0.12±0.01	7～8.5

当指示表指针的偏斜度与规定电流不符时，应予调整，其方法是：若指针在"100℃"时不准，可拨动左侧齿扇进行调整；若指针在"40℃"时不准，可拨动右侧齿扇进行调整；刻度的中间各点可不必进行调整。

c. 水温表常见故障与排除方法。水温表的常见故障、可能的原因及排除方法见表2-30。

表 2-30 水温表常见故障分析与排除方法

类型	故障现象	故障诊断	故障原因	排除方法
双金属片电热式水温表	接通点火开关，水温表指示不动或指示数值偏高	将水温传感器接线柱搭铁，指针应移动；若指针不动，再将水温表电接线柱搭铁试火	传感器损坏或搭铁不良	修理或更换传感器
		若无火花	电源接线断路	接通
电磁式、动磁式水温表	接通点火开关，指示表指针不动或指示数值偏低	若有火花，将水温表上的传感器接线柱搭铁，若指针移动正常	水温指示表盘与传感器间的线路断路	更换连接线
		若指针仍不移动	水温指示表电热线圈烧坏或断路	更换指示表
双金属片式水温表，电磁式、动磁式水温表	接通点火开关，指针指示数值偏低	将传感器接线柱上的连线拆除，进行断路试验，若水温仍指到低温值	指示表至传感器之间连线有搭铁	修理或更换导线
	接通点火开关，指针指向最高值	若指针转至高温	传感器内部搭铁	更换传感器
	指针指示数值不准	—	指示表与传感器未正确配套指示表与传感器性能不良	必须配套检查或更换

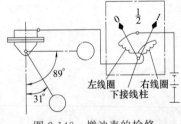

图 2-148 燃油表的检修

④ 燃油表的检修与故障诊断。

a. 燃油表的检修。首先将被试指示仪表与标准传感器按图2-148接线，然后将浮子臂分别摆在规定位置，这时指示仪表的指针应能相应地指在"0"和"1"的位置上，且误差不应超过10%，否则应予以调整。若不能指到"0"时，可上下移动左铁芯的位置进行调整；若不能指到"1"时，可上下移动右铁芯的位置进行调整。

b. 燃油表常见故障与排除方法。燃油表常见故障、可能的原因及排除方法见表2-31。

表 2-31 燃油表常见故障分析与排除方法

故障现象	故障判断	故障原因	排除方法
电磁式、动磁式燃油表 接通点火开关，无论油箱存油多少，指针总指在"0"(E)处不动	①检查燃油表接线	①燃油表极性接反	①接好
	②若接线正确，接通点火开关，拆下传感器导线，指针向"1"(F)处移动	②传感器内部搭铁或浮子损坏	②检修或更换传感器
	若指针仍指在"0"(E)处，将燃油表电源接线柱搭铁试火		
	有火花	燃油指示表内部电磁线圈断路	更换燃油指示表
	无火花	指示表电源线断路	重接或更换

续表

故障现象		故障判断	故障原因	排除方法
双金属片式燃油表	接通点火开关，无论油箱存油多少，指针总指在"0"(E)处不动	接通点火开关，将传感器上的导线搭铁： ①指针迅速向"1"(F)处移动 若指针仍不动，将燃油表上的传感器接线柱搭铁 ②指针向"1"(F)处移动 若指针仍不动，将燃油表的电源接线柱搭铁试火 无火花 有火花	①传感器损坏或搭铁不良 ②传感器与燃油表间线路有断路或接线头接触不良 燃油表电源线断脱 电热线圈断路	①更换传感器或重装 ②更换导线或重新接线 重接或换导线 更换燃油表
电磁式、动磁式燃油表	接通点火开关，无论油箱存油多少，燃油指示表指针均指在"1"(F)处	接通点火开关，将燃油表传感器导线搭铁： 指针回到"0"(E)处 若指针仍回不到"0"(E)处将燃油表上的传感器接线柱搭铁 指针回到"0"(E)处 指针仍回不到"0"(E)处	传感器损坏或搭铁不良 燃油表至传感器间线路断路 燃油表上的传感器接线柱与电磁线圈脱焊或接触不良	更换传感器或重装 更换导线 更换燃油表
双金属片式燃油表		接通点火开关，拆下传感器接线： 指针回不到"0"(E)处 若指针回到"0"(E)处，再拆下燃油表上的传感器接线柱 指针回到"0"(E)处 指针仍回不到"0"(E)处	传感器内部搭铁 燃油表至传感器线路搭铁 燃油表内部短路	更换传感器 更换导线或检修 更换燃油表

⑤ 车速里程表的检修与故障诊断。

车速里程表的常见故障及排除方法见表2-32。

表2-32 车速里程表常见故障分析及排除方法

故障现象	产生原因	排除方法
车速表和里程表指针均不动	①主轴减速器机构中的蜗杆或蜗轮损坏使软轴不转 ②软轴或软管断裂 ③主轴处缺油或氧化而卡住不动 ④表损坏 ⑤转轴的方孔或软轴的方轴被磨圆 ⑥软轴与转轴或主轴连接处松脱	①更换零件 ②更换 ③清除污物加润滑油 ④更换 ⑤更换软轴或方轴 ⑥连接牢靠
车速表和里程表指示失准	①永久磁铁磁性急减或消失 ②游丝折断或弹性急减 ③里程表的蜗杆磨损	①充磁 ②更换 ③更换
车速表指针跳动、不准而里程表正常	①指针轴磨损或已断 ②指针轴转轴的轴向间隙过大 ③感应罩与磁铁相碰 ④游丝失效或调整不当 ⑤软轴与转轴或变速器、分动器输出端的结合处连时松脱 ⑥软轴的安装状态不合要求	①更换 ②调整 ③检修 ④换游丝或重调 ⑤重装或更换 ⑥改变安装或更换

续表

故障现象	产生原因	排除方法
工作时发出异响	①软轴过于弯曲、扭曲 ②软轴与转轴、变速器或分动器的输入端润滑不良 ③各级蜗轮蜗杆润滑不良 ④磁钢与感应罩相碰	①更换软轴 ②加润滑油 ③加润滑油 ④检修
车速表工作正常而 里程表工作不良	①减速蜗轮蜗杆啮合不良 ②计数轮运转不良	①更换 ②更换
里程表走而 车速表不走	①感应罩或指针卡住 ②磁铁失效	①检修 ②充磁

2.5.1.2 电子组合仪表

(1) 电子组合仪表概述

随着微机和传感器等电子技术的蓬勃发展，汽车仪表与显示装置也已进入电子化时代。近年来在世界范围内已有多种汽车装置了具有电子显示器件的电子仪表盘，国内也有很多车辆采用了电子组合仪表，如图 2-149 所示。

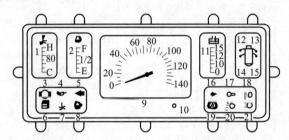

图 2-149 ED-02 型电子组合仪表外形

1—水温表；2—燃油表；3—制动失灵警告灯；4—油压过低警告灯；5—左转向指示灯；6—充电指示灯；7—水温过高警告灯；8—燃油量过少警告灯；9—车速表；10—蓄电池断电器开关；11—电压表；12～15—车门状态指示灯；16—右转向指示灯；17—倒车指示灯；18—雾灯指示灯；19—手制动指示灯；20—前照灯远光指示灯；21—前照灯近光指示灯

① 汽车电子显示器件。随着电子技术的发展，仪表也由双金属式和电磁式指示仪表向电子式显示方面发展。目前汽车上使用的显示器件主要有：发光二极管显示器（LED）、荧光显示器（VED）和液晶显示（LCD）三种，分为发光型和非发光型。发光型显示器自身发光，容易获得鲜艳的流行色显示，但在阳光的直射下，必须有足够的发光亮度，而在夜间必须加以控制，否则因太亮，会造成驾驶人员眩目。非发光型显示器靠反射环境光显示。在明亮的外光条件下能获得鲜明显示，但在夜间或光线暗的场合下，必须使用照明光源。

② 汽车电子仪表的微机控制。一般说来，采用电子仪表的汽车通常都由微机进行控制，包括对电子仪表板的控制。汽车电子仪表板微机控制如图 2-149 所示。

从图 2-150 中可以知道，汽车电子板微机控制系统的信息来自燃料液位、汽车车速、蓄电池电压、冷却液温度及发动机转速等。这些信息数据通过车身微机组件和发动机微机组件的处理之后送到汽车仪表板微机控制系统。标准的汽车微机系统可以在发动机微机和车身微机之间，以 8000 次/s 以上的变速率变交流信息。由于汽车微机需要采集多个来源不同的信息，故要采用多路传输采样系统。例如，发动机微机中央处理装置需要检查冷却液温度、发动机转速和其他多种输入的情况，其中冷却液温度的变化并非很快，不需经常检查，而发动机转速变化很快，必须经常检查，所以汽车微机是按可编程的只读存储器 PROM 编定的程序，有规则地检查信息的输入，并进行适当地处理。微机还要用可消除的存储器来储存里程表的读数，以供电子显示装置使用，而要用随机存储器来计算所输入的数据。

采用微机控制的汽车一般都具有自诊断系统，包括对电子仪表装置进行自检，即本身的

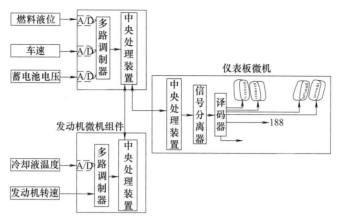

图 2-150　汽车电子仪表板微机控制框图

微机能够对其电子仪表及主显示装置进行功能检查和故障诊断。对于大多数车辆来说，只要同时按下行车微机上的 2 个按键，即可开始对汽车进行自检。例如，美国通用汽车公司生产的具有微机控制的轿车，只要同时按下"关断"（OFF）和"加热"（WARMER）2 个按钮，仪表板上就立即显示出故障信息。

这种自诊断系统通过本车的检查和诊断，能够显示 100 个以上的故障代码、输入和输出数据以及各个开关的位置等。这些信息都可在汽车电子仪表板上显示出来，有用代码显示的，也有用数字显示的，还可用字母显示。代表数字的范围可以从 0～299，即微机所控制的各电子装置的工作状态用 0～255 范围内的数字来代表，其中 128 代表中点（中间）数，通常表示汽车处于正常工作状态。如果所显示的数字与 128 这个数差距大，则应查阅有关手册，详细了解该代码所代表的故障和处理方法。

（2）电子组合仪表的检修

① 电子组合仪表故障检查注意事项。

a. 汽车电子仪表装置比较精密，对维修技术要求较高，维修检查时应遵照各汽车使用维修手册的有关规定，必要时，应由专业修理厂承修。

b. 汽车电子仪表显示板和母板（逻辑电路板）不仅较易损坏，而且价格较贵，因此在检查时应多加保护和特别谨慎，除有特殊说明外，不能用蓄电池的全部电压加于仪表板的任何输入端。由于检测仪表（如欧姆表）使用不当可造成微机电路的严重损坏，所以在进行仪表检测时应特别注意这一点，选择使用高阻表检查电压、电阻等。

c. 在检查需要拆卸电子仪表板时，要按拆装顺序进行，拆装时注意不要猛敲猛打，以防本来状况良好的元器件因敲打而损坏。在拆卸仪表板总成之前，应首先切断电源。新的电子仪表元件应放置在镀镍的包装袋里，需要更换时，再从袋中取出，取出时注意不要碰触各部接头，不要提前从袋中取出。在拆装作业中，只能用手拿仪表板的侧边，不能碰及显示窗和显示屏的表面等部分。

d. 在处理电子式车速/里程表的电路芯片时，必须使用原有的塑料盒，以免因静电放电而损坏。如不慎碰及电路芯片的接头使仪表的读数清除，此时应该将仪表送往专门修理单位进行重新编程后才能使用。

e. 在检查电子仪表板时，必须用静电防护装置，即带有搭铁的装置，如手腕带和放置电子部件的导电垫板等，设法使维修地点和维修人员不带静电。从仪表板上拆卸下来的电子部件应放在具有搭铁装置的导电垫板上，不能放在地毯或座椅上；检查维修人员不能穿着合成纤维面料的衣服等。否则，均会带静电而损坏电子元器件及电子组合仪表装置。

② 电子组合仪表的故障检查。

汽车电子组合仪表的检测与故障诊断，除由车载微机自诊断系统进行自诊断外，还可使用专门的检测设备对其进行检测和诊断。在检测时应首先将传感器电路断开或拆下，用检测设备对它们逐个进行检查。

汽车电子仪表显示系统的故障一般都出在传感器、针状连接器和导线、个别仪表及显示屏上。其检测方法如下。

a. 传感器的检测。对各种电阻式传感器的检查，通常采用测量其电阻的方法，即把所测得的电阻值与其规定的标准电阻值相比较，判断传感器有无故障。若所测的电阻值小于规定值时，则表明传感器内部短路；若其电阻值很大，则说明传感器内部断路或接触不良，应该更换传感器。

b. 针状连接器的检测。采用电子仪表的汽车，往往要用很多连接器把电线束连接到仪表板上去。这些连接器一般都采用不同颜色，以便辨认它属于哪一部分的连接。为保证其连接牢固、可靠，连接器上设有闭锁装置。在进行检测时，要注意防止连接器的闭锁装置、针状插头以及插座等受损、毁坏。特别是将测试设备与其导线连接时，最好使用备用的连接器插头，以防连接器针状插头腐损、松动等而造成接触不良。

c. 个别仪表的故障检查。个别仪表发生故障，首先应检查各导线的连接情况，包括各连接器接触情况，线束是否破损、搭铁、短路和断路等；然后再用检测设备分别对该仪表及其传感器进行测试，以判明故障。

d. 显示屏上部分笔画、线段故障。电子组合仪表上的显示屏部分笔画、线段出现故障，应将仪表板上的显示器调整到静态显示状态，仔细观察是否还有别的故障。如果仅有一两个笔画或线段不发亮或不显示，则说明逻辑电路板通过多路传输的脉冲信号正确，可能只是显示装置的部分线段工作不正常，遇此情况应进一步检查，属于接触不良的应加以紧固，确保其电路畅通；若是电子显示器件本身问题，则通常更换显示器件或显示电路板。

③ 电子组合仪表的检修注意事项。

组合仪表板中各仪表独立工作，但不具有密封性，它们被装在一个大的仪表板外壳中，组成一个密封的整体。当报警灯或个别仪表损坏时，方可分解组合式仪表，单独更换损坏部位，而不影响其他仪表。

对组合式仪表进行检修，应先拆卸组合仪表，然后根据前述各仪表的故障诊断方法来进行检修。拆卸组合仪表是一个耐心细致的过程，各车型的组合仪表拆卸方法不尽相同，有些车需要先拆下转向盘，有些则不需要。

上海帕萨特 B5 组合仪表的拆卸步骤如下。

a. 拆卸驾驶员侧的安全气囊装置。

b. 松开六角螺栓，如图 2-151 所示。

c. 把转向盘放置在中间位置上使车轮放正。

d. 从转向柱中间拔出转向盘。

e. 把两个十字槽头螺钉拧开，如图 2-152 箭头所示，拆除转向柱开关的上罩盖。

f. 把 4 个十字槽头螺钉拧开，如图 2-153 箭头所示，把内六角螺栓拧开，拆开转向盘的高度调整装置，拆除转向柱开关的下罩盖。

g. 拧松内六角螺栓，从转向柱开关中拔出插头，如图 2-154 箭头所示，拆除转向柱开关。

h. 如图 2-155 所示，拉出罩盖，拧开螺钉 1 和 2，从车门压板中夹出和拆除下面的驾驶员侧面 A 柱的面板。

i. 夹出罩盖 1，拧出螺钉，如图 2-156 箭头所示，拆除驾驶员侧的杂物箱 2，脱开前照灯开关 3 的插头连接和照明范围调节器 4 的插头连接。

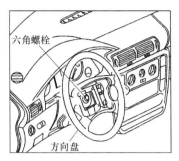
图 2-151 拆卸组合仪表（一）

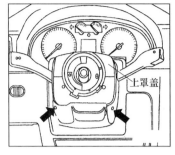
图 2-152 拆卸组合仪表（二）

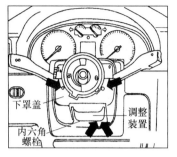
图 2-153 拆卸组合仪表（三）

j. 向上移动护板，用辅助工具（如螺栓扳手手柄）夹紧，拆下 4 个螺钉，如图 2-157 箭头所示。拧下盖子。

k. 拧开两个螺钉，如图 2-158 箭头所示。

l. 取下组合仪表，断开插头连接。安装时，按与拆卸相反的顺序进行。

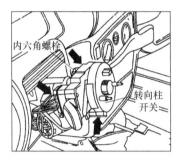
图 2-154 拆卸组合仪表（四）

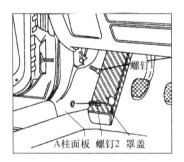
图 2-155 拆卸组合仪表（五）

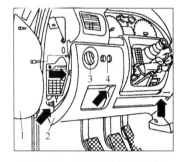
图 2-156 拆卸组合仪表（六）
1—罩盖；2—杂物箱；
3—前照灯开关；4—照明范围调节器

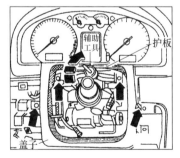
图 2-157 拆卸组合仪表（七）

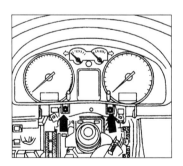
图 2-158 拆卸组合仪表（八）

④ 电子组合仪表电路的检修。

装于仪表板背后的印制电路板（图 2-159），将电路连线印制在聚氯乙烯塑料薄片上，一方面使各仪表及指示灯之间的电路连续；另一方面实现了仪表板与线束之间的连接，从而使仪表电路连接简单清晰，提高了使用的方便性和可靠性。仪表与印制线路板的连接是通过安装螺钉实现的。指示灯、照明灯的灯泡首先安装在灯座上，然后与灯座安装于相应的安装孔中，灯泡两端即可实现与印制电路的连接；仪表线束与仪表板之间用插接器连接，插座形状有矩形与圆形等，因车型而异。

汽车仪表电路因车型不同而有所差异。北京 BJ2020S、北京切诺基分别用电流表和电压表指示充放电状态，且水温表、油压表、燃油表均不经过仪表稳压器，如图 2-160、图 2-161 所示。东风 EQ1092、解放 CA1092 仪表电路相同，如图 2-162 所示用电流表指示充放电状态，油压表不配稳压器，水温表和燃油表配有电热式稳压器，EQ1092 汽车仪表稳压器输出直流平均电压为 $(8.6±0.15)$ V，CA1092 汽车仪表稳压器输出端直流平均电压为 $(7±0.15)$ V。上海桑塔纳发动机转速表、燃油表、水温表配有电子三端稳压器，稳压器输出端直流平均电压为 9.5~10.5V（图 2-163）。

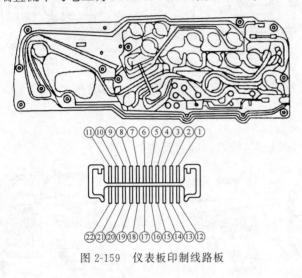

图 2-159　仪表板印制线路板

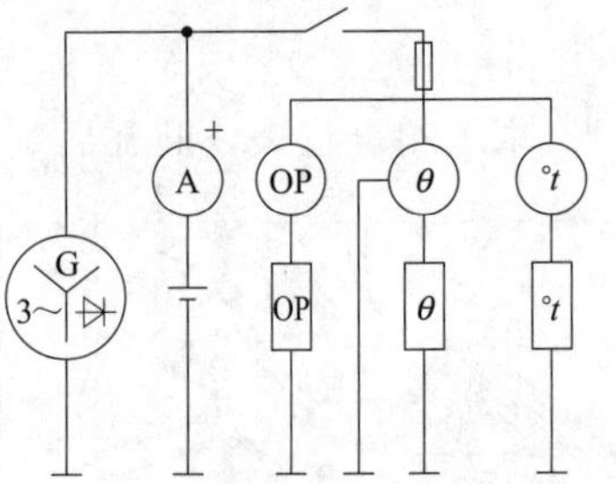

图 2-160　BJ2020S 汽车仪表电路

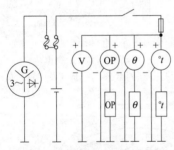

图 2-161　北京切诺基汽车
仪表电路

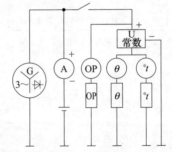

图 2-162　CA1092、EQ1092 汽车
仪表电路

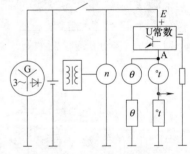

图 2-163　上海桑塔纳轿车
汽车仪表电路

（3）电子组合仪表的故障诊断

① 电热式仪表的故障诊断。

a. 当所有仪表同时出现相似故障时，仪表指针都超过最大读数。此故障应在稳压器，是稳压器加热线圈断路或其搭铁端脱落所致。仪表虽能指示但示值不稳定，这仍是稳压器故障。

若所有仪表指针短时间都向低值方向摆动，说明稳压器触点接触不良；若指针短时间均向高值方向摆动，说明稳压器加热线圈搭铁不良，只要清洁并拧紧搭铁螺钉，故障即可排除。仪表指针都不动，这是因稳压器电源输入端断路或稳压器触点严重烧蚀而造成的。

b. 个别仪表示值不正确。若只是一个仪表工作不正常，则与稳压器无关。在检查这类故障时，只要从传感器开始依次用短接法沿线路逐段查到仪表，便可查出故障所在。电热式燃油表的传感器最易发生故障，当传感器搭铁不良时会使仪表指针停在空位或不能指示满值；传感器滑片与可变电阻接触不良则会出现指针示值不稳现象。水温表指针无规律摆动，其故障在传感器。对于常用的热敏电阻式传感器，可测量其在常温下的电阻值，若电阻大于 100Ω 则为良好，否则应更换。机油压力表的示值不准，故障也在传感器。若指针无规律摆动，表示电路中有接触不良的故障；若指针向高值方向偏摆，表示电路中有搭铁故障。

② 电磁式仪表的故障判断。

以燃油表为例（其余各表可依此作参照）。

a. 若指针常指满值，说明电路电阻过大，可用短接法查出故障。

b. 若指针常指空位，说明电路电阻过小，可将传感器上导线拆下，若此时指针指满位，表示电路正常，故障在传感器。

c. 若指针从空位到满位自由摆动，表示仪表或传感器损坏。

d. 若指针不能正确反映存油情况，说明仪表或到传感器的电路有故障。

③ 组合仪表的自诊断。

汽车电子控制系统都设有自诊断测试子系统，并配备一个故障代码存储器，当被监测的传感器或控制元件出现故障时，电控单元 ECU 将检测到的故障信息编成代码，并将代码以及故障种类的说明存储在故障代码存储器中，以便在检修时，通过故障诊断仪把存储器里的故障信息读出。使用故障自诊断功能检测故障有一定的局限性，读出的故障代码只能表示故障可能产生的零部件及其电路，而不能断定哪个零部件在什么部位损坏，因此，还必须利用其他方法和工具对故障部件和相关部件进行排查检修。

2.5.2 汽车报警装置

2.5.2.1 汽车报警装置概述

（1）汽车报警装置的作用及符号

为了警示汽车某系统处于不良或特殊状态，引起汽车驾驶员的注意，保证汽车可靠工作和安全行驶，防止事故发生，汽车仪表板上安装了多种报警装置。

报警装置由报警灯、指示灯、开关组成。为了区分它们的功能，常在其表面刻印图形符号，有些还用英文字母表示，这些图形标志国际通用，大都形象、简明，一看便知它们的功用。

为了减少驾驶员注意力的分散，指示灯、报警灯在其所指示部位工作正常时是不亮的。仪表盘上没有刺目的光亮，一旦某个部位工作不正常，代表其工况的指示灯、报警灯才亮。报警灯多采用红色，以示情况紧急，需要及时检修，如制动气压过低报警、充电系统不充电报警、发动机过热报警、机油压力过低报警等。有些作为工作状况指示的则采用橘黄色指示灯，如阻风门关闭、空气滤清器堵塞、驻车制动（手制动）拉紧等。还有一些属于正常工作状态的指示灯，如转向指示灯采用绿色、前照灯远光指示采用蓝色等。

指示灯与报警灯一般采用小功率灯泡（1~3.5W），也有采用发光二极管的（要加降压电阻）。指示灯、报警灯在正常状态下不点亮，因此如果灯泡损坏了也会造成工作正常的错觉，为此在点火开关接通而不起动发动机的状态下可以检验大多数指示灯泡的好坏，如充电指示灯、机油压力报警灯等，有些则要用专门的检验开关并加接许多隔离二极管检验。

（2）报警灯控制方式

汽车报警灯主要有水温过高报警灯、机油压力过低报警灯、燃油不足报警灯、气压不足报警灯、制动灯断线报警灯、冷却液液面过低报警灯、发电机不充电报警灯等。报警灯主要由报警灯开关控制，一旦某一系统出现故障，报警灯开关就立即接通报警灯控制电路，仪表板上的相应报警灯会发出红色（或黄光）光，以示情况紧急，需要及时修理。

① 水温过高报警灯。

水温过高报警灯的电路如图 2-164 所示，其报警开关为双金属片式温度开关。当冷却水温正常时，双金属片几乎不变形，触点分开，报警灯不亮。如果冷却水温升高到 95~105℃

以上时，双金属片由于温度升高而弯曲变形，使触点闭合，红色报警灯便通电发亮，提醒驾驶员采取适当降温措施。

② 机油压力过低报警灯。

如图2-165所示为东风EQ1092型汽车装用的机油压力过低报警灯电路。其报警灯开关为盒形，内有管形弹簧，管形弹簧一端经管接头通润滑系主油道，另一端焊有活动触点，静触点经接触片与接线柱相连。

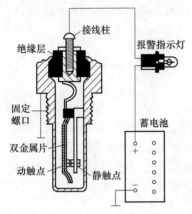

图2-164　水温报警灯电路

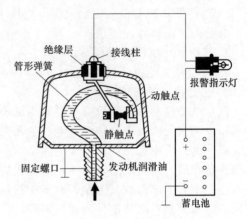

图2-165　机油压力报警灯电路

当机油压力低于某一定值时（一般为0.03～0.15MPa），管形弹簧呈向内弯曲状态，触点闭合，电路接通，报警灯发亮，告知驾驶员应及时将发动机熄火，检查机油压力过低的原因，排除故障；当机油压力恢复正常值时，管形弹簧变形大，触点张开，报警灯熄灭。

③ 燃油不足报警灯。

燃油不足报警灯电路如图2-166所示。其报警开关为热敏电阻式，装在油箱内。当油箱内燃油量多时，负温度系数的热敏电阻元件浸没在燃油中散热快，温度较低，电阻值较大，因此电路中几乎没有电流，报警灯不亮。当燃油减少到规定值以下时，热敏电阻元件露出油面，散热较慢，温度升高，电阻值减小，电路中电流增大，则报警灯发亮，提醒驾驶员及时加注燃油。

④ 气压不足报警灯。

气压不足报警电路如图2-167所示，气压不足报警开关装在贮气筒或制动阀压缩空气输

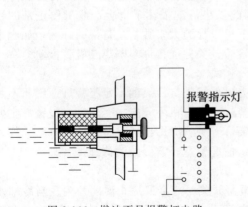

图2-166　燃油不足报警灯电路

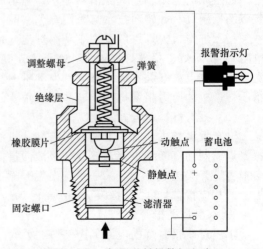

图2-167　气压过低报警灯电路

入管中。接通电源,当贮气筒内的气压下降到 0.35～0.38MPa 时,因作用在气压报警开关膜片下方的空气压力减小,于是膜片在复位弹簧的作用下向下移动,而使触点闭合,电路接通,报警灯发亮;当贮气筒内的气压升到 0.45MPa 以上时,由于膜片下方气压力增大,而使复位弹簧压缩,触点打开,电路切断,报警灯熄灭。若气压不足报警灯在行车中突然点亮,应立即停车,查找原因,排除故障,使气压恢复到正常值。

⑤ 制动灯断线报警灯。

制动灯断线报警灯电路如图 2-168 所示。在正常情况下制动时,踩下制动踏板,制动灯开关接通,电流分别流经左右两电磁线圈使左右制动信号灯亮。此时,两线圈所产生的磁场相互抵消,开关触点断开,报警灯不亮。若左(或右)制动信号灯线断路或灯丝烧断时进行制动,则左(或右)电磁线圈无电流通过,而通电的线圈所产生的电磁吸力吸动开关触点闭合,报警灯发亮,表示制动灯电路有断路故障。

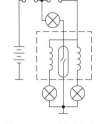

图 2-168 制动灯断线报警灯电路

⑥ 冷却液、制动液、挡风玻璃清洗液液面过低报警灯。

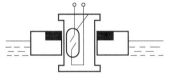

图 2-169 液面过低报警灯电路

液面过低报警装置,适用于发动机冷却液、制动液、挡风玻璃清洗液等液面过低的报警,如图 2-169 所示。工作原理是:当浮子随液面下降到规定值以下时,永久磁铁吸动弹簧开关使之闭合,接通电路,使报警灯发亮,以示报警。当液面在规定值以上时,浮子上升,磁铁吸力不足,弹簧开关在自身弹力作用下,使电路断开,报警灯熄灭。

⑦ 蓄电池液面过低报警灯。

如图 2-170 所示为蓄电池液面过低报警装置。其报警开关为一电子开关,由传感器和放大器组成,传感器为一铅棒,通常安装在由正极桩算起第三个单格内。当蓄电池液面高度正常时,传感器铅棒上的电位为 8V,从而使 VT_1 导通,VT_2 截止,报警灯不亮。当电解液面在最低限以下时,铅棒无法与电解液接触,也就无正电位,从而使 VT_1 截止,VT_2 导通,报警灯发亮。

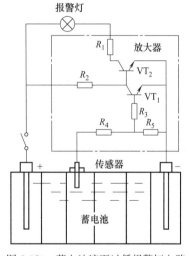

图 2-170 蓄电池液面过低报警灯电路

2.5.2.2 报警灯电路分析及故障诊断

(1) 一般汽车报警灯、指示灯的接线规律

如图 2-171 所示,其接线规律可以归纳如下。

指示灯、报警灯常与仪表装在一个总线内或附近布置,它们与仪表一同受点火开关的 ON 挡与 ST 挡控制。在 ON 挡能检验大多数仪表、指示灯、报警灯是否良好。

指示灯与报警灯电路接法可分为两种。一种接法是灯泡接点火开关火线(15 号线或 IG 线),外接传感开关。开关接通则搭铁构成通路,灯亮。如充电指示灯 18、停车制动指示灯 19、制动液面过少报警灯 20、车门未关报警灯 21、机油压力报警灯 22、水位过低报警灯 24 等。另一种接法是指示灯泡搭铁,控制信号来自其他开关的火线端。如远光指示灯 25、转向指示灯 26(左)、27(右)、座椅安全带未系指示灯 28,制动防抱死指示灯(ABS)29、巡航控制指示灯 30 等。

(2) 桑塔纳轿车报警灯电路分析

接通点火开关 ON 挡,充电指示灯亮,发动后熄灭。

油压报警灯受缸盖上的低速低压开关、机油滤清器支架上的高速低压开关及仪表板内油压电子控制器控制。接通点火开关,油压报警灯应闪亮且蜂鸣器不响;发动机发动后制动器

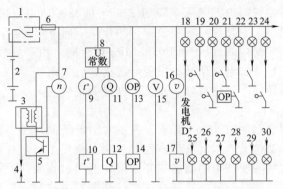

图 2-171 报警灯、指示灯的接线规律

1—点火开关；2—蓄电池；3—点火线圈；4—火花塞；5—点火模块；6—熔断器；7—发动机转速表；8—仪表稳压器；9—温度表；10—温度表传感器；11—燃油表；12—燃油表传感器；13—机油压力表；14—机油压力表传感器；15—电压表；16—车速表；17—车速表传感器；18—充电指示灯；19—停车制动指示灯；20—制动液面过少报警灯；21—车门未关报警灯；22—机油压力报警灯；23—备用报警灯；24—水位过低报警灯；25—远光指示灯；26,27—左、右转向指示灯；28—座椅安全带未系指示灯；29—制动防抱死指示灯；30—巡航控制指示灯

报警灯应熄灭，蜂鸣器不响。若怠速时油压小于 0.03MPa，油压报警灯会连续发亮表示油压过低；若转速高于 2150r/min，油压还低于 0.18MPa，此灯应闪烁且蜂鸣器应鸣叫报警，以示高速下油压过低。

水温过高报警灯位于水温表内，由仪表稳压器供电，受水温传感器、冷却水液面传感器控制。接通点火开关，冷却水温度报警灯应闪烁 5s（约 10 次）后自动熄灭。遇到水箱冷却水液面过低、水温高于 115℃（水温传感器阻值小于 65Ω），水温报警灯应闪烁。

制动器报警灯受驻车制动开关和制动液液面开关控制，拉起驻车制动拉杆，灯应亮；放松拉杆，灯应灭；若放松驻车制动拉杆，制动器报警灯仍亮，说明制动液液面过低。

(3) 汽车报警灯系统故障诊断

现以桑塔纳轿车的机油压力报警系统的故障为例，阐述报警电路的故障诊断方法（结合图 2-172 及桑塔纳全车线路图）。在诊断其他报警系统故障时参考。

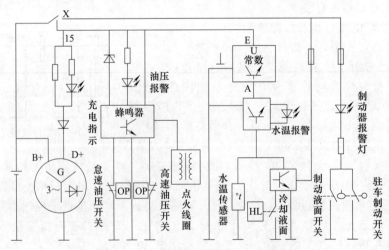

图 2-172 桑塔纳轿车报警灯电路示意图

① 线路特点。

如图 2-173 所示，桑塔纳轿车润滑油压力指示系统（简称油压指示系统）由低压传感器（又称低压油压开关）、高压传感器（又称高压油压开关）、油压检查控制器、油压指示灯和

油压报警蜂鸣器组成。

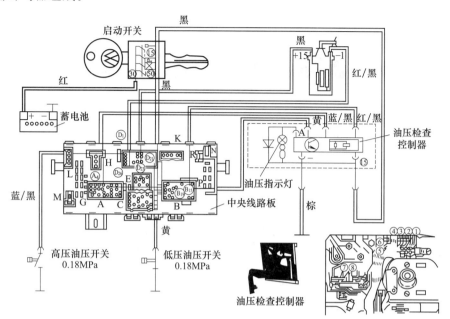

图 2-173　桑塔纳轿车润滑油压力指示系统电路

油压指示系统具有以下特点。

a. 低压传感器装在发动机缸体上，壳体直接搭铁，其触点为常闭触点，工作压力为 30kPa。当发动机润滑系统的润滑油压力低于 30kPa 时，低压传感器触点闭合；当油压高于 30kPa 时，低压传感器触点断开。低压传感器电路为：电源"＋"→红色电缆→点火开关端子㉚→点火开关触点→点火开关端子⑮→黑色导线→油压检查控制器端子⑮→油压检查控制器→油压检查控制器端子⑥→仪表盘印刷电路胶片→仪表盘端子⑭黑色插座→黄色导线→中央线路板端子B_{15}→中央线路板内部电路→中央线路板端子D_{21}→黄色导线→低压传感器（低压油压开关）触点→低压传感器壳体搭铁→电源"－"。

b. 高压传感器装在发动机机油滤清器的支架上，壳体直接搭铁，其触点为常开触点，工作压力为 180kPa。当发动机润滑系统的油压低于 180kPa 时，高压传感器触点断开；当油压高于 180kPa 时，高压传感器触点闭合。高压传感器电路为：电源"＋"→红色电缆→点火开关端子㉚→点火开关触点→点火开关端子⑮→黑色导线→油压检查控制器端子⑮→油压检查控制器→油压检查控制器端子⑤→仪表盘印刷电路胶片→仪表盘端子⑭黑色插座→蓝/黑色导线→中央线路板端子 A_4→中央线路板内部电路→中央线路板端子 D_1→蓝/黑色导线→高压传感器（高压油压开关）触点→传感器壳体搭铁→电源"－"。

c. 点火线圈的脉冲信号电路为：点火线圈端子 1→红/黑色导线→中央线路板端子D_{26}→中央线路板内部电路→中央线路板端子B_{19}→红/黑色导线→仪表盘端子⑭白色插座→仪表盘印制电路胶片→油压检查控制器端子①。

d. 油压检查控制器装在车速里程表框架上。润滑油压力指示灯（红色）安装在组合仪表盘上的指示灯组中，受油压检查控制器控制，控制器受控于低压传感器信号、高压传感器信号和点火线圈输出的脉冲信号。控制器电源端子⑮用黑色导线直接与点火开关端子⑮连接。在图 2-173 右下角的实物图中，端子①接点火线圈信号源（即转速信号）；端子②接电源负极；端子③接油压指示灯；端子④接电源正极；端子⑤接高压传感器（高压油压开关）；端子⑥接低压传感器（低压油压开关）；端子⑦与⑧连接油压指示灯。

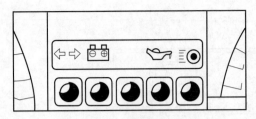

图 2-174 报警灯、指示灯排列示意图

e. 油压指示灯安装在仪表盘中央位置，如图 2-174 所示。指示灯均采用发光二极管，其功用是发出报警信号，所以又称为报警灯。虽然报警灯的排列与车型及发动机形式有关，但报警灯指示的内容与其旁边的符号所表示的内容是一致的。指示灯（报警灯）组由转向指示灯、蓄电池充电指示灯、润滑油压力指示灯和前照灯指示灯组成，从左到右依次排列，中央一个为备用指示灯。

转向指示灯为绿色发光二极管，当转向信号灯工作时，绿色指示灯将以 90~100 次/min 的频率闪烁。蓄电池充电指示灯为红色发光二极管，当点火开关接通时，红色指示灯将发亮；当发动机启动后，蓄电池充电指示灯应当熄灭；汽车行驶时，发电机的输出电压为 (14.2±0.25) V。

油压指示灯为红色发光二极管。当点火开关接通，发动机未启动时，油压指示灯应闪亮，安装在车速里程表罩壳内的油压报警蜂鸣器应不响；当发动机启动后，油压指示灯应熄灭，蜂鸣器应不响；在汽车行驶过程中，当润滑油压力低于或高于正常工作压力时，油压指示灯都将以一定频率闪烁报警，蜂鸣器也将发出音响信号报警。此时应当断开点火开关并且将发动机熄火，并检查润滑油平面，必要时添加润滑油。

② 接通点火开关但尚未启动时，油压指示灯不亮。

在接通点火开关尚未启动发动机时，如果油压指示灯不闪亮，则可拔下低压传感器（低压油压开关）黄色导线插头并搭铁。如果油压指示灯闪亮，说明低压传感器损坏，应予更换新品。

当拔下低压传感器（低压油压开关）黄色导线插头并搭铁时，如果油压指示灯仍不闪亮，则应拆下仪表盘，并用导线将油压检查控制器上的端子⑥搭铁。若此时油压指示灯闪亮，说明端子⑥至低压传感器之间的电路断路；如果油压指示灯仍不闪亮，则需检查油压指示灯和仪表盘印制电路是否良好。

油压指示灯发光二极管为闪亮型二极管，当正向电压大于 1.5V 时，便能闪亮发光。如果二极管良好，说明故障发生在油压检查控制器，应予以更换。

③ 发动机低速运转时，油压指示灯亮。

当发动机运转时，如果润滑油压力低于 30kPa，低压传感器触点保持闭合状态，油压指示灯就会闪亮，蜂鸣器也会发响，以警告驾驶员及时检查排除故障。

当发动机转速低于 2150r/min 时，如果润滑油压力正常，油压指示灯就应熄灭，拔下低压传感器黄色导线插头并搭铁时，油压指示灯应当闪亮。如未拔下低压传感器黄色导线插头并搭铁时，油压指示灯闪亮，那么说明油压指示系统有故障。

当发动机转速低于 2150r/min 时，如果油压指示灯闪亮，可在油压正常的前提下，拔下低压传感器黄色导线插头。如果此时油压指示灯熄灭，说明低压传感器触点仍处于闭合状态（触点烧结），应予更换新品。

④ 发动机高速运转时，油压指示灯亮。

当发动机转速高于 2150r/min 时，如果润滑油压力低于 180kPa，那么高压传感器触点将处于断开状态，油压指示灯将闪亮报警，同时蜂鸣器也将持续发出音响信号报警，提醒驾驶员检查油路故障。

在正常情况下，当发动机转速高于 2150r/min 时，油压指示灯应不闪亮，蜂鸣器应不发响；当拔下高压传感器蓝/黑色导线插头时，油压指示灯应闪亮，蜂鸣器应发响。如果未拔高压传感器蓝/黑色导线插头时，油压指示灯闪亮，蜂鸣器发响，则说明油压指示系统有故障。

检查故障时，在油压正常的前提下，先检查发动机转速高于2150r/min时，低压传感器触点是否断开。可将低压传感器导线插头拔下，用万用表电阻挡检测传感器接线插座端子与发动机缸体间的阻值进行判断，阻值为零说明触点闭合，阻值无穷大说明触点断开。如果低压传感器触点仍闭合，说明低压传感器已坏，应予更换新品。再检查发动机转速高于2150r/min时，高压传感器触点是否闭合，检查方法与检查低压传感器相同。如果高压传感器触点仍为断开状态，说明高压传感器损坏，应予更换新品。如果高、低压传感器均正常，则应拆下仪表盘，用导线将油压检查控制器端子⑤搭铁继续检查。如果此时油压指示灯仍闪亮，蜂鸣器仍发响，说明油压检查控制器有故障，应予检修；如果此时油压指示灯不闪亮，蜂鸣器也不发响，说明油压检查控制器端子⑤至高压传感器之间线路断路，应予检修。

2.5.3 电子显示装置

(1) 汽车电子显示装置概述

显示装置通常是指安装在汽车仪表板的各种仪表、图形符号和报警装置。它们可以对汽车许多工况进行检测，最多能同时检测几十个参数，并经 CPU 计算、处理成易于理解的智能化显示信息。其显示的信息，除水温、油压、车速、发动机转速等常见内容外，还有瞬时耗油量、平均车速、续驶里程、车外温度等，驾驶员可根据具体需要，随时调阅。监视和报警的信息主要有：燃油存量、水温、油压、充电状况、前照灯、尾灯、制动液量、排气温度、驻车制动、车门未关、ABS 指示、自动巡航控制指示等，当出现不正常现象或通过自诊断系统测出有故障时，该系统会立即进行声光（或并用）报警。

随着汽车电子技术的不断发展，常规指针式仪表（模拟式）已不能满足人们对汽车的安全、舒适、环保、高速等方面要求。电子显示装置的优点日趋明显，逐步取代常规的指针式仪表。电子式汽车仪表主要包括各种传感器、开关和显示器（包括仪表测量系统），其优点如下。

① 电子显示装置能提供大量、复杂的信息。为适应汽车环保、节能、安全和舒适的要求，汽车电子控制装置必须能迅速、准确地处理各种复杂的信息，并以数字、文字或图形显示出来，供汽车驾驶员了解并及时处理。

② 能满足小型、轻量化的要求。为了能使有限的驾驶室空间尽可能宽敞，用于汽车的各种仪表及部件都必须小型、轻量化。电子显示装置不仅能适应各种传感器或控制系统的电子化，而且可实现小型轻薄化，这样既能加大汽车仪表台附近的空间，还能处理日益增多的信息。

③ 显示图形设计的自由度高。仪表盘造型美观对一辆汽车来说十分重要，推出最流行的仪表盘新款式，选用构型设计自由度特别高的电子显示器件则是实现汽车现代化的需要。

④ 具有高精度和高可靠性。实现汽车仪表电子化，可为操纵者（或使用者）提供高精度的数据信息，也可免除机电式仪表中的那些可动部分，从而改善、并提高了仪表的可靠性。

⑤ 具有一"表"多用的功能。电子显示器可用于一组信息的分时显示，并可同时显示几个信息，而不必对每个信息都设置一个指示表，故使组合仪表得以简化。

电子显示器大致可分为两类：发光型和非发光型。发光型的显示器件主要有：发光二极管（LED）、真空荧光管（VFD）、阴极射线管（CRT）、等离子显示器（PDP）等；非发光型的显示器件主要有：液晶显示器件（LCD）和电致变色显示器件（ECD）等。

目前，绝大部分国产车仍装有指针式（模拟）分立式组合仪表，进口高档轿车已开始装配电子式（数字式）组合仪表。图2-175为电子式仪表示意图。图2-176为美国克莱斯勒汽车的电子式组合仪表。

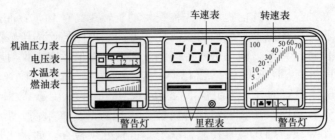

图 2-175 电子式仪表示意图

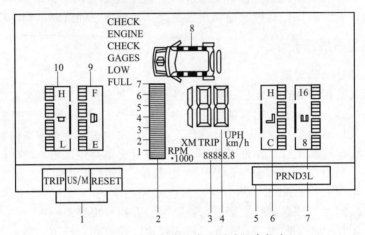

图 2-176 克莱斯勒汽车电子式组合仪表

1—计程表按钮及故障自检操作钮；2—转速表；3—里程表和计程表；4—车速表；5—自动变速器指示；
6—发动机冷却水温表；7—蓄电池状态表；8—直观图形综合显示与警告信号；9—燃油表；10—机油压力表

(2) 常用电子显示器件的工作原理

① 发光二极管（LED）。

发光二极管光的颜色有红、绿、黄、橙，可单独使用，也可用来组成数字。在实际应用中，常把它焊接到印制电路板上，以形成数字显示或带色光杆显示，如图 2-177 所示。图 2-178 所示即为用七只发光二极管组成的数码显示装置。有些仪表则用发光二极管所组成的光点矩阵型显示器。

LED 只适用于汽车指示灯、数字符号段或点数不太多的光杆图形显示，不宜作大型显示。

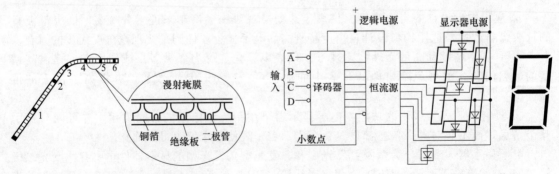

图 2-177 发光二极管数码显示　　　　图 2-178 发光二极管组成的数码显示装置

② 真空荧光管（VFD）。

真空荧光管是一种低压真空管，它由玻璃、金属等材料构成。真空荧光显示（VFD）是一种主动显示，其发光原理与电视机中的显像管相似。

真空荧光管的结构和原理如图 2-179 所示。图示为汽车用的数字式车速表的真空荧光显示屏，3 位数字。其阳极为 20 个字形笔画小段，上面涂有荧光体（或磷光体），各与一个接线柱相连接，笔画内部相互连接；其阴极为灯丝，在灯丝与笔画刀小段（阳极）之间插入栅格，其构造与一般电子管相似。整个装置密封在一个被抽成真空的玻璃罩内。

当其阳极（字形）接至电源"＋"极，而阴极（灯丝）与电源"－"极相接时，便获得一定的电源电压，其灯丝作为阴极发射电子（在电场力的作用下），栅格便控制着电子流加热并加速，使其射向阳极（字形）。由于玻璃罩内抽成真空，前面装有平板玻璃并配有滤色镜，故能使通过栅格轰击阳极（字形）的电子激发出亮光来，因而能显示出所要看到的信息。

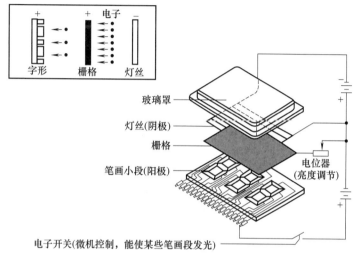

图 2-179　真空荧光管及显示屏

VFD 具有色彩鲜艳、可见度高、立体感强等特点，是最早引入汽车仪表中的发光型显示器件，也是目前汽车上采用最多的一种。但大型的、多功能 VFD 成本较高，故现在大多由一些单功能小型的 VFD 组成汽车电子式仪表盘。

VFD 的主要缺点如下。

a. 其发光的荧光粉接近于白色，使显示段与非显示段之间的对比度降低。

b. 由于 VFD 是一种真空管，为保持一定的强度，必须采用一定厚度的玻璃外壳，故体积和质量较大。

c. 驱动电路与显示器件难以一体化，实现大容量显示的难度较大。

但是，作为汽车用显示器件，还必须克服它的某些缺点，使其设法组成多功能复合型显示装置。目前国外已经试制成功大型的 VFD，它能构成显示汽车车速、发动机转速等各种电信号的彩色显示器。

③ 液晶显示器件（LCD）。

液晶是有机化合物，由长杆形分子构成。在一定的范围内，它具有普通液体的流动性质，也具有晶体的某些特征。液晶显示（LCD）器件是一种新型的非发光型平板显示器件，其结构如图 2-180 所示。它有两块厚约 1mm 的玻璃基板，在基板上涂有透明的导电材料，以形成电极图形，两基板间注入主层 5～20mm 厚的液晶，再在两玻璃基板的外表面分别贴上前偏振片和后偏振片，并将整个显示板完全密封，以防湿气和氧侵入，这便构成了透射式 LCD。若在后玻璃基板的后面再加上反射镜，便组成反射-透射式 LCD。图 2-181 所示即为反射-透射式 LCD 结构原理示意图。

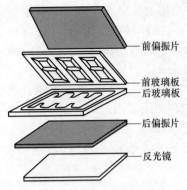

图 2-180 液晶显示器件结构

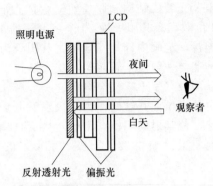

图 2-181 汽车仪表用反射-透射式 LCD 结构原理示意图

LCD 为非发光型显示，夜间显示必须采用照明光源，这便削弱了它所具有的低功耗之优点；LCD 的低温响应特性较差；LCD 的显示图形不够华丽明显，这是所有非发光型显示器件共有的缺陷。

但是，液晶显示（LCD）的优点很多。其电极图形设计的自由度极高，设计成任意显示图形的工艺都很简单，这是作为汽车用显示器件的一个很重要的优点。其工作电压低，一般为 3V 左右，功耗小（$1\mu W/cm^2$），且能很好地与 CMOS 电路相匹配。正因为它有这些优点，LCD 常作为汽车电子钟和彩色光杆式仪表板在汽车上得到应用。

（3）电子显示装置的工作原理

如图 2-182 所示，电子式仪表显示的数据来自各系统的传感器，其电路与多路传输系统各 ECU 和仪表测量微机系统连接。仪表测量微机系统将各测量系统组合在一起，形成总的仪表测量系统。

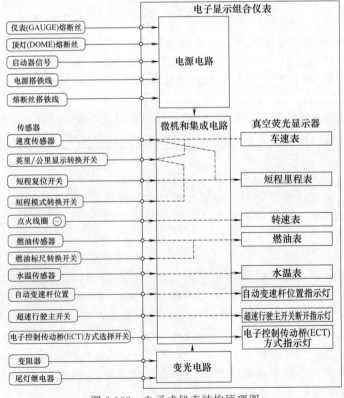

图 2-182 电子式仪表结构原理图

仪表测量微机系统包括 A/D 转换、多路传输、CPU、存储器及 I/O 接口等。测量时，各传感器的输出信号经 A/D 转换和多路传输输入微机信号处理系统，通过 I/O 接口与仪表板显示器相连，分时循环显示或同时在不同区域显示各种测量参数。

① 车速里程表电路的工作原理。

如图 2-183 所示，车速里程表传感器为光电式，车速信号被转换为脉冲信号输入计算机，计算机根据输入的脉冲信号来计算车速，并控制荧光显示器显示计算机输出的车速。

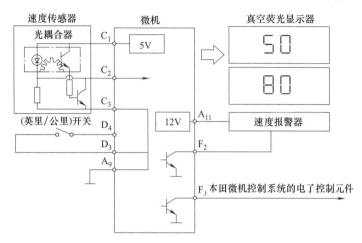

图 2-183 车速里程表工作原理及显示

② 转速表电路工作原理。

转速表传感器信号是发动机点火线圈输出的脉冲信号，经计算机接收后计算出发动机转速，然后控制荧光显示器发光，将发动机的转速以图形形式显示出来，如图 2-184 所示。

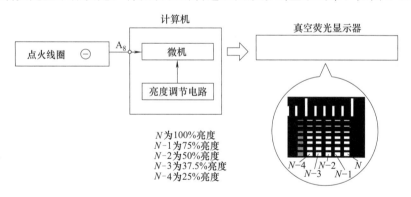

图 2-184 转速表工作原理及显示

③ 水温表电路的工作原理。

如图 2-185 所示，水温表传感器的阻值随发动机水温变化而变化，使得输出电压信号也发生变化，计算机检测到电压变化后，便将其与参考电压比较，然后在荧光显示器上显示出来。

④ 燃油表电路的工作原理。

如图 2-186 所示，燃油表传感器浮子位置随油面的升降而浮动变化，使得输出电压信号发生变化，计算机将检测到的电压信号与参考值比较，然后在荧光显示器上显示出油面高度。按下燃油标尺转换开关，能够使燃油油位显示扩大，松开开关，这种扩大的标尺显示仍可持续 6s。

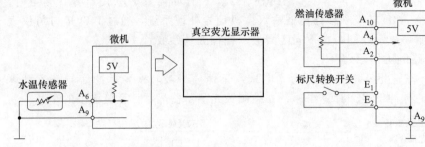
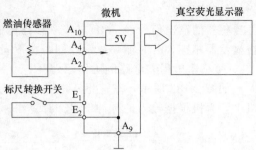

图 2-185　水温表工作原理及显示　　　　图 2-186　燃油表工作原理及显示

2.6　汽车空调系统

汽车空调是指对汽车驾驶室和车厢内的空气进行调节的装置。汽车空调系统的功能是对车室内空气的温度、湿度、流速和清洁度等参数进行调节，使驾驶员和乘客感到舒适。并预防或去除风窗玻璃上的雾、霜和冰雪。保证驾驶员和乘客身体健康和行车安全。

汽车空调主要由以下几个部分组成。

① 冷气机。冷气机的作用是对车内空气或由外部进入车内的新鲜空气进行冷却或保湿，以使车内的空气变得凉爽舒适。

② 暖风机。暖风机的作用是对车厢内的空气或由外部进入车内的新鲜空气进行加热，从而实现取暖、除湿的目的。

③ 通风装置。通风装置的作用是将外部新鲜空气吸入车厢内，以达到更换车厢内空气的目的。

④ 加湿装置。加湿装置的作用，是在空气湿度较低时，对车厢内的空气进行加湿，以使车厢内的相对湿度得到提高。

⑤ 空气净化装置。空气净化装置的作用，是除去车厢内空气中的尘埃和异味，从而使空气变得清新。

当将上述各部分的部分装置或全部装置组合在一起或单独安装在汽车上时，就组成了汽车的空调系统。在一般的客车、货车上，通常仅设置有冷风机和暖风机。在高级大客车或轿车上，通常除了具有冷、暖风装置外，还安装了加湿装置、强制通风装置以及空气净化装置等。

必须说明的是，由于各种汽车结构上的差异，不同类型、不同品牌汽车上的空调系统的安装位置以及组合方式是不一样的，故在检修故障之前，应对这两方面有所了解。

2.6.1　汽车空调暖风系统

在温度较低的季节，我们可以利用汽车空调的暖风系统使车厢里的空气温度升高。汽车的暖风系统有许多类型，按热源的不同可分为热水取暖系统、燃气取暖系统、废气取暖系统等，目前轿车上主要采用热水取暖系统，大型车辆上主要采用燃气取暖系统，这里只介绍热水取暖系统。

热水取暖系统的热源通常采用发动机的冷却水，使冷却水流过一个加热器芯，再使用鼓风机将冷空气吹过加热器芯加热空气，使车内的温度升高，如图 2-187 所示。

① 加热器芯。加热器芯的结构，如图 2-188 所示。由水管和散热器片组成，发动机的冷却水进入加热器芯的水管，通过散热器片散热后，再返回发动机的冷却系统。

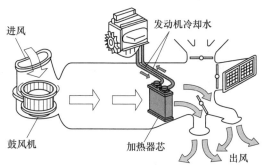
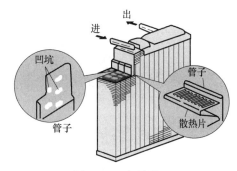

图 2-187　热水取暖系统的工作原理　　　　　图 2-188　加热器芯

② 水阀。水阀用来控制进入加热器芯的水量，进而调节暖风系统的加热量，调节时，可通过控制面板上的调节杆或旋钮进行控制，工作原理如同自来水龙头，其结构如图 2-189 所示。

③ 鼓风机。鼓风机由可调节速度的直流电动机和笼式风扇组成，其作用是将空气吹过加热器芯加热后送入车内。其中笼式风扇属于离心式风扇，调节电动机的速度，可以调节向车厢内的送风量。鼓风机的结构如图 2-190 所示。

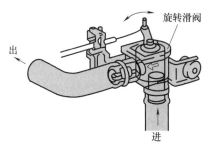
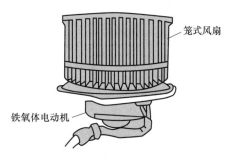

图 2-189　水阀　　　　　　　　　　图 2-190　鼓风机结构

2.6.2　汽车空调制冷系统

汽车用压缩机、冷凝器、膨胀阀、蒸发器以及储液罐等是由特制的橡胶软管或金属管连接起来的，以形成一个封闭的制冷循环管路，制冷剂在管路中以气体→液体→气体→液体→…这一方式循环变化。液体经过加热会变成气体，气体冷却时会变成液体。由液体变为气体要吸收热量，由气体变成液体要放出热量。汽车空调制冷系统正是基于这一原理来进行制冷的。

当空调制冷系统工作时，压缩机转动，载热的低压气态制冷剂从蒸发器内被吸进压缩机，压缩机把制冷剂的蒸气压力升高成为高压气体后，泵进冷凝器。

冷凝器一般装在汽车迎风面的水箱部位。冷凝器的散热器把制冷剂的热量散发出去，使制冷剂在释放热量的同时，蒸气变成液态。

冷凝器散热后的制冷剂以高压的液态进入干燥器，由干燥器将高压液态制冷剂中的水分除去后，去膨胀阀。

制冷剂经过膨胀阀，同膨胀阀有限量作用，使液态制冷剂经过限量后进入大容量的蒸发器，制冷剂的体积变大而压力降低，因而制冷剂沸腾又由液态变为气态。在蒸发器内，变成气态的制冷剂吸收室内的热量。这些热态的气态制冷剂又被吸进压缩机，开始下一个循环。

由此可见，汽车空调的制冷系统制冷流程为压缩—冷凝—膨胀—蒸发，循环往复。在这四个过程中，制冷剂的温度及状态可用图 2-191 来表示。

(1) 压缩机

压缩机是制冷循环系统的动力源，安装在发动机前部，由发动机曲轴上的驱动轮经皮带轮驱动旋转。其功用是将从蒸发器出来的低温（约0℃）、低压（约150kPa）的气态制冷剂通过压缩转变为高温（约65℃）、高压（1300 kPa）的气态制冷剂，并将其送入冷凝器。目前汽车空调系统中常见的压缩机形式主要有曲柄连杆式、斜盘式、摇板式、叶片式、涡旋式等，此外，压缩机还可分为定排量和变排量的两种形式，变排量压缩机可根据空调系统的制冷负荷自动改变排量，使空调系统运行更加经济。

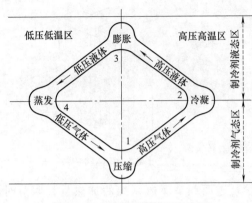

图 2-191 制冷系统循环示意图

(2) 冷凝器

冷凝器的作用是将压缩机送来的高温、高压的气态制冷剂转变为液态制冷剂，制冷剂在冷凝器中散热而发生状态的改变。其实冷凝器是一个热交换器，将制冷剂在车内吸收的热量通过冷凝器散发到大气当中。

小型汽车的冷凝器通常安装在汽车的前面（一般安装在散热器前），通过风扇进行冷却（冷凝器风扇一般与散热器风扇共用，也有车型采用专用的冷凝器风扇）。其主要由管路和散热片组成，有一个制冷剂的进口和一个出口。常见管带式冷凝器结构如图 2-192 所示。

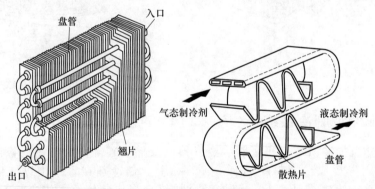

图 2-192 管带式冷凝器结构

(3) 储液干燥器

储液干燥器用于膨胀阀式的制冷循环，安装在冷凝器和膨胀阀之间。其作用是临时储存从冷凝器流出的液态制冷剂，以便制冷负荷变动和系统中有微漏时，能及时补充和调整供给热力膨胀间的液态制冷剂量，以保证制冷剂流动的连续和稳定性。同时，可防止过多的液态制冷剂储存在冷凝器里，使冷凝器的传热面积减少而使散热效率降低。而且，还可滤除制冷剂中的杂质，吸收制冷剂中的水分，以防止制冷系统管路脏堵和冰堵，保护设备部件不受侵蚀，从而保证制冷系统的正常工作。图 2-193 为储液干燥器的构造示意图，它主要由外壳、视液镜、安全熔塞和管接头等组成。它的外壳由钢材焊接或拉伸而成，在其内部装有中心吸管、干燥剂和过滤器等。制冷剂在储液器中的流动情况如图 2-193 中箭头所示。在储液器上部出口端装有一玻璃视液镜，用于观察制冷剂在工作时的流动状态，由此可判断制冷剂量是否合适，以及制冷系统的基本工作情况。储液器出口端旁边装有一只安全熔塞，也称易熔螺塞，它是制冷系统的一种安全保护装置。当冷凝器因通风不良或冷气负荷过大而冷却不够时，冷凝器和储液器内的制冷剂温度和压力将会异常升高，当压力达到 3MPa 左右时温度超过易熔材料的熔点，此时，安全熔塞中心孔内的易熔材料便会熔化，使制冷剂通过安全熔塞的中心孔逸出散发到大气中去，从而避免系统的其他部件因压力过高而被胀坏的危险。

储液干燥器的上方有观察玻璃，在空调工作过程中通过观察玻璃就可以知道制冷剂的量，如图 2-194 所示。

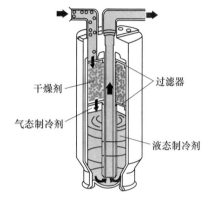

图 2-193 储液干燥器的构造示意图

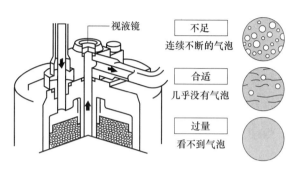

图 2-194 储液干燥器观察玻璃示意图

需要注意的是：使用 R134a 制冷剂的制冷系统的储液干燥器不能与使用 R12 制冷剂的制冷系统的储液干燥器互换，两种储液干燥器中的干燥剂不同，R134a 制冷剂使用沸石作为干燥剂，R12 制冷剂使用硅胶（酸性）作为干燥剂。

（4）集液器

集液器用于膨胀管式的制冷系统，安装在蒸发器出口处的管路中。由于膨胀管无法调节制冷剂的流量，因此蒸发器出来的制冷剂不一定全部是气体，可能有部分液体，为防止压缩机损坏，故在蒸发器出口处安装集液器，一方面将制冷剂进行气液分离，另一方面起到与储液干燥器相同的作用，其结构如图 2-195 所示。

（5）膨胀阀

膨胀阀也称节流阀，是膨胀阀式制冷系统的主要部件，安装在蒸发器入口处，是汽车空调制冷系统的高压与低压的分界点。其功用是：把来自储液干燥器的高压液态制冷剂节流减压，调节和控制进入蒸发器中的液态制冷剂量，使之适应制冷负荷的变化，同时可防止压缩机发生液击现象（即未蒸发的液态制冷剂进入压缩机后被压缩，极易引起压缩机阀片的损坏）和蒸发器出口蒸气异常过热。

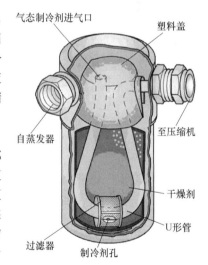

图 2-195 集液器结构

（6）膨胀管

膨胀管是膨胀管式制冷系统的主要部件，膨胀管的作用与膨胀阀的作用基本相同，只是将调节制冷剂流量的功能取消了。膨胀管的节流孔径是固定的，入口和出口都有滤网。由于节流管没有运动部件，具有结构简单、成本低、可靠性高、节能的优点，因此美、日等国有许多高级轿车采用膨胀管式制冷循环。其结构如图 2-196 所示。

（7）蒸发器

蒸发器也是一个热交换器，膨胀阀喷出的雾状制冷剂在蒸发器中蒸发，吸收通过蒸发器空气中的热量，使其降温，达到制冷的目的，在降温的同时，溶解在空气中的水分也会由于温度降低凝结出来，蒸发器还要将凝结的水分排出车外。蒸发器安装在驾驶室仪表台的后面，其结构如图2-197所示，主要由管路和散热片组成，在蒸发器的下方还有接水盘和排水管。

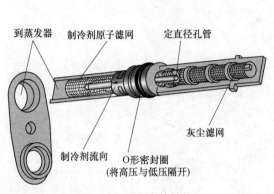

图2-196 膨胀管结构

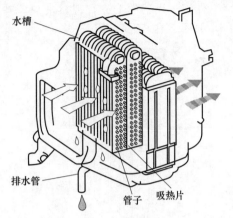

图2-197 蒸发器结构

（8）制冷剂和冷冻机油

① 制冷剂。在制冷系统中用于转换热量并循环流动的物质称为制冷剂。汽车空调是利用蒸气压缩制冷装置迫使制冷剂循环流动来实现制冷的。液体制冷剂在蒸发器中低温下吸收被冷却对象的热量而汽化，使被冷却对象得到降温。然后，又在冷凝器中把高温气态制冷剂的热量传递给周围介质而冷凝成液体。如此不断循环，借助于制冷剂的状态变化，达到制冷目的。在制冷设备中，如果没有制冷剂，制冷装置就无法实现制冷，其作用就像人的血液一样。制冷剂的性能直接影响制冷循环的技术经济指标。应根据不同制冷装置的特点，合理选择制冷剂。使制冷装置正常和安全运行。

汽车空调系统中常见的制冷剂有R12、R134a两种。

过去常用的制冷剂是R12（又称为氟利昂），这种制冷剂各方面的性能都很好，但是有一个致命的缺点，就是对大气环境的破坏，它能够破坏大气中的臭氧层，使太阳的紫外线直接照射到地球，对植物和动物造成伤害。我国目前已停止生产用R12作为制冷剂的汽车空调系统。

目前汽车上广泛使用的是R134a，在大气压下的沸点为-26.9℃，在98kPa的压力下沸点为-10.6℃。如果在常温常压的情况下将其释放，R134a便会立即吸收热量开始沸腾并转化为气体，对R134a加压后，它也很容易转化为液体。值得注意的是R12和R134a两种制冷剂不可以互换使用。

② 冷冻机油。制冷压缩机使用的润滑油一般称为冷冻机油。

冷冻机油是保证压缩机正常运行的必要条件，它能够保证压缩机正常可靠地工作并延长其使用寿命。冷冻机油的具体作用如下。

a. 润滑作用。压缩机是高速运动的机器，轴承、活塞、活塞环、连杆曲轴等零件表面需要润滑，以减少阻力和磨损，故使用冷冻机油可延长压缩机的使用寿命，降低功耗，提高其制冷能力。

b. 密封作用。汽车使用的压缩机，都是半封闭式的，压缩机的输入轴需油封来密封，防止R12或R134a泄漏。有了润滑油，油封才起密封作用。同时，活塞环上的润滑油，不仅起减少摩擦的作用，而且可以密封气缸。

c. 冷却作用。运动的摩擦表面会产生高温，压缩机上的运动部件较多，冷冻机油对压缩机也有冷却作用，否则会出现压缩机过热、排气压力过高、制冷效果降低的现象，甚至烧坏压缩机。

d. 降低噪声。在制冷系统中的润滑油还有一个特殊的要求，就是要与制冷剂相容，并且随着制冷剂一起循环，其在循环过程中就能起到降噪的作用。值得注意的是，在使用中，一定要根据具体情况正确选用冷冻润滑油的型号，切不可乱用，否则将造成严重后果。

2.6.3 空调的调节与控制系统

2.6.3.1 空调的调节系统

（1）温度调节

轿车上的空调系统基本上都是冷气和暖风共用一个鼓风机，温度调节采用冷暖风混合的方式。在空气的进气道中，所有的空气都通过蒸发器，用一个调节风门控制通过加热器芯的空气量，通过加热器芯的空气和未通过加热器的空气混合后形成不同温度的空气从出风口吹出，实现温度调节。在空调的控制面板上设有温度调节拨杆或旋钮，用来改变调节风门的位置，如图2-198所示。

（2）气流调节

现代轿车空调系统的出风口分别设置了中央出风口、侧出风口、脚下出风口、风挡玻璃除霜出风口等不同的出风口，可以根据需要，选择不同的出风口出风，这种功能是通过控制面板上的气流选择调节拨杆或旋钮实现的，调节原理如图2-199所示。

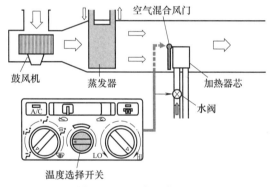

图 2-198　温度调节原理

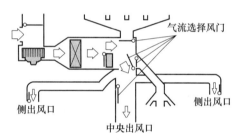

图 2-199　气流调节原理

（3）空气选择调节

空气调节系统可以选择进入车内的空气是外部的新鲜空气还是车内的非新鲜空气，选择外部新鲜空气称为外循环，选择车内空气则称为内循环。这种选择可以通过控制面板上的内外循环选择按钮或拨杆控制进气口处的调节风门实现，如图2-200所示。

（4）车厢通风调节

汽车通风装置主要用于换气，即打开通风口，利用汽车迎面的空气压力通风或利用空调系统中鼓风机强制通风进行换气，从而净化车厢内的空气，消除乘员呼出的二氧化碳、水蒸气、烟气所产生的污染，同时调节车厢内温度和湿度。此外，通风还可以防止车窗玻璃起雾。

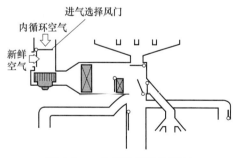

图 2-200　空气选择调节原理

目前汽车上的通风有两种基本的方式，一种是动压通风，其原理是利用汽车在行驶时在汽车的各个部位所产生的不同压力进行通风，在考虑通风时，只要将进风口设在正压区，排风口设在负压区即可。这种通风方式不需要另加动力，比较经济，但汽车在行驶速度较低时，通风的效果较差。另一种则是利用车上的鼓风机进行强制通风，在进风口安装一台鼓风机将车外的空气吸入车内，车内的空气从排风口排出。这种通风方式不受车速的限制，通风效果较好，目前汽车通常都是利用空调系统的鼓风机进行强制通风。

现代轿车里通常采用以上两种结合的通风方式，即综合通风方式，汽车在低速行驶时采用强制通风，高速行驶时采用动压通风，这样就保证了汽车在各种工况下都能保持良好的通风效果，同时也降低了能耗。

2.6.3.2 空调的控制系统

为了保证汽车空调系统安全可靠地工作，需要对系统的工作状态进行必要的控制，以便达到车内乘员要求的温度和湿度条件要求。空调控制系统主要是通过控制压缩机电磁离合器的结合与分离实现温度控制与系统保护，通过对鼓风机的转速控制调节制冷负荷。空调控制系统主要由电磁离合器、蒸发器温度开关、制冷剂压力开关及各类控制开关组成。

（1）电磁离合器

电磁离合器的功用是根据需要接通或断开发动机与压缩机之间的动力传递。电磁离合器是汽车空调系统中的最重要的部件之一，受空调 A/C 开关、温度控制器和压力开关等部件的控制。电磁离合器一般安装在压缩机前端并作为压缩机总成的一部分，主要由电磁线圈、驱动带轮、压盘、轴承等零部件组成，如图 2-201（a）所示。

电磁离合器的工作原理是：当接通空调开关使空调制冷系统进入工作状态时，电磁离合器的电磁线圈通电，线圈通电后产生磁力，将压盘吸向驱动带轮，使两者结合在一起，发动机的动力便通过驱动带轮传递到压盘，带动压缩机运转；当空调制冷系统停止工作时，电磁离合器的电磁线圈断电，磁力消失，压盘与驱动带轮分离，此时驱动带轮通过轴承在压缩机的壳体上空转，压缩机停止运转，如图 2-201（b）所示。

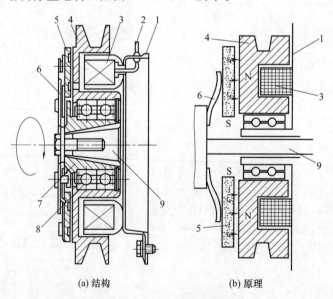

(a) 结构　　(b) 原理

图 2-201　电磁离合器

1—压缩机驱动端盖；2—电磁线圈电极引线；3—电磁线圈；
4—驱动带轮；5—压盘；6—片簧；7—压盘轮毂；8—滚珠轴承；9—压缩机轴

（2）蒸发器温度控制系统

为了充分发挥蒸发器的最大冷却能力，同时又不致造成蒸发器表面的冷凝水（除湿水）结冰、结霜而堵塞蒸发器散热器吸热片间的空气通道，蒸发器表面的温度应控制在 1～4℃

的范围之内。蒸发器温度控制器的作用是：根据蒸发器表面温度的高低接通和断开电磁离合器线圈电路，控制压缩机的工作时机，从而使蒸发器表面的温度保持在准许温度范围之内，防止蒸发器结霜。如果蒸发器的温度低于0℃，凝结在蒸发器表面的水分就会结霜或结冰，严重时将会堵塞蒸发器的空气通路，导致系统制冷效果大大降低。

控制蒸发器温度的方法通常有两种，一种是用蒸发压力调节器控制蒸发器的压力来控制蒸发器的温度，另一种是利用温度传感器或温度开关控制压缩机的运转控制蒸发器的温度。

① 波纹管式温度控制器。波纹管式温度控制器又称为压力式温控器，主要由金属波纹管、活塞、弹簧等组成，在管路中形成了一个可调节制冷剂流量的阀门。压力式温控器安装于蒸发器出口到压缩机入口的管路中，其工作机理是根据制冷剂的特性，只要制冷剂的压力高于某一数值，其温度就不会低于0℃（对于R134a，此压力大约为0.18MPa），因此只要将蒸发器出口的压力控制在一定的数值，就可以防止蒸发器表面结霜或结冰。

当制冷负荷减小时，蒸发器出口处制冷剂的压力就会降低，作用在活塞上向左的力 p_e 减小，小于金属波纹管内弹簧向右的力 p_s，使活塞向左移动，阀门开度减小，制冷剂的流量也随之减小，并使蒸发器出口处的压力升高。反之，在制冷负荷增大时，活塞可向右移动，阀门开度增大，增加制冷剂的流量，适应制冷负荷增大的需要，如图2-202所示。

② 热敏电阻式温度控制器。热敏电阻式温度控制器又称为电子控制式温控器，由热敏电阻式蒸发器温度传感器、电子放大电路等组成。将热敏电阻式蒸发器温度传感器安装在蒸发器的表面，当蒸发器表面的温度低于某一设定值时，热敏电阻的阻值变化给空调ECU低温信号，空调ECU控制继电器切断压缩机电磁离合器电路，使压缩机停转，控制蒸发器温度不低于0℃，如图2-203所示。这种温控器具有反应迅速、控制精度高等优点，广泛应用于现代轿车中。

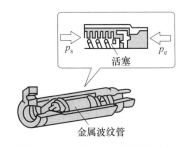

图2-202 波纹管式温度控制器

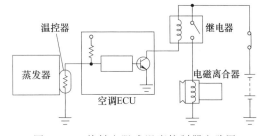

图2-203 热敏电阻式温度控制器电路图

（3）制冷循环的压力控制

空调制冷循环系统中如果出现压力异常，将会造成系统的损坏。若制冷循环压力过低，说明制冷剂量过少，这种情况将造成润滑油不能随制冷剂一起循环，使压缩机缺油而损坏；若制冷剂量大或冷凝器冷却不良造成系统压力过高，则有可能造成系统部件损坏。因此，在空调制冷系统工作时，必须对系统压力进行监测，以防止出现上述两种情况。

常采用的方法是在系统的高压管路中安装压力开关，压力开关有低压开关和高压开关之分，低压开关安装在制冷循环系统中的高压管路中，用于监测制冷循环系统中高压管路压力是否过低，如果压力低于规定值，低压开关将切断压缩机的电路使压缩机停止工作。高压开关也安装在高压管路中，监测高压管路中压力是否过高，如果压力过高，有两种处理方法，一种是加强对冷凝器的冷却强度，使压力降低；另一种是切断电磁离合器的电路，使压缩机停止运转，通常加强冷却强度控制的压力要低于切断离合器控制电路的压力。目前空调系统中的压力开关通常都是将低压开关和高压开关制成一体，称为组合压力开关或多功能压力开关,如图2-204所示。现代汽车中常采用高压传感器来代替压力开关,它可以将压力信号转换成电信号,不仅在临界压力起到作用,而且适用性更强,使冷凝器风扇挡位换挡更加平稳。

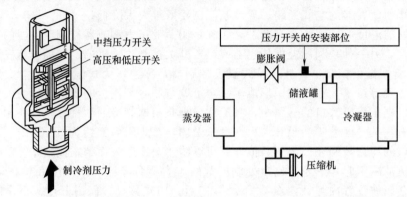

图2-204 组合压力开关及安装位置

(4) 发动机失速控制

发动机带空调怠速运转时,一旦有其他影响因素使发动机转速下降,将造成发动机失速而熄火,为防止这种情况发生,空调控制电路中设有防止发动机失速的控制电路。空调的控制单元通过检测点火线圈的脉冲来计算发动机的转速,当发动机的转速低于一定值时,将压缩机电磁离合器切断,如图2-205所示。

(5) 发动机的怠速提升控制

在车流量较大的道路上行驶时,汽车发动机经常处于怠速运转状态,发动机的输出功率低,如果此时开启空调的制冷系统,可能会造成发动机的过热或停机,为防止这种情况的发生,在空调的控制系统中采用了怠速提升装置。当接通空调制冷开关(A/C)后,发动机的控制单元(ECU)便可接收到空调开启的信号,控制单元便控制怠速控制阀将怠速旁通气道的通路增大,使进气量增加,提高怠速。如果是节气门直动式怠速控制机构,控制单元便控制电机将节气门开大,提高怠速,如图2-206所示。

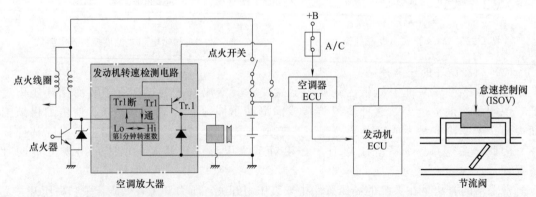

图2-205 发动机失速控制原理　　图2-206 发动机的怠速提升控制原理

(6) 皮带保护控制

当动力转向的油泵、发电机等附件与空调压缩机采用同一皮带驱动时,如果压缩机出现故障而锁死时,传动皮带将被损坏,为了防止这种情况的产生,有些空调的控制电路中采用了皮带保护控制装置。皮带保护控制装置的作用原理如图2-207所示,空调ECU同时接收发动机的转速信号和压缩机的转速信号,并对这两个转速进行比较,当这两个转速的信号出现的差异超过某一限值时,空调放大器便认定压缩机出现故障,随后就切断压缩机电磁离合器的电源,使压缩机停止工作,以保证其他附件的正常运转。

(7) 其他控制简介

① 冷凝器风扇控制。现在有很多车辆的冷却系统采用电风扇冷却,同时空调制冷系统的冷凝器也采用同一风扇进行冷却。当冷却液温度较低时,风扇不工作,冷却液温度升高到某一规定值时,风扇以低速运转,如果温度进一步升高到另一个设定值时,风扇则以高速运转。当空调制冷系统开始工作时,不管冷却液温度高低,风扇都运转,如果制冷系统压力高过一定值时,风扇则以高速运转。风扇转速的控制方式有两种,一种是用一个电风扇串联电阻的方式调节风扇的

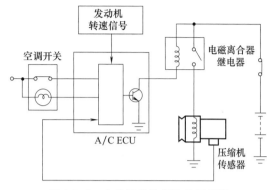

图 2-207 皮带保护控制装置原理图

转速,另一种是利用两个电风扇以串联和并联的方式调节风扇的转速。

② 压缩机双级控制。有些车辆为了提高燃油经济性采用了压缩机双级控制。在空调开关上有两个开关,一个是 A/C 开关,另一个是 ECHO 开关。在接通 A/C 开关时,空调 ECU 根据蒸发器温度传感器的信号在较低的温度控制压缩机电磁离合器的通断,在接通 ECHO 开关时,空调 ECU 便在较高的温度控制压缩机电磁离合器的通断。这样就可以减少压缩机工作的时间,减少汽车的燃料消耗,同时在压缩机停机时,发动机的负载减少,汽车的动力输出可以提高。

③ 双蒸发器控制。现在的一些商务轿车在前排和后排都有蒸发器,且两个蒸发器都采用一个压缩机,这样就面临着前后蒸发器分别控制的问题,为此,在两个蒸发器的入口处,安装两个电磁阀,分别控制前排座位和后排座位的温度。

④ 冷却液温度控制。为防止冷却液温度过高,有些空调控制电路中设有冷却液温度开关或传感器,当冷却液的温度高过一定值(一般为 105℃)时,切断压缩机电磁离合器电路,使压缩机停止运转,在温度下降到某设定值(大约为 95℃)时,再接通电磁离合器电路,使空调重新工作。

⑤ 制冷剂温度控制。在部分叶片式压缩机和斜盘式压缩机上装有制冷剂温度开关,防止压缩机温度过高而损坏。当制冷剂的温度超过 180℃时,此开关就断开,切断了压缩机电磁离合器的电路。

⑥ 环境温度控制。部分车辆在控制电路中设有环境温度开关,在环境温度低于规定值时,环境温度开关断开,切断压缩机电磁离合器的电路,使空调的制冷系统不能工作。环境温度高于规定值时,制冷系统才能进入工作状态。

2.6.3.3 空调系统的控制电路

图 2-208 为汽车空调系统的基本控制电路,我们将以它为例介绍汽车空调的电源控制电路、鼓风机控制电路、发动机转速与温度控制电路(即空调放大器)、压缩机电磁离合器控制电路等基本电路。

(1) 电源控制电路

控制电流:蓄电池→点火开关(点火开关开)→熔断丝 1→空调继电器电磁线圈→风量开关(不能在 OFF)→搭铁。

空调继电器电磁线圈通电后,其触点吸合,于是有电源电流:蓄电池→熔断丝 2→空调继电器,之后分为两路,一路到鼓风机,一路到压缩机。

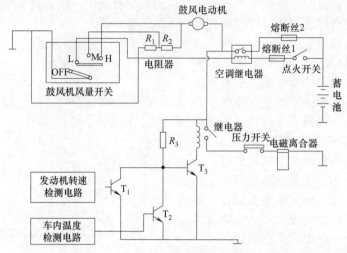

图 2-208 汽车空调系统基本控制电路原理图

(2) 鼓风机控制电路

电流从蓄电池→熔断丝2→空调继电器→鼓风机，往后因风量开关位置不同，分为以下几种情况。

① OFF挡：由于空调继电器磁化线圈断路，空调继电器断开，故无电源电流，鼓风机与压缩机均停转。

② L挡：鼓风机→R_2→R_1→搭铁，电阻最大，风量最小。

③ M挡：鼓风机→R_2→搭铁，电阻居中，风量居中。

④ H挡：鼓风机→搭铁，电阻最小，风量最大。

(3) 电磁离合器控制电路

在点火开关置于点火位置、风量开关开启、空调放大器继电器吸合、压力开关闭合（若电磁离合器控制电路还串联有其他控制开关，也应闭合）的情况下，压缩机才能工作，其电路为：蓄电池→熔断丝2→空调继电器→空调放大器继电器→压力开关→电磁离合器→搭铁。

(4) 发动机转速控制电路

为了避免发动机低速时接入空调后引起的发动机熄火或发动机过热现象，一般空调系统都设有发动机转速控制电路。其工作原理是：发动机转速检测电路将点火线圈传来的点火脉冲信号转变成一个连续变化的电压信号，且发动机转速越低，该电压越高。当发动机转速低于规定值（如800r/min）时，该电压（即T_1的基极电位）便上升到使T_1导通，T_1导通后，T_3截止，空调放大器继电器磁化线圈断电，其触点断开，电磁离合器断电，压缩机便停止工作。当发动机转速上升到高于规定值时转速检测电压又下降到使T_1截止，T_3便导通（假设此时T_2亦截止），空调放大器继电器磁化线圈通电，其触点吸合，电磁离合器通电，压缩机又开始工作。

(5) 温度控制电路

空调系统工作时，当蒸发器表面温度下降到一定值时，其表面就会结霜或结冰，这将影响蒸发器的热交换效率，造成制冷能力下降，因此设有温度控制电路。温度控制电路的传感器是一个具有负温度系数的热敏电阻，它安装在蒸发器出口处，检测蒸发器出风口的冷气温度。蒸发器出口冷气温度越低，热敏电阻的阻值就越大，输入到温度电路后，产生的转换电压就越高。当蒸发器出口结霜或结冰时，温度转换电压便升高到使T_2导通，于是T_3截止，空调放大器继电器磁化线圈断电,其触点断开,电磁离合器断电,压缩机停转。当蒸发器表面温度又回升后,温度转换电压又下降到使 T_2 截止,T_3 又导通(假设此时 T_1 亦截止),空调继电器磁化线圈又通电,其触点吸合电磁离合器通电,压缩机又开始工作。

2.6.4 空调系统的检修

(1) 空调系统的检查

① 直观检查。

a. 检查压缩机驱动皮带是否过松,如果皮带过松按标准调整。

b. 检查空调出风口的出风量,如果出风量不足,检查进风滤清器,如有杂物清除之。

c. 听压缩机附近是否有非正常的响声,如果有,检查压缩机的安装情况。

d. 听压缩机内部是否有杂音,这种杂音通常都是由压缩机内部零件损坏所引起的。

e. 检查冷凝器散热片上是否有脏物覆盖,如果有将脏物清除。

f. 检查制冷循环系统的各连接处是否有油渍,如果有油渍,说明该处有泄漏,应紧固该连接处或更换该处的零件。

g. 将鼓风机开至低、中、高挡,听鼓风机处是否有杂音,检查鼓风机是否运转正常,如果有杂音或运转不正常,应更换鼓风机(鼓风机进入异物或安装有问题也会引起杂音或运转不正常,所以在更换之前要仔细检查)。

② 检查制冷剂的数量。

检查制冷剂的数量有两种方法,一种是通过系统中安装的视液镜检查,另一种是通过检测系统压力检查。

a. 通过视液镜检查制冷剂的数量。检查条件:发动机转速为 1500r/min;鼓风机速度控制开关处于"高"位;空调开关"开";温度选择器为"最凉";完全打开所有车门。

检查制冷剂的数量,如图 2-209 所示。正常:几乎没有气泡这说明制冷剂量正常;不足:有连续的气泡,这说明制冷剂量不足;空或过量:看不到气泡,这说明制冷剂储藏罐是空的或制冷剂过量。

b. 通过检测系统的压力检查制冷剂的数量。

检查方法:连接歧管压力表,将歧管压力表的高低压开关全部关闭;把加注软管的一端和歧管气压计相连,另一端和车辆侧的维修阀门相连;蓝色软管接低压侧,红色软管接高压侧,如图 2-210 所示。

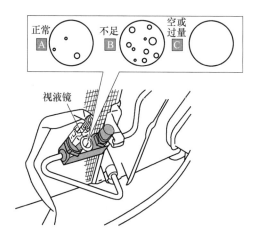

图 2-209 通过视液镜检查制冷剂的数量

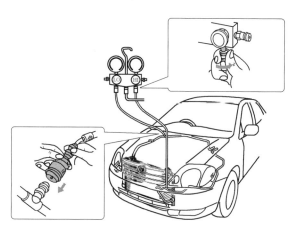

图 2-210 歧管压力表连接示意图

需要注意的是，连接时，用手而不要用任何工具紧固加注软管；如果加注软管的连接密封件损坏，应更换；由于低压侧和高压侧的连接尺寸不同，故连接软管时不要装反；软管和车侧的维修阀门连接时，把快速接头接到维修阀门上并滑动，直到听到"咔嗒"声；和多功能表连接时，不要弄弯管道。

检查制冷系统的压力：启动发动机，在空调运行时检查歧管气压计所显示的压力。规定压力读数，低压侧 $0.15\sim0.25$MPa（$1.5\sim2.5$kgf/cm^2），高压侧 $1.37\sim1.57$MPa（$14\sim16$kgf/cm^2），多功能表所示压力随外部空气温度不同而有轻微的变化。

③ 检查制冷剂的泄漏。

目前空调检漏通常采用电子检漏计，用闪光灯和蜂鸣器检查制冷剂的泄漏，越靠近泄漏区，闪光和蜂鸣的间隔越短，提高灵敏度将能检测到轻微的泄漏。注意：检查时要求发动机在停机状态，由于制冷剂比空气略重，因此检漏计的探头应在管路连接部位的下方检查，并轻微震动管路。如图 2-211 所示，为汽车空调中可疑泄漏的地方。

（2）更换制冷剂

制冷剂加注工作分为两种，一种是制冷系统内部制冷剂不足，进行补充；另一种是制冷系统中无制冷剂，重新加注。如果制冷剂不足，需检查系统是否有泄漏的地方，在确认系统无泄漏后，

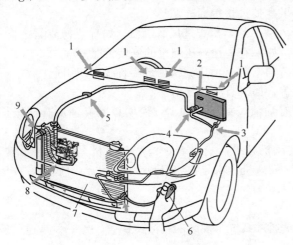

图 2-211　可疑泄漏的地方
1—出风口；2—蒸发器；3—软管；4—蒸发器压力调节器；
5—接头；6—检漏计；7—冷凝器；8—压缩机；9—储液干燥罐

可进行补充。如果空调系统更换了零件或因其他原因制冷剂全部漏光，则需重新加注，重新加注制冷剂时应先对系统进行抽真空作业，以抽去制冷循环系统的水分，防止因水结冰堵塞制冷系统的管路。充注制冷剂的方法有两种：一种是抽完真空后，不启动发动机，不开空调，从高压端直接加入液态制冷剂。这种充注方法的特点是快速、安全，适用于制冷系统重新加注制冷剂。另一种是从压缩机低压端充注，充入的是制冷剂气体，这种充注方法的特点是充注速度慢，适用于补充充注制冷剂。

① 制冷系统抽真空。

制冷系统中的空气、水分、杂质不但会降低制冷效果，而且会破坏轴承、密封圈等的工作性能，腐蚀金属零件，因此在重新加注制冷剂时，要对制冷系统抽真空。利用真空泵进行抽真空的操作方法如下。

a. 连接歧管压力表。先把歧管压力表高压软管接到空调系统高压维修阀上，再把低压软管接到低压维修阀上，把中间软管接到真空泵上。

b. 打开歧管压力表高压手动阀与低压手动阀。

c. 起动真空泵开始抽真空。观察低压表上的读数，直到低压表指示的真空度达到负压 100kPa 为止。抽真空时间为 $5\sim10$min，如真空度达不到 100kPa，应关闭高、低压手动阀，停止抽真空，检查泄漏处。

d. 当低压表指示的真空度达到 100kPa 后，关闭高、低压手动阀；静置 5min 后，观察压力表指示情况。如真空度变化，说明有泄漏，可用检漏仪检查排除；如真空度不变，说明系统正常，可继续下述操作。

e. 继续抽真空 $20\sim25$min。

f. 关闭歧管压力表上的高、低压手动阀，停止抽真空。从真空泵接口上拆下中间注入软管，抽真空完毕，准备充注制冷剂，如图 2-212 所示。

② 加注制冷剂。

a. 抽真空后，表阀的中间注入软管，通过三通阀与制冷剂注入阀（制冷剂罐）相通。顺时针转动注入阀手柄，则阀上的顶针将制冷剂罐顶开一个小孔，然后逆时针旋松注入阀手柄，退出顶针，使制冷剂进入中间注入软管。

b. 旋松表阀中间注入软管螺母，如看到白色气体制冷剂外溢或听到"嘶嘶"声，说明注入软管中的空气已排除，可以拧紧该螺母。

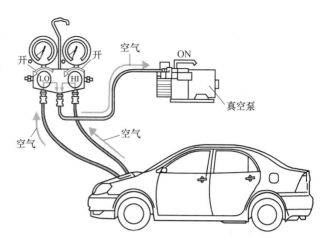

图 2-212　制冷系统抽真空

c. 旋开高压表侧手动阀，将制冷剂罐倒立，使制冷剂以液态注入制冷系统。在充注时，不得启动发动机或打开空调，防止制冷剂倒流至制冷剂罐。单次注入量一般不超过 200g，如图 2-213 所示。

d. 关闭高压表侧手动阀，旋开低压侧手动阀，启动发动机并运行空调，打开歧管压力计，加入规定量的制冷剂。

加注条件为：发动机转速为 1500r/min；鼓风机速度控制开关处于"高"位；A/C 开关"开"；温度选择器为"最凉"；完全打开所有车门。将制冷剂以气态从低压侧注入制冷系统。注入时可将制冷剂罐处于正常位置，也可将制冷剂罐放入 53℃ 以下的温水中，如图 2-214 所示。

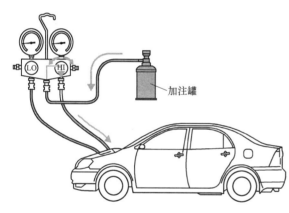

图 2-213　从高压侧加注制冷剂

e. 使用小罐装制冷剂时，在第一罐充注完毕，先关闭高、低压表手动阀，连接第二罐注入阀，并重新开启，按以上步骤注入制冷剂。

f. 根据歧管压力表的压力显示检查制冷剂的加注量。在制冷剂加注量达到规定量时，歧管压力表的压力也应达到规定值，其规定的压力为（丰田汽车）：低压侧 0.15～0.25MPa；高压侧 1.37～1.57MPa。

注意：歧管气压计所示压力随外部空气温度不同而有轻微的变化。

制冷剂系统充注规定质量的制

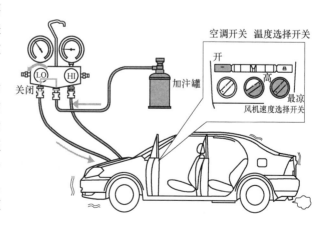

图 2-214　从低压侧加注制冷剂

冷剂后，关闭高、低压表的两个手动阀，并从维修阀上拆下与表阀连在一起的高压表软管。

2.6.5 空调系统故障诊断与排除

空调的故障中，制冷系统的故障较为普遍和复杂，故障的表现主要是不制冷或制冷不足，故障的原因可以分为制冷循环系统故障和电气控制系统故障。

2.6.5.1 利用歧管压力表检测制冷循环故障

在系统无泄漏及压缩机电磁离合器能够吸合的情况下，制冷循环系统的故障都可以用歧管压力表进行诊断。将歧管压力表按前述的方法与制冷系统的维修阀连接，启动发动机，运转空调系统，检查系统高压及低压侧的压力，如表2-33所示。

表2-33 使用歧管压力表进行空调系统故障诊断及排除

表的指示	故障的现象	可能的原因	诊断	排除方法
制冷不足	①高、低压端压力均过高 ②低压端管路上出现大量露珠	膨胀阀存有故障或热敏管安装不当	①低压管路制冷剂过多 ②膨胀阀打开过大	①检查安装热敏管 ②检查膨胀阀，如有故障更换
制冷不足	①低、高压端压力均过高 ②即使降低发动机转速，在视液窗也见不到气泡	①系统中制冷剂过量 ②冷凝器散热不良（冷凝器散热器片堵塞或风扇电动机故障）	①检查冷凝器散热 ②检查风扇电动机 ③检查制冷剂量是否过多	①清洁冷凝器 ②修理风扇或线路，或更换 ③放出多余制冷剂
制冷不足	①低、高压端压力均过高 ②高压表针来回摆动 ③视液窗中有气泡	空气进入系统	空气进入系统	①抽真空 ②重新加入制冷剂
制冷不足	①高、低压两端压力均偏低 ②储液罐至制冷装置之间的管路结霜	储液罐中的杂物阻碍制冷剂的流动	储液罐堵塞	①更换储液罐 ②抽真空重新加注制冷剂
制冷不足	①高、低压两端压力均偏低 ②在视液窗可连续看到气泡 ③制冷不足	制冷系统漏气	①系统中制冷剂不足 ②制冷剂泄漏	①用检漏仪检漏并修理 ②抽真空重新加注制冷剂
继续制冷,然后不制冷	运行时低压端压力时而真空时而正常	进入制冷系统的水分在膨胀阀处冻结，使循环过程暂时停止，在冻结融化后一段时间循环过程又恢复正常	①干燥瓶干燥剂处于饱和状态 ②制冷剂系统中的湿气在膨胀阀处冻结从而阻止制冷剂循环	①更换干燥瓶 ②反复抽真空，排出空气，以除去循环中的湿气 ③充入适量的新制冷剂

续表

表的指示	故障的现象	可能的原因	诊断	排除方法
不制冷或有时断续制冷	①低压端出现真空示值，高压端出现很低的压力示值 ②储液罐/干燥器或膨胀阀的前后管结霜或见到露珠	①系统中的湿气或杂物阻碍制冷剂的流动 ②膨胀阀热敏管漏气妨碍制冷	制冷剂不循环	①检查热敏管膨胀阀和蒸发器压力调节器 ②清洗或更换膨胀阀，更换干燥瓶 ③抽真空加注制冷剂
不制冷	①低压端压力太高 ②高压端压力太低	压缩机漏气	①压缩机故障 ②压缩机气门漏气或断裂	修理或更换压缩机

2.6.5.2 常见故障的诊断与排除

汽车空调系统的常见故障往往表现出电气、线路和制冷循环系统的综合故障，因此碰到故障时，我们不能仅考虑制冷循环系统一个方面，而应该从汽车空调系统的整体工作原理和结构上全面考虑。

(1) 不制冷

制冷系统不制冷是空调系统常见故障之一，其原因有：制冷系统故障、控制系统电路故障、机械系统故障和调控系统故障等。

① 制冷系统故障。

a. 制冷系统无制冷剂。查找泄漏原因并排除泄漏故障后，再充注制冷剂。

b. 储液干燥器脏污堵塞。应更换储液干燥器。

c. 膨胀阀进口滤网完全脏堵。应清洗或更换进口滤网。

d. 膨胀阀阀门不能打开、低压侧压力过高、蒸发器流液。应更换膨胀阀。

e. 发动机不同转速运行时，高、低压侧压力仅有微小变化。说明压缩机进、排气阀片损坏，失去吸气和排气能力。应检修压缩机进排气阀片组件或更换相同型号规格的压缩机。

f. 制冷管路破裂或裂纹，高、低压侧压力为零。应利用检漏仪检漏，检修制冷管路。

② 控制系统电路故障。

a. 电磁离合器线圈搭铁不良或脱焊断路。应检查电磁离合器线圈及有关电路，拧紧搭铁端子或重新焊接脱焊端头。

b. 电路熔断器烧断。应检查、更换熔断器。

c. 控制开关失效。应检修各控制开关。

d. 鼓风机不转。应检修鼓风机开关、熔断器、电动机及其调速电阻。

③ 调控系统故障。

a. 热水阀不能关闭。应检修或更换热水阀控制器件。

b. 空气混合门位置不当（处于取暖位置）。应调整空气混合门使其处于制冷位置。

④ 机械系统故障。

a. 压缩机驱动带松弛或折断。应检查调整驱动带挠度或更换新品。

b. 压缩机机件损坏卡死不能转动。应检修或更换压缩机。

c. 鼓风机机件损坏卡死不能转动。应检修或更换鼓风机。

(2) 制冷强度达不到要求

① 制冷强度达不到要求的原因。

制冷强度达不到要求是空调系统常见故障之一，其原因主要有：制冷剂不足；制冷系统内部有空气、水汽或异物；制冷剂过多；冷凝器散热不良；鼓风电动机不转或转速过低；压缩机驱动带挠度过大而丢转；压缩机故障，电磁离合器打滑；空调系统冷冻油过多。

② 制冷强度达不到要求的故障排除。

当制冷强度达不到要求时，应当使用歧管压力表（高、低压力表组）检查系统压力（高压应为1100～1400kPa，低压应为150kPa左右），并查看储液干燥器上观察玻璃孔处制冷剂的状态进行诊断。诊断方法如下。

a. 如从观察玻璃孔处观察制冷剂状态有气泡或泡沫，用歧管压力表检测高、低压侧压力均偏低，说明制冷剂不足。应当使用检漏仪检查有无泄漏，以便查明是泄漏所致还是充注制冷剂不足。如有泄漏，应先修理后再补充充注。

b. 如从观察玻璃孔处观察制冷剂状态有气泡或泡沫，用歧管压力表检测高、低压侧压力均偏高且压力表有抖动现象，说明充注制冷剂时未完全抽真空，制冷剂中有空气。此时需要放出制冷剂，然后按正常充注程序重新充注制冷剂。

c. 如从观察玻璃孔处观察没有气泡，但停机1min后有气泡慢慢流动，用歧管压力表检测高、低压侧压力均偏高，说明制冷剂过多，应当从低压侧慢慢放出多余的制冷剂。

d. 如制冷系统工作一段时间后膨胀阀结霜，停机一定时间后再接通空调又能正常工作，但是不久又重复上述现象，说明制冷系统中有水汽，产生了冰堵现象，应予更换储液干燥器。

e. 如冷凝器过热，高、低压侧压力均偏高，且系统不存在制冷剂过多和有空气问题，说明冷凝器散热不良。应检查散热风扇电动机有无故障，特别注意检查主动风扇与被动风扇间的驱动带是否过松以及控制风扇电动机转速的高压开关是否失效。

f. 如高、低压侧压力过低，膨胀阀前后管路有霜或结露，说明空调系统内部有异物，应当检修或更换膨胀阀与压缩机。

g. 如低压管路大量结霜或结露，说明制冷剂过多，流过蒸发箱时来不及完全蒸发而在低压管路中蒸发吸热。应当检查膨胀阀和感温包。如膨胀阀开度过大，则应调整其过热度（膨胀阀的过热度一般为5℃），膨胀阀和感温包有泄漏时应予更换新品。

h. 如压缩机转动时有异常敲击声、低压侧压力过高、高压侧压力过低、压缩机入口与出口温差不大，说明压缩机阀片、轴承或O形密封圈损坏，应予检修或更换压缩机。

i. 如压缩机转速比正常运转转速明显偏低，说明驱动带挠度过大，应当重新调整挠度或更换驱动带。调整驱动带挠度时，在驱动带的中央部位施加100N压力，驱动带的挠度应为8～12mm。注意：有的空调压缩机没有设置张紧轮，调整挠度是通过改变带轮之间的中心距进行调整的。

j. 当从观察玻璃孔处观察到有气泡或泡沫且很浑浊，说明冷冻油（润滑油）过多，应尽快放出制冷剂和冷冻油，重新充注冷冻油、再充注制冷剂。

（3）间断性制冷

空调系统间断性制冷故障可分压缩机运转正常和压缩机运转失常（时转时不转）两种情况进行排除。

① 压缩机运转正常。

a. 制冷系统有冰堵。应放出制冷剂、抽真空后重新充注制冷剂。

b. 温控开关的热敏电阻或感温包失灵，用歧管压力表检测高、低压侧压力均偏高或均偏低。应检修或更换温控开关。

c. 鼓风机损坏。应检修或更换鼓风机。

d. 控制开关损坏。应检修或更换开关。

② 压缩机运转失常。

a. 电磁离合器打滑。应检查调整电磁离合器与压盘（吸盘）之间的空气间隙（一般为 0.4～1.0mm）。

b. 电磁离合器线圈松脱或搭铁不良。应检查电磁离合器线圈及有关电路，拧紧搭铁端子或重新焊接脱焊端头。

c. 空调继电器开、闭失控。应检查、调整或更换空调继电器。

d. 压缩机驱动带打滑。应调整驱动带挠度或更换驱动带。

2.6.6 汽车自动空调简介

现代汽车空调自动控制系统采用了先进的控制理论并应用了计算机技术，在控制方式、控制精度和舒适性及工作可靠性方面，与传统手动控制空调系统已经有了本质的区别，只要驾驶员设定好所需工作温度，系统即自动检测车内温度和车外温度、太阳辐射和发动机工况，自动调节鼓风机转速和所送出的空气温度，从而将车内温度保持在设定范围内，并适度调节空气质量。有些高级轿车的空调自动控制系统除了温度控制和鼓风机转速控制外，还能进行进气控制、气流方式控制（送风控制）和压缩机控制，并保证系统安全可靠地工作。当系统出现故障时，还可以自动检测和诊断故障部位，并且以故障代码的方式告知维修技术人员。汽车空调自动控制系统的应用，免去了手动调节的麻烦，减轻了驾驶员的疲劳。

（1）汽车自动空调控制系统的基本组成

汽车自动空调在传统空调的基础上加装了各类传感器、电控单元（ECU）和执行元件，如图 2-215 所示。

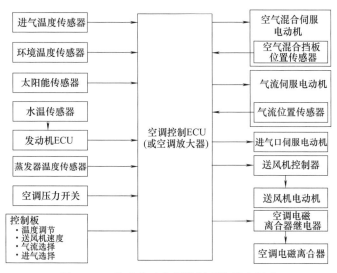

图 2-215 汽车自动空调控制系统基本组成

① 传感器。

a. 车内温度传感器（进气温度传感器）。车内温度传感器吸入车内空气，以确定乘客舱的平均气温。以前多采用电动机型车内温度传感器（采用电动机吸入空气），现在则普遍采用气流通过暖气装置的吸气型。使用这种采集温度的方式，可以克服轿车内空间狭小、温度分布不均匀的缺点。

b. 车外温度传感器（环境温度传感器）。车外温度传感器通常封装在一个注塑料树脂壳内，以防止受潮和避免对温度的突然变化作出反应，适度的惰性使其能准确地检测到车外的平均气温。

c. 蒸发器温度传感器。蒸发器温度传感器检测通过蒸发器的空气的温度，在采用热敏电阻型除霜设备的空调器中，蒸发器通常安装有两个热敏电阻：一个用于除霜设备，一个用于蒸发器温度传感器。

d. 阳光辐射传感器（太阳能传感器）。太阳能传感器一般采用光电二极管，它能检测太阳热辐射的变化，并将太阳辐射能转换为电流的变化，送入微处理器。

e. 系统共用传感器。以上所述的，是自动空调系统专门设置的主要传感器。除此之外，普通空调所有的传感器，自动空调也都有设置。另外，在计算机控制的自动空调系统中，与发动机、车身工况有关的各类传感器，如发动机转速、冷却水温度、节气门位置等，都将信号与其共享。

② 控制器。

控制器也经常被称为"系统放大器""自动空调器放大器"或"空调器ECU（电子控制单元）"。控制器的功用如下。

a. 输入：传送来自输入装置的电压信号。输入装置可以是传感器或是由驾驶员操纵的开关。

b. 处理：微处理器采集输入信息并将它与程序指令比较。逻辑电路把输入信号处理成输出指令。

c. 存储：程序指令存储在电子存储器中。某些动态信号也存储在其中以便于再处理。

d. 输出：微处理器处理完传感器输入信号，并核查其程序指令后，向各个输出装置发出控制指令。这其中也包括仪表板显示和向总线提供的共享数据。

③ 执行器。

汽车空调自动控制系统的执行器，主要是对各种伺服电动机、压缩机等动作部件的控制。由于在系统中，这些部件的工况与手动空调完全不同，所以采用了先进的控制理论和控制方法。

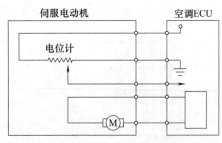

图2-216 伺服电动机的控制原理

a. 伺服电动机。伺服电动机是空调系统十分重要的执行器。为了达到高效、舒适调节车内空气的目的，自动空调系统中对空气混合、气流、进气口等需要自动控制的相关部位采用了伺服电机控制，用于接收空调ECU的指令而完成相应的动作。其控制原理如图2-216所示。

b. 压缩机。先进的空调自动控制系统采用了可变排量压缩机的控制技术，它能依据空调系统的制冷负荷或发动机的负荷状况，来控制压缩机的排量变化，减少不必要的能量浪费，减轻发动机的负载。

（2）汽车空调自动控制系统的工作原理

汽车空调自动控制系统的基本工作模式是：传感器（设定参数）→ECU→执行器。其中传感器包括一系列检测车内、车外环境温度变化的传感器和太阳能传感器，以及检测发动机工况的传感器，并将它们检测的结果变成相应的电量（电阻、电压、电流），送入控制器。早期的控制器是由电子元件，如分立晶体管、运算放大器组成，现代控制器由单片微处理器或组成系统的车身计算机构成，它根据各传感器所检测的温度参数、发动机运行工况参数和空调系统工况参数，经内部电路分析、比较后，单独或集中对执行器的动作进行控制。这种控制过程，可以计算出设定参数与实际状况的工作差别，精确控制执行器按照程序完成空调的既定工作。而执行器则采用大量的自动元件，如气流伺服电动机、进气口伺服电动机等，高效、可靠地完成调节空气质量的任务。同时，自动空调还具备完善的自我检测诊断功能，并与汽车其他计算机系统交换数据，协调车辆平稳、安全、舒适地运行，如图 2-217 所示。

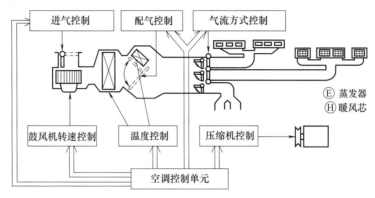

图 2-217　汽车空调自动控制系统工作原理示意图

(3) 自动空调故障诊断的特点和基本方法

自动空调系统电器线路较传统车型复杂了许多，给检修和维护带来了一定的困难。但它具有自我诊断和失效保护功能，工作时 ECU 不断监测系统工作情况有无潜在的故障，并把系统状况与程序参量相比较，如果某状况超出了这些极限，ECU 就探测到一项故障，并用故障码指出系统的故障部位。所以在维修自动空调系统时，应先用自我诊断功能来获取汽车空调系统故障的第一手资料，如读取故障码、做元器件动作测试等，根据获取的信息进行检查和维修。只要我们能够对上述工作原理有详细的了解，按照正确的方法和程序进行检修，是可以收到事半功倍的效果的。其检修的基本方法如下。

① 就车提取故障码。

大多数自动空调系统都能把存储器中的故障码在电子仪表板上显示出来。对于不同的车型，提取故障码所用的方法不尽相同，维修时必须参阅维修手册中正确的操作规程。根据系统设计，一般计算机可以把代码存储很长一段时间，但当点火开关关闭时，会丢失一些故障码。对于点火开关关闭时不能保持故障码的系统，则需要驾驶汽车让其故障重现。一旦计算机探测到故障，则必须在再次关闭点火开关之前提取故障码。

需要注意的是，故障码未必指明故障部件，它只指出系统不正常的电路。例如，当显示出的代码表示空调系统制冷剂高压侧温度传感器有问题，这并不意味着该传感器已经损坏了，可能是与其相关的导线、连接点、传感器有问题，因此查找故障时一定要以维修手册的诊断操作规程为准。

② 使用故障诊断仪。

现代轿车都应用了许多计算机模块，它们通过一个多路系统与 ECU 共享信息，使用故障诊断仪，将其连接到诊断接口，就可以读出大部分故障码，按照检修程序手册，便能迅速地找到故障点。例如通用的 OBD-Ⅱ 诊断系统，就配备了较丰富的车型适配器与程序存储卡。以 OBD-Ⅱ 为例，进入 ECU 诊断程序的步骤如下。

a. 利用部件结构图找出诊断插接器。

b. 将正确的程序存储卡插入 OBD-Ⅱ 诊断仪。

c. 点火开关转到 RUN 挡。当完成发动程序后，显示屏将出现一个多层选择菜单。

d. 下拉菜单进入 ECU 诊断程序，读出故障代码。

e. 按照检修程序手册，查找故障部位并排除。

③ 使用万用表检修。

由于ECU系统软件是预先写入且固化好的,很少会出现问题,所以,故障出现概率大的是在传感器信号输入和输出控制部分,在不具备专业检测设备或无法读出故障码的条件下,只要掌握了ECU工作原理和检修规律,使用万用表,也可以排除故障,其基本方法如下。

a. 首先要判断ECU系统主模块的工况,一般情况下,状态指示灯能正常点亮,系统控制部件有一部分能工作,计算机就不会有大的故障存在。此时检查熔断器和相应的接线端子,有无磨损、短路、断路。

b. 检查对执行器的控制情况(如对风机电动机、压缩机电磁离合器的控制),这个信号通常是开关数字信号,当指令不同时,输入到执行器的电压决定了输出的工作状态,这个数值可以用万用表测量。这是与普通轿车控制信号明显的不同之处。

c. 当输入正常时,可进一步测量继电器、电动机的状态,判断其好坏,进行检修与更换。如果输入正常而没有输出,则很可能是ECU输出单元损坏。其应急处理方法是临时接入机械开关手动控制。

④ 自动空调系统检修注意事项。

由于自动空调系统实际上是一个计算机控制的电子电路,所以不能按照传统方法检修,以免造成人为故障或器件的损坏,应遵守下列注意事项。

a. 禁止采用"试火"的方法让任何被控制电路搭铁或对其施加电压,切勿使用试灯。

b. 只能用高阻抗的万用表(如数字万用表)检测电路,特别是对各种传感器的检测应更加小心。

c. 更改接线,分开任何到传感器或执行器件的电气连接之前,应首先关掉点火开关。

d. 接触ECU芯片时,应将手指摸在良好的搭铁处,更换元件时,应戴好防静电金属护腕,防止静电损坏电路元件。

e. 拆下蓄电池时,应该遵守维修手册的程序,防止停电时间过长,造成ECU内部数据的丢失。

第3章 汽车发动机电控系统

3.1 汽车发动机电控技术概述

3.1.1 汽车发动机电控系统的组成

应用在发动机上的电子控制系统主要包括电控燃油喷射系统、汽油机电控点火系统和其他辅助控制系统。

（1）电控燃油喷射系统

在汽油机电控燃油喷射（EFI）系统中，喷油量是最基本的也是最重要的控制内容，电子控制单元（ECU）主要根据进气量确定基本的喷油量，再根据其他传感器（如冷却液温度传感器、节气门位置传感器等）信号对喷油量进行修正，使发动机在各种运行工况下均能获得最佳浓度的混合气，从而提高发动机的动力性、经济性和排放性。除喷油量控制外，汽油机电控燃油喷射系统的功能还包括喷油正时控制、断油控制和燃油泵控制。

在柴油机电控燃油喷射系统中，供（喷）油量和供（喷）油正时控制是最基本的控制内容，ECU主要根据发动机转速信号和负荷信号（加速踏板位置信号）来确定基本供（喷）油量和供（喷）油正时，再根据其他传感器信号进行修正。柴油机电控燃油喷射系统还具有（喷）油速率控制和喷油压力控制等功能。

（2）汽油机电控点火系统

汽油机电控点火系统（ESA）最基本的功能是点火提前角控制。该系统根据各相关传感器信号，判断发动机的运行工况和运行条件，选择最理想的点火提前角点燃混合气，从而改善发动机的燃烧过程，以实现提高发动机动力性、经济性和降低排放污染的目的。此外，电控点火系统还具有通电时间控制和爆燃控制功能。

(3) 怠速控制系统

汽油机怠速控制（ISC）系统是发动机辅助控制系统，其功能是在发动机怠速工况下，根据发动机冷却液温度、空调压缩机是否工作、变速器是否挂入挡位等，通过节气门或怠速控制阀对发动机的进气量进行控制，使发动机随时以最佳怠速转速运转。

柴油机怠速控制系统与电控燃油喷射系统集成一体，其功能包括怠速转速控制和各缸均匀性控制，均由ECU通过对怠速工况下的供（喷）油量的控制来实现。

(4) 排放控制系统

排放控制系统的功能主要是对发动机排放控制装置的工作实行电子控制。排放控制的项目主要包括：废气再循环（EGR）控制、活性炭罐电磁阀控制、二次空气喷射控制等。

(5) 进气控制系统

进气控制系统的功能主要是根据发动机转速和负荷的变化，对发动机的进气进行控制，以提高发动机的充气效率，从而改善发动机动力性。在柴油机上，为改善发动机性能，对进气涡流也实现了电子控制。

(6) 增压控制系统

增压控制系统的功能是对发动机进气增压装置的工作进行控制。在装有废气涡轮增压装置的汽车上，ECU根据检测到的进气管压力，对增压装置进行控制，从而控制增压装置对进气增压的强度。

(7) 巡航控制系统

驾驶员设定巡航控制模式后，ECU根据汽车运行工况和运行环境信息，自动控制发动机工作，使汽车自动维持一定车速行驶。

(8) 警告提示

ECU控制各种指示和报警装置，一旦控制系统出现故障，该系统能及时发出信号以警告提示，如氧传感器失效、油箱油温过高等。

(9) 自诊断与报警系统

在发动机控制系统中，电子控制单元（ECU）都设有自诊断系统，对控制系统各部分的工作情况进行监测。当ECU检测到来自传感器或输送给执行元件的故障信号时，立即点亮仪表盘上的"CHECK ENGINE"灯（故障指示灯），以提示驾驶员发动机有故障。同时，系统将故障信息以设定的数码（故障码）形式储存在存储器中，以便帮助维修人员确定故障类型和范围。对车辆进行维修时，维修人员可通过特定的操作程序（有些需借助专用设备）调取故障码。故障排除后，必须通过特定的操作程序清除故障码，以免与新的故障信息混杂，给故障诊断带来困难。

(10) 失效保护系统

失效保护系统的功能主要是当传感器或传感器线路发生故障时，控制系统自动按计算机中预先设定的参考信号值工作，以便发动机能继续运转。例如，冷却液温度传感器电路有故障时，可能会向ECU输入低于-50℃或高于139℃的冷却液温度信号，失效保护系统将自动按设定的标准冷却液温度信号（80℃）控制发动机工作，否则会引起混合气过浓或过稀，导致发动机不能工作。

此外，当对发动机工作影响较大的传感器或电路发生故障时，失效保护系统会自动停止发动机的工作。例如，汽油机控制ECU收不到点火控制器返回的点火确认信号时，失效保护系统会立即停止燃油喷射，以防大量燃油进入气缸而不能点火工作。

(11) 应急备用系统

应急备用系统功能是当控制系统计算机发生故障时，自动启用备用系统（备用集成电路），按设定的信号控制发动机转入强制运转状态，以防车辆停驶在路途中。应急备用系统只能维持发动机运转的基本功能，但不能保证发动机性能。

除上述控制系统外，应用在发动机上的电控系统还有冷却风扇控制、发电机控制等。应当说明的是，上述各控制系统应用在不同的汽车发动机上，只是或多或少地被采用。此外，随着汽车技术和电子技术的发展，发动机控制系统的功能必将日益增加。

3.1.2 发动机电控系统的工作过程

发动机电控系统由信号输入装置（传感器）、电子控制单元和执行器3部分组成。传感器是一种信号检测与转换装置，安装在发动机的各个部位，其功能是：采集反映发动机运行状态的各种电量参数、物理量和化学量等，并将这些参数转换成计算机能够识别的电量信号输入电子控制单元。电子控制单元（Electronic Control Unit，ECU）又称为电子控制器，是发动机电控系统的核心部件。其功能是：根据各种传感器和控制开关输入的信号参数，对喷油量、喷油时刻和点火时刻等进行实时控制。执行器是控制系统的执行机构，其功能是：接受电子控制单元的控制指令，完成具体的控制动作，从而使发动机处于最佳的运行状态。传感器、电子控制单元和执行器3部分相互之间的关系如图3-1所示。

信号输入装置，即各种传感器，采集控制系统的信号，并转换成电信号输送给ECU。

执行器，即由ECU控制，执行某项控制功能的装置。

图3-1 电控系统的基本组成

电子控制单元，即ECU，其给各传感器提供参考电压，接收传感器信号并进行存储、计算和分析处理后向执行器发出指令。

在发动机运转过程中，ECU根据发动机控制系统的各传感器送来的信号，判断发动机当前所处的运行工况和工作条件，并从ROM中查取相应的控制参数数据，经中央处理器（CPU）的计算和必要的修正后，输出相应的控制信号，控制发动机运转。

电子控制系统的简要工作过程如下。

① 发动机启动时，ECU进入工作状态，某些程序从ROM中取出，进入CPU。这些程序可以用来控制点火时刻、燃油喷射和怠速等。

② 通过CPU的控制，一个个指令逐个地进行循环执行。执行程序中所需要的发动机信息，来自各个传感器。

③ 从传感器来的信号，首先进入输入回路进行处理。如果是数字信号，则直接经I/O接口进入计算机；如果是模拟信号，则经A/D转换器转换成数字信号后才经I/O接口进入计算机。

④ 大多数信息暂时存储在RAM内，根据指令再从RAM送到CPU。有时需将存储在ROM中的参考数据引入CPU，使输入传感器的信息与之进行对比。

⑤ 对来自有关传感器的每一个信息依次取样，并与参考数据进行比较。

⑥ CPU对这些数据进行比较运算后，作出决定并发出输出指令信号，经I/O接口，必要的信号还要经D/A转换器变成模拟信号，最后经输出回路控制执行器动作。

3.2 汽油机电控燃油喷射系统

3.2.1 电控燃油喷射系统概述

发动机工作时，燃料进入气缸燃烧之前，都要经过雾化和蒸发，并与空气混合。燃料与空气的混合物称为混合气，混合气中含燃料量的多少称为混合气浓度。

汽油机燃料供给系统可分为化油器式和电控燃油喷射式两种。化油器的结构简单、价格便宜，使用的历史久远，但由于化油器供油方式对温度和环境变化比较敏感，不能满足日益严格的排放法规要求，所以化油器式燃料供给系统已逐渐被电控燃油喷射系统取代。本章主要介绍汽油机电控燃油喷射系统。电控燃油喷射系统简称"EFI"系统，是由该系统的英文"Electronic Fuel Injection"简化而来的。

(1) 电控燃油喷射系统的类型

① 按喷油器的控制方式不同分类。

a. 机械式　喷油量是通过机械传动与液体传动来控制的，即 K 型系统。

b. 电子控制式　喷油量是由电控单元及电磁喷油器控制的，即 EFI (Electronic Fuel Inaction) 型系统。

c. 机电一体混合控制式　其与机械式喷射系统一样，也是通过机械、液体喷射装置实现控制的，但同时它还设有一个电控单元、多个传感器和电液混合气调节器来调节混合气的成分，从而提高了控制的灵活性，扩展了控制功能，即 KE 型系统。

② 按喷射方式分类。

按喷射方式不同，燃油喷射系统可分为连续喷射方式和间歇喷射方式。

连续喷射方式是指在发动机运转期间，汽油连续不断地喷射在进气道内，且大部分汽油是在进气门关闭时喷射的，因此大部分汽油在进气道内蒸发。除 K 型机械式、KE 型机电组合式汽油喷射系统外，电控燃油喷射系统一般不采用此种喷射方式。

间歇喷射方式是指在发动机运转期间，将汽油间歇地喷入进气道内。在广泛采用的间歇喷射方式的多点电控燃油喷射系统中，按各缸喷油器的喷射顺序又可分为同时喷射、分组喷射和顺序喷射，如图 3-2 所示。

a. 同时喷射。同时喷射是将各缸的喷油器并联，在发动机运转期间，所有喷油器由计算机的同一个喷油指令控制，同时喷油、同时断油。采用这种喷射方式时，对各缸而言，喷油时刻不可能都是最佳的，因此其性能较差，一般用在部分缸数较少的汽油发动机上，如韩国大宇轿车上装用的四缸发动机电控多点燃油喷射系统等。

采用同时喷射方式的电控燃油喷射系统，一般是曲轴每转一圈，各缸同时喷油一次，对每个气缸来说，每一次燃烧所需的供油量需要喷射两次，即曲轴每转一圈喷射1/2的油量。

b. 分组喷射。分组喷射是指将各缸的喷油器分成几组，计算机向某组的喷油器发出喷油或断油指令时，同一组的喷油器同时喷油或断油。它是同时喷射的变形方案。

c. 顺序喷射。顺序喷射是指各喷油器由计算机分别控制，按发动机各缸的工作顺序喷油。多缸发动机电控燃油喷射系统采用分组喷射或顺序喷射方式较多。

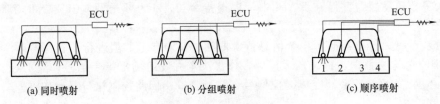

图 3-2　喷油器喷射顺序

③ 按对空气量的计量方式分类。

电控燃油喷射系统必须对进入气缸的空气量进行精确的计量，才能通过对喷油量的控制，实现对混合气浓度的高精度控制。按对进气量的计量方式不同，电控燃油喷射系统可分为 D 型和 L 型。

a. D型电控燃油喷射系统。"D"是德语Druck（压力）的第一个字母。D型电控燃油喷射系统利用绝对压力传感器检测进气管内的绝对压力，计算机根据进气管内的绝对压力和发动机转速推算出发动机的进气量，再根据进气量和发动机转速确定基本喷油量。D型电控燃油喷射系统的基本工作原理如图3-3所示。

b. L型电控燃油喷射系统。"L"是德语Luft（空气）的第一个字母。L型电控燃油喷射系统利用空气流量计直接测量发动机的进气量，计算机不必进行推算，即可根据空气流量计信号计算与该空气量相应的喷油量。由于消除了推算进气量的误差影响，其测量的准确程度高于D型，故对混合气浓度的控制更精确。L型电控燃油喷射系统的基本工作原理如图3-4所示。

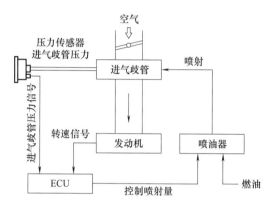

图3-3　D型电控燃油喷射系统

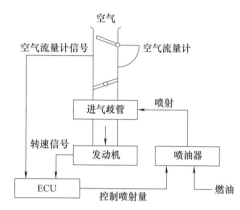

图3-4　L型电控燃油喷射系统

④ 按喷射位置分类。

按喷射位置不同，电控燃油喷射系统可分为进气管喷射和缸内直接喷射两种类型。缸内直接喷射技术是近年来研究和开发的发动机新技术，其将喷油器安装在气缸盖上，把燃油直接喷入气缸内，配合缸内组织的气体流动形成可燃混合气，容易实现分层燃烧和稀混合气燃烧，可进一步提高汽油发动机的经济性和排放性。

目前汽车上应用的电控燃油喷射系统多为进气管喷射式，按喷油器数量的不同，又可分为单点喷射（SPI）系统和多点喷射（MPI）系统，如图3-5所示。

a. 多点喷射系统。其在每缸进气门处装有1只喷油器，由电子控制单元（ECU）控制喷油，因此多点喷射又称为多气门喷射。多点喷射系统的燃油分配均匀性好，进气管可按最大进气量来设计，而且无论发动机处

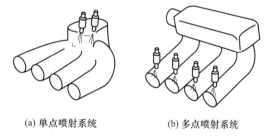

(a) 单点喷射系统　　　(b) 多点喷射系统

图3-5　电控燃油喷射系统喷射位置

于冷态或热态，其过渡的响应及燃油经济性都是最佳的。但多点电控燃油喷射系统的控制系统比较复杂，成本较高，故主要应用于对汽车性能要求较高的中、高级轿车上。

b. 单点喷射系统。其在节气门上方装一个中央喷射装置，用1~2只喷油器集中喷射。汽油喷入进气流中，形成的可燃混合气由进气歧管分配到各气缸中。单点喷射又称为节气门体喷射（TBI）或中央喷射（CFI）。

单点电控燃油喷射系统在每个气缸的进气行程开始时喷油，采用顺序喷射方式，又称为独立喷射。独立喷射可使燃油在进气管中滞留的时间最短，各缸得到的燃油量尽可能一致。单点喷射系统与多点喷射系统的控制原理相似，空气量可采用空气流量计直接计量，也可采

用进气歧管绝对压力传感器间接测量。

单点喷射系统的出现较晚，其性能介于多点喷射系统与化油器式供给系统之间。虽然单点喷射系统的性能比多点喷射系统差一些，但其结构简单、故障少、维修调整方便，且对发动机本身的改动较小，特别是大量生产后，其成本较低，仅略高于传统化油器式的成本。目前，国外已将其广泛应用于普通轿车和货车。

(2) 电控燃油喷射系统的基本组成

① 空气供给系统。

空气供给系统的功用是为发动机提供清洁的空气并控制发动机正常工作时的供气量。空气经空气滤清器过滤后，由空气流量计（D型EFI无空气流量计），通过节气门体进入进气总管，再分配到各进气歧管。在进气歧管内，从喷油器喷出的燃油与空气混合后被吸入气缸内燃烧，如图3-6所示。

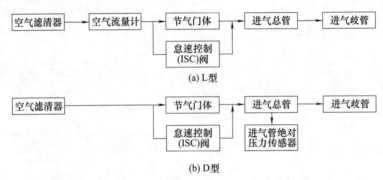

图3-6 进气系统

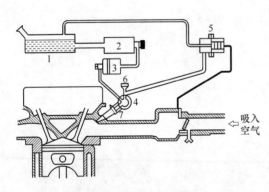

图3-7 燃油供给系统
1—油箱；2—电动燃油泵；3—燃油滤清器；
4—燃油分配管；5—燃油压力调节器；
6—燃油脉动阻尼器；7—喷油器

② 燃油供给系统。

燃油供给系统的功用是供给喷油器一定压力的燃油，喷油器则根据计算机指令喷油。燃油供给系统一般由油箱、电动燃油泵、燃油滤清器、燃油脉动阻尼器、燃油压力调节器、喷油器及燃油分配管等组成，如图3-7所示。

燃油通过燃油泵从油箱中泵出，经过燃油滤清器除去杂质及水分后，再送至燃油脉动阻尼器，以减少其脉动。这样具有一定压力的燃油流至供油总管，送至各缸喷油器。喷油器根据ECU的喷油指令，开启喷油器，将适量的燃油喷于进气门前，待进气行程时，再将燃油混合气吸入气缸中。装在供油总管上的燃油压力调节器用于调节系统油压，目的在于保持油路内的油压相对于进气管的相对压力保持恒定不变，其在大部分车型上约为300kPa。

③ 电子控制系统。

电子控制系统的功能是根据发动机运转状况和车辆运行状况确定燃油的最佳喷射量。该系统由传感器、ECU和执行器3部分组成。

传感器是信号转换装置，安装在发动机的各个部位，其功用是检测发动机运行状态的电量参数、物理参数和化学参数等，并将这些参数转换成计算机能够识别的电信号输入ECU。检测发动机工况的传感器有：冷却液温度传感器、进气温度传感器、曲轴位置传感器、节气门位置传感器、车速传感器、氧传感器、爆震传感器和空调离合器开关等。

ECU 是发动机控制系统的核心部件。ECU 的存储器中存放了发动机各种工况的最佳喷油持续时间，在接收各种传感器传来的信号后，其经过计算确定满足发动机运转状态的燃油喷射量和喷油时间。ECU 还可对多种信息进行处理，实现 EFI 系统以外其他诸多方面的控制，如点火控制、怠速控制和废气再循环控制等辅助控制。

执行器是控制系统的执行机构，其功用是接受 ECU 输出的各种控制指令，完成具体的控制动作，从而使发动机处于最佳工作状态，如喷油脉宽控制、点火提前角控制、炭罐清污、自诊断、故障备用程序启动和仪表显示等。

3.2.2 空气供给系统

（1）空气供给系统的类型

空气供给系统测量和控制汽油燃烧时所需要的空气量。其组成是由测量空气流量的方式决定的。根据测量空气流量的方式不同，进气系统有质量流量式进气系统（用于 L 型 EFI 系统）、速度密度式进气系统（用于 D 型 EFI 系统）和节流速度式进气系统 3 种。

① 质量流量式进气系统。

如图 3-8 所示为质量流量式进气系统结构，该进气系统利用空气流量计直接测量吸入的空气量，通常用测得的空气流量与发动机转速的比值作为计算喷油量的标准。空气经过空气滤清器过滤后，用空气流量计进行测量，然后通过节气门体到达稳压箱，再分配给各缸进气管。在进气管内，由喷油器中喷出的汽油与空气混合后被吸入气缸内进行燃烧。

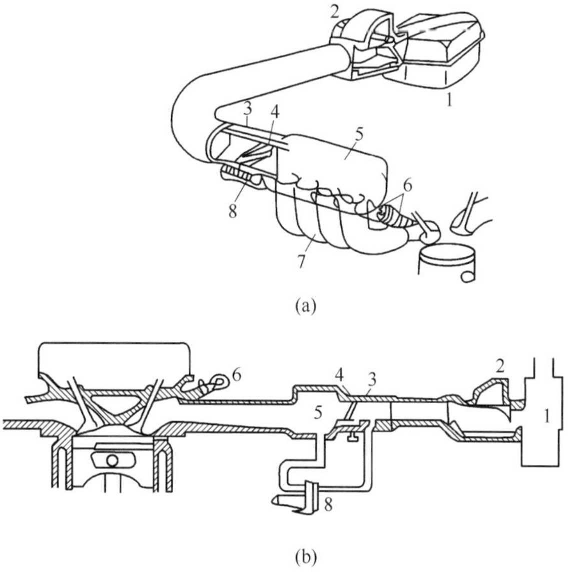

节气门装在节气门体上，控制进入各缸的空气量，在该总成上还装有空气阀。当温度低时空气阀打开，部分附加空气进入进气总管，以提高怠速转速，加快暖机过程（亦称快怠速）。在装有怠速控制阀（ISCV）的发动机上，由 ISCV 来完成空气阀的作用。

② 速度密度式进气系统。

图 3-8 质量流量式进气系统结构
1—空气滤清器；2—空气流量计；3—节气门体；4—节气门；
5—进气总管；6—喷油器；7—进气歧管；8—辅助空气阀

速度密度式进气系统，利用进气歧管绝对压力传感器测得进气歧管中的绝对压力，然后根据绝对压力值和发动机转速推算出每一循环发动机吸入的空气量。由于进气歧管中的空气压力是变化的，因此速度密度方式不容易精确检测吸入的空气量。速度密度方式的进气系统结构如图 3-9 所示，它与质量流量方式进气系统的主要差别是用进气歧管绝对压力传感器代替了空气流量计。经过空气滤清器过滤的空气，经节气门体流入稳压箱，分配给各缸进气管，然后与喷油器喷射的汽油混合形成可燃混合气，再吸入气缸内。

③ 节流速度式进气系统。

节流速度式进气系统是利用节气门开度和发动机转速来间接计算进气质量的。

（2）空气供给系统主要部件

① 空气滤清器。

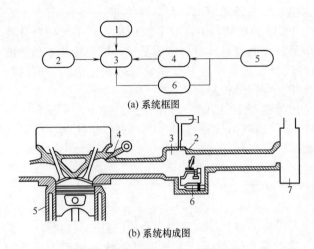

图 3-9 速度密度方式进气系统结构
1—进气歧管绝对压力传感器；2—发动机；3—稳压箱；
4—节流阀体；5—空气滤清器；6—空气阀；7—喷油器

空气滤清器的作用是净化空气。燃油喷射发动机的空气滤清器与一般发动机的空气滤清器相同。

② 空气流量传感器和进气压力传感器。

L 型 EFI 系统的空气流量传感器或 D 型 EFI 系统进气压力传感器的作用是把测得的空气流量压力转换为电压信号，并把此电压信号送至 ECU，ECU 根据此信号和转速等信号来决定基本喷油量。

③ 节气门体与怠速调整螺钉。

节气门体装在空气流量传感器后方的进气管上，外形结构如图 3-10 所示。它由节气门、节气门位置传感器、怠速旁通气道和怠速调整螺钉等组成。

节气门用来控制发动机正常运行工况下的进气量。由于 EFI 系统在发动机怠速时通常将节气门全关，故设一旁通气道，在发动机怠速时供给少量空气。

节气门位置传感器装在节气门轴上，用以检测节气门开启角度。为防止减速时节气门由开到全闭时发动机不良冲击和熄火，有的节气门体上装有节气门缓冲器。为防止寒冷季节流经节气门体的空气中的水分在节气门体上冻结，有些节气门体上设有冷却水管来对节气门体进行预热。

发动机怠速运转时的节气门近乎关闭，因此，须经节气门体上的旁通气道供应空气以控制怠速，怠速调整螺钉就是用来调整该空气流量的。当怠速调整螺钉顺时针方向旋入时，旁通气道口减小，发动机怠速时的转速降低；逆时针旋转怠速调整螺钉时，旁通气道开口加大，发动机怠速时的转速升高。在有怠速控制阀（ISCV）的发动机中，有些没有此螺钉，ECU 完全通过控制 ISCV 来实现对怠速时转速的控制。

图 3-10 节气门体
1—节气门位置传感器；2—节气门；
3—怠速旁通气道；4—怠速调整螺钉

④ 怠速空气调整阀。

怠速空气调整阀包括怠速空气阀（AAC）与怠速控制阀（ISCV）两类。

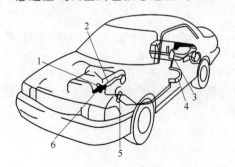

图 3-11 燃油控制系统在整车上的布置
1—燃油压力调节器；2—输油管；3—电动燃油泵；
4—燃油滤清器；5—燃油脉动阻尼器；6—喷油器

3.2.3 燃油供给系统

燃油供给系统的功用是向发动机及时供应各种工况下燃烧所需要的燃油。现代燃油供给系统主要由燃油箱、电动燃油泵、燃油滤清器、回油管、燃油压力调节器、油压脉动阻尼器（有的汽车没有）、喷油器、输油管、冷启动喷油器（有的汽车没有）等组成。燃油供给系统在整车上的布置情况如图 3-11 所示。

汽油被燃油泵从燃油箱中泵出，由燃油滤清器滤去杂质，经油压脉动阻尼器送至燃油压力调节器。在燃油压力调节器的作用下，使油压与进气歧管内气压的差值保持恒定（燃油压力比进气管压力高出 250～300kPa，剩余的燃油通过回油管回到燃油箱），然后由输油管配送给各个喷油器和冷启动喷油器。喷油器根据 ECU 的指令，控制喷油器的喷油开始时刻和喷油持续时间，使喷油器适时地喷射出所需的燃油量。为了改善发动机的冷启动性能，有的发动机在进气总管处安装一个冷启动喷油器，冷启动喷油器的喷油时间由热敏定时开关或者 ECU 控制。

(1) 燃油滤清器

燃油滤清器把含在汽油中的氧化铁、粉尘等固体夹杂物质除去，防止燃油系统堵塞，减小机械磨损，确保发动机稳定运转，提高可靠性。由于燃油系统发生故障，会严重影响车辆的行驶性能，所以为使燃油系统部件保持正常工作状态，燃油滤清器起着重要的作用。

燃油滤清器要起到上述作用，应具有以下性能：过滤效率高；寿命长；压力损失小；耐压性能好；体积小；重量轻。

燃油滤清器安装在电动汽油泵的出口一侧，滤清器内部经常受到 200～300kPa 的燃油压力，因此耐压强度要求在 500kPa 以上。油管也应使用旋入式金属管，其结构如图 3-12 (a) 所示。滤芯元件一般采用菊花形和盘簧形两种结构，如图 3-12 (b) 所示。盘簧形结构具有单位体积过滤面积大的特点。燃油滤清器的纸质滤芯每行驶 20000～40000km 或 1～2 年应更换，安装时应注意燃油流动方向的箭头，不能装反。

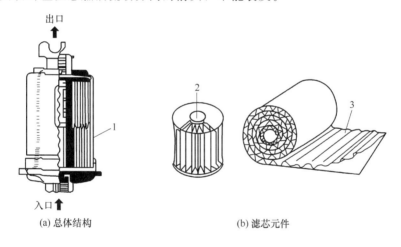

图 3-12 燃油滤清器
1—滤芯；2—菊花形滤芯；3—盘簧形滤芯

(2) 电动燃油泵

电动燃油泵是一种由小型直流电动机驱动的燃油泵，其作用是给电控燃油喷射系统提供具有一定压力的燃油。电动燃油泵的电动机和燃油泵连成一体，密封在同一壳体内。

电动燃油泵按安装位置不同，可分为内置式和外置式两种。

内置式电动燃油泵安装在油箱中，具有噪声小、不易产生气阻、不易泄漏、安装管路较简单等优点，应用更为广泛。有些车型在油箱内还设有一个小油箱，将燃油泵置于小油箱中，这样可防止在油箱燃油不足时，因汽车转弯或倾斜引起燃油泵周围燃油移动，使燃油泵吸入空气而产生气阻。

外置式电动燃油泵串接在油箱外部的输油管路中，优点是容易布置，安装自由度大；缺点是噪声大，且燃油供给系统易产生气阻，所以只在少数车型上应用。

目前各车型装用的电动燃油泵按其结构不同，有涡轮式、滚柱式、转子式和侧槽式。内置式电动燃油泵多采用涡轮式，外置式电动燃油泵则多数为滚柱式。

(3) 燃油脉动阻尼器

当喷油器喷射燃油时，在输送管道内会产生燃油压力脉动。燃油压力脉动减振器可使燃油压力脉动衰减，减弱燃油输送管道中的压力脉动传递，降低噪声。

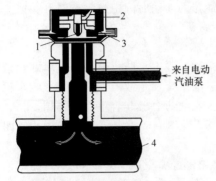

图 3-13 燃油压力脉动减振器
1—阀；2—弹簧；3—膜片；4—自电动汽油泵

如图 3-13 所示为燃油压力脉动减振器结构，为了使压力脉动衰减，采用了膜片和弹簧组成的缓冲装置，可把压力脉动降低到低水平。在减振器内部由膜片分隔成空气室（上部）和燃油室（下部），在空气室内有弹簧压在膜片上，从而使膜片产生向下的力。当油路中油压不稳时，不稳的油压作用于膜片上，由膜片传递给弹簧而吸收掉这部分力，从而使油压变得平稳。该装置通常在 250kPa 的压力下作用，但由于喷油器工作时会产生压力脉动，故它的常用工作范围可达 300kPa 左右。

(4) 燃油压力调节器

压力调节器的作用是保持燃油压力与进气管压力之间的压力差不变，如图 3-14 所示，从而使喷油器的喷油量仅取决于喷油器的开启时间。

燃油压力调节器安装在燃油分配总管上，如图 3-15 所示。其结构如图 3-16 所示。燃油压力调节器有一个金属外壳，装于外壳内的卷边膜片将外壳分为两个腔室。其中一个腔室是

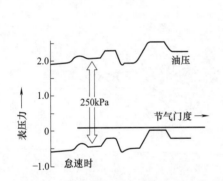

图 3-14 系统油压与进气管真空度的关系

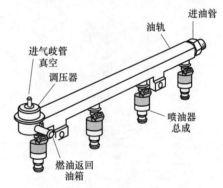

图 3-15 燃油分配总管的结构

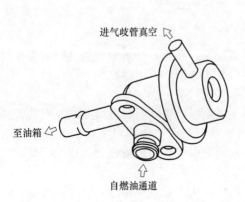

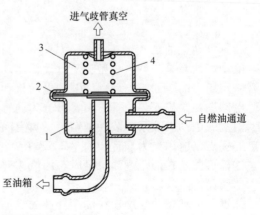

图 3-16 油压调节器结构
1—燃油室；2—膜片；3—空气室；4—弹簧

弹簧室，有一定预紧力的弹簧向膜片施压一个作用力，弹簧室同时经一根真空软管与节气门后部的发动机进气总管相连；另一个腔室用于容纳燃油（燃油室），燃油室直接与燃油分配管相通。

发动机运转时，进气歧管的绝对压力（负压）和弹簧预紧力共同作用在膜片上。燃油泵供给的燃油同时输送到喷油器和燃油压力调节器的燃油室，当油压超过弹簧及发动机进气歧管的负压对膜片的作用力时，膜片移动，使由膜片控制的阀门打开回油管的通路，多余的燃油流回燃油箱。由于弹簧的预紧力一定，因此燃油压力仅取决于发动机进气歧管的负荷。如图3-17所示，急速时，进气管绝对压力低，回油口开得较大，燃油压力降低。全负荷时，进气管绝对压力高，回油口开得较小，燃油压力升高。

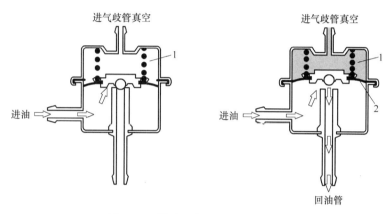

图 3-17 燃油压力调节器工作原理
1—标准弹簧；2—膜片

（5）喷油器

① 喷油器的结构组成。

电磁式喷油器的功用是依据 ECU 的喷油脉冲信号，把汽油以雾状喷入发动机进气管，供发动机燃烧做功。喷油器是燃油供给系统中最重要的部件，它接受来自电控单元的喷油脉冲信号，精确地计量汽油喷射量及喷油正时。因此，它是一种加工精度非高的精密器件，不可拆卸与维修。

电磁式喷油器的结构如图3-18所示。喷油器实际上是一个电磁阀，由喷嘴、阀体、电磁线圈、电源插座、燃油接头、针阀回位弹簧等构成。

当发动机运转时，电动燃油泵向喷油器提供大约250kPa的恒定供油压力。当计算机发出指令使电磁线圈通电时，电磁线圈产生的电磁力将衔铁和针阀吸起，阀门打开，汽油便通过针阀与喷孔的环形间隙喷向进气门前方，与吸入进气歧管的空气混合后进入气缸。在电源被切断后，针阀在回位弹簧的作用下关闭喷孔，停止喷油。喷油量与喷油器喷油的时间（即针阀打开的时间）成正比，而针阀打开的时间又由计算机输出的电脉冲宽度控制。

喷油器用专门的支架固定，如图3-19所示，它与支架间设有橡胶垫，可起支承和密封作用，同时还具有一定的隔热作用，防止产生汽油气泡，以保持良好的热启动性能。此

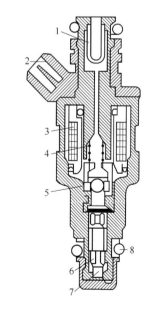

图 3-18 喷油器的结构
1—滤网；2—电接头；3—电磁线圈；
4—复位弹簧；5—衔铁；6—针阀；
7—轴针；8—密封圈

外，这些橡胶垫也能保证喷油器免受较大的振动。

② 喷油器的驱动方式。

喷油器的基本控制电路如图 3-20 所示。发动机工作时，ECM 根据曲轴位置与转速、发动机负荷等传感器输入信号，经运算判断后输出控制信号，控制大功率晶体管的导通与截止。当晶体管导通时，喷油器将燃油喷射到节气门后方的进气管内。当晶体管截止时，喷油器停止喷油。

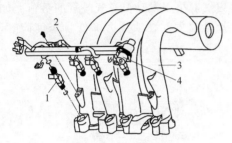

图 3-19 多点缸外喷射喷油器的安装位置
1—喷油器；2—燃油分配管；
3—进气歧管；4—油压调节点

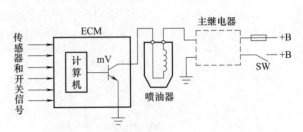

图 3-20 喷油器的基本控制电路

喷油器按其电磁线圈的电阻值大小又可分为低电阻喷油器（2～5Ω）和高电阻喷油器（12～16Ω）两种。喷油器的阻值不同，其驱动电路也不同。喷油器的驱动电路有电压驱动式和电流驱动式两种。

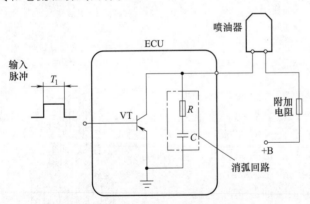

图 3-21 喷油器电压驱动电路

所谓电压驱动式电路，就是指通过控制喷油器的工作电压来控制喷油器工作的电路。在电压驱动式电路中，使用高电阻喷油器时，可将蓄电池电压直接加在喷油器上。使用低电阻喷油器时，则应在电路中串入附加电阻，将蓄电池电压分压后加在喷油器上。这是因为低电阻喷油器电磁线圈的匝数少，电阻小，电流大，发热快，易烧坏电磁线圈，串入附加电阻可以保护低电阻喷油器。喷油器的电压驱动电路如图 3-21 所示。

电压驱动方式中的喷油器驱动电路较简单，但因其回路中的阻抗大，故喷油器的喷油滞后时间长。其中，电压驱动的高阻值喷油器的喷油滞后时间最长，电压驱动的低阻值喷油器次之，电流驱动的喷油器最短。

所谓电流驱动式是指 ECU 开始用一个较大的电流（8A），使电磁线圈产生较大的吸力，保证喷油器具有良好的响应性，然后用较小的电流（2A）使针阀保持在开启状态，以防止喷油器线圈发热，减少功率的消耗。这种驱动方式一般用于低电阻型喷油器，如图 3-22 所示。

在喷油器电流驱动回路中，由于无附加电阻，回路的阻抗小，ECU 向喷油器发出执行命令时，流过喷油器线圈的电流增加迅速，电磁线圈产生的磁力使针阀开启快，喷油迟滞时间缩短，响应性更好。喷油器针阀的开启时刻总是比 ECU 向喷油器发出指令的时刻晚，此时间即称为喷油器喷油迟滞时间（或无效喷油时间）。

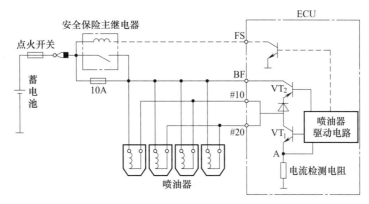

图 3-22 喷油器电流驱动回路

③ 喷油器控制电路。

各车型喷油器控制电路基本相同，一般都是通过点火开关和主继电器（或熔丝）给喷油器供电，ECU 控制喷油器搭铁。但不同发动机的喷油器数量、喷射方式、分组方式不同，ECU 控制端子数量也不同。在使用中若喷油器不工作，可拆开喷油器线束插接器，将点火开关转至"ON"位置，但不启动发动机，用万用表测量其电源端子与搭铁间电压，应为 12V 蓄电池电压。否则应检查供电线路、点火开关、主继电器或熔断器是否有故障。若电压正常，则说明喷油器、喷油器搭铁线路（与 ECU 连接线路）或 ECU 有故障。

④ 冷启动喷油器及其控制电路。

冷启动喷油器安装在进气总管上，其功用是在发动机冷启动时喷油，以加浓混合气，改善发动机的冷启动性能。

冷启动喷油器的结构如图 3-23 所示，其与前述喷油器的不同之处主要是采用紊流式喷孔，喷油时将燃油喷成螺旋雾状旋流，有利于燃油的雾化和蒸发。冷启动喷油器一般采用安装在冷却水套内的冷启动喷油器正时开关控制。图 3-24 所示为日本丰田雷克萨斯 LS400 轿车冷启动喷油器控制电路，发动机启动时，点火开关转至"ST"挡，启动继电器线圈通电，触点闭合使蓄电池电压送至冷启动喷油器。正时开关控制冷启动喷油器的搭铁回路，发动机冷启动时，冷启动喷油器搭铁回路接通，冷启动喷油器喷油。发动机启

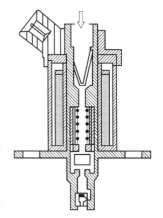

图 3-23 冷启动喷油器

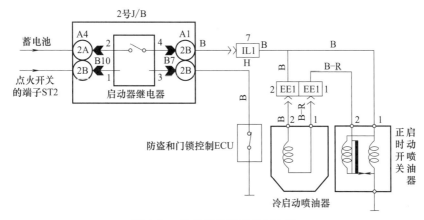

图 3-24 冷启动喷油器控制电路

动时,若冷却水温度较高,则正时开关断开冷启动喷油器搭铁回路,冷启动喷油器不喷油。发动机启动后,启动继电器切断冷启动喷油器电源电路,冷启动喷油器停止喷油。

正时开关的结构如图3-25所示。双金属片用不同膨胀系数的两种金属制成,受热变形时会向膨胀系数较小的一侧弯曲,其下端有一活动触点。正时开关内的固定触点通过壳体直接搭铁。正时开关安装在气缸体一侧的冷却水道上,水温低时,双金属片没有变形,正时开关内的两触点闭合,接通冷启动喷油器搭铁回路。反之,水温高时,双金属片变形使正时开关内的两触点断开,冷启动喷油器搭铁回路即被断开。正时开关内还装有一个加热线圈,线圈一端通过启动继电器供电,另一端则直接搭铁,这样发动机连续启动几次失败后,由于加热线圈通电时间长,双金属片被加热也会使触点断开,因此冷启动喷油器停止喷油,以免供油过多。

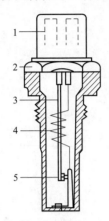

图3-25 冷启动喷油器正时开关
1—线束插接器;2—壳体;
3—双金属片;4—加热线圈;
5—触点

有些车型(如欧洲和澳大利亚地区雷克萨斯LS400)的冷启动喷油器搭铁回路由ECU和正时开关两者控制,任何一条搭铁回路接通时都可以使冷启动喷油器喷油,ECU的控制目的主要是修正冷启动喷油器的喷油量。在发动机集中控制系统中,也可取消正时开关,由ECU控制冷启动喷油器。由于冷启动喷油器向进气总管内喷油,存在各缸供油不均的缺点,因此目前的发展趋势是取消冷启动喷油器,由各缸喷油器完成冷启动喷油器的任务,即通过异步喷油来改善发动机的冷启动性能,这样不仅可使各缸供油均匀,也可减小控制系统元件和简化线路。

3.2.4 电子控制系统

(1) 空气流量传感器

空气流量传感器(MAF)用于流量型汽油喷射系统,它的作用是将单位时间内吸入发动机气缸的空气量转换成电信号送至ECU,作为决定喷油量和点火正时的基本信号之一。

在L型的发动机控制系统中,空气流量传感器按照结构形式和对进气量的检测原理的不同可以分为以下四种:叶片式空气流量传感器、卡门涡旋式空气流量传感器、热线式空气流量传感器、热膜式空气流量传感器。

① 叶片式空气流量传感器。

叶片式空气流量传感器主要由测量叶片、缓冲叶片、阻尼室、复位弹簧、电位计、旁通气道等组成,此外还包括其上的怠速调整螺钉、燃油泵开关及进气温度传感器等,如图3-26所示,其中,旋转测量叶片的结构如图3-27所示。

② 卡门旋涡式空气流量传感器。

在气流通道中放一个锥状的涡流发生器,气体通过时在锥体后产生许多卡门旋涡的涡流串。卡门旋涡的频率和空气流速之间存在一定的关系。测得卡门旋涡的频率就可以求出空气的流速,再乘以空气通道面积就可以得到进气的体积流量。

卡门旋涡式空气流量传感器按检测方式不同,可分为光学检测方式和超声波检测方式两种类型。此类型空气流量计具有体积小、重量轻、结构简单等优点。

光学式卡门漩涡式空气流量传感器检测部分主要由镜片、发光二极管和光电晶体管组成,如图3-28所示。

超声波式卡门旋涡空气流量传感器主要由超声波信号发生器、超声波发射探头、涡流稳定板、涡流发生器、整流器、超声波接收探头和转换电路等组成,如图3-29所示。

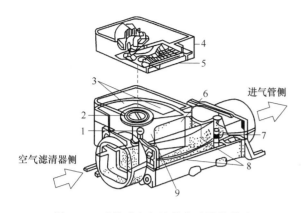

图 3-26 叶片式空气流量传感器的构造
1—进气温度传感器；2—复位弹簧；3—阻尼室；
4—电位计；5—接线插头；6—缓冲叶片；
7—怠速调整螺钉；8—旁通气道；9—测量叶片

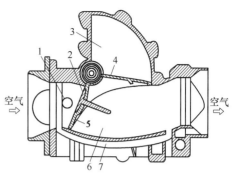

图 3-27 叶片式空气流量传感器的
旋转测量叶片结构
1—空气；2—进气温度传感器；3—阀门；4—缓冲室；
5—缓冲片；6—测量片；7—空气主气道

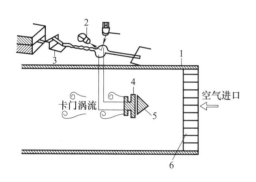

图 3-28 光学式卡门漩涡式空气流量传感器
1—空气进口；2—进气道；3—光敏晶体管；
4—簧片；5—导压孔；6—涡流发生器

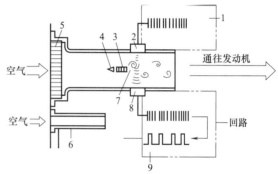

图 3-29 超声波式卡门旋涡空气流量传感器
1—超声波信号发生器；2—超声波发射探头；3—涡流稳定板；
4—涡流发生器；5—整流器；6—旁通空气道；
7—卡门涡流；8—超声波接收探头；9—转换电路

③ 热线式空气流量传感器。

热线式空气流量传感器的主要元器件是热线电阻器，可分为热线式和热膜式两种类型，其结构和工作原理基本相同。

按其测量元器件的安装位置不同，热线式空气流量传感器又可分为两种：第一种是将热线电阻器安装在主进气道中，称为主流测量方式的热线式空气流量传感器；第二种是将热线电阻安装在旁通气道中，称为旁通测量方式的热线式空气流量传感器。

热线式空气流量传感器的结构如图 3-30 所示，主要由防护网、采样管、热线电阻器、温度补偿电阻器和控制电路板等组成。热线电阻器和温度补偿电阻器安装在主进气道中，控制电路板安装在流量计下方。防护网用于防止回火和脏物进入空气流量传感器。

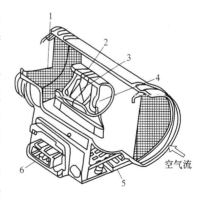

图 3-30 热线式空气流量传感器
1—防护网；2—采样管；3—热线电阻；
4—温度补偿电阻；5—控制电路板；
6—线束插接器

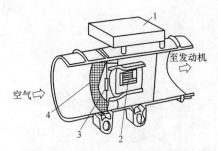

图 3-31 热膜式空气流量传感器
1—控制电路；2—热膜；
3—温度补偿电阻；4—防护网

为保证测量精度，热线式空气流量传感器一般都有自洁功能，发动机转速超过 1500r/min，关闭点火开关使发动机熄火后，控制系统自动将热线电阻器加热到 1000℃以上并保持约 1s，以便将附在热线电阻器上的粉尘烧掉。

④ 热膜式空气流量传感器。

热膜式空气流量传感器的结构如图 3-31 所示，其结构和工作原理与热线式空气流量传感器基本相同，不同之处在于热线式空气流量传感器的测量元器件是采用铂丝热线制成的电阻器，而热膜式空气流量计的测量元器件不采用价格昂贵的铂丝热线，它用热膜代替热线，并将热膜镀在陶瓷片上，制造成本较低。此外，热膜式空气流量传感器的测量元器件不直接承受空气流的作用力，故使用寿命较长。

(2) 进气歧管绝对压力传感器

进气歧管绝对压力传感器用于 D 型汽油喷射系统。它在汽油喷射系统中所起的作用和空气流量传感器相似。进气歧管绝对压力传感器根据发动机的负荷状态测出进气歧管内绝对压力（真空度）的变化，并转换成电压信号，与转速信号一起输送到电控单元（ECU），作为确定喷油器基本喷油量的依据。

进气歧管绝对压力传感器的种类较多，按其检测原理可分为压敏电阻式、电容式、膜盒式、表面弹性波式等，但目前应用最广泛的是压敏电阻式和电容式。

进气歧管压力传感器常安装在以下位置：安装在发动机机舱内（如皇冠 3.0 车）；安装在进气歧管上（如 99 新秀）；安装在发动机计算机内（如 AudiA6 车）。

① 半导体压敏电阻式进气歧管压力传感器。

半导体压敏电阻式进气歧管压力传感器主要由硅膜片、真空室、硅杯、底座、真空管接头和电极引线组成，其内部结构如图 3-32 所示。硅膜片是压力转换元器件，用单晶硅制成。硅膜片的长和宽为 3mm、厚度为 160μm，在硅膜片的中央部位采用腐蚀方法制作有一个直径为 20mm、厚度为 50μm 的薄膜片。在薄膜片表面的圆周上，采用集成电路加工技术和台面扩散技术（扩散硼）制作有四只阻值相等的力敏电阻，简称固态电阻，如图 3-32（b）所示，并利用低阻扩散层（P 型扩散层）将 4 只电阻连接成惠斯顿电桥电路，如图 3-32（c）所示，然后再与传感器内部的温度补偿电阻和信号放大电路等混合集成电路连接。

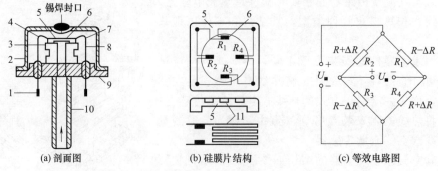

图 3-32 半导体压敏电阻式进气歧管压力传感器的构造
1—引线端子；2—壳体；3—硅杯；4—真空室；5—硅膜片；6—应变电阻；
7—电极；8—电极引线；9—底座；10—真空管；11—应变电阻

在真空管的进气口，一般设有滤清器，用于过滤进气中的尘埃和杂质，以免膜片受到腐蚀和脏污而导致传感器失效。

由于压阻效应式歧管压力传感器的功能部件是硅膜片和应变电阻，其工作参数取决于作用在膜片上的压力大小，因此传感器的取样压力应从压力波动较小的部位选取。桑塔纳 GLi 型和桑塔纳 2000GLi 型轿车进气压力从稳压箱（动力腔）处取样，可以避免压力波动对检测信号产生影响。

② 真空膜盒式进气压力传感器。

真空膜盒式进气压力传感器，也叫膜盒测压器。这种测压器可根据压力变化驱动电子传感器。膜盒测压器的膜盒由薄金属片焊接而成，在其内部抽真空，外部接进气歧管，膜盒外面压力的变化使其膨胀、收缩。图 3-33 为膜盒测压器。当膜盒接受正压力，如大气压力时，膜臂受压后收缩。要测量进气歧管的绝对压力，可使膜盒的气压室与发动机进气歧管相连，当进气歧管压力变化时，膜盒即收缩或膨胀，使操纵杆外升或回缩。膜盒的动作使操纵杆的移动和进气歧管绝对压力的变化成线性关系。把膜盒的机械运动变换

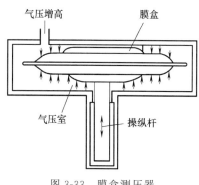

图 3-33　膜盒测压器

成电信号输出，可以采用可变电阻器（电位计）、可变电感器和差动变压器 3 种装置。

③ 电容式进气歧管压力传感器。

电容式进气歧管压力传感器用氧化铝膜片和底板彼此靠近排列，形成电容，利用电容膜片上下压力差而改变性质，获得与压力成正比例的电容值信号，如图 3-34 所示。把电容（即压力转换元器件）连接到传感器混合集成电路的振荡电路中，传感器产生可变频率的信号，其输出信号的频率与进气歧管的压力成正比，频率在 80～120Hz 范围内变化。输出信号送到电子控制单元，计算机便可感知进气歧管的压力，以此计算发动机的基本喷油量。

图 3-35 为福特汽车使用的电容式进气压力传感器与计算机的连接电路图，从图上得知该进气压力传感器有三条线与计算机（ECU）连接。ECU 的 26 端子向进气压力传感器提供 5V 电压；46 端子是信号回路，经 ECU 搭铁；45 端子为进气压力传感器输出信号端子。

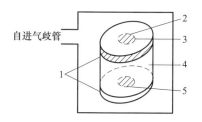

图 3-34　电容式进气歧管压力传感器的结构
1—氧化铝膜片；2—电极引线；3—厚膜电极；
4—绝缘介质；5—电极引线

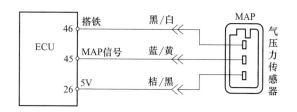

图 3-35　福特汽车电容式进气
压力传感器与计算机的连接电路

④ 表面弹性波式进气歧管压力传感器。

如图 3-36 所示，其在一块压电基片上用超声波方法加工出一薄膜敏感区，上面刻制换能器（压敏 SAW 延时线），换能器与电路组合成振荡器。为了提高测量精度，补偿温度对基片的影响，在薄膜敏感区边缘设置另一只性能相同的换能器（温基 SAW 延时线）。换能器由在抛光的压电基片上设置两个金属叉指构成，若在输入换能叉指 T_1 上加电信号，便由逆压电效应在基片表面激励起弹性表面波，传播到换能叉指 T_2 转换成电信号，经放大后反馈到 T_1 以便保持振荡状态。表面弹性波（SAW）在两个换能叉指之间的传播时间，即是所

获得的延迟时间,其大小取决于两换能叉指之间的距离。由于导入进气歧管压力作用于压电基片上,故压力变化将在薄膜敏感区产生应变,即使换能叉指之间距离发生变化,因而,表面弹性波传播的延迟时间相应变化。这样根据与延迟时间成反比的振荡频率,即可输出压力信号。

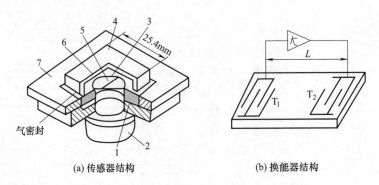

图 3-36　表面弹性波式进气歧管压力传感器
1—石英基片；2—压力器件；3—压力敏感膜；4—石英帽；5—换能器；6—SAW 延时线；7—印制电路板

(3) 节气门位置传感器

各型汽车的节气门位置传感器都安装在节气门体上节气门轴的一端,其功用是将节气门开度（即发动机负荷）大小转变为电信号输入 ECU。ECU 根据节气门位置信号判别发动机的工况,如怠速工况、部分负荷工况、大负荷工况等,并根据发动机不同工况对混合气浓度的需求来控制喷油时间。在装备有电控自动变速器的汽车上,TPS 信号除输入发动机 ECU 外,还要输入变速器电控单元,作为确定变速器换挡时机和变矩器锁止时机的主要信号之一。

节气门位置传感器的主要类型有:触点开关式节气门位置传感器、线性可变电阻式节气门位置传感器及综合式节气门位置传感器。

① 触点开关式节气门位置传感器。

触点开关式节气门位置传感器主要由节气门轴、大负荷触点（又称为功率触点 PSW）、凸轮、怠速触点（IDL）和接线插座组成,其结构如图 3-37 所示。凸轮随节气门轴转动,节气门随油门开度大小而转动。

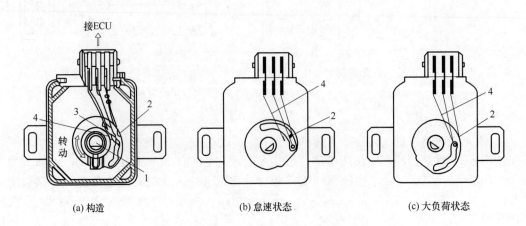

图 3-37　触点开关式节气门位置传感器的结构
1—节气门轴；2—怠速触点；3—可动触点；4—大负荷触点

触点开关式节气门位置传感器的输出特性如图 3-38 所示。当节气门关闭时，怠速触点 IDL 闭合，功率触点 PSW 断开，怠速触点 IDL 输出端子输出的信号为低电平"0"，功率触点 PSW 输出端子输出的信号为高电平"1"。ECU 接收到 TPS 输入的这两个信号时，如果车速传感器输入 ECU 的信号表示车速为零，那么 ECU 判定发动机处于怠速状态，并控制喷油器增加喷油量，保证发动机怠速转速稳定而不致熄火。如果此时车速传感器输入 ECU 的信号表示车速不为零，那么 ECU 判定发动机处于减速状态，并控制喷油器停止喷油，以降低排放和提高经济性。

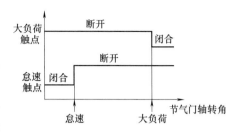

图 3-38 触点开关式节气门位置传感器的输出信号

当节气门开度增大时，凸轮随节气门轴转动并将怠速触点 IDL 顶开，功率触点 PSW 保持断开状态，IDL 端子输出高电平"1"，PSW 端子输出也为高电平"1"。ECU 接收到两个高电平信号时，便可判定发动机处于部分负荷状态，此时 ECU 根据空气流量传感器信号和曲轴转速信号计算确定喷油量，主要保证发动机的经济性和排放性能。

当节气门接近全部开启（80%以上负荷）时，凸轮转动使功率触点 PSW 闭合，PSW 端子输出低电平"0"，IDL 端子保持断开而输出为高电平"1"。ECU 接收到这两个信号时，便可判定发动机处于大负荷运行状态，从而控制喷油器增加喷油量，保证发动机输出足够的动力，故将大负荷触点称为功率触点。

当节气门全开时，ECU 将控制系统进入开环控制模式。此时不采用氧传感器信号。如果此时空调工作，那么 ECU 将中断空调主继电器信号约 15s，以便切断空调电磁离合器线圈电流，使空调压缩机停止工作，增大发动机输出功率，提高汽车的动力性。

② 线性可变电阻式节气门位置传感器。

如图 3-39 所示。它的活动触点（或称触头）与节气门轴联动，可在电阻上滑动，利用电阻的变化将节气门位置信号转换成电压值。这个电压呈线性变化，所以传感器叫做线性输出型节气门位置传感器。根据这个线性电压值，ECU 可感知节气门的开度，使 ECU 进行喷油量修正。

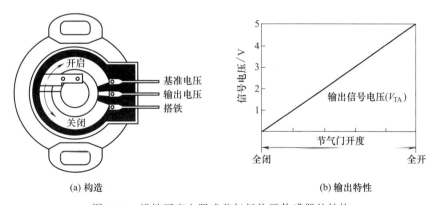

图 3-39 线性可变电阻式节气门位置传感器的结构

当节气门开度变化时，可变电阻的滑臂随节气门转动，滑臂上的触点便在镀膜电阻上滑动，传感器的输出端子"V_{TA}"与"E_2"之间的信号电压随之发生变化，如图 3-40 所示，节气门开度越大，输出电压越高。传感器输出的信号经过 A/D 转换器转换成数字信号后再输入 ECU。

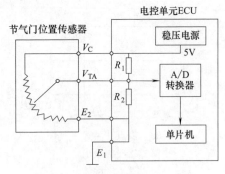

图 3-40 线性可变电阻式节气门
位置传感器的电路图

③ 综合式节气门位置传感器。

电位计式节气门位置传感器能够连续测量节气门的开度及其开度变化，但难以精确地检测出节气门全闭和全开位置。触点式节气门位置传感器虽能精确地检测出节气门全闭和全开位置，但节气门处于最小和最大之间的开度位置时，无法测量出节气门的具体开度大小及其开度变化情况。为此，多数发动机上采用了具有电位计式和触点式两种传感器特性的综合式节气门位置传感器。

综合式节气门位置传感器通常由一个电位计和一个怠速触点组成，如图 3-41 所示。综合式节气门位置传感器电路如图 3-42 所示。

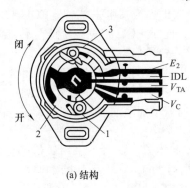

(a) 结构

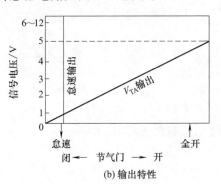

(b) 输出特性

图 3-41 综合式节气门位置传感器
1—动触点；2—电位计电阻；3—怠速触点

(4) 进气温度传感器

进气温度传感器用于检测进气温度，并将温度信号变换为电信号传送给 ECU。进气温度信号是各种控制功能的修正信号。如果进气温度传感器信号中断，就会导致热启动困难，废气排放量增大。

众所周知，空气质量大小与进气温度和大气（进气）压力高低有关。当进气温度低时，空气密度大，相同体积气体的质量增大；反之，当进气温度升高时，相同体积气体的质量将减小。在采用歧管压力式、叶片式、卡门涡流式和量芯式空

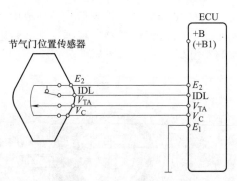

图 3-42 综合式节气门位置传感器电路

气流量传感器的燃油喷射系统中，由于空气流量传感器测定的空气流量为体积流量，因此需要配装进气温度传感器和大气压力传感器。ECU 根据发动机的进气温度和压力信号修正喷油量，使发动机自动适应外部环境温度（寒冷、高温）和压力（高原、平原）变化。当进气温度低时（空气密度大），热敏电阻的阻值大，传感器输入 ECU 的信号电压高，ECU 控制喷油器增加喷油量；反之，当进气温度高时（空气密度小），热敏电阻阻值小，传感器 ECU 的信号电压低，ECU 将控制喷油器减少喷油量。

进气温度传感器通常安装在空气滤清器之后的进气软管上或空气流量传感器上，还有的在空气流量传感器和谐振腔上各装一个，以提高喷油量的控制精度。

进气温度传感器一般采用热敏电阻式。热敏电阻安装在进气温度传感器的内部,其温度与电阻的关系曲线,如图 3-43 所示。

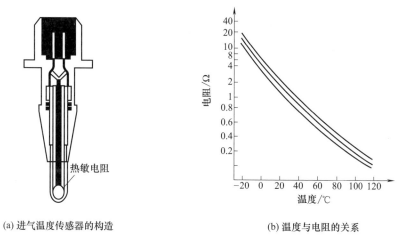

(a) 进气温度传感器的构造　　(b) 温度与电阻的关系

图 3-43　进气温度传感器

当进气温度升高时,传感器阻值减小,热敏电阻上的分压值降低;反之,当进气温度降低时,传感器阻值增大,热敏电阻上的分压值升高。ECU 根据接收到的电压值,可计算求得对应的进气温度,从而进行实时控制。

(5) 冷却液温度传感器

冷却液温度传感器用于检测发动机冷却水温度,向 ECU 输入温度信号,作为燃油喷射和点火正时的修正信号,同时它也是其他控制系统的控制信号。

冷却液温度传感器一般安装在缸体水道上、缸盖水道上、上出水管等处。

冷却液温度传感器均采用热敏电阻式,主要由热敏电阻、金属引线、接线插座和壳体组成,其结构形式如图 3-44 所示。

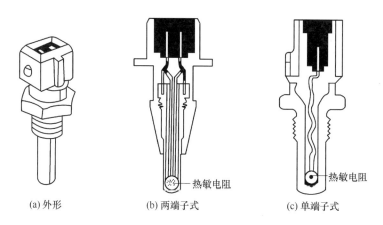

(a) 外形　　(b) 两端子式　　(c) 单端子式

图 3-44　冷却液温度传感器的结构形式

热敏电阻是利用陶瓷半导体材料电阻值随温度变化而变化的特性制成的,其突出优点是灵敏度高、响应特性好、结构简单、成本低廉。汽车上的冷却液温度传感器普遍采用 NTC 型热敏电阻。对于结构一定的 NTC 型热敏电阻式冷却液温度传感器,其阻值与温度的关系曲线如图 3-45 所示。可见,NTC 型热敏电阻具有温度升高阻值减小和温度降低阻值增大的特性,而且成明显的非线性关系。

温度传感器的工作电路如图 3-46 所示，传感器的两个电极用导线与 ECU 插座连接，ECU 内部串联一只分压电阻，ECU 向热敏电阻和分压电阻组成的分压电路提供一个稳定的电压（一般为 5V），传感器输入 ECU 的信号等于热敏电阻上的分压值。

当冷却液的温度升高时，传感器阻值减小，热敏电阻上的分压值降低；反之，当冷却液的温度降低时，传感器阻值增大，热敏电阻上的分压值升高。ECU 根据接收到的信号电压值，便可计算求得对应的冷却液温度值，从而进行实时控制。

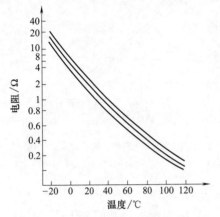
图 3-45　冷却液温度传感器的电阻与温度的关系

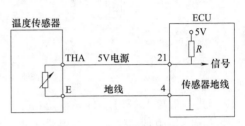
图 3-46　冷却液温度传感器的电路

（6）凸轮轴/曲轴位置传感器

曲轴位置传感器又称曲轴转角传感器，它是发动机集中控制系统中最主要的传感器，是控制发动机燃油喷射和点火时刻确认曲轴位置的信号源。曲轴位置传感器检测并输入发动机 ECU 的信号有活塞上止点及曲轴转角两种，所以它也是测量发动机转速的信号源。在现代电控发动机上，曲轴位置传感器和发动机转速传感器制成一体，既用于发动机曲轴位置、上止点位置的测定，又用于发动机转速的测定。

发动机转速传感器的转速信号输入 ECU，以便使发动机控制系统、启动系统、ABS/TRAC（ASR）制动防滑控制系统、悬架系统、导航系统等各种装置能正常工作。

凸轮轴位置传感器又称为判缸传感器，为了区别于曲轴位置传感器 CPS，凸轮轴位置传感器一般都用 CIS 表示。凸轮轴位置传感器的功用是采集配气凸轮轴的位置信号，并输入 ECU，以便 ECU 识别 1 缸压缩上止点，从而进行顺序喷油控制、点火时刻控制和爆震控制。

此外，凸轮轴位置信号还用于发动机启动时识别出第一次点火时刻。因为凸轮轴位置传感器能够识别哪一缸活塞即将达到上止点，所以称为判缸传感器。

曲轴位置传感器和凸轮轴位置传感器一般安装在曲轴前端、分电器内、凸轮轴附近、正时罩内等处。日产公爵王轿车、三菱与猎豹吉普车均采用光电式曲轴和凸轮轴位置传感器；丰田系列轿车采用磁感应式曲轴位置和凸轮轴位置传感器；捷达 CL、AT、GTX 型、桑塔纳 2000GSi 型和奥迪 200 型轿车采用磁感应式曲轴位置传感器和霍尔式凸轮轴位置传感器；红旗 CA7220J 型轿车和切诺基吉普车采用了差动霍尔式曲轴和霍尔式凸轮轴位置传感器。

① 磁感应式曲轴位置传感器。

磁感应式传感器的工作原理如图 3-47 所示，磁力线穿过的路径为：永久磁铁 N 极→定子与转子间的气隙→转子凸齿→转子凸齿与定子磁头间的气隙→磁头→导磁板→永久磁铁 S 极。当信号转子旋转时，磁路中的气隙就会周期性地发生变化，磁路的磁阻和穿过信号线圈磁头的磁通量随之发生周期性变化。根据电磁感应原理，传感线圈中就会感应产生交变电动势。

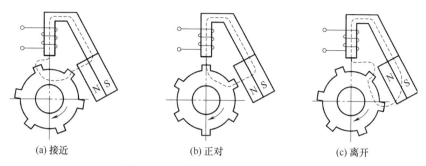

(a) 接近　　　　　　(b) 正对　　　　　　(c) 离开

图 3-47　磁感应式传感器工作原理

磁感应式传感器的突出优点是不需要外加电源,永久磁铁起着将机械能变换为电能的作用,其磁能不会损失。当发动机转速变化时,转子凸齿转动的速度将发生变化,铁芯中的磁通变化率也将随之发生变化。转速越高,磁通变化率就越大,传感线圈中的感应电动势也就越高。

由于转子凸齿与磁头间的气隙直接影响磁路的磁阻和传感线圈输出电压的高低,因此,在使用中,转子凸齿与磁头间的气隙不能随意变动。气隙如果有变化,必须按规定进行调整,气隙一般设计在 0.2~0.4mm 范围内。

② 光电式曲轴位置传感器。

图 3-48（a）是光电式曲轴转角传感器的工作原理图,位于光敏二极管对面的是作为光源的发光二极管,在它们之间有一个能断续遮光的转盘。当转盘上的缺口、缝隙或小孔对准发光二极管时,光线可以通过,光敏二极管即发出信号,指示转轴的某一位置或转速。它输出的信号是方波脉冲,故它能适应数字式控制系统的需要。这里的发光二极管的发光频率一般在红外线或紫外线范围内,肉眼是看不见的。

图 3-48（b）、(c) 所示为六缸发动机用分电器内的光电式曲轴转角传感器的结构,它由发光二极管和光敏二极管组合来检测带缝隙的转盘的旋转位置,安装在分电器内（或凸轮轴前部）。它决定分组喷射控制及电子点火控制曲轴每转两转的供油正时和点火正时。在转盘上每隔 60°设置了宽度不同的四种缝隙,发光二极管发出的光束,经过安装在分电器轴上转盘的刻度缝隙,照射在光敏二极管上,使波形电路产生电信号并传给 ECU。

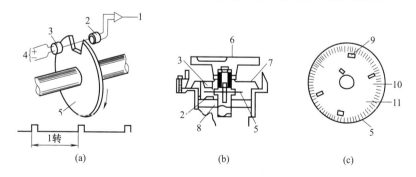

图 3-48　光电式曲轴转角传感器的工作原理与结构

1—输出信号；2—光敏二极管；3—发光二极管；4—电源；5—转盘；6—转子头盖；
7—密封盖；8—波形电路；9—第一缸 120°信号缝隙；10—1°信号缝隙；11—120°信号缝隙

③ 霍尔式曲轴位置传感器。

霍尔式曲轴位置传感器是利用霍尔效应的原理,产生与曲轴转角相对应的电压脉冲信号的。它利用触发叶片或轮齿改变通过霍尔元件的磁场强度，从而使霍尔元件产生脉冲的霍尔电压信号，经放大整形后即为曲轴位置传感器的输出信号。

如图3-49所示，磁场中有一个霍尔半导体片，恒定电流I从A到B通过该片。在洛仑兹力的作用下，I的电子流在通过霍尔半导体时向一侧偏移，使该片在CD方向上产生电位差，这就是所谓的霍尔电压。霍尔电压随磁场强度的变化而变化。磁场越强，电压越高，磁场越弱，电压越低。霍尔电压值很小，通常只有几毫伏，但经过集成电路中的放大器，就能使该电压被放大并输出较强的信号。若使霍尔集成电路起传感作用，则需要用机械的方法来改变磁场强度。

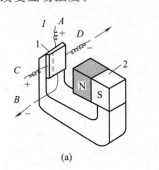 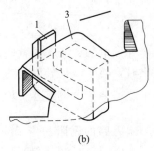

图3-49 霍尔效应式传感器
1—霍尔半导体元件；2—永久磁铁；3—挡隔磁力线的叶片

如图3-49所示的方法是用一个转动的叶轮作为控制磁通量的开关，当叶轮叶片处于磁铁和霍尔集成电路之间的气隙中时，磁场偏离集成片，霍尔电压消失。这样，霍尔集成电路的输出电压的变化，就能表示出叶轮驱动轴的某一位置，利用这一工作原理，可将霍尔集成电路片用作点火正时传感器。霍尔效应式传感器属于被动型传感器，它要有外加电源才能工作。

（7）氧传感器

在使用三元催化转换器以减少排气污染的发动机上，氧传感器是必不可少的元器件。由于混合气的空燃比一旦偏离理论空燃比，三元催化剂对CO、HC和NO_x的净化能力将急剧下降，故在排气管中安装氧传感器，用以检测排气中氧的浓度，并向ECU发出反馈信号，再由ECU控制喷油器喷油量的增减，从而将混合气的空燃比控制在理论值附近。

电喷车为获得高排气净化率，降低排气中一氧化碳（CO）、碳氢化合物（HC）和氮氧化合物（NO_x）成分，必须利用三元催化转换器。但为了能有效地使用三元催化器，必须精确地控制空燃比，使它始终接近理论空燃比。催化器通常装在排气歧管与消声器之间。氧传感器具有一种特性，即在理论空燃比（14.7∶1）附近输出的电压有突变。这种特性被用来检测排气中氧气的浓度并反馈给ECU，以控制空燃比。当实际空燃比变高时，排气中氧气的浓度增加而氧传感器把混合气稀的状态（小电动势：0V）通知ECU。当空燃比比理论空燃比低时，排气中氧气的浓度降低，而氧传感器把混合气浓的状态（大电动势：1V）通知ECU。

目前，实际应用的氧传感器有氧化锆式氧传感器和二氧化钛式氧传感器两种。

① 氧化锆式氧传感器。

氧化锆式氧传感器的基本元件是氧化锆陶瓷管（固体电解质），亦称锆管。锆管固定在带有安装螺纹的固定套中，内外表面均覆盖着一层多孔性的铂膜，其内表面与大气接触，外表面与废气接触。氧传感器的接线端有一个金属护套，其上开有一个用于锆管内腔与大气相通的孔。导线将锆管内表面铂极经绝缘套从此接线端引出。

氧传感器的结构和工作原理见图3-50、

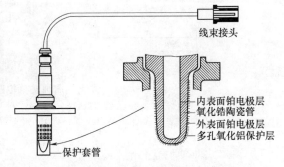

图3-50 氧化锆式氧传感器的结构

图 3-51。氧化锆在温度超过 300℃后，才能进行正常工作。早期使用的氧传感器依靠排气加热，这种传感器必须在发动机启动运转数分钟后才能开始工作，它只有一根接线与 ECU 相连。现在，大部分汽车使用带加热器的氧传感器，这种传感器内有一个电加热元件，可在发动机启动后的 20～30s 内迅速将氧传感器加热至工作温度。它有三根接线，一根接 ECU，另外两根分别接地和电源。

锆管的陶瓷体是多孔的，渗入其中的氧气在温度较高时发生电离。由于锆管内、外侧氧含量不一致，存在浓差，因而氧离子从大气侧向排气一侧扩散，从而使锆管成为一个微电池，在两铂极间产生电压。

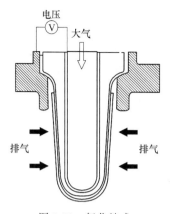

图 3-51 氧化锆式氧传感器的工作原理

当混合气的实际空燃比小于理论空燃比，即发动机以较浓的混合气运转时，排气中氧含量少，但 CO、HC、H_2 等较多。这些气体在锆管外表面的铂催化作用下与氧发生反应，将耗尽排气中残余的氧，使锆管外表面氧气浓度变为零，这就使得锆管内、外侧氧浓差加大，两铅极间电压陡增。因此，锆管氧传感器产生的电压将在理论空燃比时发生突变：稀混合气时，输出的电压几乎为零；浓混合气时，输出电压接近 1V。

要准确地保持混合气浓度为理论空燃比是不可能的。实际上的反馈控制只能使混合气在理论空燃比附近一个狭小的范围内波动，故氧传感器的输出电压在 0.1～0.8V 之间不断变化（通常每 10s 内变化 8 次以上）。如果氧传感器输出电压变化过缓（每 10s 少于 8 次）或电压保持不变（不论保持在高电位或低电位），则表明氧传感器有故障，需检修。

氧化锆式氧传感器必须满足发动机温度高于 60℃、氧传感器自身温度高于 300℃，以及发动机工作在怠速工况或部分负荷 3 个条件时才能正常调节混合气浓度，因此将其安装在温度较高的排气管上。同时为了使氧传感器迅速达到工作温度（300℃）而投入工作，采用加热器对锆管进行加热。为使传感器在低温条件下就投入工作，加热器的加热温度一般设定为 300℃。

② 二氧化钛式氧传感器。

二氧化钛式氧传感器与氧化锆式氧传感器的结构相似，如图 3-52 所示，主要由二氧化钛传感元件、钢质壳体、加热元件和电极引线等组成。钢质壳体上制有螺纹，以便于安装传感器。与氧化锆（ZrO_2）式传感器不同的是二氧化钛式氧传感器不需要与大气压进行比较，因此传感元件的密封与防水十分方便，利用玻璃或滑石粉等密封即可达到使用要求。此外，在电极引线与护套之间设置一个硅橡胶密封垫圈，可以防止水汽侵入传感器内部而腐蚀电极。

由于二氧化钛半导体材料的电阻具有随氧离子浓度的变化而变化的特性，因此二氧化钛式氧传感器的信号源相当于一个可变电阻，其电阻值与过量空气系数的关系如图 3-53 所示。

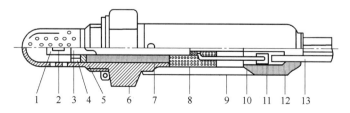

图 3-52 二氧化钛式氧传感器结构

1—加热元件；2—二氧化钛传感元件；3—基片；4—垫圈；5—密封圈；6—壳体；7—滑石粉填料；
8—密封轴；9—护套；10—电极引线；11—连接焊点；12—密封衬垫圈；13—传感器引线

当发动机混合气稀（过量空气系数大于1）时，排气中氧离子含量较多，传感元件周围的氧离子浓度较大，二氧化钛呈现低阻状态。当发动机的可燃混合气浓（过量空气系数小于1）时，由于燃烧不完全，排气中会剩余一定的氧气，传感元件周围的氧离子很少，在催化剂铂的作用下，使剩余氧离子与排气中的一氧化碳 CO 发生化学反应，生成二氧化碳 CO_2，将排气中的氧离子进一步消耗掉，二氧化钛呈现高阻状态，从而大大提高了传感器灵敏度。

由上可见，二氧化钛式氧传感器的电阻将在混合气的过量空气系数 λ 约 1（空燃比 A/F 约为 14.7）时产生突变。当给传感器施加稳定的电压时，其工作电路如图3-54所示，在其输出端便可得到一个交替变化的信号。该稳定电压一般由ECU内部的稳压电路提供。

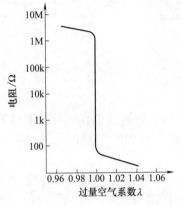

图3-53 二氧化钛式氧传感器的特性

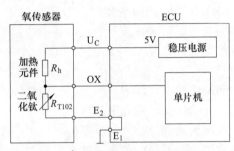

图3-54 二氧化钛式氧传感器工作电路

二氧化钛式氧传感器必须满足发动机温度高于60℃、氧传感器自身温度高于600℃，以及发动机工作在怠速工况或部分负荷3个条件下才能正常调节混合气温度。因此，二氧化钛式氧传感器也安装在温度较高的排气管上，同时采用了直接加热方式，使二氧化钛传感元件温度迅速达到工作温度（600℃）而投入工作。

（8）爆震传感器

在发动机电子控制系统中，当点火时刻采用闭环控制时，就能有效地控制发动机产生爆震。爆震传感器（Detonation Sensor, DS）是点火时刻闭环控制必不可少的重要部件，其功用是将发动机爆震信号转化为电信号传递给ECU，ECU根据爆震信号对点火提前角进行修正，使点火提前角保持最佳，如图3-55所示。

爆震传感器通常安装在发动机缸体上或火花塞上，如图3-56所示。

爆震传感器安装在发动机缸体侧面。按发动机缸体振动频率的检测方式不同，爆震传感器分为共振型和非共振型两种；按爆震传感器结构不同，分为压电式和磁致伸缩式

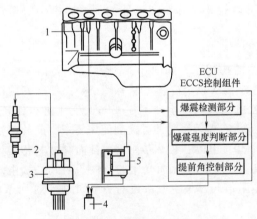

图3-55 爆震传感器的功用
1—爆震传感器；2—火花塞；3—分电器；
4—功率晶体管；5—点火线圈

两种。桑塔纳2000GLi、2000GSi型和捷达AT、GTX型等国产轿车采用了压电式爆震传感器。通用和日产汽车采用了磁致伸缩式爆震传感器。

共振型爆震传感器的显著特点是传感器的共振频率与发动机爆震的固有频率一致，因此其内部设有共振体，并且要使共振体的共振频率与爆震频率协调一致。其优点是输出电压

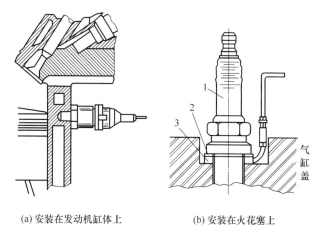

(a) 安装在发动机缸体上　　(b) 安装在火花塞上

图 3-56　爆震传感器的安装位置
1—火花塞；2—垫圈；3—PGS（垫圈型压力传感器）

高，不需要滤波器，因此信号处理比较方便。由于机械共振体的频率特性尖且频带窄，因此无法响应发动机条件变化引起的爆震频率变化。换句话说，共振型爆震传感器只能用于特定的发动机，不能与其他发动机互换使用，装车自由度很小，美国汽车采用了这种传感器。

非共振型爆震传感器的突出优点是适用于所有的发动机，装车自由度很大。但其输出电压较低，频率特性平且频带较宽，需要配用带通滤波器（只允许特定频带的信号通过、对其他频率的信号进行衰减的电路组成的滤波器称为带通滤波器，一般由线圈和电容器组合而成），信号处理比较复杂，中国、日本和欧洲的汽车大部分采用了这种传感器。

共振型爆震传感器的结构与非共振型基本相同，只是在壳体内设了一个共振体。

对爆震控制系统来说，主要的问题是怎样抑制爆震。从抑制方法来看，一般有下列3种。

a. 点火时间控制方法。在发生爆震时，使点火时间延迟，这种传感器的响应性好，效果好，系统的能力与效率的对比评价高。

b. 空燃比控制方法。即将空燃比加浓到不发生爆震的程度，但对油耗有一定的影响。

c. 发动机的负荷控制方法。即降低增压压力，但这对性能及运转特性有一定影响。

目前，爆震控制系统几乎采用的都是点火时间控制方式。

① 压电式爆震传感器。

压电式爆震传感器主要由压电元件、配重块及导线等组成，如图 3-57 所示。

当发动机缸体发生振动时，传感器套筒底座及惯性配重随之产生振动，套筒底座和配重的振动作用在压电元件上，由于压电效应，压电元件的信号输出端就会输出与振动频率和振动强度有关的交变电压信号，如图 3-58 所示。实验证明，发动机爆震频率一般在 6~9kHz 之间，其振动强度较大，所以信号电压较高。发动机转速越高，信号电压幅值越大。因为发动机爆震是在活塞运行到压缩上止点前后产生的，此时缸体振动强度最大，所以爆震传感器在活塞运行到压缩上止点前后产生的输出电压较高。

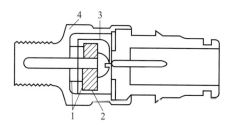

图 3-57　压电式爆震传感器的构造
1—压电元件；2—配重块；
3—引线；4—套桶底座

② 磁致伸缩式爆震传感器。

磁致伸缩式爆震传感器为共振型爆震传感器，主要由感应线圈、伸缩杆、永久磁铁和壳体组成，其结构如图3-59所示。可见其外形结构与润滑油压力传感器相似，不同的是其旋入发动机缸体部分为实心结构。伸缩杆用高镍合金制成，在其一端设置有永久磁铁，另一端安放在弹性部件上。感应线圈绕制在伸缩杆的周围，线圈两段引出电极与控制线路连接。

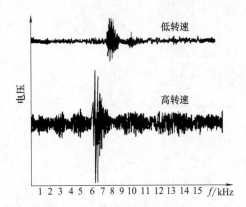

图3-58 转速不同时非共振型
爆震传感器输出波形

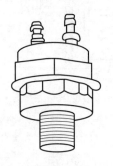 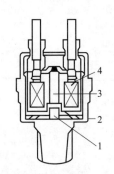

图3-59 磁致伸缩式爆震传感器的结构
1—永久磁铁；2—外壳；3—磁致伸缩杆；4—感应线圈

当发动机缸体产生振动时，传感器的伸缩杆就会随之产生振动，感应线圈中的磁通量就会发生变化。由电磁感应原理可知，线圈中就会感应产生交变电动势，即传感器有信号电压输出，输出电压高低取决于发动机的振动强度和振动频率。当发动机缸体振动频率达到6～9kHz时，传感器产生共振，振动强度最大，线圈中产生的电压最高。

③ 压力检测式爆震传感器。

根据燃烧压力检测发动机爆震是测量精度最高的测量方法，但传感器安装困难且耐久性较差。汽车实用的是一种近似的燃烧压力检测方法，压力测量传感器安装在火花塞垫圈下面，如图3-60所示，这种传感器又称为垫圈型压力传感器或压力检测式爆震传感器。

垫圈型压力传感器是一种非共振型压电效应式传感器，其结构原理与前述压电效应式传感器相同。传感器安装在火花塞垫圈与发动机气缸盖之间，燃烧压力作用到火花塞上，经过火花塞垫圈再传递给传感器，通过检测火花塞拧紧力矩的变化，即可间接地测量燃烧压力。传感器的额定工作温度是180℃，允许短时高温为200℃；拧紧力矩为(25±5)N·m，最大拧紧力矩为40N·m；输出电荷为100pC；静电电容为1000pF。

图3-60 垫圈型压力
传感器的结构
1—火花塞；2—垫圈；
3—垫圈型压力传感器；4—气缸盖

在燃烧压力的作用下，形成将火花塞上推的一个力，PGS上的紧固载荷发生变化，由此可以测定燃烧压力。因此燃烧压力的检测与气缸上的火花塞安装螺纹及火花塞的螺纹部分密切相关，利用装在燃烧室上的压力表可测得输出信号，也可测得爆震、燃烧压力的峰值位置信号。

各缸上都设有垫圈型压力传感器，所以可以可靠地测出各缸是否将发生爆震，可将各缸都控制在最佳点火时间，从而最大限度地发挥发动机的性能。

(9) 电子控制单元

发动机集中控制系统中使用的ECU主要由输入回路、模/数转换器（A/D转换器）、微型计算机（简称微机）和输出回路组成，如图3-61所示。

① 输入回路。发动机工作时,各种传感器的信号输入 ECU 后,首先进入输入回路进行处理。传感器输入的信号不同,处理的方法也不同,一般是先将输入信号滤除杂波和将正弦波转变为矩形波后,再转换成输入电平。输入回路的作用如图 3-62 所示。

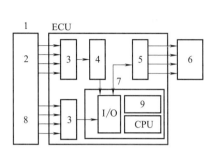

图 3-61 ECU 的组成
1—传感器;2—模拟信号;3—输入回路;
4—A/D 转换器;5—输出回路;
6—执行元件;7—微型计算机;
8—数字信号;9—ROM/RAM 记忆装置

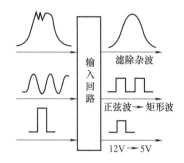

图 3-62 输入回路的作用

② A/D 转换器。传感器输送给 ECU 的信号有数字信号(如卡门旋涡式空气流量计信号、转速信号等)和模拟信号(如叶片式空气流量计信号、进气温度传感器信号、节气门位置传感器信号等)两种,如图 3-63 所示。数字信号可直接输入微机,但微机不能直接接受模拟信号,必须由 A/D 转换器转换成数字信号后再输入微机。

③ 微型计算机。微机是控制系统的神经中枢,其功用是根据工作需要,利用其内存程序和数据对各传感器输送来的信号进行运算处理,并将处理结果送往输出回路。微机主要由中央处理器(CPU)、存储器(RAM/ROM)和输入/输出(I/O)装置组成,如图 3-64 所示。

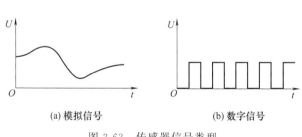

图 3-63 传感器信号类型

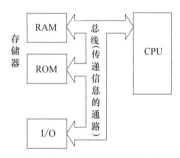

图 3-64 微型计算机的组成

中央处理器主要由进行算术运算和逻辑运算的运算器、暂时存储数据的寄存器、按照程序在各装置之间完成信号传送及控制任务的控制器等组成。其功用是读出命令并执行数据处理任务。

存储器的功用是存储信息资料,包括随机存储器 RAM 和只读存储器 ROM。随机存储器 RAM 是用来暂时存储信息的,如存储微机输入、输出和计算过程中产生的中间数据等,存储的信息可随时调出或被新的数据取代,当切断电源时,存储在 RAM 中的信息将丢失。为使故障码等信息在 RAM 中能保存较长时间,一般用不受点火开关控制的专用电路给 RAM 提供电源;但当专用电路断开时(如拆开蓄电池电缆),存储在 RAM 中的信息仍会丢失。只读存储器 ROM 是用来存储固定信息(如控制程序、发动机特征参数等)的,存储的内容一般由制造商一次性存入，使用中不能更改，但可以随时调出使用。即使切断电源，ROM 中存储的信息也不会丢失。

输入/输出装置是微机与外界进行信息交流的纽带，在控制系统工作时，输入/输出装置根据 CPU 的命令，在 CPU 与输入回路和输出回路之间负责数据传送。输入/输出装置一般称为 I/O 接口，具有数据缓冲、电平匹配、时序匹配等多种功能。

④ 输出回路。微机输出的数字信号电压很弱，不能直接驱动执行元件工作。作为微机与执行元件之间连接桥梁的输出回路，其主要功用就是将微机的处理结果放大，生成能控制执行元件工作的指令信号。

输出回路一般采用功率晶体管，根据微机的指令通过导通或截止来控制执行元件的输出回路。控制喷油器的输出回路如图 3-65 所示，功率晶体管导通时，喷油器通电喷油，截止时则断电停油。

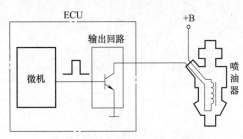

图 3-65 控制喷油器的输出回路

3.3 发动机电控点火系统

3.3.1 发动机电控点火系统概述

(1) 电控点火系统的类型

① 按有无分电器分类。

a. 有分电器电控点火系统。该系统保留了分电器，点火线圈产生的高压电是经过分电器中的配电器分配至各缸，使各缸火花塞按点火顺序依次点火。因为机械装置本身的局限性，无法保证在各种状况下点火提前角均处于最佳。此外，由于分电器中运动部件的磨损，又会导致驱动部件松旷，影响点火提前角的稳定性和均匀性。

b. 无分电器电控点火系统（直接点火系统）。该点火系取消了分电器，点火线圈上的高压线直接与火花塞相连。工作时，点火线圈产生的高压电直接送至各火花塞，由 ECU 根据各传感器输入的信息，按发动机各缸工作顺序，适时控制各缸火花塞点火。无分电器点火系统的突出优点是：由于无机械传动，减少了分火头与旁电极这一中间跳火间隙的能量消耗及由此产生的射频干扰，无机构磨损、不需调整，工作可靠。此外，由于无分电器，也使发动机各部件的布置更容易、更合理。

无分电器点火系统又可分为单缸独立点火方式和同时点火方式。单缸独立点火即每一个气缸配一个点火线圈，单独对本缸点火；同时点火即两个气缸合用一个点火线圈，对两个气缸同时点火。

② 按控制元件不同分类。

a. 点火模块控制型点火系统。

b. 主微机控制型点火系统。

(2) 电控点火系统的组成与工作原理

① 基本组成。

电控点火系统一般由电源、传感器、ECU、点火器、点火线圈、分电器（有分电器电控点火系统）、火花塞等组成，如图 3-66 所示。

a. 电源。电源一般由蓄电池和发电机共同组成，主要是给点火系统提供所需的电能。

b. 传感器。主要用于检测发动机各种运行参数的变化，为 ECU 提供点火控制所需的信号。主要传感器有凸轮轴位置传感器、曲轴位置传感器、爆燃传感器、进气管绝对压力传感器（或空气温度计）、节气门位置传感器和冷却液温度传感器等。

c. ECU。ECU 是电控点火系统的中枢。在发动机工作时，它不断地接收各传感器的信息，按内存的程序计算出最佳点火提前角，并向点火器发出指令。

d. 点火器。点火器是电控点火系统的执行元件，它可将电子控制系统输出的点火信号进行功率放大后，驱动点火线圈工作。

e. 点火线圈。点火线圈可将火花塞跳火所需的能量存储在线圈的磁场中，并将电源提供的低压电转变为足以在电极间产生击穿点火的 15~20kV 高压电。在有分电器的电控点火系统中，只有一个点火线圈，而无分电器点火系统中则有多个点火线圈。

f. 分电器。在有分电器的电控点火系统中，分电器根据发动机的点火顺序，将点火线圈产生的高压电依次输送给各缸火花塞。

g. 火花塞。其利用点火线圈产生的高压电产生电火花，点燃气缸内的混合气。

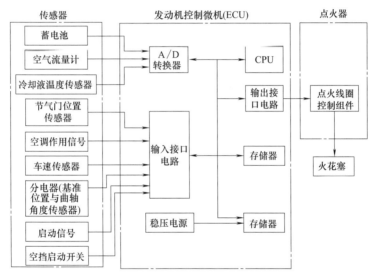

图 3-66 电控点火系统组成示意图

② 工作原理。

电子控制点火系统的工作原理如图 3-67 所示，曲轴位置传感器向 ECU 提供发动机转速信号、曲轴转角信号，凸轮轴位置传感器提供各缸上止点位置信号，ECU 利用转速信号计算并确定点火提前角，利用转角和各缸上止点位置信号控制点火时刻（点火提前角）。而其他传感器当中的空气流量传感器和节气门位置传感器向 ECU 提供发动机负荷信号，用于计算确定点火提前角；冷却液温度信号、进气温度信号、车速信号、空调开关信号以及爆燃传感器信号，用于修正点火提前角，以保证发动机在最佳的状况下工作。

当发动机正常工作时，ECU 通过以上传感器采集到发动机的工况信息后，首先存到存储器 RAM 中，并不断检测凸轮轴位置传感器信号（即判缸信号），判定是哪一缸即将到达压缩上止点。当接收到凸轮轴位置传感器信号后，ECU 立即开始对曲轴转角信号进行计数，以便控制点火提前角。与此同时，ECU 根据反映发动机工况的转速信号、负荷信号以及与点火提前角有关的传感器信号，从相应的只读存储器中查询出相应工况下的最佳点火提前角。在此期间，ECU 一直在对曲轴转角信号进行计数，判断点火时刻是否到来。当曲轴转角等于最佳点火提前角时，ECU 立即向点火控制器发出控制指令，使功率晶体管（开关）

截止，点火线圈初级电流切断，次级绕组产生高压，点火系统带有分电器的发动机按发动机点火顺序分配到各缸的火花塞；无分电器的发动机则直接将高压电送到所需点火的气缸火花塞上，火花塞跳火，点燃气缸内的可燃混合气。

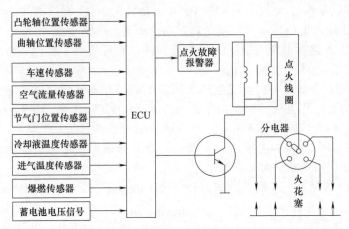

图 3-67　电子控制点火系统的工作原理

（3）电控点火系统的功能

汽油机电控点火系统的功能主要包括点火提前角控制、通电时间控制及爆燃控制三个方面。

① 点火提前角控制。

电控点火系统中，在 ECU 内首先存储记忆发动机在各种工况及运行条件下最理想的点火提前角。点火提前角控制可分为启动时点火提前角控制和启动后点火提前角控制。

发动机启动时，按 ECU 内存储的初始点火提前角（设定值）对点火提前角进行控制。启动时点火提前角的设定值随发动机而异，对一定的发动机而言，启动时的点火提前角是固定的，一般为 10°左右。

发动机正常运转时（启动后），ECU 根据发动机的转速和负荷信号，确定基本点火提前角，并根据其他有关信号进行修正，最后确定实际的点火提前角，并向电子点火控制器输出点火执令信号，以控制点火系统的工作。

a. 启动时点火提前角的控制。在发动机启动过程中，发动机转速变化大，且由于转速较低（一般低于 500r/min），进气管绝对压力传感器信号或空气流量计信号不稳定，ECU 无法正确计算点火提前角，一般将点火时刻固定在设定的初始点火提前角。此时的控制信号主要是发动机转速信号（N_e 信号）和启动开关信号（STA 信号）。

b. 启动后基本点火提前角的确定。发动机启动后怠速运转时，ECU 根据节气门位置传感器信号（IDL 信号）、发动机转速传感器信号（N_e 信号）和空调开关信号（A/C 信号）确定基本点火提前角。

发动机怠速工况下，为保证发动机工作稳定，空调工作时的基本点火提前角比空调不工作时大，如图 3-68 所示。

发动机启动后在除怠速以外的工况下运转时，ECU 根据发动机的转速和负荷（单位转数的进气量或基本喷油量）确定基本点火提前角，不同转速和负荷时的基本点火提前角数值存储在 ECU 内的存储器中，基本点火提前角控制模型如图 3-69 所示。

发动机启动后在正常工况下运转时，控制点火提前角的

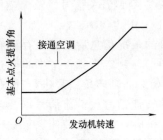

图 3-68　怠速时基本点火提前角的确定

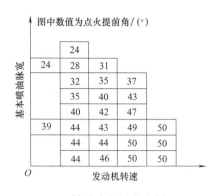
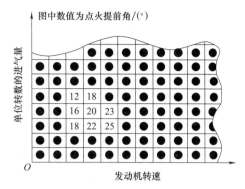

(a) 按喷油量和转速确定　　　　　(b) 按进气量和转速确定

图 3-69　基本点火提前角控制模型

信号主要有：进气管绝对压力传感器信号或空气流量计信号、发动机转速信号、节气门位置传感器信号、燃油选择开关或插头信号、爆燃信号等。

按燃油辛烷值不同，在 ECU 存储器中存有两张基本点火提前角的数据表格时，驾驶员可根据使用燃油的辛烷值，通过燃油选择开关或插头进行选择。具有爆燃控制功能的 ESA 系统中，ECU 内还存有专用于爆燃控制点火提前角的数据。

c. 点火提前角的修正。不同的发动机控制系统中，对点火提前角的修正项目和修正方法也不同。修正方法有修正系数法和修正点火提前角法两种，修正系数（或修正点火提前角）与修正项目之间的关系曲线都存储在 ECU 中，ECU 根据初始点火提前角、基本点火提前角和修正系数（或修正点火提前角）计算实际点火提前角。主要修正项目有冷却液温度修正、怠速稳定修正和空燃比反馈修正等。

② 通电时间控制。

对于点火系统，一般可以分为初级电路与次级电路。初级电路是指从蓄电池到点火线圈之间没有产生高压电的电路。次级电路则指从点火线圈产生高压电到火花塞出现火花之间的电路。点火线圈初级通电时间控制也就是通常所说的闭合角控制或简称为通电时间控制。

所谓闭合角是指在点火线圈的初级线圈通电时，对应曲轴所转过的角度。一般在传统点火系统中，将此处的控制称为闭合角控制，而在微机控制点火系统中多称为初级线圈通电时间控制。

对于电感储能式电控点火系统，当点火线圈的初级线圈被接通后，通过线圈的电流是按指数规律增大的。初级线圈被断开瞬间所能达到的断开电流值与初级线圈接通时间长短有关。只有通电时间达到一定值时，初级电流才可能达到饱和。换句话来描述，只有通电时间达到一定值时，点火线圈的储能才能保证在次级感应出来的高压电能够充分地点火，所以次级线圈高压的最大值与初级断开电流成正比，为了获得足够的点火能量，必须使初级电流达到饱和。如某八缸发动机，怠速时，点火模块使初级电路通电闭合 15°曲轴转角，而高速时增加到 32°曲轴转角。在有些点火装置中，为了减小转速对次级电压的影响，提高点火能量，采用了初级线圈电阻很小的高能点火线圈，其饱和电流可以达到 30A 以上。

影响初级线圈通过电流的时间长短的主要因素有发动机转速和蓄电池电压。为了保证在不同的蓄电池供电电压和不同的转速下都具有相同的初级断开电流，保证感应次级电压的稳定，ECU 根据蓄电池与发动机传来的电压与转速信号，从 ECU 中存储的闭合角数据表中查出相应的数值，对闭合角进行控制，也就控制了点火线圈的初级通电时间。

当发动机转速较高时，应适当增加初级线圈通电时间（增大闭合角），以防止初级线圈通过电流值下降，造成次级高压下降，点火困难。当蓄电池电压下降时，也应适当增大闭合

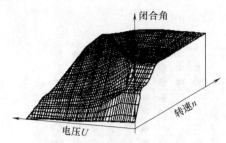

图 3-70 闭合角控制的三维脉谱图

角，保证足够的通电时间，保证次级感应电压。闭合角控制的三维脉谱图如图 3-70 所示。

点火系统中的点火线圈有其自身的结构与特点，其中一个重要特点就是初级线圈的电阻值一般很小，在通电的时候会因一种"短路"现象而发热，如果让其长时间通电，且不控制其通电电流的大小，那么极易出现因过热损坏线圈的现象。ECU 通过对闭合角的精确控制，不但改善了点火系统的点火性能，而且还可以防止初级线圈发热和电能的损耗。

③ 爆燃控制。

爆燃是汽油机运行过程中产生的一种危害最大的故障现象，即是在火花塞点燃气缸内的可燃混合气之前的自燃。爆燃危害极大，它将造成发动机气缸壁、活塞、活塞环、气门、连杆及连杆轴承等运动件发生变形损坏，也可以使火花塞电极或活塞产生过热、熔损等。爆燃产生的具体原因通常有以下几方面。

a. 积炭聚集过多。发动机燃烧室内积炭过多，其容积相对变小，致使压缩比相应变大，积炭的蓄热和不导热性使可燃混合气由于炽热提前燃烧，同时会降低混合气在压缩终了时产生的涡流强度，延长了燃烧时间，增大了自燃倾向，故而极易诱发爆燃。

b. 发动机过热。当发动机长期处于大功率、超负荷工况或低挡高速连续行驶，尤其在炎热的夏季，外界气温高，机件散热不良，更容易造成发动机过热。当过热故障较严重且得不到及时改善时，可燃混合气在进入燃烧室的同时会被预热，造成局部混合气温度过高，提前达到着火点，等不到燃油的正常点燃就自行燃烧，从而引发爆燃。

c. 燃油使用不当。汽油的牌号越低，其抗爆性能越差。存放过久或密封不良的汽油辛烷值会自然降低，其抗爆性能变差。若被误用，容易使混合气燃烧不完全，先燃的混合气部分膨胀，压缩其余未燃的混合气，使其达到自燃温度，瞬间突然全部起火而导致高压爆炸性燃烧。

从最佳点火提前角控制原理中可知，为了最大限度地发挥汽油机的功率，应把点火提前角控制在接近临界爆燃点，同时又不能使发动机发生爆燃的现象。想控制点火系统达到这样的性能要求，除了必须采用电子控制（ECU 控制）的点火系统外，还必须对点火提前角采用爆燃反馈（闭环）控制。

爆燃控制系统实际上就是在发动机的机体上加装了爆燃传感器的点火控制系统，或者说，是带有爆燃传感器的点火提前角闭环控制系统。

安装在发动机缸体上的爆燃传感器，把缸体的振动转换成电信号输入到 ECU，ECU 把爆燃传感器输出的信号进行滤波处理，同时判定有无爆燃以及爆燃的强弱，进而去推迟点火时间。当有爆燃信号输入 ECU 时，点火控制系统采用闭环控制方式，爆燃强，推迟点火角度大；爆燃弱，推迟点火角度小，并在原点火提前角的基础上推迟点火提前角，直到爆燃消失为止。但当爆燃消失后，控制系统会在一段时间内维持当前的点火提前角。如果没有爆燃发生，则系统会控制点火提前角逐步增加，一直到爆燃发生，当发动机再次出现爆燃时，ECU 又使点火提前角再次推迟，调整过程如此不断循环进行。爆燃反馈控制过程可以用下列循环表示：发动机出现爆燃（信号）—ECU—推迟点火—爆燃停止—ECU—点火逐步提前—出现爆燃，不断往复，循环进行。图 3-71 表明了爆燃的判别与控制的过程，在控制过程中，信号处理与发出是经过 ECU 而进行的。爆燃控制系统如图 3-72 所示，ECU 在接收到爆燃产生信号后，根据其中存储的数据，相应减小点火提前角（ESA 点火提前角控制）。同时，ECU 也会监控其他传感器的信号，对点火提前角进行修正。

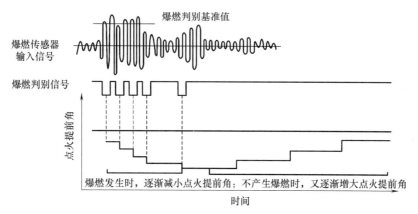

图 3-71 爆燃的判别与控制

发动机爆燃的检测可以分为气缸压力检测、燃烧噪声检测和发动机缸体振动检测三种。其中，燃烧噪声检测是一种非接触式检测方法，其耐久性好，但精度和灵敏度偏低；气缸压力检测方法精度最高，但传感器的耐久性差，安装困难；发动机缸体振动检测，也称缸壁振动型检测方法，这种检测方法具有较高的检测精度，传感器安装方便灵活，耐久性也较好，目前是比较常用的爆震检测方法。

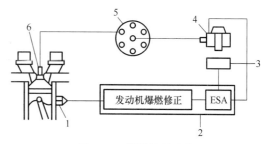

图 3-72 爆燃控制系统
1—爆燃传感器；2—ECU；3—其他传感器；
4—点火控制器；5—分电器；6—火花塞

3.3.2 有分电器电控点火系统

图 3-73 所示为有分电器的电控点火系统的原理图。ECU 通过传感器输入的发动机工作信息，经过计算、处理、判断，输出控制信号到点火器，适时地控制点火器中大功率晶体管导通与截止，进而控制点火线圈初级电流的通断，达到点火的目的。

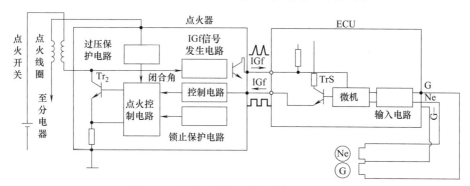

图 3-73 有分电器的电控点火系统的原理

（1）结构性能特点

电控点火系统的分电器与传统的分电器相比，取消了断电器等装置，不再承担点火线圈一次线圈电路的通断控制任务，仅起对高压电进行分配的作用。大多数情况下，该种分电器都内装凸轮轴位置传感器，为 ECU 提供凸轮轴位置和上止点信号。有的车型甚至将点火线圈和点火器全都集成在一个分电器内。

工作时，ECU根据各传感器的信号，经过处理，从存储器中选择最佳点火提前角，根据G、Ne信号，判断发动机曲轴到达规定位置时，发出控制信号IGt至点火器。当IGt信号为低电位时，大功率晶体管截止，一次线圈电路切断，二次线圈产生高压电。同时触发点火确认反馈信号IGf发生电路，并输出反馈信号IGf给ECU。

由于在电控燃油喷射系统中，喷油器的驱动信号来自曲轴位置传感器，所以当点火系统出现故障使火花塞不点火，而曲轴位置传感器正常工作时，喷油器会照常喷油，造成气缸内喷油过多，将导致车辆再启动困难或行车时三元催化转化器过热。为避免这种现象的发生，当IGf信号连续3~5次无反馈信号送入ECU时，则ECU判断点火系统有故障，并强行中止喷油器工作。

（2）基本控制方法

发动机工作时，点火时刻的控制要求用1°曲轴转角的指令精度进行控制。当发动机转速为3000r/min时，则1°曲轴转角换算成时间为18ms。为了进行精确的计时控制，须具有能够精确检测曲轴转角位置的曲轴位置传感器。目前，许多车型的控制方式是由曲轴位置传感器产生的180°（四缸发动机）或120°（六缸发动机）曲轴转角的G信号和1°曲轴转角的Ne信号，以G信号为准，按每1°曲轴转角分频，用既定的曲轴角度产生点火正时信号（IGt）。

图3-74所示为日产L20E型发动机点火时刻基准信号。在某工况下，ECU选出最佳点火提前角为上止点前40°曲轴转角，而其在上止点前70°时开始输入120°信号，因此，当ECU读到120°信号时，即表示某缸活塞处于压缩上止点前70°位置，这时ECU开始计数30个1°Ne信号，在第31个Ne信号输入的同时，控制点火器点火。

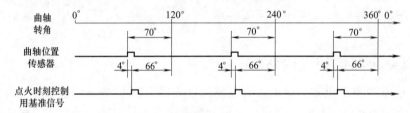

图3-74　点火时刻基准信号

3.3.3　无分电器电控点火系统

（1）同时点火方式

同时点火方式是指点火线圈每产生一次高压，都使配对成一组的两缸火花塞同时跳火，其中只有一缸是有效点火，另一缸是无效点火。配对的无效点火缸恰好处于排气行程，缸内的温度较高而压力很低，火花塞电极间隙的击穿电压很低，而对有效点火缸的火花塞的电极电压、跳火放电能量影响很小。

这种点火高压的分配方式又分为两种：二极管分配方式和点火线圈分配方式。

① 二极管分配方式。

用高压二极管来分配点火高压的同时点火方式，如图3-75所示，它是某4缸发动机采用高压二极管$VD_1 \sim VD_4$配电的电路工作原理图。该发动机的点火顺序为1—3—4—2，1、4缸分成一组点火，2、3缸分成另一组点火；点火线圈采用一个次级电路、两个初级电路的结构，次级电路的两端通过4个高压二极管与火花塞构成回路。高压二极管有内装式（安装在点火线圈内部）和外装式两种结构形式，这里为内装式结构，电子点火器中两个功率晶体管各控制一个初级电路，它们由ECU（图中未画出）按点火顺序输出的点火正时控制信号，交替控制导通或截止。

当 1、4 缸的点火控制信号输入到点火器，使晶体管 VT_1 截止时，初级电路 A 断电，次级电路产生如图中实线箭头所示方向的电动势 e_1。在此电动势作用下，高压二极管 VD_1、VD_4 正向导通，有感应的脉冲电流（放电电流）通过，使 1、4 缸火花塞电极电压迅速升高直至跳火；而高压二极管 VD_2、VD_3 反向截止，故 2、3 缸火花塞不跳火。当 2、3 缸的点火控制信号输入到点火器，使晶体管 VT_2 截止时，初级电路 B 断电，次级电路产生如图中虚线箭头所示方向的电动势 e_2。e_2 使 VD_2、VD_3 导通，VD_1、VD_4 截止，故 2、3 缸火花塞跳火。

在电子点火器的两个功率晶体管上，各并接一个稳压管，用于吸收初级线圈断路时产生的自感电动势，以保护两个晶体管。

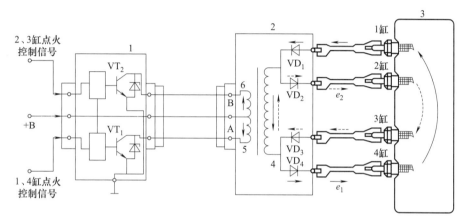

图 3-75　二极管分配方式电路
1—电子点火器；2—点火线圈；3—气缸盖；4—次级电路；5—初级电路 A；6—初级电路 B

② 点火线圈分配方式。

一个点火线圈上有两个火花塞串联（见图 3-76），当产生高压电时，它对两个火花塞同时点火。对于压缩行程的气缸，由于气缸压力较高，放电较困难，故所需的击穿电压较高；而处于排气行程的气缸，压力接近于大气压，放电容易，故所需的击穿电压低，很容易击穿。当两气缸的火花塞同时跳火时，其阻抗几乎都在压缩气缸的火花塞上，它

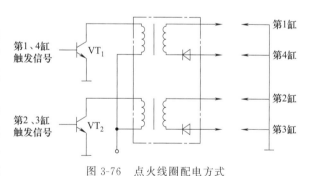

图 3-76　点火线圈配电方式

承受了绝大部分电压降，与只有一只火花塞跳火的点火系统相比较，其击穿电压相差不大，而在排气气缸火花塞上的电能损失也很小。因此，当一次电流突然切断后，在二次线圈上会感应出上万伏的高压电动势，加到火花塞电极之间，跳出高压火花，点燃气缸内的可燃混合气；排气缸因其阻抗小，只承受小部分压降，跳出低能火花，耗能甚小。

当大功率晶体管导通瞬间，初级电流也会发生突变，这将在二次线圈中产生约 1000V 的电压，如图 3-77 所示。在一般的分电器式点火系统中，由于分电器中的分火头与旁电极之间的间隙较大，必须要有较高的电压才足以跳过这么大的间隙，所以 1000V 的高压电不足以击穿火花塞产生跳火。而在无分电器点火系统中，这样的电压很有可能点燃处于进气行程中气缸内的混合气，特别是火花塞间隙较小时，火花塞误跳火的可能性就更大，这将会引起回火等现象的发生，使发动机无法正常运转。为防止产生这种现象，在点火线圈的二次

线圈中串联一个高压二极管,如图3-78所示。当功率管导通时,产生的感应电动势反向加在高压二极管上,由于二极管的反向截止功能,故1000V的高压电无法使用火花塞跳火,而当功率晶体管截止时,二次线圈产生的高压电与前相反,二极管导通,使火花塞顺利跳火。

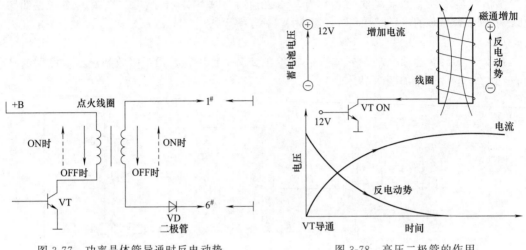

图3-77 功率晶体管导通时反电动势　　　　图3-78 高压二极管的作用

③ 点火时刻和点火顺序的确定。

以图3-79所示的DLI系统为例,来说明同时点火方式确定点火时间和点火顺序的方法。

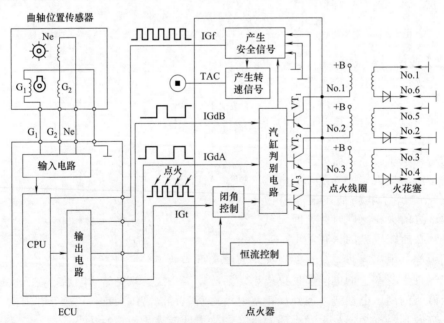

图3-79 无分电器双缸同时点火系统

在如图3-80所示的结构中,6缸发动机的点火顺序为1—5—3—6—2—4,将6个缸分成1、6缸,5、2缸,3、4缸3个组,点火系统用3个点火线圈对同组的两缸同时点火,对于每个气缸来说,每一工作循环要点火2次;还采用了恒流控制、闭合角控制电路。此外,点火正时信号IGt要控制3个线圈的点火,为此在电子点火器内,设有气缸缸序判别电路,以判别和控制3组气缸的点火顺序。

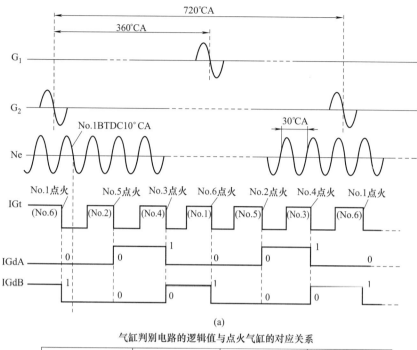

图 3-80 点火时间与点火顺序

该系统采用磁感应式发动机转速与曲轴位置传感器,信号转子由配气机构的凸轮轴驱动,其作用是产生曲轴角度 Ne 信号和曲轴转角基准位置 G 信号(G_1 与 G_2 信号),并把这些信号输入 ECU 中。ECU 根据这些信号来判别气缸,检测发动机曲轴基准位置与发动机转速等,还通过计算确定点火控制信号,这些信号包括点火正时信号 IGt、气缸缸序判别信号 IGdA 与 IGdB,并向电子点火器输出。

G_1 信号:凸轮轴每转 1 周(发动机转 2 周)就产生一个 G_1 信号(为电压脉冲信号),其产生的时刻为第 6 缸活塞处于压缩行程上止点前某一位置。G_1 信号产生后,ECU 就判断出第 6 缸处于压缩行程上止点前,并完成点火控制的准备工作。

G_2 信号:与 G_1 信号的作用原理一样,用 G_2 信号可检测出第 1 缸活塞处于压缩行程上止点前某一位置。从曲轴位置传感器的设计来看,G_1、G_2 信号线圈正好处于相差 180°凸轮轴转角(相当于 360°CA)的位置上,G_1、G_2 信号的波形完全相同。G_2 信号产生后,ECU 同样也完成点火控制的准备工作。

Ne 信号:Ne 信号转子上有 24 个齿,信号转子随凸轮轴转 1 转,就产生 24 个电压脉冲信号,每一个脉冲信号对应 15°(360°/24)的凸轮轴转角,也即发动机曲轴的 30°CA 角度。这样 Ne 信号就可较准确地测出曲轴的转角,并用来确定点火基准位置和检测发动机的转速。

如前所述,丰田公司的轿车发动机,一般是将 G_1 与 G_2 信号之后产生的第 1 个 Ne 信号过零点的位置,设定在第 6 缸与第 1 缸压缩行程上止点前 10°。ECU 控制点火正时,就把该

Ne 信号作为控制点火正时的基准信号,把它对应的 BTDC10°的位置定为点火基准位置,并把这个 BTDC10°的角度设定为初始点火提前角。

a. 点火时间的确定。如图 3-80(a) 所示。发动机运转时,ECU 接收到 G_1(或 G_2)信号后,就判断第 6 缸(或第 1 缸)处于压缩行程上止点前,根据紧随 G_1(或 G_2)信号之后产生的第 1 个 Ne 信号,确定点火基准位置。

在发动机启动后正常运行的每个工作循环中,ECU 以 G(如 G_2)信号后的点火基准位置为基准,根据其后接收到的 Ne 信号,确定后面的 3 次点火,这 3 次点火对应 3 个点火线圈,也就是对应 3 组缸(5、2 缸,3、4 缸,6、1 缸)的点火。即每 4 个 Ne 脉冲信号(相当于按点火间隔 120°),就产生 1 个点火正时信号,对应一组缸的点火。而在产生了 3 个点火正时信号后(即曲轴转过 360°后),ECU 又收到下一个 G(如 G_1)信号,确定其后另外 3 个点火正时信号,仍是控制这 3 组缸的点火。随着发动机工况的继续,这一控制过程反复进行。

ECU 经查表、计算、修正,得到发动机各工况下的最佳点火提前角和闭合角数据,为把这些数据转化成曲轴转过的相应角度,ECU 就以 G_1、G_2 信号后的点火基准位置为基准,以每个 Ne 信号对应的 30°为计数单元,对 3 个点火线圈每次点火时的闭合角和点火提前角进行计数确定,并通过控制程序转化成点火正时信号 IGt,向电子点火器输出,以控制 3 组缸的点火。

以 30°为计数单元对点火参数进行计数时,会引起较大的控制误差。为了提高控制精度,一般在主 ECU 的输入回路中,设有等分处理电路将间隔 30°的 Ne 信号再均分成 30 等分,以形成间隔 1°的 Ne 信号。这样,ECU 就可以 1°为计数单元,更精确地控制点火参数。

要说明的是,在发动机启动的瞬间,如果是在 G(如 G_1)信号先前产生过了之后才开始启动,则在下一个 G(如 G_2)信号产生之前这段时间内,ECU 由于还没有接收到任何 G 信号,将无法实施点火控制。这时,要等到下一个 G(如 G_2)信号产生,ECU 可以确定点火基准位置以后,才开始实施点火控制。在发动机启动时,ECU 是以固定的初始点火提前角 BTDC10°来控制各缸点火的。

如上所述,ECU 在发动机的每一个工作循环中,不断地重新确定和控制点火参数,以保证有最佳的点火参数与发动机的实际工况相适应。

另外还可以看出,ECU 每次收到的 G_1 或 G_2 信号,总是重新确定 3 组缸依次点火的出发点或转换点。

b. 点火顺序的确定。由上述介绍可知,发动机工作时,ECU 不停地向点火器输出点火正时信号 IGt。但该信号要控制 3 个点火线圈的点火,具体要控制其中哪个线圈是先点火还是后点火,即点火顺序的确定,是由点火器根据 ECU 输出的缸序判别信号 IGd(IGdA 与 IGdB)的状态来决定的。

缸序判别信号 IGd 是由电子点火系统设计时确定的,与曲轴位置传感器的结构和点火器的汽缸判别电路的设计等有关,并被固化、存储在 ECU 的内存中。

在上述 DLI 系统中,ECU 根据 G_1、G_2 和 Ne 信号,在每个 G(G_1 或 G_2)信号后,按气缸工作顺序确定 3 个点火线圈的点火顺序。为此,ECU 在向点火器输出 IGt 信号的同时,还要根据 G_1、G_2、Ne 信号,输出相应的缸序判别信号 IGdA 与 IGdB,以确定各缸的点火顺序,如图 3-80 所示。

点火器中的气缸判别电路根据 ECU 输出的判缸信号 IGdA、IGdB 的逻辑值(高电平用逻辑值 1、低电平用逻辑值 0 表示),将 IGt 信号送给相应的功率晶体管,由晶体管控制对应的点火线圈工作,完成某一组缸的点火。例如,当 IGdA、IGdB 信号的逻辑值分别为 0 和 1 时,点火器的判缸电路就将 IGt 信号用来控制晶体管 VT_1 的通电和断电,即控制 1 号点火线圈的工作,从而控制 1、6 缸的点火(其中有一缸为有效点火,另一缸为无效点火)。其他气缸的点火控制依次类推,控制原理完全一样。

ECU 和电子点火器控制了 3 个点火线圈的点火顺序,也就控制了 3 组 6 个缸的点火顺序。如图 3-79 所示的 DLI 系统,其点火正时控制示意图如图 3-81 所示,图中 I_1、I_2、I_3 分别为 1 号、2 号、3 号点火线圈初级电路的工作电流波形。

在发动机集中电控系统中,G_1、G_2、Ne 信号不仅用来对点火正时进行控制,而且在其 EFI 子系统中,还用来对喷油量和喷油正时进行控制。

(2) 单独点火方式

单独点火方式也称为独立点火方式。采用这种方式的 DLI 系统取消了公共的点火线圈,每一气缸的火花塞各配一个独立的点火线圈来提供点火高压,需要判别点火顺序的气缸数目比同时点火方式多了一倍。除此之外,其组成和工作原理与同时点火方式基本相同。

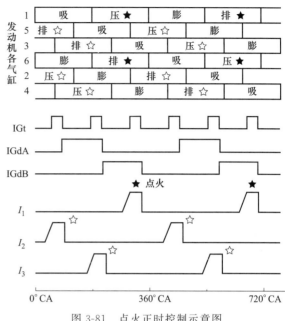

图 3-81 点火正时控制示意图

对于单独点火方式的 DLI 系统,其控制电路大致相同,但因具体车型的不同,结构上也存在一些差异,这主要表现在点火器的数量上。

有些发动机采用共用 1 个具有多个功率管的点火器,其中的每个功率管分别控制一个点火线圈。如图 3-82 所示,某车型 6 缸发动机就是采用了这种结构的 DLI 系统。该系统由各种传感器、ECU、点火器、各缸独立的点火线圈等组成。各缸点火线圈的初级电路分别由点火器中的 1 个功率管控制。发动机工作时,ECU 根据各传感器输入的信号,按其内存 ROM 中的数据与控制程序,经计算、修正确定最佳的点火时间,并输出点火控制信号至点火器,由点火器中的 6 个功率管分别控制各缸点火线圈的点火。系统中 ECU 的主要功能是,判断点火的气缸、计算点火提前角与闭合角,按发动机气缸的工作顺序,将点火信号分配到指定的气缸。

还有的发动机各缸的点火线圈分组共用若干个点火器,如奥迪 4 气门 5 缸发动机,5 个点火线圈分别接到两个点火器上,其中一个点火器控制 3 个缸的点火,另一个点火器则控制 2 个缸的点火,如图 3-83 所示。

单独点火方式突出的优点如下。

a. 由于无机械分电和高压导线,故能量损耗小,机械磨损或损坏的机会均减少,加之所有的高压部分都可安装在发动机气缸盖上的金属屏蔽罩内,其电磁干扰大大减小。

b. 由于采用了与气缸数相等的点火线圈,在发动机的转速相同时,单位时间内线圈中通过的电流要小得多,线圈不容易发热,所以这种线圈的初级电流可以设计得比较大,而体积却非常小巧,能在 9000r/min 的宽广转速范围内,提供足够的点火能量和点火高压。

c. 单独点火方式结构可充分利用有限的空间,节省了发动机的安装空间,对轿车发动机室的合理布置有着特别重要的意义。

总之,DLI 系统由于增加了点火线圈(或初级电路)的个数,对于每一个点火线圈来说，初级电路允许的通电时间增加了 2～6 倍。显然，即使在发动机高速时，点火线圈初级线圈也有足够充裕的通电时间，保证有足够的点火能量和次级高压。

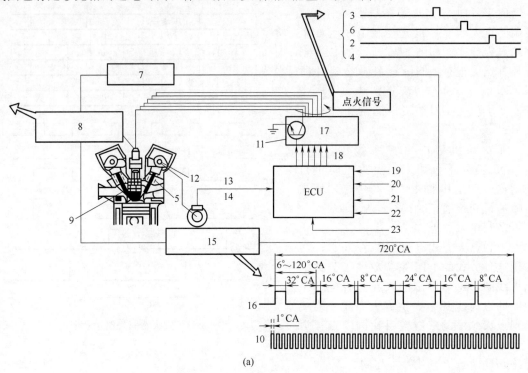

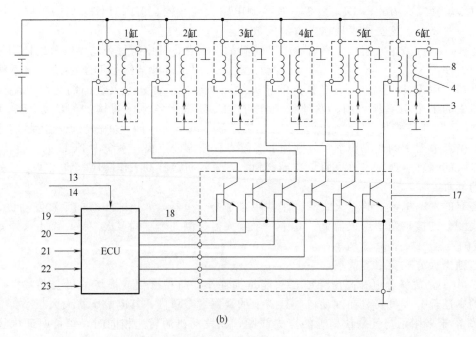

图 3-82 点火线圈独立、共用一个点火器的 DLI 系统
1—初级线圈；2—外壳；3,9—火花塞；4—次级线圈；5—弹簧；6—高压端子；7—子系统；
8—点火线圈（每缸1个）；10,16—发动机转速与曲轴转角传感器的输出信号；11—保护外壳；
12—凸轮轴；13—转速信号；14—曲轴转角信号；15—发动机转速与曲轴转角传感器；
17—电子点火器；18—点火控制信号；19—空气流量计信号；20—冷却水温信号；
21—启动开关信号；22—爆震信号；23—节气门位置信号

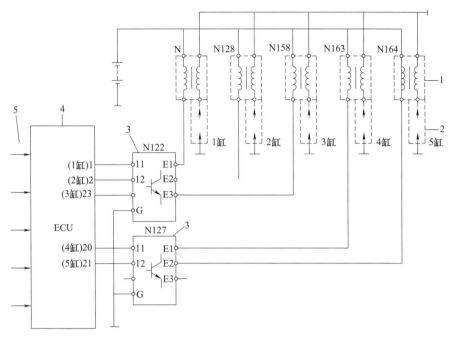

图 3-83 点火线圈独立、分组共用若干个点火器的 DLI 系统
1—点火线圈；2—火花塞；3—点火器；4—ECU；5—各种传感器

3.4 电控发动机辅助控制系统

3.4.1 怠速控制系统

(1) 怠速控制系统概述

① 怠速控制系统的功能。

怠速是指节气门关闭，油门踏板完全松开，且发动机对外无功率输出并保持最低转速稳定运转的工况。

当汽车在交通密度大的城市道路上行驶时，约有 30% 的燃油消耗在怠速阶段。怠速转速的高低直接影响燃油消耗和排放污染。怠速转速过高，燃油消耗增加。但怠速转速过低，又会增加排放污染。此外，如怠速转速过低，当发动机冷车运转、空调打开、电器负荷增大、自动变速器挂入挡位、动力转向时，由于运行条件较差或负载增加，还容易导致发动机运转不稳甚至熄火。

在传统的化油器式发动机上，一般由人工调整怠速转速，因此发动机工作中，不能根据运行工况和负载的变化适时调整怠速转速。虽然有些发动机设有机械装置控制怠速转速，但其结构比较复杂，且工作稳定性也较差。随着电控技术在汽车上的广泛应用，怠速控制已成为发动机集中控制系统的基本控制内容之一。怠速控制的目的是在保证发动机排放要求且运转稳定的前提下，尽量使发动机的怠速保持最低，以降低怠速时的燃油消耗量。

在除怠速以外的其他工况下，驾驶员可通过油门踏板控制节气门的开度，从而改变发动机的进气量，以调节发动机的转速和输出功率。而在油门踏板完全松开的怠速工况下，驾驶员无法控制发动机的进气量。电控燃油喷射式发动机在怠速工况时，空气通过节气门的缝隙或旁通节气门的怠速空气道进入发动机，并由空气流量计（或进气歧管绝对压力传感器）对进气进行检测，电控燃油喷射系统（EFI）根据各传感器信号控制喷油量，保证发动机的怠速运转。怠速控制系统的功能是根据发动机工作温度和负载，由 ECU 自动控制怠速工况下的空气供给量，维持发动机以稳定怠速运转。

② 怠速控制系统的组成。

怠速控制系统主要由传感器、ECU 和执行元件三部分组成，如图 3-84 所示。传感器的功用是检测发动机的运行工况和负载设备的工况，ECU 则根据各种传感器的输入信号确定一个怠速运行的目标转速，并与实际转速进行比较，根据比较结果控制执行元件工作，以调节进气量，使发动机的怠速转速达到所确定的目标转速。在怠速控制系统中，ECU 需要根据节气门位置信号和车速信号确认怠速工况，只有在节气门全关、车速为零时，才进行怠速控制，以免与驾驶员通过油门踏板对进气量的调节发生干涉。

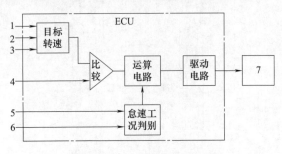

图 3-84 怠速控制系统的组成
1—冷却液温度信号；2—A/C 开关信号；
3—空挡位置开关信号；4—转速信号；
5—节气门位置信号；6—车速信号；7—执行元件

③ 怠速控制的方法。

怠速控制的实质就是对怠速工况下的进气量进行控制。在发动机集中控制系统中，控制怠速进气量的方法可分为两种基本类型：节气门直动式和旁通空气式。如图 3-85 所示，节气门直动式通过执行元件改变节气门的最小开度来控制怠速进气量，而在旁通空气式怠速控制系统中，设有旁通节气门的怠速空气道，由执行元件控制流经怠速空气道的空气量。

目前应用比较广泛的是旁通空气式怠速控制系统。按执行元件的类型不同，旁通空气式怠速控制系统又分为步进电动机型、旋转电磁阀型、占空比控制电磁阀型、开关型等。

怠速控制的方法及执行元件的类型因车型而异，目前应用较多的是步进电动机控制的旁通空气式怠速控制系统。不同车型的怠速控制系统控制的内容也不完全相同，控制内容通常包括：启动控制、暖机控制（快怠速控制）、负荷变化控制、反馈控制和学习控制等。

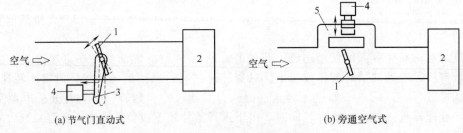

图 3-85 怠速进气量控制的类型
1—节气门；2—进气管；3—节气门操纵臂；4—执行元件；5—怠速空气道

(2) 步进电动机型怠速控制阀

① 结构与工作原理。

步进电动机型怠速控制阀的结构如图 3-86 所示。步进电动机由转子和定子构成，丝杠机构将步进电动机的旋转运动变为阀杆的直线运动，控制阀与阀杆制成一体。步进电动机型怠速控制阀安装在节气门体上，控制阀伸入到设在怠速空气道内的阀座处，发动机怠速运转时，ECU 根据各传感器的信号，控制步进电动机的正反转和转动量，以调节控制阀与阀座之间的间隙，从而改变怠速空气道的流通截面，控制发动机在怠速工况下的空气供给量。

步进电动机的结构如图 3-87 所示,主要由永久磁铁制成的有 16 个 (8 对磁极沿圆周均匀分布) 磁极的转子和两个定子铁芯组成。每个定子都由两个带 16 个爪极的铁芯交错装配在一起,两个定子上分别绕有 1、3 相和 2、4 相两组线圈,每个定子上两线圈的绕制方向相反。ECU 控制步进电动机工作时,给线圈输送的是脉冲电压,4 个线圈的通电顺序 (相位) 不同,步进电动机的转动方向就不同,当按一定顺序输入一定数量的脉冲时,步进电动机就向某一方向转过一定的角度,步进电动机的转动量取决于输入脉冲的数量。因此,ECU 通过对定子线圈通电顺序和输入脉冲数量的控制,即可改变步进电动机怠速控制阀的位置 (即开度),从而控制怠速空气量。由于给电动机每输入一定量的脉冲只转过一定的角度,其转动是不连续的,所以称之为步进电动机。

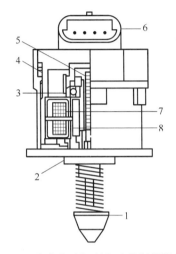

图 3-86 步进电动机型怠速控制阀强结构
1—控制阀;2—前轴承;3—后轴承;4—密封圈;
5—丝杠机构;6—线束插接器;7—定子;8—转子

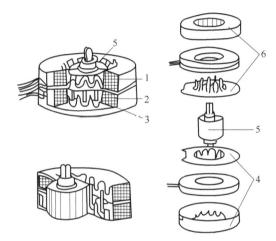

图 3-87 步进电动机的结构
1,2—线圈;3—爪极;4,6—定子;5—转子

步进电动机的工作原理如图 3-88 所示。当 ECU 控制使步进电动机的线圈按 1—2—3—4 顺序依次搭铁时,定子磁场顺时针转动,由于与转子磁场间的相互作用 (同性相斥,异性相吸),因此使转子随定子磁场同步转动。同理,步进电动机的线圈按相反的顺序通电时,转子则随定子磁场同步反转。转子每转一步与定子错开一个爪极的位置,由于定子有 32 个爪极 (上、下两个铁芯各 16 个),所以步进电动机每转一步为 1/32 圈 (约 11°),步进电动机的工作范围为 0~125 个步进级。

步进电动机型怠速控制阀电路 (日本丰田皇冠 3.0 轿车) 如图 3-89 所示。主继电器触

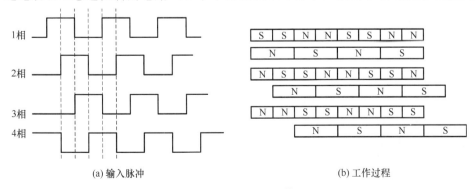

(a) 输入脉冲　　　　　　　　　　　　(b) 工作过程

图 3-88 步进电动机的工作原理

点闭合后，蓄电池电源经主继电器到达急速控制阀的 B1 和 B2 端子、ECU 的＋B 和＋B1 端子，B1 端子向步进电动机的 1、3 相两个线圈供电，B2 端子向 2、4 相两个线圈供电。4 个线圈分别通过端子 S1、S2、S3 和 S4 与 ECU 端子 ISC1、ISC2、ISC3 和 ISC4 相连，ECU 控制各线圈的搭铁回路，以控制急速控制阀的工作。

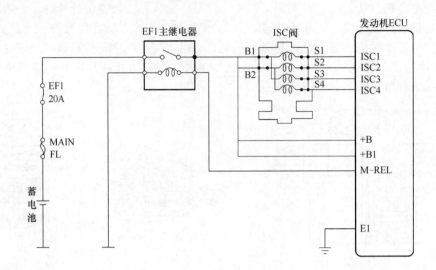

图 3-89 步进电动机型急速控制阀电路

② 控制阀的控制内容

a. 启动初始位置的设定。为了改善发动机的启动性能，关闭点火开关使发动机熄火后，ECU 的 M-REL 端子（见图 3-89）向主继电器线圈供电延续 2～3s。在这段时间内，蓄电池继续给 ECU 和步进电动机供电，ECU 使急速控制阀回到启动初始（全开）位置。待步进电动机回到启动初始位置后，主继电器线圈断电，蓄电池停止给 ECU 和步进电动机供电，急速控制阀保持全开不变，为下次启动做好准备。

b. 启动控制。发动机启动时，由于急速控制阀预先设定在全开位置，故在启动期间经急速空气道可供给最大的空气量，有利于发动机启动。但急速控制阀如果始终保持在全开位置，发动机启动后的急速转速就会过高，所以在启动期间，ECU 根据冷却液温度的高低控制步进电动机，调节控制阀的开度，使之达到启动后暖机控制的最佳位置，此位置随冷却液温度的升高而减小，控制特性（步进电动机的步数与冷却液温度的关系曲线）存储在 ECU 内。

c. 暖机控制。暖机控制又称快急速控制，在暖机过程中，ECU 根据冷却液温度信号按内存的控制特性控制急速控制阀开度，随着温度上升，急速控制阀开度逐渐减小。当冷却液温度达到 70℃时，暖机控制过程结束。

d. 急速稳定控制。在急速运转时，ECU 将接收到的转速信号与确定的目标转速进行比较，其差值超过一定值（一般为 20r/min）时，ECU 将通过步进电动机控制急速控制阀，调节急速空气供给量，使发动机的实际转速与目标转速相同。急速稳定控制又称反馈控制。

e. 急速预测控制。发动机在急速运转时，如变速器挡位、动力转向、空调工作状态等的变化都将使发动机的转速发生可以预见的变化。为了避免发动机急速转速波动或熄火，在发动机负荷出现变化时，不待发动机转速变化，ECU 就会根据各负载设备开关信号（A/C 开关等），通过步进电动机提前调节急速控制阀的开度。

f. 电器负载增多时的急速控制。在急速运转时，如使用的电器负载增大到一定程度，蓄电池电压就会降低。为了保证电控系统正常的供电电压，ECU根据蓄电池电压调节怠速控制阀的开度，提高发动机的怠速转速，以提高发动机的输出功率。

g. 学习控制。在发动机使用过程中，由于磨损等原因会导致怠速控制阀的性能发生改变，即怠速控制阀的位置相同，但实际的怠速转速会与设定的目标转速略有不同。在此情况下，ECU在利用反馈控制使怠速转速回归到目标值的同时，还可将步进电动机转过的步数存储在ROM存储器中，以便在此后的怠速控制过程中使用。

(3) 汽油机旋转电磁阀型怠速控制阀

旋转电磁阀型怠速控制阀的结构如图3-90所示。控制阀安装在阀轴的中部，阀轴的一端装有圆柱形永久磁铁，永久磁铁对应的圆周位置上装有位置相对的两个线圈。由ECU控制两个线圈的通电或断电，改变两个线圈产生的磁场强度，两线圈产生的磁场与永久磁铁形成的磁场相互作用，即可改变控制阀的位置，从而调节怠速空气口的开度，以实现怠速空气量的控制。

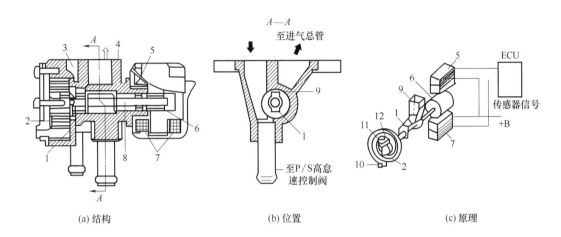

图3-90 旋转电磁阀型怠速控制阀结构

1—控制阀；2—双金属片；3—冷却液腔；4—阀体；5,7—线圈；6—永久磁铁；
8—阀轴；9—怠速空气口；10—固定销；11—挡块；12—阀轴限位杆

旋转电磁阀控制旁通空气式怠速控制系统的控制内容主要包括启动控制、暖机控制、怠速稳定控制、怠速预测控制和学习控制，具体内容与步进电动机控制旁通空气式怠速控制系统基本相同。

(4) 汽油机占空比控制电磁阀型怠速控制阀

① 结构与工作原理。

占空比控制电磁阀型怠速控制阀的结构如图3-91所示，主要由控制阀、阀杆、线圈和弹簧等组成。控制阀与阀杆制成一体，当线圈通电时，线圈产生的电磁力将阀杆吸起，使控制阀打开。控制阀的开度取决于线圈产生的电磁力大小，与旋转阀型怠速控制阀相同，ECU也是通过控制输入线圈脉冲信号的占空比来控制磁场强度，以调节控制阀的开度，从而实现对怠速空气量的控制的。

② 控制阀的控制内容。

占空比控制电磁阀型怠速控制系统的控制内

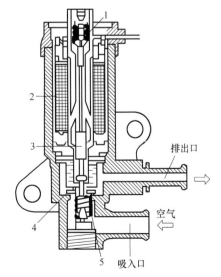

图3-91 占空比控制电磁阀型怠速控制阀结构

1,5—弹簧；2—线圈；3—阀杆；4—控制阀容同样也包括启动控制、暖机控制、怠速稳定控制、怠速预测控制和学习控制。但由于占空比控制电磁阀型怠速控制阀控制的旁通空气量少，故在采用此种控制阀的怠速控制系统中，仍需要快怠速控制阀辅助控制发动机暖机过程的空气供给量。

快怠速控制阀的结构如图3-92所示，主要由石蜡感温器、控制阀和弹簧等组成。发动机启动后的暖机过程中，冷却液温度较低时，石蜡收缩，控制阀在弹簧的作用下打开，增加怠速供给的空气量，使发动机快怠速运转。随着温度的升高，石蜡膨胀，推动连接杆使控制阀开度逐渐减小，怠速转速逐渐下降。发动机达到正常工作温度后，控制阀将完全关闭其空气通道，发动机恢复至正常怠速。

有些快怠速控制阀的感温元件采用双金属片，双金属片式快怠速控制阀和石蜡式的工作原理类似，它利用双金属元件的热胀冷缩变形来控制阀门的开度，从而控制发动机暖机过程的空气供给量。

（5）汽油机开关型怠速控制阀

① 结构与工作原理。

开关型怠速控制阀的结构如图3-93所示，主要由线圈和控制阀组成。其工作原理与占空比控制电磁阀型类似。不同的是开关型怠速控制阀工作时，ECU只对阀内线圈通电或断电两种状态进行控制，电磁线圈通电时，控制阀开启，线圈断电则控制阀关闭。开关型怠速控制阀也只有开或关两个位置。

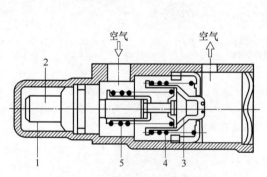

图3-92 快怠速控制阀结构结构
1—冷却水腔；2—石蜡感温器；3—控制阀；4,5—弹簧

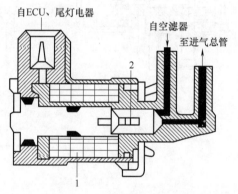

图3-93 开关型怠速控制阀结构
1—线圈；2—控制阀

② 控制阀的控制内容。

由于开关型怠速控制阀只有开或关两个位置，所以发动机工作时，ECU根据发动机的工作状况对控制阀线圈只进行通、断电控制，其控制条件见表3-1。在满足所列条件之一时，控制阀即开或关。

表3-1 开关型怠速控制阀控制条件

线圈状态	控制阀状态	控制条件
通电	开启	发动机启动工作时或刚刚启动后
		怠速触点闭合，且发动机转速下降到规定转速以下时
		怠速触点闭合，且变速器位从空挡换到其他行驶挡位后的几秒钟内
		打开灯开关
		打开后窗去雾器开关
断电	关闭	发动机启动后，怠速运转超过预定时间
		怠速触点IDL闭合，空调离合器分离，发动机转速超过预定值
		怠速触点IDL闭合，空调离合器分离，变速器从空挡换到其他行驶挡一定时间后
		关闭灯开关
		关闭后窗去雾开关

此外，与占空比控制电磁阀型怠速控制阀相比，开关型怠速控制阀控制的旁通空气量更少，所以在采用此种控制阀的怠速控制系统中，也需要快怠速控制阀辅助控制发动机暖机过程的空气供给量。

(6) 节气门直动式怠速控制系统

采用节气门直动式的怠速控制方式的发动机怠速控制过程及结构组成基本相同。下面以桑塔纳 2000GSi、捷达 CT、GTX 采用的节气门控制组件 J338 为例进行说明。

① 节气门控制组件结构。

如图 3-94 所示，节气门控制组件 J338 由怠速开关 F60、怠速节气门电位计 G88、怠速控制电动机 V60 和节气门电位计 G69 等组成。

F60（怠速开关）的作用是在节气门关闭时，怠速开关触点闭合，电控单元判断发动机处于怠速工况，从而按怠速工况要求控制喷油。当节气门打开时，怠速开关触点断开，电控单元根据这一信号控制从怠速到小负荷的过渡工况的喷油量。其还可作为电控单元判断是否进行怠速自动控制和急减速断油控制的依据。

当怠速开关信号中断时，电控单元把节气门电位计的信号和怠速节气门电位计的信号进行比较，从而判断出节气门的怠速位置。

G69（节气门电位计）直接连接在节气门轴上。其在发动机工作转速范围内，向电控单元提

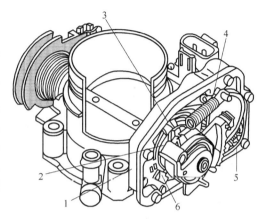

图 3-94 节气门控制组件 J338 的结构
1—节气门组件壳体；2—怠速开关 F60；
3—怠速节气门电位计 G88；4—应急弹簧；
5—怠速控制电动机 V60；6—节气门电位计 G69

供当时的节气门位置信号，作为电控单元判断发动机运转工况的依据。还可利用这个信号控制自动变速器。若没有收到此信号，将根据发动机转速信号和空气流量信号计算确定一个替代值。

G88（怠速节气门电位计）装在节气门体内，与怠速控制电机连接在一起，可将节气门的开度、怠速控制电机的位置信号输送给控制单元。

V60（怠速控制电动机）在怠速调节控制范围内，通过齿轮传动机构来操纵节气门，使其开度增大或减小。

② 节气门控制组件工作原理。

节气门控制组件 J338 与微机 J220 的连接电路如图 3-95 所示。当发动机怠速工作时，怠

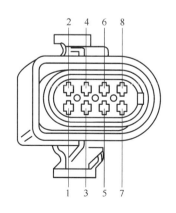

(a) 节气门控制组件J338插头

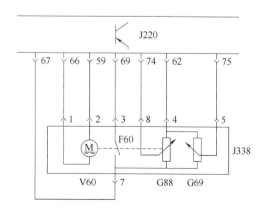

(b) 节气门控制组件J338与微机J220的连接电路

图 3-95 节气门控制组件 J338 与微机 J220 的连接

速节气门位置传感器将其阻值变化转换为电信号输入微机,电子控制单元接收到该信号后,根据信号电压高低确定节气门在怠速时的位置,再控制怠速控制电动机,怠速电动机通过齿轮传动来操纵节气门,在怠速调节范围内微量调节节气门开度,从而调节发动机的怠速转速。

当发动机的实际转速低于目标转速时,微机发出控制脉冲使电动机正转,电动机输出轴通过齿轮传动机构将节气门开大一个微小角度,增加进气量,使发动机转速略微升高,并逐渐接近目标转速。当发动机的实际转速高于目标转速时,微机发出控制脉冲使电动机反转,将节气门关小一个微小角度,减少进气量,使发动机转速降低,并逐渐接近目标转速。当怠速控制电动机发生故障或控制单元对怠速电动机的控制失灵时,应急弹簧将把节气门拉到一个特定的应急位置,使发动机处于应急状态运转,怠速转速升高。

3.4.2 进气控制系统

汽油机的充气效率和燃烧速度对其性能影响很大,为改善汽油机的性能,进气控制技术和四气门技术最早应用在汽油机上,近年来,这些先进技术在柴油机上的应用也日益增多。

应用在汽油机上的进气控制系统主要包括:动力阀控制系统、谐波增压控制系统、气门驱动控制系统、增压控制系统。

(1) 汽油机动力阀控制系统

动力阀控制系统的功能是控制发动机进气道的空气流通截面大小,以适应发动机不同转速和负荷时的进气量需求,从而改善发动机的动力性。在进气量较少的低速、小负荷工况下,使进气道空气流通截面减小,可提高进气流速,增大进气流惯性以提高发动机的充气效率。此外,随着进气流速提高也可增加气缸内的涡流强度,有利于低速小负荷工况下的燃烧和热效率的提高,从而改善发动机的低速性能。而在进气量较多的高速、大负荷工况下,适当增大进气道空气流通截面,不仅可以减小进气阻力,而且对由于进气流速过高而导致的燃烧室内气流扰动也可起到抑制作用,有助于改善发动机的高速性能。此系统在日本本田ACCORD等部分轿车发动机上采用。

ECU控制的动力阀控制系统如图3-96所示。控制进气道空气流通截面大小的动力阀安装在进气管上,动力阀的开闭由膜片真空气室控制,ECU根据各传感器信号通过真空电磁阀(VSV阀)控制真空罐与真空气室的真空通道。发动机小负荷运转时,进气量较少,

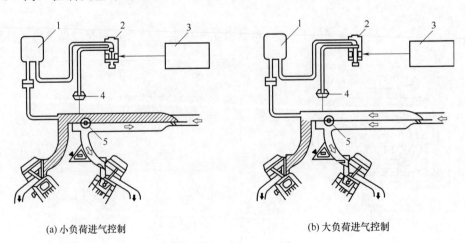

(a) 小负荷进气控制   (b) 大负荷进气控制

图3-96 动力阀控制系统

1—真空罐;2—真空电磁阀;3—ECU;4—膜片真空气室;5—动力阀

ECU 断开真空电磁阀搭铁回路，真空罐中的真空度不能进入膜片真空气室，动力阀处于关闭位置，进气通道变小。当发动机大负荷运转时，进气量较多，ECU 接通真空电磁阀搭铁回路，真空罐中的真空度经真空电磁阀进入膜片真空气室，动力阀开启，进气通道变大。动力阀控制系统的主要控制信号有发动机转速、温度、空气流量等信号。在维修时，主要应检查真空罐、真空气室和真空管路有无漏气，真空电磁阀电路有无断路或短路，真空电磁阀电阻值是否符合标准。视情况维修或更换损坏的元件。

（2）汽油机谐波增压控制系统（ACIS）

发动机工作中，进气管内的气体经进气门高速流入气缸，当进气门关闭时，由于气体流动惯性使进气门附近的气体受到压缩而压力增高。当气体惯性过后，进气门附近被压缩的气体膨胀而流向进气相反的方向，压力下降。膨胀的气体流动到进气管口时又被反射回来，这样在进气管内即产生了压力波。在部分电控燃油喷射发动机上，即利用了进气管内的压力波与进气门的开启配合，当进气门开启时，使反射回来的压力波正好传到该气门附近，从而形成进气增压的效果，提高发动机的充气效率和功率。

发动机工作时，从进气门关闭到下一次开启的间隔时间取决于发动机的转速，而进气管内的压力波反射回到进气门处所需的时间，取决于压力波传播路线的长度。进气管较长时，压力波传播距离长，发动机低速性能较好；进气管较短时，压力波传播距离短，发动机高速性能较好。如果进气管的长度可以改变，则可兼顾发动机低速和高速时的性能要求，但发动机进气管的长度一般是不能改变的，其长度一般都是按最大转矩对应的转速区域（低速区域）设计的。

谐波进气增压系统的功能就是根据发动机转速的变化，改变进气管内压力波的传播距离，以提高充气效率，改善发动机性能。谐波进气增压系统工作原理如图 3-97 所示。在进气管中部增设了进气控制阀和大容量的进气室，当发动机转速较低时，同一气缸的进气门关闭与开启间隔的时间较长，此时进气控制阀关闭，使进气管内压力波的传递距离为进气门到空气滤清器的距离，这一距离较长，压力波反射回到进气门附近所需时间也较长。当发动机处于高速区域运转时，进气控制阀开启，由于大容量进气室的影响，使进气管内压力波传递距离缩短为进气门到进气室之间的距离，与同一气缸的进气门关闭与开启间隔的时间较短相适应，从而使发动机在高速时得到较好的进气增压效果。

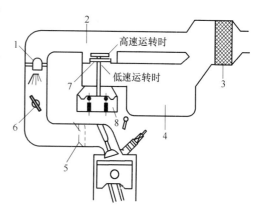

图 3-97 ACIS 系统的工作原理
1—喷油器；2—进气道；3—空气滤清器；
4—进气室；5—涡流控制气门；6—进气控制阀；
7—节气门；8—真空驱动器

谐波进气增压系统控制原理如图 3-98 所示。ECU 根据发动机转速信号控制真空电磁阀的开闭，高速时真空电磁阀开启，真空罐内的真空进入真空驱动器的膜片气室，真空驱动器驱动进气控制阀开启。反之，低速时真空电磁阀关闭，真空罐内的真空不能进入真空驱动器的膜片气室，进气控制阀处于关闭状态。

谐波增压系统控制电路如图 3-99 所示。主继电器触点闭合后，通过端子"3"给真空电磁阀供电，ECU 通过"ACIS"端子控制真空电磁阀的搭铁回路。维修时，检查真空电磁阀的电阻，正常应为 38.5~44.5Ω（皇冠 3.0 轿车）。

（3）气门驱动控制系统

实际发动机的工作中，为使进气充分、排气彻底，进气门和排气门均存在早开晚关的情

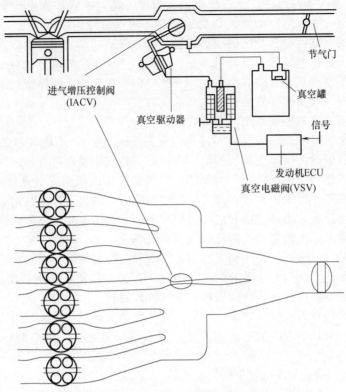

图 3-98 谐波进气增压系统控制原理

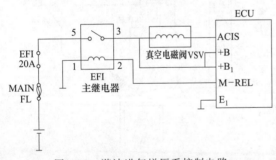

图 3-99 谐波进气增压系控制电路

况,进气门和排气门的开启持续时间大于 $180°$ 曲轴转角。发动机进气门、排气门实际开启或关闭的时刻和开启持续时间,称为配气相位,通常用曲轴转角来表示。

配气相位和气门升程对发动机性能有很大影响,即使同一台发动机,随转速和负荷的不同,对配气相位和气门升程的要求也不同,随发动机转速和负荷提高,气门提前开启角、气门迟后关闭角、气门持续开启角和气门升程均应增大,反之则应减小。但在传统发动机的配气机构中,气门驱动凸轮的形状、凸轮轴与曲轴的相对位置是固定的,在发动机使用中,配气相位和气门升程不能改变,发动机的性能就不能在各种工况下均能得到优化。为解决上述问题,气门可变驱动技术应运而生。

气门驱动控制系统的功能是根据发动机转速和负荷的变化,适时调整配气相位和气门升程。

目前,由于进气门配气相位和气门升程对发动机性能的影响比排气门大,故为简化发动机结构和降低成本,气门驱动控制系统一般只控制进气门配气相位和升程。柴油机和汽油机均可使用气门驱动控制系统,以下介绍几种比较典型的气门驱动控制系统。

① VTEC 系统。

VTEC 发动机的组成如图 3-100 所示。与普通发动机相比,VTEC 发动机同样是每缸 4 气门(2 进 2 排),由凸轮轴通过摇臂驱动,不同的是凸轮和摇臂的数目及其控制方法。

VTEC 发动机的每个气缸上的 2 个进气门分为主进气门和次进气门。两个进气门上用了 3 个凸轮及 3 个摇臂，除了原有控制两个进气门的一对凸轮（主凸轮和次凸轮）和一对摇臂（主摇臂和次摇臂）外，还增加了一个较高的中间凸轮和相应的摇臂（中间摇臂），中间摇臂不与任何气门直接接触，3 个摇臂并列在一起构成进气摇臂总成。

由于进气门配气相位对发动机性能的影响比排气门大，所以 VTEC 发动机只对进气门的配气机构进行控制，而排气门的工作情况与普通发动机的配气机构相同。

本田雅阁的 VTEC 系统可阶段式改变进气门配气相位及气门的升程，其工作原理是根据发动机的转速、负荷以及水温等参数的变化，通过电磁阀调节摇臂活塞的液压系统，使发动机在不同工况下由不同的凸轮控制，适当地调整进气门的配气相位和气门升程，从而使发动机在高、低速下均能达到最高效率。

进气摇臂总成的 3 个摇臂根据发动机工况的不同可以各自独立运动，也可以连成一体共同运动。

VTEC 控制系统如图 3-101 所示，执行部分由 VTEC 机构中的凸轮、摇臂和同步活塞等组成。控制部分由 ECU、VTEC 电磁阀、VTEC 压力开关等组成。在发动机运转过程中，各传感器不断地向 ECU 输入转速、负荷、车速以及水温信号，由 ECU 判断何时能改变气门正时和升程。当发动机转速为 2300～3200r/min、车速超过 10km/h、冷却水温度超过 10℃和根据进气歧管压力判断发动机负荷较大时，ECU 操纵 VTEC 电磁阀打开油路，使从机油泵输出的压力油推动同步活塞把三个摇臂联锁起来，实行 VTEC 气门正时和升程变动，以改变进气量，增加发动机功率。如果不符合以上转换条件，则 ECU 将 VTEC 电磁阀断电，切断油路，不实行 VTEC 控制。

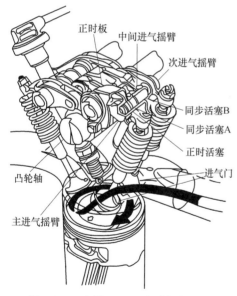

图 3-100 本田 VTEC 发动机的组成

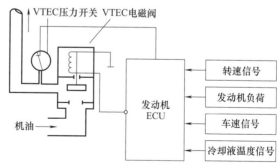

图 3-101 VTEC 控制系统

② 可变气门正时系统（VVT-i）。

丰田汽车公司可变气门正时系统的最大特点是可根据发动机的工况控制进气凸轮轴，通过调整凸轮轴转角，改变进气门开启的时刻来调节气门正时。在发动机中低速运转时缩小"重叠时间"，高速运转时扩大"重叠时间"，使发动机在中低转速时产生足够的转矩，在高转速时又能提供强大的动力，从而改善了发动机的工作性能。

VVT-i 执行器装在进气凸轮轴前端，凸轮轴正时油压控制阀装于其侧端（图 3-102）。

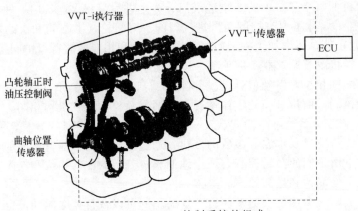

图 3-102　VVT-i 控制系统的组成

VVT-i 正时油压控制阀结构如图 3-103 所示。叶片与进气凸轮轴固定在一起，因油压作用，叶片可以在一定角度内带动进气凸轮轴一起旋转，使进气门正时连续可变。锁定销右侧有油压送入时，柱塞克服弹簧力量向左移，使叶片可在执行器内左右转动。无油压进入时，柱塞弹出，叶片与外壳连接成一体转动。

在发动机运转过程中，ECU 根据各传感器信号，控制凸轮轴正时油压控制阀，适时改变油压大小及液流方向，使叶片带动凸轮轴转动，从而实现气门正时提前、滞后或不变。在有些车上，已经安装了进排气门正时都可调节的 VVT-i 系统，即所谓的 Dual-VVT-i 系统，如丰田 1ZR-FE 发动机等。

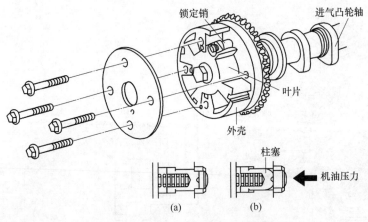

图 3-103　VVT-i 正时油压控制阀结构

(4) 增压控制系统

发动机增压就是利用专门的装置将空气预先进行压缩，再送入气缸的过程。虽然气缸的工作容积不变，但因增压后每个循环进入气缸的气体密度增大，使实际充气量增加，因此可以向缸内喷入更多的燃料并保证充分的燃烧。增压技术在汽车发动机上的应用已相当广泛，采用增压的目的不仅是提高发动机的升功率或进行高原补偿，更重要的是还能降低燃油消耗率、降低排放污染和减小噪声。增压的方式很多，如废气涡轮增压、机械增压、气波增压、复合增压等，现代汽车发动机以废气涡轮增压为主，这是由于其不仅能够充分利用废气能量，提高发动机热效率，同时可使排气背压提高，有利于降低排气噪声，也有利于废气中 HC 和 CO 在排气管内的继续燃烧。

① 废气涡轮增压系统。

常用废气涡轮增压系统主要由空气滤清器、增压器、中冷器等组成，如图3-104所示。废气涡轮增压器主要由涡轮和压气机两部分组成，涡轮与压气机的叶轮安装在同一轴上。涡轮的进气口与发动机的排气管相连，出气口与排气消声器相连。压气机的进气口前端装有空气滤清器，出气口则经中冷器与进气管相连。

发动机工作时，由排气管排出的高温、高压废气流经增压器的涡轮壳，在废气进入涡轮壳时利用废气通道截面的变化（由大到小）来提高废气的流速，使高速流动的废气按一定方向冲击涡轮，并带动压气机叶轮一起旋转。同时，经空气滤清器滤清后的空气被吸入压气机壳，旋转的压气机叶轮将进入压气机壳的空气甩向叶轮边缘出气口，使空气的压力和流速升高，并利用压气机出气口处通道截面的变化（由大到小）进一步提高空气压力，增压后的空气经中冷器和进气管进入气缸。

中冷器全称为中间冷却器，其功用是使增压后的空气进入气缸前，进行中间冷却，以降低进气温度。这是因为空气经增压后温度会升高，空气的密度并不能随其压力成正比增加，适当对增压后的空气进行冷却，可进一步提高发动机的进气量。中冷器风扇的驱动一般是从压气机一端引出5%～10%的增压空气经抽气管流至与风扇制成一体的涡轮，通过涡轮带动风扇转动。

废气涡轮增压器的结构如图3-105所示，其组成可分为五部分：涡轮、压气机、支承装置、密封装置、润滑与冷却装置。涡轮部分由涡轮、涡轮及叶轮轴和涡轮壳等零件组成，该部分主要利用废气能量产生驱动压气机的动力。压气机部分由叶轮、压气机壳等零件组成，其功用是在废气涡轮驱动下，利用离心原理压缩即将进入气缸的空气。支承部分由轴承、护板、止推盘等零件组成，其功用是使转子可靠地定位在中间壳上，限制转子工作时的轴向和径向活动范围。密封装置由油封和气封环等零件组成，在压气机端的密封装置主要是防止润滑油进入压气机，在涡轮端的密封装置主要是防止废气进入油腔，污染润滑油。润滑与冷却装置主要由轴承壳和进、出油管等零件组成，其功用是使发动机润滑油经油管和增压器轴承壳进行循环，对增压器进行润滑和冷却。

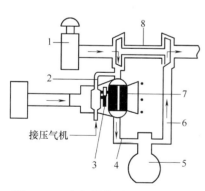

图3-104 废气涡轮增压系统的组成
1—空气滤清器；2—抽气管；3—中冷器风扇；
4—进气管；5—发动机；6—排气管；
7—中冷器；8—增压器

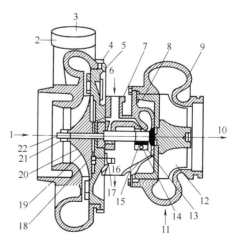

图3-105 废气涡轮增压器结构
1—空气入口；2—压气机壳；3—空气出口；4—V形卡环；
5—后板；6—润滑油进口；7—中间壳；8—护板；
9—涡轮壳；10—排气出口；11—排气进口；12—涡轮；
13—增压器浮动轴承；14—轴承壳；15—卡环；
16—润滑油出口；17—止推盘；18—止推环；19—油封；
20—压气机叶轮；21—固定螺母；22—涡轮及叶轮轴

② 增压控制系统的功能。

废气涡轮增压器是靠废气排出时的能量来驱动的，而废气排出时的能量主要取决于发动机排出的废气流速。随着发动机转速的提高，废气流速提高，使废气涡轮增压器的转速提高，增压压力增高。反之，随着发动机转速降低，废气涡轮增压器的增压压力会降低。由于汽车发动机的转速变化范围大，因此废气涡轮增压器的工作特性难以在各种工况下均与发动机实现良好的匹配。发动机低速且大负荷时，会因增压压力低导致进气量不足，造成发动机燃烧不完全、冒黑烟、动力性和经济性下降等后果。反之，当发动机高速大负荷时，容易造成增压器超速、燃烧压力过高等不良后果。

由此可见，根据发动机工况变化，控制增压压力非常重要。增压控制系统的功能就是根据发动机工况变化，通过调节增压压力，进一步优化发动机的性能。此外，部分发动机还设有增压空气循环控制系统，该系统通过将压气机的出气口与进气口连通使增压空气循环的方法，控制供给发动机的增压空气量，以避免发动机在急减速工况时，废气涡轮增压器内部产生气体冲击，同时也可在转速过高（超过规定转速）或小负荷时，降低进气噪声和燃油消耗。

3.4.3 排放控制系统

随着汽车工业的飞速发展，汽车保有量急剧增加，汽车排放问题受到极大关注。因为汽车排放严重影响着生态环境、人体健康，制约着经济的发展，所以世界上各发达国家相继投入大量的人力、物力和财力控制环境污染，保护生态平衡。为了能更好地治理环境污染，满足越来越严格的排放法规要求，在现代汽车发动机上装用了多种排放控制系统。

(1) 发动机排放控制技术

汽车发动机排放污染物主要有 HC（碳氢化合物）、CO（一氧化碳）、CO_2（二氧化碳）、NO_x（氮氧化合物）、PM（颗粒物）和 SO_2（硫氧化合物）。无论是汽油机还是柴油机，控制发动机排放污染的方法可分为两类，一是抑制其生成，二是对排出的污染物进行后处理。近年来，针对汽车污染源和各种污染物的产生机理以及汽油机与柴油机排放污染的特点，汽油机采用汽油蒸汽排放（EVAP）控制系统、废气再循环（EGR）系统、催化转化系统、二次空气供给系统作为控制 CO、HC 和 NO_x 排放的主要措施，柴油机则采用 EGR 系统、催化转化系统和颗粒过滤系统作为控制 NO_x 和 PM 排放的主要措施。

(2) 废气再循环控制系统

废气再循环控制系统有机械式和电控式两种。一般机械式控制系统控制的 EGR 率较小，为 5%～15%，即使采用能进行比较复杂控制的机械式控制系统，控制的自由度也受到限制。电控式控制系统不仅结构简单，而且可进行较大 EGR 率（15%～20%）控制。因此，在现代汽车电控发动机上通常都采用电控式 EGR 控制系统。电控式 EGR 控制系统主要有两种类型：开环控制 EGR 系统和闭环控制 EGR 系统。

① 开环控制 EGR 系统。

日产 NISSAN 轿车 VG30 型发动机所采用的废气再循环控制系统就是一种开环控制 EGR 系统，如图 3-106 所示。它由废气再循环控制阀（EGR 阀）、废气再循环真空电磁阀（EGR 真空电磁阀）、曲轴位置传感器、节气门位置传感器、冷却液温度传感器、启动信号以及发动机的 ECU 等组成。EGR 阀安装在废气再循环通道中，用以控制废气再循环量。EGR 真空电磁阀安装在通向 EGR 阀的真空通道中，ECU 根据发动机冷却液温度、节气门开度、转速和启动等信号来控制电磁阀的通电或断电。ECU 控制 EGR 真空电磁阀不通电时，EGR 阀的真空通道接通，EGR 阀开启，系统进行废气再循环；ECU 控制 EGR 真空电磁阀通电时，EGR 阀的真空通道被切断，EGR 阀关闭，系统停止废气再循环。

在发动机工作时，ECU 控制 EGR 真空电磁阀通电，停止废气再循环的工况如下。

a. 启动工况（启动开关信号）。

b. 怠速工况（节气门位置传感器怠速触点闭合信号）。

c. 暖机工况（冷却液温度信号）。

d. 转速低于 900r/min 或高于 3200r/min（转速信号）的工况。

在除上述以外的其他工况，ECU 均控制 EGR 真空电磁阀不通电，系统均进行废气再循环。废气再循环量取决于 EGR 阀的开度，而 EGR 阀的开度直接由真空度控制。真空管口设在靠近节气门全闭位置的上方，随发动机转速和负荷（节气门开度）的增大，真空管口处的真空度增加，EGR 阀的开度增大；随发动机转速和负荷的减小，EGR 阀的开度也减小。

在有些发动机的 EGR 控制系统中，EGR 真空电磁阀采用占空比控制型电磁阀，ECU 通过占空比控制真空电磁阀的开度，调节作用在 EGR 阀上的真空度，控制 EGR 阀的开度，以实现对废气再循环量的控制。在此系统中，通向 EGR 阀的真空管口一般设在节气门之后。

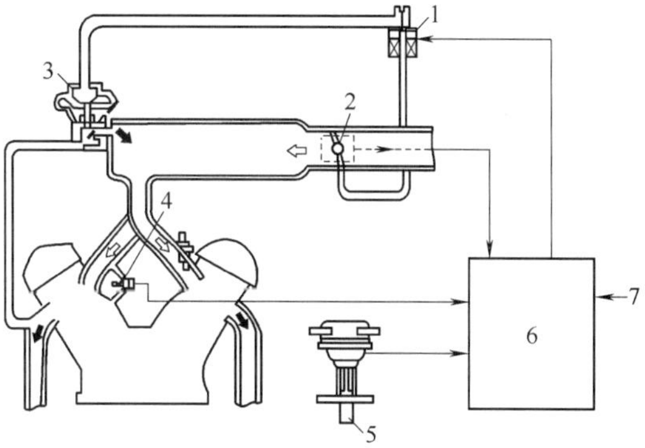

② 闭环控制 EGR 系统。

在开环控制 EGR 系统中，EGR 率只受 ECU 预先设置好的程序控制，系统不能检测发动机各种工况下的 EGR 率，因此无反馈信号。而在闭环控制 EGR 系统中，ECU 以 EGR 率或 EGR 阀开度作为反馈信号实现闭环控制，其控制精度更高。

图 3-106 典型开环控制 EGR 系统
1—EGR 真空电磁阀；2—节气门位置传感器；
3—EGR 阀；4—冷却液温度传感器；
5—曲轴位置传感器；6—ECU；7—启动信号

用 EGR 阀开度作为反馈信号的闭环控制 EGR 系统如图 3-107 所示。与采用占空比控制型真空电磁阀的开环控制 EGR 系统相比，其特点是在 EGR 阀上增设了一个 EGR 阀开度传感器。EGR 阀开度传感器为电位计式，其工作原理与电位计式节气门位置传感器类似。

EGR 阀开度传感器与 ECU 之间有三条连接线路，分别为电源线、搭铁线和信号线，ECU 通过电源线给传感器提供 5V 的标准电压，传感器将 EGR 阀开度变化转换为电信号经信号线输送给 ECU。闭环控制 EGR 系统工作时，ECU 可根据 EGR 阀开度传感器的反馈信号修正电磁阀的开度，使 EGR 率保持在最佳值。

用 EGR 率作为反馈信号的闭环控制 EGR 系统控制原理如图 3-108 所示。ECU 根据 EGR 率传感器信号对 EGR 阀实行反馈控制。新鲜空气经节气门进入稳压箱，参与再循环的废气经 EGR 阀也进入稳压箱。EGR 率传感器安装在稳压箱上，检测稳压箱内气体中的氧浓度（氧浓度随 EGR 率的增加而降低），并转换成电信号输送给 ECU，ECU 根据此反馈信号修正 EGR 阀的开度，使 EGR 率保持在最佳值，从而有效地减少 NO_x 的排放量。

(3) 汽油蒸汽排放（EVAP）控制系统

EVAP 控制系统的功能是收集汽油箱内蒸发的汽油蒸气，并将汽油蒸气导入气缸参加燃烧，从而防止汽油蒸汽直接排入大气而造成污染。同时，还必须根据发动机工况，控制导入气缸参加燃烧的汽油蒸气量。

EVAP 控制系统是为防止汽油箱内的汽油蒸气排入大气产生污染而设的，在装有 EVAP 控制系统的汽车上，汽油箱盖上只有空气阀，而不设蒸气放出阀。EVAP 控制系统如图 3-109 所示。活性炭罐与油箱之间设有排气管和单向阀，汽油箱内的汽油蒸气超过一定

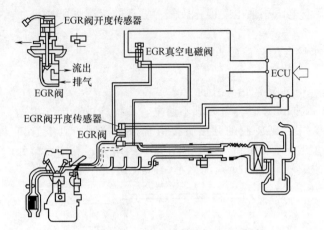

图 3-107 用 EGR 阀开度作为反馈信号的闭环控制 EGR 系统

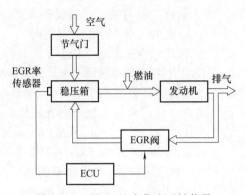

图 3-108 用 EGR 率作为反馈信号的闭环控制 EGR 系统

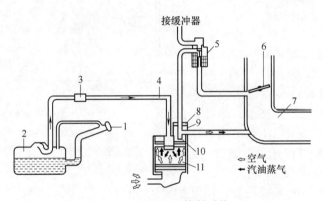

图 3-109 EVAP 控制系统
1—油箱盖；2—油箱；3—单向阀；4—排气管；5—电磁阀；6—节气门；
7—进气管；8—真空室；9—真空控制阀；10—定量排放孔；11—活性炭罐

压力时，顶开单向阀经排气管进入活性炭罐，活性炭罐内的活性炭将汽油蒸气吸附在炭罐内。发动机工作时，活性炭罐内的汽油蒸气经定量排放孔、吸气管被吸入进气管。活性炭罐的上端设有一个真空控制阀，真空控制阀为一膜片阀，膜片上方为真空室，控制阀用来控制定量排放孔的开闭。真空控制阀与进气管之间的真空管路中设有受 ECU 控制的电磁阀，用以调节真空控制阀上方真空室的真空度，改变真空控制阀的开度，从而控制吸入进气管的汽油蒸气量。为防止活性炭罐内的汽油蒸气被吸入进气管后使混合气变浓，活性炭罐下方设有进气滤芯并与大气相通，使部分清洁空气与活性炭罐内的汽油蒸气一起被吸入进气管。

有些发动机上的 EVAP 系统不采用 ECU 控制，即真空控制阀与进气管之间的真空管路中不安装受 ECU 控制的电磁阀，真空控制阀的开度直接由真空度控制。真空管口设在靠近节气门全闭位置的上方，发动机转速一定时，随发动机负荷（节气门开度）的增大，真空管口处的真空度增加，真空控制阀的开度增大；随发动机负荷减小，真空控制阀开度也减小。

在部分电控 EVAP 系统中，活性炭罐上不设真空控制阀，而是将受 ECU 控制的电磁阀直接装在活性炭罐与进气管之间的吸气管中。如图 3-110 所示为韩国现代轿车装用的电控 EVAP 系统，计算机根据节气门位置传感器、冷却液温度传感器和进气温度传感器信号控制电磁阀通电或断电，电磁阀控制活性炭罐与进气管之间的吸气通道。发动机怠速（进气量较少）或温度较低时，计算机使电磁阀断电，关闭吸气通道，活性炭罐内的汽油蒸气不能被吸入进气管。

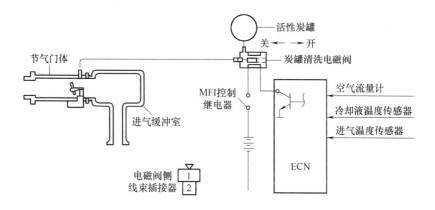

图 3-110　韩国现代轿车 EVAP 系统

（4）三元催化技术

三元催化技术是目前汽车上采用最多的一种排气污染物处理净化技术。TWC 串联在排气系统中，当排气气流进入催化器时，废气中的有害气体 CO、HC 和 NO_x 在三元催化剂（铂、钯和铑的混合物）的作用下发生化学反应，生成 CO_2、N_2 和 H_2O，废气中的三类有害气体通过 TWC 后均变成了无害气体，使废气得到净化。

TWC 由金属外壳、载体、催化剂和金属丝网等组成，图 3-111 所示。催化剂是用贵金属（铂、钯和铑）以及一些稀土金属（铈、钌、镧等）制成的混合物，金属铂能促使有害气体 CO 和 HC 的氧化，金属铑能加速有害气体 NO_x 的还原。载体由陶瓷或不锈钢板制成，用于携带催化基层。根据载体的结构特点，TWC 可分为颗粒型和蜂巢型两种类型。颗粒型即将催化剂沉积在颗粒状氧化铝载体表面。蜂巢型即将催化剂沉积在蜂巢状氧化铝载体表面。氧化铝表面有形状复杂的表层，可以增大三元催化剂与排气气流的实际接触面积。

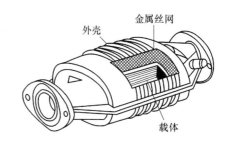

图 3-111　TWC 的结构

TWC 安装在排气管的中部，一般多为整体不可拆卸式。

（5）二次空气供给控制系统

二次空气供给控制系统的功能是：在一定工况下，将新鲜空气送入排气管，促使废气中的 CO 和 HC 进一步氧化，从而降低 CO 和 HC 的排放量。二次空气供给控制系统与发动机正常进气系统是有区别的，区别在于其是向排气系统供给空气的。

典型的二次空气供给控制系统组成与原理如图 3-112 所示。二次空气控制阀由膜片阀和舌簧阀组成。来自空气滤清器的二次空气进入排气管的通道受膜片阀控制，膜片阀的开闭又由进气管的真空度来驱动。进气管与膜片阀之间的真空通道由 ECU 通过二次空气电磁阀控制。装在二次空气控制阀中的舌簧阀是一个单向阀，主要用来防止排气管中的废气倒流。

点火开关接通后，蓄电池即向二次空气电磁阀供给电源电压。当 ECU 控制二次空气电磁阀搭铁回路截止时，二次空气电磁阀关闭，通向膜片阀真空室的真空通道被切断，膜片阀弹簧推动膜片下移，关闭二次空气供给通道，不允许向排气管内提供二次空气。当 ECU 控制二次空气电磁阀搭铁回路导通时，二次空气电磁阀开启，膜片阀真空室的真空通道被接

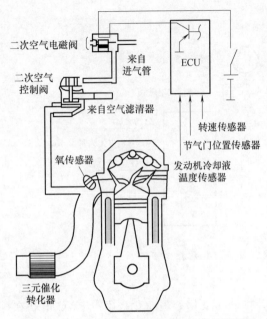

通，进气管真空度将膜片阀吸起，排气管内的脉动真空即可吸开舌簧阀，使二次空气进入排气管。

必须控制二次空气进入排气管的时机和进气量，以防止三元催化转换器过热。当电控燃油喷射系统进入闭环控制、冷却液温度超过规定范围、发动机的转速和负荷超过规定值以及发现 ECU 有故障时，ECU 控制二次空气电磁阀不通电。

3.4.4　巡航控制系统

巡航控制系统是使汽车工作在发动机有利转速范围内，减轻驾驶员的驾驶操纵劳动强度，提高行驶舒适性的汽车自动行驶装置。巡航控制系统英文缩写为 CCS。巡航控制系统又称为巡航行驶装置、速度控制系统、恒速行驶系统等。

图 3-112　二次空气供给控制系统组成与原理图

在大陆型的国家，驾驶汽车长途行驶的机会较多，在高速公路上长时间行驶时，打开该系统的自动操纵开关后，巡航控制系统将根据行车阻力自动增减节气门开度，使汽车行驶速度保持一定，并且可以避免驾驶员频繁踩油门踏板，而保证汽车以预先设定的速度行驶。汽车在一定条件下恒速行驶，大大减轻了驾驶员的疲劳强度。由于巡航控制系统能自动维持车速，避免了不必要的人为变动油门踏板，因此改善了汽车的燃料经济性和发动机的排放性。

(1) 巡航控制系统的优点

a. 提高汽车行驶舒适性。特别是在郊外或高速公路上行驶，这种优越性更为显著。另外，当汽车以一定的速度行驶时，减少了驾驶员的负担，使其可以轻松地驾驶。

b. 节省燃料，具有一定的经济性和环保性。在同样的行驶条件下，对一个有经验的驾驶员来说，使用巡航控制系统可节省燃料 15%。这是因为在使用该系统以后，可使汽车的燃料供给与发动机功率之间处于最佳配合状态，并减少了废气的排放。

c. 保持汽车车速的稳定。汽车无论是在上坡、下坡或平路上行驶，或是在风速变化的情况下行驶，只要在发动机功率允许的范围内，汽车的行驶速度就能保持不变。

(2) 巡航控制系统的组成

巡航控制系统主要由主控开关、转速传感器、巡航控制 ECU 和执行器等组成，如图 3-113 所示。

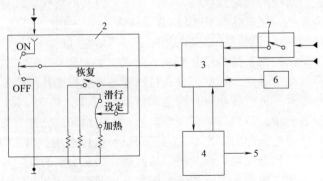

图 3-113　巡航控制系统的组成

1—电源；2—主控开关；3—巡航控制 ECU；4—执行器；5—接节气门；6—转速传感器；7—制动灯开关

① 巡航控制的操作开关。

操作开关包括主控开关、离合器开关、空挡启动开关、制动灯开关、驻车制动开关和点火开关等。开关将信号送入巡航控制 ECU，ECU 根据这些信号计算节气门应有的开度，并给执行器发出信号，自动调节节气门开度。

a. 主控开关。主控开关一般安装在转向信号手柄上或转向盘上，如图 3-114 所示。驾驶员通过主控开关给 ECU 输入巡航控制命令，主要用于选择巡航控制模式、设置或修改巡航控制车速等。

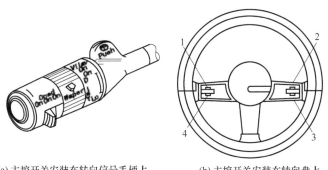

(a) 主控开关安装在转向信号手柄上　　(b) 主控开关安装在转向盘上

图 3-114　主控开关

1—Set（设置）；2—Resume（恢复）；3—Accelerate（加速）；4—Coast（滑行）

b. 离合器开关。离合器开关安装在驾驶室离合器踏板的上部，靠驾驶员踩踏离合器踏板的机械动作使其闭合。它的作用是：当汽车在巡航状态下行驶时，如驾驶员踩踏离合器踏板，离合器开关即由断开变为闭合，使 ECU 立即自动关闭巡航工作状态。

c. 空挡启动开关。空挡启动开关的安装位置紧靠变速器操纵杆，并与变速器操纵杆联动，当变速器操纵杆置于空挡时，空挡启动开关由断开变成闭合。它的作用与离合器开关类似。

d. 制动灯开关。制动灯开关具有一对常开触点和一对与之联动的常闭触点。当驾驶员踩踏制动踏板时，常开触点闭合，接通制动灯电路。常闭触点断开，切断电磁离合器电路。它的作用是：在制动灯亮起的同时，将控制节气门执行器的电磁离合器断开，使 ECU 立即自动关闭巡航工作状态。

e. 驻车制动开关。驻车制动开关的安装位置紧靠驻车制动操纵杆并与驻车制动操纵杆联动，当拉驻车制动时，此开关由断开变为闭合。它的作用与离合器开关、空挡启动开关类似。

f. 点火开关。点火开关的主要作用是控制巡航控制系统工作电源的通断。

② 巡航控制的传感器。

巡航控制系统工作时，除上述开关给 ECU 输送信号外，还必须由车速传感器、节气门位置传感器、执行器位置传感器向 ECU 提供信号。

a. 车速传感器。它提供一个与汽车实际车速成比例的交变振荡脉冲信号，巡航控制 ECU 将该信号进行处理。车速传感器与发动机电控系统共用。

b. 节气门位置传感器。其作用是给巡航控制 ECU 提供一个与节气门位置（开度）成正比例的信号，节气门位置传感器与发动机电控系统共用。

c. 节气门控制摇臂传感器。其采用较多的是滑线电位计式，当节气门控制摇臂转动时，电位计随之转动，便输出一个与控制摇臂位置成比例且连续变化的电信号。

③ 巡航控制 ECU。

巡航控制 ECU 是巡航控制系统的重要部件，是整个系统的中枢。有些汽车的巡航控制 ECU 是专用的，有些则与发动机控制 ECU 或车身控制 ECU 等合为一体。

巡航控制 ECU 主要由 D/A 转换电路、存储电路、高速限制电路、低速限制电路、保护电路、加速控制电路、减速控制电路、稳压电源电路等组成。典型的巡航控制 ECU 框图如图 3-115 所示。ECU 接收来自车速传感器和各种开关的信号，按照存储的程序进行处理。当汽车在巡航控制车速范围（一般为 40~200km/h）内行驶时，ECU 接收到驾驶员通过主控开关输入的"Set/Coast"设置信号后，存储此时的行驶车速信号并进入巡航控制模式，然后 ECU 便对车速传感器信号与设定的巡航车速进行比较，根据比较结果向执行器发出控制信号，控制执行器的动作，以调整节气门开度，使实际车速与设定车速相一致。当车速过低（一般为低于 40km/h）、汽车急减速（一般减速时的加速度小于 $-2m/s^2$）或 ECU 检测到系统有故障时，ECU 将自动解除巡航控制，以确保行车安全。

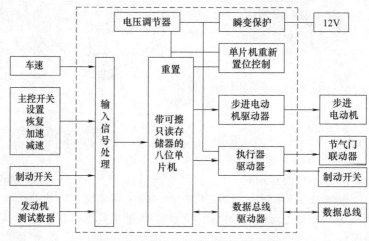

图 3-115 典型的巡航控制 ECU 框图

④ 巡航控制执行器。

执行器是一种将 ECU 输出的电信号转变为机械运动的装置。常见的执行器有两种基本类型：电动机式和气动膜片式。

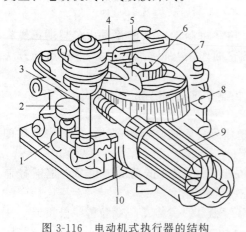

图 3-116 电动机式执行器的结构
1—传感器驱动齿轮；2—执行器位置传感器；
3—执行器输出轴；4—节气门控制臂；
5—扇齿轮；6—减速齿轮；7—电磁离合器从动盘；
8—电磁离合器主动件；9—电动机；10—安全开关

a. 电动机式执行器。典型电动机式执行器的结构如图 3-116 所示。它主要由电动机、电磁离合器、执行器位置传感器和安全开关等组成。其中，电动机的输出轴与电磁离合器主动件制成蜗轮蜗杆传动机构，电磁离合器从动盘与减速齿轮制成一体，减速齿轮与执行器输出轴上的扇齿轮相啮合，执行器输出轴则通过节气门控制臂、节气门拉线与节气门连接。当汽车以巡航控制模式行驶时，电磁离合器处于接合状态，电动机驱动电磁离合器主动件和从动盘、减速齿轮、扇齿轮、执行器输出轴一起转动，再通过执行器输出轴上的节气门控制臂、节气门拉线控制节气门的开度。

b. 气动膜片式执行器。典型气动膜片式执行器的结构如图 3-117 所示。它主要由真空输送阀、真空输送电磁阀、真空释放阀、真空释放电磁阀、膜片气室和膜片拉杆等组成。膜片通过膜片拉杆与节气门控制臂或节气门拉线连接。当膜片气室无真空吸力作用时，在弹簧力作用下节气门关闭。

当ECU输出控制信号使真空释放阀关闭、真空输送阀打开时，膜片气室内气体进入真空，使膜片克服弹簧力的作用打开节气门。ECU通过控制真空输送电磁阀和真空释放电磁阀两个电磁阀线圈信号的占空比来控制真空输送阀和真空释放阀的开度，进而改变膜片气室的真空度，调节膜片的位置来改变节气门的开度，达到控制汽车行驶速度的目的。该执行器中还设有一个空气阀，当解除巡航控制模式时，控制线圈断电，允许空气进入执行器中，这样可保证即使控制阀的空气进口开启失败，巡航控制的功能也能够安全解除。

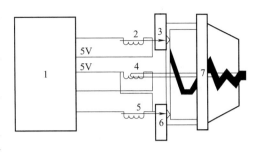

图3-117 气动膜片式执行器的结构
1—ECU；2—真空输送电磁阀；3—真空输送阀；
4—执行器位置传感器；5—真空释放电磁阀；
6—真空释放阀；7—膜片气室

3.4.5 电子节气门系统

采用电子节气门的控制系统，其巡航控制由ECU直接调控电子节气门的开度来控制巡航。

电子节气门的研究工作起源于20世纪70年代，20世纪80年代开始有产品问世，近10年来，国外对电子节气门的研究得到了非常迅速的发展。其在控制策略上由线性控制发展为非线性控制，由辅助电子节气门发展为独立的电子节气门系统，从单一的控制功能发展到集成多种控制功能，兼顾提高动力性、经济性、操纵稳定性、排放性和乘坐舒适性。

目前，国内外多家公司已对电子节气门系统作了深入的研发，已推出系列化产品应用于各种品牌的中高档轿车。

（1）电子节气门系统的功能

传统的节气门由驾驶员直接控制，此时，主节气门开度恒定地随加速踏板的开度改变，在许多工况下，节气门开度的这种变化规律难以满足实际要求。电子节气门控制系统能根据加速踏板踩下的程度和不同驾驶条件的要求计算节气门开度，驱动节气门控制马达，从而达到优化节气门开度控制的目的。

（2）电子节气门系统的控制内容

发动机ECU根据加速踏板位置传感器、节气门位置传感器、车速挡位、驾驶模式等信号驱动节气门控制马达，根据不同行驶条件实现不同节气门开度的优化控制。

a. 非线性控制。传统的节气门由加速踏板直接控制节气门开度，从而达到调节发动机转速或功率的目的，这时发动机转速或功率的变化取决于加速踏板下踏的规律，这种调控方法在许多工况下对汽车的驾驶性能和乘车舒适性等不利。而电子节气门由发动机ECU根据加速踏板、节气门位置、车速等其他行车信号，通过节气门驱动马达来调节节气门开度，可实现所有工况下节气门开度的优化控制，如加速控制、低摩擦路面行驶控制等，从而改善驾驶性能和乘车舒适性。

b. 怠速控制。以前的步进马达型怠速控制阀用来控制发动机冷机怠速和普通怠速，采用电控节气门后，则由节气门控制马达控制发动机怠速转速。

c. 减小换挡冲击控制。节气门控制与变速箱电控系统控制同步，在变速箱换挡时减小冲击。

d. 驱动力控制系统（TRC）节气门控制。作为TRC系统的一部分，节气门接收从

ABS、TRC 和 VSC ECU 输出的指令。如果驱动轮打滑率超过预定范围，节气门就会按照指令减小开启程度，从而保证车辆行驶的稳定性和驱动力。

e. 稳定性控制（VSC）协调控制。为充分发挥 VSC 系统的效用，节气门开启程度也受 ABS、TRC 和 VSC ECU 控制。

f. 巡航控制。以前的车辆由巡航控制执行器控制车速，巡行控制执行器控制节气门开度。采用电控节气门后，车速由节气门控制电动机控制。

(3) 电子节气门系统的基本结构。

电子节气门系统的基本结构如图 3-118 所示。

① 加速踏板位置传感器。

加速踏板位置传感器由两个无触点线性电位器传感器组成，在同一基准电压下工作，基准电压由 ECU 提供。随着加速踏板位置的改变，电位器阻值也发生线性的变化，由此产生反映加速踏板下踏量大小和变化速率的电压信号输入 ECU。

② 节气门位置传感器。

和踏板位置传感器类似，节气门位置传感器也是由两个无触点线性电位器传感器组成的，且由 ECU 提供相同的基准电压。当节气门位置发生变化时，电位器阻值也随之线性地改变，由此产生相应的电压信号输入 ECU，该电压信号反

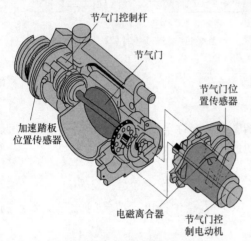

图 3-118 电子节气门系统的基本结构

映节气门开度大小和变化速率。

③ 节气门控制电动机。

节气门控制电动机一般选用步进电动机或直流电动机，经过两级齿轮减速来调节节气门开度。早期以使用步进电动机为主，步进电动机精度较高、能耗低、位置保持特性较好，但其高速性能较差，不能满足节气门较高的动态响应性能的要求，所以现在比较多地采用直流电动机，直流电动机精度高、反应灵敏、便于伺服控制。

④ 控制单元（ECU）。

控制单元（ECU）是整个系统的核心，包括两部分：信息处理模块和电动机驱动电路模块。

信息处理模块接受来自加速踏板位置传感器的电压信号，经过处理后得到节气门的最佳开度，并把相应的电压信号发送到电动机驱动电路模块。

电动机驱动电路模块接受来自信息处理模块的信号，控制电机转动相应的角度，使节气门达到或保持相应的开度。电动机驱动电路应保证电动机能双向转动。

(4) 电子节气门系统的工作原理

加速踏板位置传感器位于节气门阀体上，与节气门杆安装在一起，节气门杆与加速踏板的油门拉线相连，加速踏板位置传感器将加速踏板的开度转换成表示加速踏板的下踏量大小及变化速率两种电信号，一起传送给发动机 ECU。节气门位置传感器将节气门开度转换成电信号输入发动机 ECU，其输出特性与加速踏板位置传感器相同。节气门控制马达是具有良好响应和低能耗的直流电动机，由发动机 ECU 通过控制流过节气门控制马达的电流方向和大小来控制节气门开度。

3.4.6 应急备用系统

当 ECU 偶尔发生故障时，正常控制的例行程序不能运行，ECU 也无法计算出燃油喷射

的基本时间，甚至停止输出点火信号，发动机将熄火，车辆不能行驶。若此时汽车处于行驶途中，又远离维修服务站，将会使驾驶员和乘客陷入十分困难的境地。此时为使汽车能继续行驶，汽车上一般都设有应急备用系统。

(1) 应急备用系统的功能

当 ECU 内的微处理器或少数重要的传感器出现故障、车辆无法行驶时，应急备用系统可以使 ECU 把燃油喷射和点火正时控制在设定的水平上，使汽车能维持基本行驶，以便把汽车开到最近的维修站或适宜的地方，所以应急备用系统又称为"跛行回家"系统。当自诊断系统判定发生下列故障之一时，在接通"故障指示灯"搭铁回路的同时，将自动启动应急备用系统。

a. ECU 中的中央微处理器（CPU）或输入/输出（I/O）接口或存储器发生故障。

b. 曲轴位置传感器或其电路发生故障使 ECU 收不到 G_1 和 G_2 信号。

c. 在 D 型电控燃油喷射系统中，进气歧管绝对压力传感器或其电路发生故障。

(2) 应急备用系统的工作原理

应急备用系统的工作原理如图 3-119 所示。应急备用系统实际上是一专用后备集成电路（IC）。监视回路中装有监视器。在正常工作情况下，ECU 会定时清除监视器中的信息。当出现异常情况时，正常的例行程序不能运行，监视器的定期清除工作也不能进行，ECU 显示溢出。当监视器发现 ECU 溢出并满足启用应急后备系统的条件时，首先点亮故障指示灯，告诉驾驶员发动机已出现故障。与此同时，接通备用电路，发出转换信号，使转换电路转接到备用输出信号通道。应急备用系统工作时，IC 只能根据启动开关信号和急速触点信号将发动机的工况简单地分为启动、急速和非急速三种，并按预先设定的固定数值输出喷油控制信号和点火正时信号。IC 接收到 STA 信号即判定发动机处于启动工况，接收到 IDL 信号即判定发动机处于急速工况，接收不到 IDL 信号即判定发动机处于非急速工况。发动机型号、工况和故障的不同，应急备用系统中预先设定的固定数值也不同。表 3-2 是日产车系某发动机应急备用系统设定的固定数值。

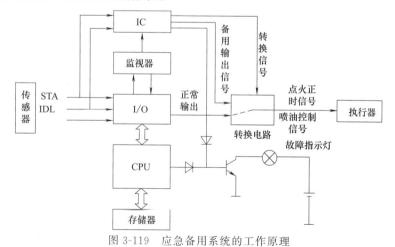

图 3-119 应急备用系统的工作原理

表 3-2 应急备用系统设定的固定数值

项目	ECU 备用系统			曲轴转角传感器备用系统		
	启动	急速	非急速	启动	急速	非急速
喷油时间	12.0ms	2.3ms	4.1ms	1.0ms	与进气量成正比	
喷油频率	2 次/循环			1 次/65.3ms	1 次/69.9ms	1 次/30ms
点火提前角	上止点前 10°	上止点前 10°	上止点前 20°	1 次/50ms	1 次/23ms	1 次/5ms
闭合时间	5.12ms			3ms	4ms	3ms

3.4.7 失效保护系统

具有故障自诊断功能的发动机电子控制系统，一般都同时具有失效保护功能，它是ECU检测到故障后采取的一种安全保护措施。能够完成失效保护功能的系统称为失效保护系统。

当任何一个传感器或其电路出现故障时，如果ECU仍继续按通常的方式控制发动机运转，就可能使发动机或其他部件也出现问题。为了避免出现这种情况，当ECU诊断出故障时，除前面提到的故障报警、内存故障码外，失效保护系统也立即发挥作用。此时，ECU不再使用已发生故障的传感器及其电路输入的信号，而采用设定的标准信号来替代故障信号，以保持控制系统继续工作，确保车辆仍能继续行驶。在个别重要的信号发生故障有可能危及发动机安全运转时，ECU立即采取强制性措施，切断燃油喷射，使发动机熄火，确保车辆安全。

下面分别介绍各传感器及其电路发生故障时的情况及失效保护系统的作用。

① 冷却液温度传感器或进气温度传感器信号故障。当冷却液温度传感器或进气温度传感器信号电路发生断路或短路故障时，ECU将检测到低于-30℃或高于139℃的温度信号，如果ECU仍然按通常的方式控制喷油量，必然引起空燃比过小或过大、混合气过浓或过稀，导致发动机转速不稳。此时，失效保护系统将自动采用设定的冷却液温度或进气温度的标准信号来替代故障信号，控制发动机工作，防止混合气过浓或过稀，设定的冷却液温度一般为80℃，进气温度一般是20℃。

② 点火确认信号故障。如果点火系统发生故障而造成不能点火，ECU也就接收不到点火控制器反馈的点火确认信号。此时若喷油器继续喷油，则大量未燃烧的混合气就会被吸入气缸后排出，流入三元催化转换器，这不仅会造成燃油浪费和排放污染，还会使三元催化转换器温度迅速升高并超过允许使用温度。为避免发生这种情况，失效保护系统会立即切断燃油喷射，使发动机停止运转。图3-120为点火器故障自诊断电路。

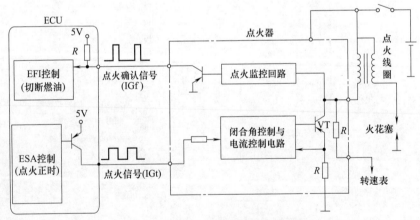

图3-120 点火器故障自诊断电路

③ 节气门位置传感器信号故障。当节气门位置传感器产生断路或短路故障时，ECU将始终接收到节气门处于全开或完全关闭状态的信号，无法按实际的节气门开度对喷油量等进行精确控制。此时失效保护系统将自动采用设定的节气门位置传感器标准信号来替代故障信号，控制发动机工作。设定的节气门位置传感器标准信号为：节气门开度为0°或25°。

④ 爆燃传感器信号或爆燃控制系统故障。当爆燃传感器信号电路断路、短路，或ECU内爆燃控制系统出现故障时，无论是否产生爆燃，点火提前角都无法由爆燃控制系统进行反

馈控制,这将导致发动机无法正常工作。此时失效保护系统将自动采用设定的点火提前角控制发动机工作。

⑤ 曲轴位置传感器(G_1和G_2)信号电路故障。由于曲轴位置传感器(G_1和G_2)信号用于识别气缸和确定曲轴转角基准,因此,当该传感器出现断路或短路故障时,ECU将无法控制发动机工作,发动机则不能启动或失速。此时,如果传感器或其电路故障不严重,ECU仍能收到G_1和G_2信号,还能按完好的G_1和G_2信号判别气缸和确定曲轴转角基准;但若传感器或其电路故障导致G_1和G_2两个信号都不能输送给ECU,则只能利用应急备用系统维持发动机基本运转。

⑥ 空气流量传感器信号电路故障。如果空气流量传感器或其电路发生故障,则ECU无法按空气流量传感器计算基本喷油时间,将引起发动机失速或不能启动。此时,失效保护系统使ECU根据启动信号和节气门位置传感器信号按固定的喷射时间控制发动机工作,当启动开关断开、怠速触点闭合时,以固定的怠速喷油量喷油。当启动开关断开、节气门开度较小时,以固定的小负荷喷油量喷油;当启动开关断开、节气门接近全开或全开时,以固定的大负荷喷油量喷油。

⑦ 进气歧管绝对压力传感器信号故障。在D型电控燃油喷射系统中,如果进气歧管绝对压力传感器或其电路发生故障,则ECU无法按空气流量计算基本喷油时间,将引起发动机失速或不能启动。此时,失效保护系统使ECU按设定的固定值控制喷油量,或启动应急备用系统维持发动机运转。

失效保护系统是依靠ECU内的软件完成其功能的。当控制系统出现故障时,给ECU提供的设定标准信号不可能与实际工作情况一致,失效保护系统只能维持发动机继续运转,但不能保证控制系统的优化控制,发动机的性能必然有所下降。

3.4.8 故障自诊断系统

现代汽车的电子控制系统越来越复杂,当发生故障时,维修人员要判断出故障部位变得越来越困难。自诊断系统就是为适应这一状况应运而生的。自诊断系统的功能是向驾驶员或维修人员提供故障情报,具体功能可归纳为以下几点。

① 及时地检测出电子控制系统出现的故障,点亮故障指示灯向驾驶员和维修人员发出报警信号,并将诊断结果以故障码的形式进行存储。但自诊断系统对所设故障码以外的故障无能为力,特别是机械装置、真空装置等,自诊断系统无法对其进行监测,对这些装置的故障还应采取传统的检测诊断方法。

② 对车辆进行检修时,维修人员可通过特定的操作程序将存储在存储器中的故障码调出,以便维修人员迅速地、准确地确定故障的性质和部位,有针对性地检查有关元件、线路,并及时排除故障。故障排除后,还应通过特殊的程序将存储在存储器中的故障码清除,以免与新产生的故障码混杂,给检修带来困难。

③ 当传感器或其电路发生故障时,自动启动失效保护系统,以保证发动机能继续运转,或强制中断燃油喷射使发动机停止运转。

④ 当发生故障导致车辆无法行驶时,自动启动应急备用系统,以保证汽车可以继续行驶。

(1) 故障指示灯

发动机电子控制系统一般都在仪表板上设置一个发动机故障指示灯,称为发动机故障警告灯或发动机检查灯。当自诊断系统检测出发动机有故障时,一方面将故障信息存入存储器内,另一方面输出控制信号,点亮发动机故障指示灯。发动机故障指示灯的标志一般有"CHECK""CHECKENGINE"或发动机标志符号,如图3-121所示。

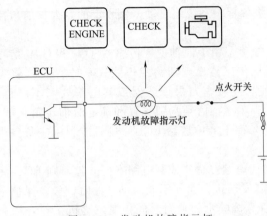

图 3-121　发动机故障指示灯

(2) 第二代随车诊断系统

① 第二代随车诊断系统（OBD-Ⅱ）的特点。

1996年及以后生产的所有轻型车辆都必须采用第二代随车诊断系统（OBD-Ⅱ）标准。OBD-Ⅱ的主要目的是降低排放污染，而设立OBD-Ⅰ（1988年）的主要目的是检查传感器或其电路是否有故障。OBD-Ⅱ法规要求该系统不仅要测试传感器而且要测试所有的排放控制装置，并要查证排放装置是否正常工作。

OBD-Ⅱ系统具有以下三项主要特点。

a. 能检测出与排放相关元器件的工作情况，提示驾驶员对与排放相关的系统进行维修、维护。OBD-Ⅱ系统有两种监测过程：连续监测和非连续监测。连续监测包括检查发动机间歇不点火、燃油系统的监测（燃油修正）和全面的元器件监测。非连续监测内容有催化转化器监测、废气再循环和燃油蒸发系统的监测、氧/空燃比传感器监测、氧传感器加热器检测和二次空气喷射系统监测。有些2000年以后生产的车辆中OBD-Ⅱ系统还需监测节温器，2002年以后生产的车辆需要监测曲轴箱强制通风（PCV）装置系统的工作状况。

b. 采用统一的故障码及意义，即能使用统一协议的检测工具、标准化的16针诊断座（DLC）进行检测（诊断座见图3-122，其端子说明见表3-3）。

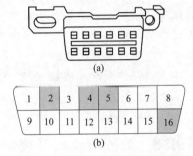

图 3-122　OBD-Ⅱ数据传输诊断插头

表 3-3　OBD-Ⅱ诊断座端子的用途

端子	用途	端子	用途
1	生产厂家自行设定	9	生产厂家自行设定
2	美国款车诊断用 BUS+线，SAE J1850	10	美国款车诊断用，SAE J1850
3	生产厂家自行设定	11	生产厂家自行设定
4	直接在车身搭铁	12	生产厂家自行设定
5	信号搭铁	13	生产厂家自行设定
6	生产厂家自行设定	14	生产厂家自行设定
7	欧款车诊断用K线，ISO09141	15	欧款车诊断用，ISO09141
8	生产厂家自行设定	16	接蓄电池"+"极

c. 诊断信息多样化。除可获得故障码外，OBD-Ⅱ还可提供传感器检测数值、控制状态、控制参数和执行器通/断等信息。

② OBD-Ⅱ故障码。

OBD-Ⅱ故障码由1个英文字母和4个数字组合而成，如图3-123所示。

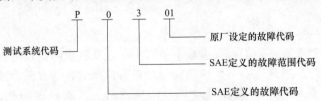

图 3-123　OBD-Ⅱ故障码形式

a. 英文字母表示测试系统代码。例如：
P——发动机和变速器组成的动力传动系统（Power Train）；
B——车身电控系统（Body）；
C——汽车底盘电控系统（Chassis）；
U——未定义，待 SAE 另行发布。
b. 第一个数字表示由谁定义的故障码（DTC）。例如：
0——SAE 定义的故障码；
1，2，3——汽车制造厂自定义的故障码。
第二个数字表示 SAE 定义的故障范围代码。
第三、四个数字表示原厂设定的故障码。

3.5 汽油机电控系统常见故障诊断与检修

现代发动机电子控制系统是一个很复杂的机电一体化综合控制系统，在诊断故障时，要系统、全面地掌握整个系统的结构、原理和电器线路，同时还要掌握故障诊断的基本方法和步骤。一般来讲，如果要诊断排除一个可能涉及电控系统的发动机故障，则应首先按发动机没有电控系统那样，检查引起该种故障的各种原因。如果仪表盘上的警告灯点亮，则应按厂家规定的程序调取故障码，进行检查；如果发动机有故障，而警告灯并没有点亮或故障码未显示，就应像发动机没装电控系统那样，按照基本诊断程序进行检查。否则本来一个与电控系统无关的简单故障，还要去检查传感器、执行器和控制电路，走不必要的弯路，反而使故障不能及时排除。

3.5.1 汽油机电控发动机的使用注意事项

（1）汽油机电控发动机的基本特点

随着汽车技术的发展，电控技术在汽车上的应用越来越广泛。面对着繁多的车型，汽车维修人员必须不断地在实践中总结经验，探索电控系统故障产生的规律性和检修方法，以求能举一反三、触类旁通，达到知识内涵的飞跃和维修技术的提高。电控发动机的特点主要是在电路和油路上。

① 采用中央配电盒，将继电器和熔断丝等集中设置。这种布置方式简化了线路连接，使电路具有阻抗小、寿命长和检修方便等优点。

② 电器中塑料零件较多，重要的电器和传感器在电路中常采用双线制（具有单独的接地线）。发动机、变速器、ECU 等都有各自的接地线。

③ 电源线有 3 根：常火线、小容量电器火线和大容量电器火线。

常火线直接与蓄电池正极连接，不受点火开关控制，常用于向电动风扇、制动灯、危险报警灯、防盗报警系统、ECU 等供电。该线的截面积较大。小容量电器火线受点火开关的控制，常用于向点火系统、喷油系统、各种传感器、各种执行部件等供电。该线的截面积较小，在该线路上不宜擅自加接其他电器。

大容量电器火线受继电器控制，而继电器则由点火开关控制，常用于向大功率电器（如前照灯、空调压缩机、喇叭、泵等）供电。该线的截面积较大。

④ 起动机电路常受离合器开关或自动变速器开关控制，具有安全保护作用。发动机启动时，启动电路还给 ECU 一个启动信号，以增加供油量。

⑤ 不少电路的开关在接通电路时都向 ECU 输送信号，且较多的是输送接地信号（开关设在电路的接地端），使 ECU 能及时地采取相应的控制措施。

⑥ 各种要求反应速度快的小电流报警灯电路，如危险报警灯、手制动灯、液面高度报警灯、油压报警灯等电路，大多数用三极管控制其接地线路，而三极管的工作则是由相应的开关（压敏式、磁敏式、热敏式等）控制。

⑦ 大功率电器和执行部件的电路都由继电器控制，而继电器则由相应的开关控制，其目的是防止开关烧损。

⑧ 对于由脉冲电压控制的执行部件（如喷油器）电路，都用大功率三极管控制其接地线路，以提高电路的通、断速度。

⑨ 执行部件的工作电压都为12V，传感器的工作电压多为5V，而其信号电压则大多为0~5 V。

⑩ 喷油器是在点火器给ECU提供点火确认信号（IGf）的情况下喷油的，因此，如果没有高压火，喷油器就不喷油，这是ECU对发动机的一种保护功能。

⑪ 检查点火系统时，应首先分清在发动机的1个工作循环中有1次点火还是2次点火，然后再用转速仪和LED灯检查、判断其各部分的状况。

⑫ 在发动机中负荷下起作用的各装置（如EGR阀、炭罐等）所需的真空源（真空度小于30kPa）大多在节气门的前方，而空调系统、进气谐振增压系统、巡航系统、进气歧管压力传感器等所需的大真空源（真空度大于60kPa），则大多在节气门的后方。

（2）汽油机电控发动机的使用注意事项

电控发动机全部工况都在ECU的监控下运行，因此它的故障率较少，特别是中途因发动机故障而停车的时间就更少。电控发动机出现的故障多数是由于使用不当所造成的。为减少故障发生，驾驶电控发动机汽车时，除熟读汽车使用说明书、掌握发动机电控系统的基础知识外，还必须注意以下几点。

① 了解电控系统各主要元件所在位置，以便对其施行保护。尤其注意电子元件的防潮、防油污和防燃。

② 掌握仪表盘上各开关、显示灯、仪表等的作用和功能，并尽量弄清仪表盘上各英文缩写的含义。

③ 熟练掌握操作要领，避免误操作。

④ 在汽车投入使用以后，另外加装音响电器等设备的天线时，应安装在距ECU较远的地方，以防对ECU产生干扰。禁止加装大功率的无线电发射设备（如10W以上的无线电对讲机）及仪器等。如必须加装，需采取防干扰屏蔽等设施。

⑤ 电控系统常见故障多数是由接线不良引起的，驾驶员应经常检查各线束插接器是否有油污、潮湿、松动，要保持线束插接器清洁、连接可靠。

⑥ 蓄电池的极性不许接反，不准在无蓄电池（如蓄电池无电）的情况下，用外接电源启动发动机，以免因电压过高损坏电控系统元件。

⑦ 电控发动机装有三元催化转化器和氧传感器等装置，对汽油质量要求较高，必须使用无铅汽油，并按规定定期更换燃油滤清器。

⑧ 驾驶员必须知道所驾驶汽车电控系统"故障指示灯"的工作情况，打开点火开关后，"故障指示灯"点亮或均匀闪烁几秒钟后熄灭或发动机启动后熄灭为正常现象，在其他情况下"故障指示灯"点亮说明电控系统出现故障，应及时到专业维修厂（站）检修。

（3）汽油机电控发动机的检修注意事项

在检修装用电控发动机的汽车时，为防止工作失误造成新的故障，应注意以下几点。

① 在点火开关接通时，不允许拆开任何12V电器装置（如蓄电池、怠速控制阀、喷油器、点火装置等）的连接线路，以防止电器装置中的线圈自感作用产生的瞬时电压损坏ECU或传感器。

② 发动机发生故障时，切忌盲目拆检，应首先确定是否是机械故障，如果机械部分确

实无故障,再对电控系统进行检查。

③ 在进行故障诊断时,应首先观察"故障指示灯"是否点亮。如果"故障指示灯"点亮,应按原车规定的程序调取故障码,并根据故障码提示检查相关元件和电路;如果"故障指示灯"没亮,应按基本程序进行检查。

④ 线路连接不良是导致电控系统发生故障的常见原因,在故障诊断过程中,应注意检查线束插接器是否清洁、连接是否可靠。

⑤ 在对燃油系统进行维修前,应拆开蓄电池负极电缆线,以免损坏电控系统元件。

⑥ 在维修中,需拆开线束插接器时,应注意各车型线束插接器的锁扣形式,不可盲目用力硬拉。安装时应注意将插接器插接到位,并将锁扣锁住。

⑦ 对电控系统电路或元件进行检查时,除特殊指明外,必须使用高阻抗数字万用表检查电压、电阻或电流。

⑧ 电控发动机即使熄火后,燃油供给系统也有较高的残余压力,为防止发生意外事故,在对燃油系统进行拆卸作业前,必须释放燃油系统残余压力。

3.5.2 故障排除的基本原则及方法

汽油机电控燃油喷射系统比较复杂,在诊断故障时需要掌握系统的原理、结构、检修步骤及检修仪器的使用方法。主要应掌握以下几方面知识。

① 电控燃油喷射系统的概况及基本原理。

② 各传感器、电控单元、执行器是如何运作的及其性能参数是多少。

③ 电控单元及各传感器的接口端子标识。

3.5.2.1 汽油机电控系统故障诊断的原则和一般程序

(1) 汽油机电控系统故障诊断的原则

如果要诊断排除一个可能涉及电控燃油喷射系统的汽油机故障,首先应判断故障是否与电控燃油喷射系统有关。如果发现汽油机有故障,而故障指示灯未亮,则可判断一般与电控燃油喷射系统无关。

(2) 汽油机电控系统故障诊断的一般程序

对于电控汽车故障的诊断与排除,一般要经过向车主调查、查阅资料、直观检查、调取故障代码等程序,如图3-124所示。

诊断与排除故障的程序如下。

① 询问。向车主调查故障产生时间、症状、情况、条件、如何产生、是否已检修过、动过什么部位。

② 查阅资料。在对汽车进行检测前,一定要掌握该车的有关数据、所要检查部件的准确位置、接线图、接线和检测方法以及检测仪器的使用方法。

③ 直观检查。直观检查是故障分析最基本的检查,可以确定前面对故障的估计是否正确。其内容包括看、听、摸。

看:看是否有部件丢失,电线是否脱线,接线器是否接合,有无接错线,各种软管的连接状况等。

听:启动发动机,检查是否有漏气、杂音,可能产生故障的部件能否正常工作等。

摸:通过触摸检查某些部件是否在正常工作,接线是否牢固,软管是否断裂等。

④ 基本检查。基本检查主要包括基本怠速和基本点火正时的检查与调整。在进行基本检查时,必须使发动机冷却液温度达到正常工作温度(约80℃以上),同时关闭车上所有附加电器装置,如空调、除霜等。还应在散热器风扇未动作时执行检查与调整,以免风扇动作的电源消耗,影响怠速的正确性。

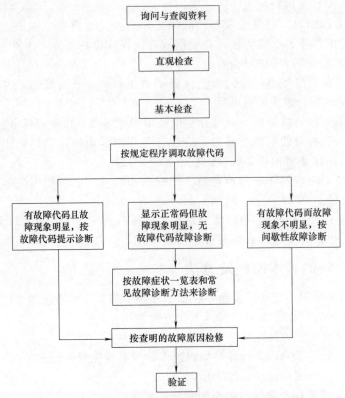

图 3-124 电控汽车故障诊断程序表

⑤ 调取故障码。按照该车所要求的操作程序进入自诊断状态，调取故障码，以作为故障判断的依据。

⑥ 检测。只有在进行检测后才能最终判定故障的位置和找到产生故障的原因。检测的内容包括信号检测、数据检测、压力检测、执行器动作检测等。

⑦ 验证。验证故障是否已排除。

3.5.2.2 排除故障的实用方法

（1）常规检查与专项检查法

借鉴传统化油器式发动机的修理经验，本着由易到难、由浅入深的原则，把电控发动机的检查方法分为常规检查与专项检查两个方面来进行，称为常规检查与专项检查。

① 常规检查。常规检查包括以下内容：空气滤芯、汽油滤芯、节气门是否脏污；故障灯是否正常，蓄电池电压是否正常；是否有漏气现象，各种插头是否插接良好、导线是否正常；各缸工作压力是否在标准范围内，各熔断丝和继电器是否良好等。

这种方法不需要专用的检查工具和检测仪器，用肉眼和一些简单工具就可以了，看问题的部位很快就可以处理了。

② 专项检查。经常规检查还找不到故障原因时，就要使用专用仪器、仪表和工具，配合专业维修资料进行较为复杂的检修，就是进行专项检查。

专项检查包括以下项目：检查燃油压力是否正常；检查各传感器是否正常；检查各执行元件的工作情况；检查计算机 ECU 与传感器及连接导线情况；检查计算机各插脚的电压情况，最后检查 ECU 内部电路。

（2）排除法

汽车电控发动机和化油器发动机故障一样，它的某一故障可能是由多种原因造成的。因此在排除故障时，可按传统方法，把这些影响因素一一列出来。按步骤，逐步进入问题的实际部位的方法，称之为排除法。例如，出现氧传感器故障码，换一个新的氧传感器不一定起作用。因为燃油压力、配气正时、气缸压缩压力、电动汽油泵、喷油器等影响发动机正常工作的部件发生故障时，都是以氧传感器故障码的形式出现的，所以在排除故障时，可借用排除化油器式发动机故障的思路，先易后难，逐一排除，最后找出故障所在。

（3）综合法

排除化油器式发动机故障时，是把它分为油路和电路两部分来分析判断的。排除电控发动机故障则不能简单地分成油路和电路来分析，电控发动机可以下面几个部分进行分析和诊断。

首先检查执行机构的工作情况；其次检查线路连接情况及传感器部分，注意不同车型，传感器的数据不同，使用中要注意这些不同点；最后检查ECU。

（4）利用氧传感器特性诊断法

利用氧传感器输出电压可随混合气的浓度变化而变化的特性，检查和诊断电控发动机故障的方法，称为氧传感器诊断法。这种方法主要诊断：在氧传感器完好的情况下，由空气系统、燃油或者机械部分引起混合气过稀或过浓故障的原因。诊断时可按以下步骤进行。

① 检查氧传感器好坏。

② 检查氧传感器反馈电压。

③ 拨开插接器，使氧传感器和控制单元分离。用万用表测量信号输出端对负极的电压。这时人为地拨下一根进气管上的真空管，形成稀混合气，此时电压应下降。而当拨下油压调节器真空管，并用手堵住，以形成浓混合气时，电压应当上升。如果氧传感器完好，则故障原因可能在计算机或线路以及燃油、空气或机械方面。应首先检查空气或燃油部分。例如空气系统漏真空，这时排气中氧分子浓度较大，氧传感器输出低电压，计算机便认为混合气稀，发出指令向浓的方向调整，但无论如何也弥补不了漏进系统的大量空气，所以氧传感器一直显示 $0.1 \sim 0.3V$ 的低电压。再比如油压调节器出现故障导致油压过高，会使排气中氧分子含量减少，氧传感器输出高电压，表示混合气过浓，计算机便减少喷油时间，但也无法弥补油压过高造成的混合气过浓，所以氧传感器总显示 $0.6 \sim 0.9V$ 的高电压。

（5）利用电控发动机正常工作三要素来分析诊断故障

所谓电控发动机正常工作三要素是指正常的机械技术状态、足够的点火能量与正确的点火时刻和供给发动机在不同工况下要求不同浓度比例的混合气。这是分析电控发动机故障的重要依据。

正常的机械技术状态是指发动机机械结构能提供足够的压缩力，实际缸压不少于标准的75%，各缸压力偏差不大于0.3MPa；进气管无漏气，发动机怠速运转时的进气管真空度能稳定在500mmHg（1mmHg=133Pa）左右。若达到以上指标，说明该机机械状态正常，可以保证可燃混合气能有效地燃烧与做功。

对电火花能量与点火时刻的要求分别是足够与正确。若电火花能量过弱，会导致燃烧不充分甚至不着火；若点火过迟或过早，都会影响发动机的功率下降，严重时会影响发动机的启动。

（6）用测量压力诊断和排除故障

电控发动机发生的故障中，有一部分是因为喷油回路中的压力失常而引起的，这种故障往往不会有故障码出现，因此也较难判断。如果能抓住回路中各段喷油压力参数的变化情况，再结合一些简单机具，就可用压力表来进行测量，以诊断出故障的原因。

如果是由于燃油泵磨损造成供油压力下降、滤清器或油泵滤网堵塞使供油量不足、压力调节器损坏，使系统压力不稳、喷油器堵塞造成各缸供油不均匀等原因引发的故障，都可用

此方法排除。这部分故障包括无法启动、启动困难、怠速不稳、加速不畅或无高速等。

(7) 模拟技术诊断法

在读不出故障码和故障难以再现的情况下，可采用模拟技术来诊断。所谓模拟技术就是以调查研究和科学试验方式，让修理车辆以相似的条件和环境再现其故障，然后经过模拟验证和分析判断后，确切诊断出故障部位并加以排除。模拟技术诊断有以下三种方法。

① 环境模拟法。汽车电控系统有一些故障发生在特定环境中，其主要原因是由于电子元件对特定外界环境（振动、发热和受潮等）因素非常敏感，致使电控系统产生故障。这种环境模拟法的特点是：采用振动、高温和渗水的方法，使故障得以再现，无需什么专用的仪器设备，可直接准确地判断出故障的部位和原因。缺点是：速度相对缓慢，对维修人员的技术素质和基础理论要求较高，诊断必须耐心仔细，否则容易错过故障。环境模拟法分为振动法、加热法和水淋法三种。

a. 振动法。通过在水平和垂直方向对连接器、配线、零件与传感器等的振动，观察原发生的故障是否会再现的方法叫振动法。这种振动法适合时有时无的故障或者是车辆停下来后故障就不再现的情况，利用振动法应注意检查是否有虚焊、松动、接触不良、触点烧蚀、导线断裂等。使用振动法还应注意不要用力过大，以免损坏电子元件。

b. 加热法。通过电热吹风或类似工具加热有故障的零件，使其原发生故障再现的方法叫加热法，这种加热法适用于电子元件因受热而发生故障的情况。使用中注意，加热温度一般不超过 60~80℃，ECU 中的零件绝对不能加热。

c. 水淋法。通过喷水的方法，使其原发生故障再现的方法叫水淋法。这种方法适用于电子元件因在雨天或高温环境下或洗车之后而发生故障的情况。使用中注意，在喷淋前应对电子元件予以保护，以免积水锈蚀电子元件，注意喷水角度，尽量喷到空中，让水滴自由落下，不可直接喷在发动机零件或电子元件上，或者将水喷在散热器前面间接改变温度和湿度。

② 增减模拟法。汽车电控系统有一些故障的发生是由于负载问题而引起的，此时必须产生与故障相似的负载条件才能使原发生故障再现。这时可使用增减模拟法来诊断，也就是利用油路电路中增减负载的办法来模拟验证油路电路的故障症状，以诊断由负载引起的疑难故障。增减模拟法共有两种。

a. 增加法。当怀疑故障可能是由于油路负载过大而引起故障，故障症状表现又不明显时，可用增加油路负载的方法进行模拟验证，使故障部位和症状充分显示出来，以便于诊断和排除。对电路中由于负载过大而引起的故障，可以采用接通用电设备（如鼓风机、空调、冷却风扇、前照灯等）来增加负载，模拟验证是否发生故障，以便进行诊断与排除。

b. 减少法。当故障是由于某一局部电路短路而引起负载过大烧断熔断丝时，可采用减少法来进行模拟诊断。其方法是：将一部分电路断开，然后用万用表测量电阻、电压或电流。用得最多的方法是测量电流，观察总电流的变化，就可以诊断出故障的大致范围，若断开被怀疑的某一电路后，总电流立即降为正常值，则说明故障在这一电路中。

③ 输入模拟法。维修中若怀疑某一电路中某些元器件有故障时，可用输入模拟法来诊断。其方法是把电路参数（电阻、电压、电流）输入到相关的元器件，进行模拟验证后诊断故障。输入模拟法有三种。

a. 电阻法。用电阻元件代替某些被怀疑损坏的电阻式传感器进行模拟验证的方法叫电阻法。电阻法的连接方式为串联，所以这种方法称为串联法。例如，怀疑冷却液温度传感器有故障时，可用一只与冷却液温度传感器阻值相似的电阻，串联在冷却液温度传感器的插接器上，进行模拟验证，以便诊断该冷却液温度传感器是否损坏。

b. 电压法。用外接电压来替代某些被怀疑有故障的传感器进行模拟验证的方法叫电压法，电压法的连接方式为并联，它可以诊断传感器的好坏。

c. 电流法。即用万用表，给怀疑有故障的电阻或元件施加电流，即模拟电子元件的工作状态去诊断故障。

3.5.2.3 数据流分析在电控发动机维修中的应用

(1) 数据流的作用

汽车数据流是指电子控制单元（ECU）与传感器和执行器交流的数据参数通过诊断接口，由专用诊断仪读取的数据，其随时间和工况而变化。数据的传输就像队伍排队一样，一个一个通过数据线流向诊断仪。

汽车电子控制单元（ECU）中所记忆的数据流真实地反映了各传感器和执行器的工作电压和状态，为汽车故障诊断提供了依据，数据流只能通过专用诊断仪器读取。汽车数据流可作为汽车 ECU 的输入输出数据，使维修人员随时可以了解汽车的工作状况，及时诊断汽车的故障。

读取汽车数据流可以检测汽车各传感器的工作状态，并检测汽车的工作状态，通过数据流还可以设定汽车的运行数据。在数据流中包括故障的信息、控制计算机的实时运行参数、控制计算机与诊断仪之间的相互控制指令。

(2) 测量数据流常用方法

测量汽车数据流常采用以下三种方法。

① 计算机通信方式。计算机通信方式是通过控制系统在诊断插座中的数据通信线将控制计算机的实时数据参数以串行的方式发送给诊断仪。在数据流中包括故障的信息、控制计算机的实时运行参数、控制计算机与诊断仪之间的相互控制指令。诊断仪在接收到这些信号数据以后，按照预定的通信协议将其显示为相应的文字和数码，以使维修人员观察系统的运行状态并分析这些内容，发现其中不合理或不正确的信息，进行故障的诊断。计算机诊断仪有两种：一种称为通用诊断仪，另一种称为专用诊断仪。

② 电路在线测量方式。电路在线测量方式是通过对控制计算机电路的在线检测（主要指计算机的外部连接电路），将控制计算机各输入、输出端的电信号直接传送给电路分析仪的测量方式。电路分析仪一般有两种：一种是汽车万用表，另一种是汽车示波器。

③ 元器件模拟方式。元器件模拟式测量是通过信号模拟器替代传感器向控制计算机输送模拟的传感器信号，并对控制计算机的响应参数进行分析比较的测量方式。信号模拟器有两种：一种是单路信号模拟器，另一种是同步信号模拟器。

(3) 数据流分析在汽车故障诊断中的应用

① 桑塔纳 2000GSiAJR 发动机的数据流。桑塔纳 2000GSi 的发动机机型为 AJR，控制系统为 M3.8.2，在进入发动机系统后，选择"读测量数据流"功能，即可读取计算机的运行数据，并以数据组号的形式显示。每个组号有 4 个显示区域，每个显示区域的数据有其各自的含义。以下是桑塔纳 2000GSiAJR 发动机的部分数据流。

显示组号 00（或 000）：

a. 冷却液温度：正常值 170～204（相当于 80～105℃）。

b. 发动机负荷：正常值 20～50（相当于 1～2.5ms）。

c. 发动机转速：正常值 70～90（相当于 700～900r/min）。

d. 电瓶电压：正常值 146～212（相当于 10～14.5V）。

e. 节气门角度：正常值 0～12（相当于 0°～5°）。

f. 急速空气质量控制值：正常值 118～138（相当于 -2.5～+5kg/h）。

g. 急速空气质量测量值：正常值 112～144（相当于 -4.0～+4.0kg/h）。

h. 混合气成分控制值（λ 控制值）：正常值 78～178（相当于 -10%～+10%）。

i. 混合气成分测量值（λ测量值）：正常值115～141（相当于0.64～6.4ms）。

j. 混合气成分测量值（λ测量值）：正常值118～138（相当于-8%～8%）。

显示组号01（或001）：

a. 发动机转速：正常怠速值为(800±30)r/min，若怠速超出规定，检查怠速。

b. 发动机负荷：怠速时正常值为1.00～2.50ms。若小于1.0ms，可能是进气系统有泄漏；燃油系统压力过高。

c. 节气门角度：怠速时正常值为0°～5°。若大于5°，可能是节气门控制部件J338没有进行系统基本调整；油门拉线过紧，需调整；节气门控制部件损坏。

d. 点火提前角：怠速时正常值为12°±4.5°（BTDC）。若小于12°（BTDC），则可能是发动机负荷过大。

显示组号02（或002）：

a. 发动机转速：正常怠速值为(800±30)r/min，若怠速超出规定，应检查怠速。

b. 发动机负荷：怠速时正常值为1.00～2.50ms。若小于1.00ms，可能是进气系统有泄漏；燃油系统压力过高。

c. 发动机每循环喷油时间：怠速时正常值为2.0～5.0ms。若小于2.0ms，可能是炭罐净化系统排气比例过高；若大于5.0ms，则为发动机负荷过大。

d. 进入的空气质量：怠速时正常值为2.0～4.0g/s，若小于2.0g/s，可能是进气系统有泄漏；若大于4.0g/s，可能是发动机负荷过大。

在数据流分析中，重点分析的传感器有节气门位置、空气流量计、氧传感器、冷却液温度传感器、进气温度传感器、爆震传感器、转速传感器、霍尔传感器。重点分析的组号有001组、002组、003组、004组、007组、008组、013组、016组、020组、023组、098组。重点分析的数据有节气门开度及定位计状态值、引擎负荷、空气质量、混合气调节、温度、炭罐控制及空调工作等。

② 数据分析。

a. 节气门开度分析。节气门开度是一个数值参数，其数值的单位根据车型不同有以下3种：若单位为电压，则数值范围为0～5.1V；若单位为角度，则数值范围为0°～90°；若单位为百分数，则数值范围为0%～100%。

该参数的数值表示发动机微机接收到的节气门位置传感器信号值，或根据该信号计算出的节气门开度的大小。其绝对值小，表示节气门开度小。其绝对值大，表示节气门开度大。在进行数值分析时，应检查在节气门全关时参数的数值大小。以电压为单位的，节气门全关时的参数的数值应低于0.5V；以角度为单位的，节气门全关时的参数值应为0°；以百分数为单位的，节气门全关时该参数的数值应为0。此外，还应检查节气门全开时的数值。不同单位下的节气门全开时的数值应分别为4.5V左右；82°以上；95%以上。若有异常，则可能是节气门位置传感器有故障或调整不当，也可能是线路或微机内部有故障。

b. 发动机转速分析。读取电控装置数据流时，在检测仪上所显示出来的发动机转速是由电控汽油喷射系统微机（ECU）或汽车动力系统微机（PCM）根据发动机点火信号或曲轴位置传感器的脉冲信号计算而得的，它反映了发动机的实际转速。发动机转速的单位一般采用r/min，其变化范围为0至发动机的最高转速。该参数本身并无分析的价值，一般用于对其他参数进行分析时作为参考基准。

c. 氧传感器工作状态分析。氧传感器工作状态参数表示由发动机排气管上的氧传感器所测得的排气的浓稀状况。有些双排气管的汽车将这一参数显示为左氧传感器工作状态和右氧传感器工作状态2种参数。排气中的氧气含量取决于进气中混合气的空燃比。氧传感器是测量发动机混合气浓稀状态的主要传感器。氧传感器必须被加热至300℃以上才能向微机提供正确的信号。而发动机微机必须处于闭环控制状态才能对氧传感器的信号做出反应。

氧传感器工作状态参数的类型依车型而不同，在有些车型中以状态参数的形式显示，其变化为浓或稀。也有些车型将它以数值参数的形式显示出来，其数字单位为mV。浓或稀表示排气的总体状态，mV表示氧传感器的输出电压。该参数在发动机热车后以中速（1500～2000r/min）运转时，呈现浓稀的交替变化或输出电压在100～900mV之间来回变化，每10s内的变化次数应大于8次（0.8Hz）。若该参数变化缓慢或不变化或数值异常，则说明氧传感器或微机内的反馈控制系统有故障。

氧传感器工作电压过低，一直显示在0.3V以下，其主要原因有：喷油器堵塞、燃油压力过低、活性炭罐的电磁阀常开、空气质量计有故障、传感器加热故障或氧传感器脏污。

氧传感器工作电压过高，即一直显示在0.6V以上，其主要原因有：喷油器滴漏、空气质量传感器故障、燃油压力过高、空气质量计和节气门之间的未计量的空气、在排气歧管垫片处的未计量的空气、氧传感器加热故障或氧传感器脏污。

氧传感器的工作电压不正常可能引起的主要故障有：加速不良、发冲、冒黑烟、有时熄火。

d. 喷油脉宽信号分析。喷油脉冲宽度是发动机微机控制喷油器每次喷油的时间长度，是喷油器工作是否正常的最主要指标。该参数所显示的喷油脉冲宽度数值单位为ms。该参数显示的数值大，表示喷油器每次打开喷油的时间较长，发动机将获得较浓的混合气。该参数显示的数值小，表示喷油器每次打开喷油的时间较短，发动机将获得较稀的混合气。喷油脉冲宽度没有一个固定的标准，它将随着发动机转速和负荷的不同而变化。

喷油量过大常见原因有：空气流量计损坏、节气门控制单元损坏、有额外负荷、某缸或数缸工作不良。

e. 空气流量分析。空气流量是一个数值参数，它表示发动机微机接收到的空气流量计的进气量信号。该参数的数值变化范围和单位取决于车型和空气流量计的类型。

采用翼板式空气流量计、热线式空气流量计及热膜式空气流量计的汽车，该参数的数值单位均为V，其变化范围为0～5V。在大部分车型中，该参数的大小和进气量成反比，即进气量增加时，空气流量计的输出电压下降，该参数的数值也随之下降。5V表示无进气量；0V表示最大进气量。也有部分车型该参数的大小和进气量成正比，即数值大表示进气量大，数值小表示进气量小。

采用涡流式空气流量计的汽车，该参数的数值单位为Hz或ms，其变化范围分别为0～1600Hz或0～625ms。在怠速时，不同排量的发动机该参数的数值为25～50Hz。进气量愈大，该参数的数值也愈大。在2000r/min时为70～100Hz。如果在不同工况时该参数的数值没有变化或与标准有很大差异，说明空气流量计有故障。

进气流量不准，常引起以下故障：加速不良；发动机回火；排气管放炮。

f. 发动机负荷分析。发动机负荷是一个数值参数，单位为ms或%，其数值范围为1.3～4.0ms（怠速时）或15%～40%。发动机负荷是由控制单元根据传感器参数计算出来并由进气压力或喷油量显示的，一般观察怠速时的发动机负荷来判断车辆是否存在故障。

发动机负荷的喷射时间是一个纯计算的理论值。在怠速下的发动机可以理解为发动机所需克服自身摩擦力和附件驱动装置。

发动机负荷异常的主要原因有：进气系统漏气、真空管堵塞、配气正时错误、有额外负荷。

3.5.2.4 波形分析在电控发动机维修中的应用

（1）波形分析的作用

发动机微机控制系统在整个工作过程中都是以电子信号的形式进行数据传输的，因此只要能够检测出发动机微机控制系统在发动机运转过程中数据传输的波形，那么通过观察波形便可以得知发动机微机控制系统的工作是否正常，从而判断发动机微机控制系统的故障所在。

(2) 电子信号的类型

对于发动机微机控制系统而言，其电子信号一般有以下 5 种类型。

① 直流（DC）信号。在汽车电控系统中产生直流（DC）信号的传感器或电源装置有：蓄电池电压或控制电控单元（ECU）输出的传感器参考电压。模拟传感器信号有：如发动机冷却液温度传感器、燃油温度传感器、进气温度传感器、节气门位置传感器、废气再循环阀位置传感器、旋转翼片式或热线式空气流量传感器和节气门开关，以及通用汽车、克莱斯勒汽车和亚洲汽车的进气歧管绝对压力传感器等。

② 交流（AC）信号。在汽车发动机微机控制系统中产生交流（AC）信号的传感器和装置有：车速传感器（VSS）、磁脉冲式曲轴位置（CKP）和凸轮轴位置（CMP）传感器、从模拟进气歧管绝对压力传感器（MAP）信号得到的发动机真空平衡波形和爆震传感器（KS）等。

③ 频率调制信号。在汽车发动机微机控制系统中产生可变频率信号的传感器和装置有：数字式空气流量传感器、数字式进气歧管绝对压力传感器、光电式车速传感器、霍尔式车速传感器、光电式凸轮轴位置和曲轴位置传感器、霍尔式凸轮轴位置和曲轴位置传感器等。

④ 脉宽调制信号。在汽车发动机微机控制系统中产生脉宽调制信号的电路或装置有：点火线圈一次侧、电子点火正时电路、废气再循环控制（EGR）阀、排气净化电磁阀、涡轮增压电磁阀和其他控制电磁阀、喷油器、怠速控制电动机和怠速控制电磁阀等。

⑤ 串行数据（多路）信号。汽车发动机微机控制系统都具有故障自诊断功能和其他串行数据传输能力的控制模块，故串行数据信号是由发动机 ECU、车身控制模块（BCM）和制动防抱死系统控制模块（ABS ECU）或其控制模块产生的。

(3) 电子信号的五要素

直流、交流、频率调制、脉宽调制和串行数据信号也称为电子信号的"五要素"。"五要素"可以看成是发动机微机控制系统中各个传感器、控制电控单元和其他设备之间相互通信的基本语言，正是"五要素"中各自不同的特点，构成了用于不同通信的信号。

任何一个汽车发动机微机控制系统电子信号都应该具有幅值、频率、脉冲宽度、形状和阵列 5 个可以度量的参数指标。从"五要素"信号中得到只有 5 种判定特征的信息类型是非常重要的，这是因为发动机 ECU 需要通过分辨这些特征来识别各个传感器提供的各种信息，并依据这些特征来发出各种命令，指挥不同的执行器动作。这就是电控系统电子信号的 5 种判定依据。

① 幅值。所谓电子信号的幅值就是指电子信号在一定点上的即时电压，其也表示波形的最高和最低的差值。

② 频率。所谓电子信号的频率就是信号的循环时间，即电子信号在两个事件或循环之间的时间，一般指每秒的循环数（Hz），也表示每秒的波形周期数。

③ 脉冲宽度。所谓电子信号的脉冲宽度就是指电子信号所占的时间或占空比。

④ 形状。所谓电子信号的形状就是指电子信号的外形特征，它的曲线、轮廓和上升沿、下降沿等。

⑤ 阵列。所谓电子信号的阵列就是指组成专门信息信号的重复方式，例如第 1 缸传送给发动机 ECU 的上止点同步脉冲信号，或传给微机故障检测仪的有关冷却液温度是 210℃ 的串行数据流等。

(4) 波形分析在电控发动机故障诊断中的应用

① 热线式空气流量传感器信号波形分析。

热线式空气流量传感器标准信号波形如图 3-125 所示。

a. 从维修资料中找出输出信号电压参考值进行比较，通常热线（热膜）式空气流量传感器输出信号电压范围是从怠速时超过 0.2V 变至节气门全开时超过 4V，当急减速时输出信号电压应比怠速时的电压稍低。

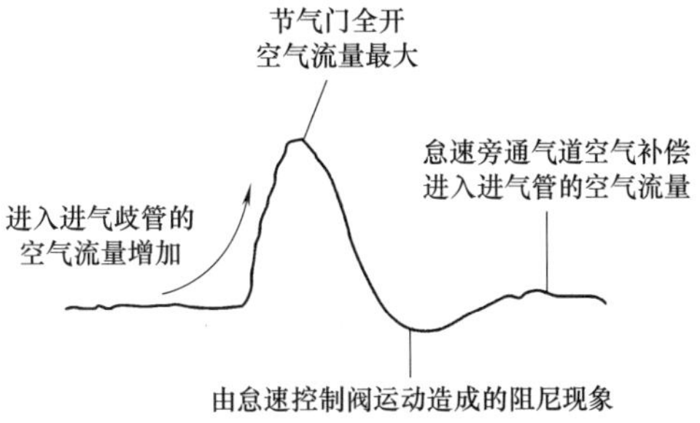

b. 发动机运转时，波形的幅值看上去在不断地波动，这是正常的，因为热线式空气流量传感器没有任何运动部件，因此没有惯性，所以它能快速地对空气流量的变化做出反应。在加速时波形所看到的杂波实际是在低进气真空之下各缸进气口上的空气气流脉动，发动机 ECU 中的超级处理电路读入后会清除这些信号，所以这些脉冲没有关系。

图 3-125 热线式空气流量传感器标准信号波形分析

c. 不同的车型输出电压将有很大的差异，在怠速时信号电压是否为 0.25V 也是判断空气流量传感器好坏的办法，另外，从燃油混合气是否正常或冒黑烟也可以判断空气流量传感器的好坏。

d. 如果信号波形与上述情况不符，或空气流量传感器在怠速时输出信号电压太高，而节气门全开时输出信号电压又达不到 4V，则说明空气流量传感器已经损坏；如果在车辆急加速时空气流量传感器输出信号电压波形上升缓慢，而在车辆急减速时空气流量传感器输出信号电压波形下降缓慢，则说明空气流量传感器的热线（热膜）脏污。出现这些情况，均应清洁或更换热线（热膜）式空气流量传感器。

② 数字式空气流量传感器信号波形分析。

数字式空气流量传感器标准信号波形如图 3-126 所示。

a. 波形的幅值大多数应满 5V，波形的形状要适当一致，矩形的拐角和垂直沿的一致性要好，传感器输出信号电压波形的频率要与发动机转速和空气流量传感器的比率一致。

b. 随着空气流量的增加，传感器输出信号波形的频率也增加，流过空气流量传感器的空气越多，信号向上出现的脉冲频率也就越高。

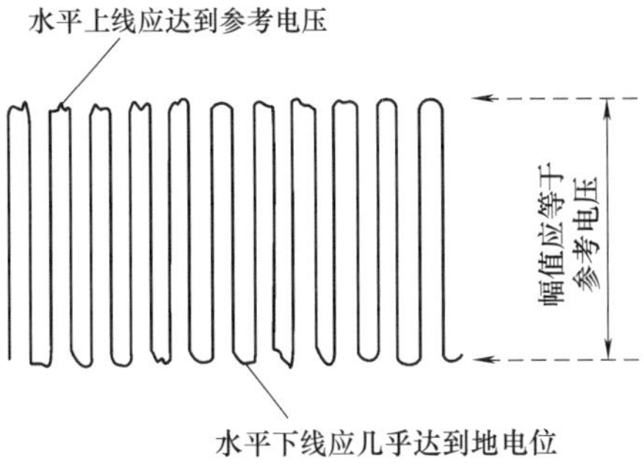

图 3-126 数字式空气流量传感器标准信号电压波形分析

c. 如果信号波形不符合上述要求，或者脉冲波形有伸长或缩短，或者有不想要的尖峰和变圆的直角等，应更换空气流量传感器。

③ 半导体压敏电阻（模拟输出）式进气歧管绝对压力传感器信号波形分析。

半导体压敏电阻（模拟输出）式进气歧管绝对压力传感器标准信号波形如图 3-127 所示。

从车型技术资料中查到各种不同车型在不同真空度下的输出电压值，将这些参数与示波器显示的波形进行比较。通常半导体压敏电阻式进气歧管绝对压力传感器的输出电压在怠速时为 1.25V，当节气门全开时略低于 5V，全减速时接近 0V。

大多数进气歧管绝对压力传感器在真空度高时（急减速时 81kPa）产生低电压信号（接

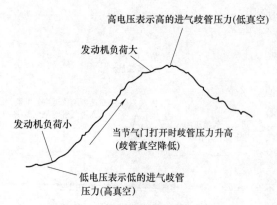

图 3-127　半导体压敏电阻式进气歧管
绝对压力传感器标准信号波形分析

近 0V），而真空值低时（全负荷时接近 10kPa）产生高电压信号（接近 5V），也有些进气歧管压力传感器设计成相反方式，即当真空度增高时输出电压也增高。

a. 当进气歧管绝对压力传感器有故障时，可以查阅维修手册，波形的幅值应保持在接近特定的真空度范围内，波形幅值的变化不应有较大的偏差。

b. 当传感器输出电压不能随发动机真空值变化时，在波形图上可以明显看出来，同时发动机将不能正常工作。

c. 有些克莱斯勒汽车的进气歧管绝对压力传感器在损坏时，不论真空度如何变化，输出电压不变。

d. 有些系统像克莱斯勒汽车通常显示出许多电子杂波，甚至用 NORMAL 采集方式采集波形，在波形上还有许多杂波（通常四缸发动机有杂波），因为其在两个进气行程间真空度波动比较大。通用汽车进气歧管绝对压力传感器杂波最少。但是波形杂乱或干扰太大，在传送到发动机 ECU 后，发动机 ECU 中的信号处理电路会清除杂波干扰。如果出现不正常的信号波形，则应更换半导体压敏电阻式进气歧管绝对压力传感器。

④ 线性输出型节气门位置传感器信号波形分析。

线性输出型节气门位置传感器标准信号波形如图 3-128 所示。

查阅车型规范手册以得到精确的电压范围，通常传感器的电压应从怠速时的低于 1V 到节气门全开时的低于 5V。

a. 波形上不应有任何断裂、对地尖峰或大跌落。

b. 应特别注意在前 1/4 节气门开度中的波形，这是在驾驶中最常用到传感器碳膜的部分。传感器的前 1/8～1/3 的碳膜通常首先磨损。

c. 有些车辆有两个节气门位置传感器。一个用于发动机控制，另一个用于变速器控制。

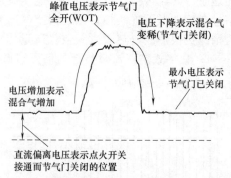

图 3-128　线性输出型节气门
位置传感器标准信号波形分析

d. 发动机节气门位置传感器传来的信号与变速器节气门位置传感器操作相对应。变速器节气门位置传感器在怠速运转时产生低于 5V 电压，在节气门全开时变到低于 1V。

e. 特别应注意达到 2.8V 处的波形，这是传感器的碳膜容易损坏或断裂的部分。在传感器中磨损或断裂的碳膜不能向发动机 ECU 提供正确的节气门位置信息，所以发动机 ECU 不能为发动机计算正确的混合气命令，从而引起汽车驾驶性能问题。

f. 如果波形异常，则更换线性输出型节气门位置传感器。

⑤ 磁脉冲式曲轴位置传感器信号波形分析。

磁脉冲式曲轴位置传感器标准信号波形如图 3-129 所示。

a. 触发轮上相同的齿形应产生相同形式的连续脉冲，脉冲有一致的形状、幅值（峰对峰电压）并与曲轴（或凸轮）的转速成正比，输出信号的频率（基于触发的转动速度）及传感器磁极与触发轮间气隙对传感器信号的幅值影响极大。

b. 靠除去传感器触发轮上一个齿或两个相互靠近的齿所产生的同步脉冲,可以确定上止点的信号。这会引起输出信号频率的变化,而在齿数减少的情况下,幅值也会变化。

c. 各个最大(最小)峰值电压应相差不多,若某一个峰值电压低于其他的峰值电压,则应检查触发轮是否有缺角或弯曲。

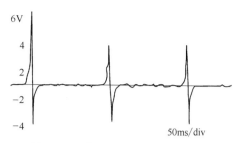

图 3-129　典型的磁脉冲式曲轴位置
传感器标准信号波形

d. 波形的上下波动,不可能在 0V 电位的上下完美地对称,但大多数传感器的波形相当接近,磁脉冲式曲轴(或凸轮轴)位置传感器的幅值随转速的增加而增加,转速增加,波形高度相对增加。

e. 波形的幅值、频率和形状在确定的条件下(如相同转速)应是一致的、可重复的、有规律的和可预测的。也就是说测得波形峰值的幅度应该足够高,两脉冲时间间隔(频率)应一致(除同步脉冲外),形状一致并可预测。波形的频率应同发动机的转速同步变化,两个脉冲间隔只是在同步脉冲出现时才改变。能使两脉冲间隔时间改变的唯一理由,是触发轮上的齿轮数缺少或特殊齿经过传感器,任何其他改变脉冲间隔时间的波形出现都可能意味着传感器有故障。如果发动机异响和行驶性能故障与波形的异常有关,则说明故障是由该传感器故障造成的。

f. 不同类型的传感器的波形峰值电压和形状并不相同。

由于线圈是传感器的核心部分,所以故障往往与温度关系密切,大多数情况是波形峰值变小或变形,同时出现发动机失速、断火或熄火。

通常最常见的传感器故障是根本不产生信号,这说明传感器的线圈有断路故障。

g. 当故障出现在示波器上时,摇动线束可以进一步证明磁脉冲式曲轴位置传感器是不是故障的根本原因。

h. 在大多数情况下,如果传感器或电路有故障,那么波形检测设备上将完全没有信号,所以波形测试设备中间 0V 电压处是一条直线便是很重要的诊断资料。

如果示波器显示在零电位时是一条直线,则说明传感器信号系统中有故障,那么应该在确定示波器到传感器的连接是正常的之后,进一步检查相关的零件(分电器轴、曲轴、凸轮轴)是否旋转、磁脉冲式曲轴位置传感器的空气间隙是否适当和传感器头有无故障。

注意:也有可能是点火模块或发动机 ECU 中的传感器内部电路搭铁,此时可以用拔下传感器导线连接器后再用波形测试设备测试的方法来判断。

⑥ 霍尔式曲轴位置传感器信号波形分析。

霍尔式曲轴位置传感器标准信号波形如图 3-130 所示。

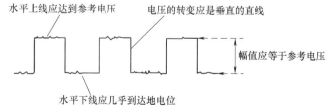

图 3-130　霍尔式曲轴位置传感器标准信号波形的分析

a. 波形频率应与发动机转速相对应,当同步脉冲出现时占空比才改变,能使占空比改变的唯一理由是不同宽度的转子叶片经过传感器。除此之外脉冲之间的任何其他变化都意味着故障。

b. 查看波形形状的一致性、检查波形上下沿部分的拐角。由于传感器供电电压不变，因此所有波峰的高度（幅值）均应相等。

实际应用中有些波形有缺痕或上下各部分有不规则形状，这也许是正常的，在这里关键的是一致性。

c. 如果在波形检测设备 0V 电压处显示一条直线，则应确认波形检测设备和传感器连接良好；确认相关的零件（分电器、曲轴和凸轮轴等）都在转动；用示波器检查传感器的电源电路和发动机 ECU 的电源及接地电路；检查电源电压和传感器参考电压。

d. 如果在波形检测设备上显示传感器电源电压处显示一条直线，则应检查传感器接地电路的完整性；确认相关的零件（分电器、曲轴和凸轮轴等）都在转动；如果传感器的电源和接地良好，波形检测设备显示在传感器供给电源电压处一条直线，则很可能是传感器损坏。

e. 如果有脉冲信号存在，则应确认从一个脉冲到另一个脉冲的幅度、频率和形状等判定性依据。数字脉冲的幅值必须足够高（通常在启动时等于传感器供给电压），两个脉冲间的时间不变（同步脉冲除外），并且形状是重复可预测的。

⑦ 温度传感器信号波形分析。

温度传感器标准信号波形如图 3-131 所示。

发动机冷却液温度传感器信号波形的启动暖机过程检测结果如下。

a. 检查车型的规范手册以得到精确的电压范围，通常冷车时传感器的电压应在 3～5V（全冷态）之间，然后随着发动机运转减少至运行正常温度时的 1V 左右。

b. 直流信号的判定性度量是幅度。

c. 在任何给定温度下，好的传感器必须产生稳定的反馈信号。

d. 发动机冷却液温度传感器电路的开路将使电压波形出现向上的尖峰（到参考电压值），发动机冷却液温度传感器电路的短路将产生向下尖峰（到接地值）。

⑧ 爆震传感器波形分析。

爆震传感器标准信号波形如图 3-132 所示。

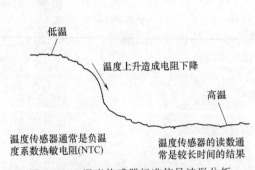

图 3-131　温度传感器标准信号波形分析

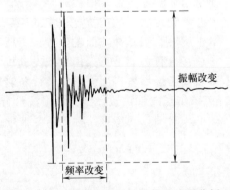

图 3-132　爆震传感器标准信号波形分析

a. 如果对爆震传感器进行随车在线检测（连接好波形测试设备，启动发动机，对发动机进行加载，获得信号波形），则可以看出波形的峰值电压（波峰高度或振幅）和频率（振动的次数）将随发动机负载和每分钟转速的增加而增加。

b. 如果发动机因点火过早、燃烧温度不正常、废气再循环不正常流动等产生爆燃或敲击声，则其幅度和频率也会增加。

c. 爆震传感器是极耐用的,最普通的爆震传感器失效的方式是该传感器根本不产生信号——这通常是因为被碰伤,这会造成传感器的物理损坏(在传感器内晶体断裂,使它不能使用)。此时波形显示只是一条直线,应更换爆震传感器。

⑨ 氧传感器信号波形的检测。

氧传感器波形分析既是发动机故障诊断的一个重要组成部分,又是对维修后故障是否排除、排放是否合格的确认。通过波形测试可以帮助诊断与排除发动机怠速不稳、加速不良、功率下降、油耗增加、废气排放超标等故障。氧传感器信号测试中有3个参数(最高信号电压、最低信号电压和混合气从浓到稀时信号的响应时间)需要检查(图3-133),只要在这3个参数中有1个不符合规定,则氧传感器就必须予以更换。更换氧传感器以后还要对新氧传感器的这3个参数进行检查,以判断新的氧传感器是否完好,氧传感器信号波形参数标准见表3-4。

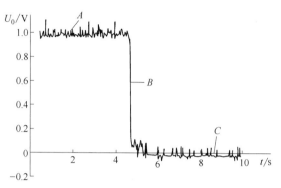

图 3-133　氧传感器标准信号波形

表 3-4　氧传感器信号波形参数标准

序号	测量参数	允许范围
1	最高信号电压(左侧波形)	>850mV
2	最低信号电压(右侧波形)	75~175mV
3	混合气从浓到稀的最大允许响应时间(波形的中间部分)	<100ms(波形中在300~600mV之间的下降段应该是上下垂直的)

测试氧传感器信号波形有2种常用的方法:丙烷加注法和急加速法。

急加速法测试步骤如下。

a. 以2500r/min的转速预热发动机和氧传感器2~6min,然后再让发动机怠速运转20s。

b. 在2s内将发动机节气门从全闭(怠速)至全开1次,共进行5~6次。

不要使发动机空转转速超过4000r/min,只要用节气门进行急加速和急减速就可以了。

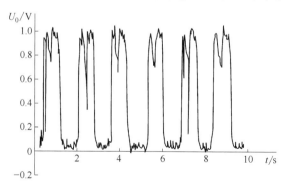

图 3-134　急加速法测试时氧传感器的信号电压波形

c. 定住屏幕上的波形(图3-134),接着就可根据氧传感器的最高、最低信号电压值和信号的响应时间来判断氧传感器的好坏。在信号电压波形中,上升的部分是急加速造成的,下降的部分是急减速造成的。

⑩ 饱和开关型(PFI/SFI)喷油器波形分析。

饱和开关型喷油器主要在多点燃油喷射系统中使用,这种型式的喷油器驱动器用于组成顺序喷射的系统中,在节气门体燃油喷射(TBI)系统上应用不多。

当发动机电控单元接地电路接通时,喷油器开始喷油,当发动机ECU断开控制电路时,电磁场会发生突变,这个线圈突变的电磁场产生了峰值。

汽车示波器可以用数字的方式在显示屏上与波形一起显示喷油持续时间(图3-135)。

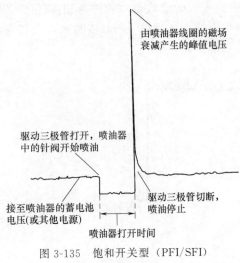

图 3-135 饱和开关型（PFI/SFI）喷油器波形及分析

人为造成真空泄漏，使混合气变稀，如果系统工作正常，那么喷油器喷油持续时间将延长，这是由于排气管中的氧传感器此时输出低的电压信号给发动机 ECU，其试图对稀的混合气进行修正的结果。

将发动机转速提高至 2500r/min，并保持稳定。在许多燃油喷射系统中，当该系统控制混合气时，喷油器的喷油持续时间能被调节（改变）得从稍长至稍短。

通常喷油器喷油持续时间在正常全浓（高的氧传感器电压）至全稀（低的氧传感器电压）范围内在 0.25～0.5ms 内变化。

加入丙烷或人为造成真空泄漏，然后观察喷油器喷油持续时间的变化时，如果发现喷油持续时间不发生变化，则氧传感器可能损坏。因为如果氧传感器或发动机 ECU 不能察觉混合气浓度的变化，那么喷油器的喷油持续时间就不会改变。所以，在检查喷油器喷油持续时间之前，应先确认氧传感器是否正常。

当燃油反馈控制系统工作正常时，喷油器喷油持续时间会随着驾驶条件和氧传感器输出信号的变化而变化（增加或减少）。

通常喷油器的喷油持续时间大约在怠速时 1～6ms 到冷启动或节气门全开时 6～35ms 之间变化。

匝数较少的喷油器线圈通常产生较短的关断峰值电压，甚至不出现尖峰。

尖峰随不同汽车制造商和发动机系列而不同，正常的范围为 30～100V，有些喷油器的峰值被钳位二极管限制在 30～60V。

如果所测波形有异常，则应更换喷油器。

⑪ 点火波形分析。

点火次级单缸显示波形主要用来分析单缸的点火闭合角（点火线圈充电时间）；分析点火线圈和次级高压电路性能（从燃烧线或点火击穿电压）；检查单缸混合气空燃比是否正常（从燃烧线）；分析电容性能（点火系统）；查出造成气缸断火的原因（污浊或破裂的火花塞，从燃烧线）。单缸次级点火波形可以一缸一缸地观察其不同点，进而确定混合气的空燃比、发动机机械部分或次级点火的故障。

点火次级单缸标准波形主要包括点火线圈充电、点火线、跳火或燃烧电压、燃烧线、点火线圈振荡五个部分（图 3-136）。

点火示波器采集到点火信号后，通过不同排列，以多缸平列波、多缸并列波、多缸重叠波和单缸选缸波 4 种排列形式，分别显示点火系波形，以便于检测人员从不同排列形式波形中观测、分析、判断点火系技术状况。

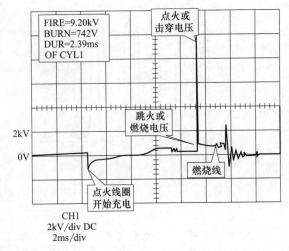

图 3-136 点火次级单缸标准波形
FIRE—击穿电压；BURN—燃烧电压；DUR—闭合时间

a. 多缸平列波。在示波器屏幕上，从左至右按点火次序将所有各缸点火波形首尾相连的一种排列形式，称为多缸平列波。6缸发动机的标准二次平列波，如图 3-137 所示。

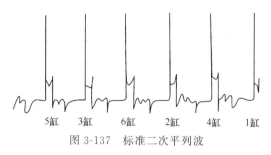

图 3-137 标准二次平列波

通过平列波可以观察击穿电压高度的一致性，如果击穿电压太高（甚至超过了示波器的显示屏），表明在点火次级电路中电阻值过高（如开路或损坏的火花塞、高压线或是火花塞间隙过大），如果击穿电压太低，表明点火次级电路电阻低于正常值（污浊和破裂的火花塞或漏电的高压线等）。

观察跳火或燃烧电压的相对一致性，它说明的是火花塞工作和各缸空燃比正常与否，如果混合气太稀，燃烧电压就比正常值低一些。

b. 多缸并列波。在示波器屏幕上，从下至上按点火次序将所有各缸点火波形之首对齐并分别放置的一种排列形式，称为多缸并列波。6缸发动机的标准二次并列波，如图 3-138 所示。有的点火示波器，将各缸点火波形按点火次序以三维的排列形式显示出来，可称之为三维多缸并列波。

通过观察点火线圈在开始充电时，波形下降沿的一致性，可判断各缸闭合角以及点火正时的精确程度。

通过多缸并列波观察跳火或燃烧线应十分"干净"，即燃烧线上应没有过多的杂波。过多的杂波表明气缸点火不良，或有点火过早、喷油器损坏、污浊的火花塞以及其他原因。燃烧线的持续时间长度与气缸内混合气浓或稀有关。燃烧线太长（通常超过 2ms）表示混合气浓，气缸压力不足。燃烧线太短（通常少于 0.75ms）表示混合气稀，气缸压力过高。

观察在燃烧线后面最少 2 个（一般多于 3 个）的振荡波，这表明点火线圈和电容器（在白金点火系统中）是好的。总而言之，动态峰值检测显示方式对发现各缸点火过程中的间歇性故障十分有用。

c. 多缸重叠波。在示波器屏幕上，将所有各缸点火波形之首对齐并重叠在一起的排列形式，称为多缸重叠波。6缸发动机的标准二次重叠波如图 3-139 所示。

通过该波形可以评价各缸工作的一致性。各缸工作一致的重叠波就像一个单缸波形，只要其中任一缸工作不佳，其波形就会偏离重叠波，届时通过逐缸单缸断火，可以立即找出工作不佳的气缸来。

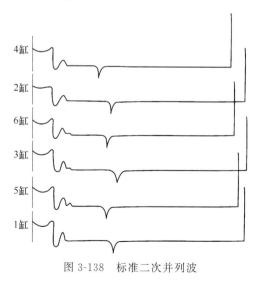

图 3-138 标准二次并列波

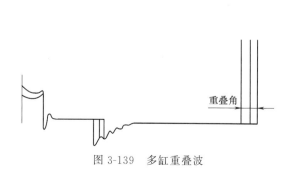

图 3-139 多缸重叠波

d. 单缸选缸波。在示波器屏幕上，根据需要选出的任何一缸的单缸点火波形，称之为单缸选缸波形。

3.5.3 汽油机电控发动机常见故障诊断与排除

3.5.3.1 发动机不能启动故障

在起动机完好的情况下，既有油又有电，但发动机怎么也启动不了的故障，称之为不能启动故障。

（1）故障的一般原因

① 熔断丝熔断。

② 燃断油不进缸。

③ 无高压火。例如点火线圈损坏。

④ 汽油泵工作不正常或堵塞严重；单向阀关闭不严；汽油泵线路短路或断路、汽油泵继电器或主继电器有故障，例如触点烧蚀。

⑤ 三元催化转化器堵塞。

⑥ 燃油压力低。

⑦ 喷油器工作不良。

⑧ 机械方面原因：压缩力不足；正时带过松或断裂；发生跳齿故障。

（2）电控方面的一般原因

① 分电器有故障。例如信号线断；霍尔传感器触发叶轮定位头断裂；同步脉冲信号发生器凸轮轴前端脉冲环脱落损坏定位端等。

② 电子点火控制器有故障（无分电器车辆）。

③ 压力传感器有故障。例如内部短路。

④ 喷油器没得到开关的脉冲信号（ECU搭铁不实）。

⑤ 燃油压力调节器有故障。例如内部膜片破裂；燃油泵损坏，无法建立燃油压力。

⑥ 曲轴位置传感器有故障。例如由于脏污不能产生信号；曲轴位置传感器信号发生器信号不良或者转子掉齿等。

⑦ ECU有故障。例如搭铁不良；接地线断路；内部短路；电路击穿等。

⑧ 装配失误。例如油压调节器进油管接成回油管；两个曲轴位置传感器插接件插反（有的车有两个曲轴位置传感器）；凸轮轴位置传感器触发叶轮装反等。

（3）故障的排除方法

电控发动机不能启动故障的排除主要利用发动机正常工作三要素分析诊断故障的方法来排除。即突然熄火找电路，慢慢熄火找油路。

① 检查高压火花。一般来讲，若有高压火，说明曲轴转角信号、点火驱动器及点火线圈基本正常。若没有高压火，其影响因素有点火线圈、火花塞、高压线或曲轴位置传感器等。对传感器可采用测量电阻值或工作信号电压的方法来检查，而对点火线圈和高压线可采用换件的方法来检查。

② 检查油路。首先判断燃油系统供油情况。

③ 检查和调整点火正时或配气相位。如果油路电路均正常，则应对点火正时进行检查。有时发动机不能启动是由于配气相应发生了问题而造成的，这方面检查应放在最后进行。

3.5.3.2 发动机难启动故障

（1）故障的一般原因

① 来油不畅。燃油泵滤网堵塞；汽油滤清器堵塞；燃油泵单向阀关闭不严等。

② 混合气过稀或过浓。

③ 进气及真空系统漏气。

④ 插接件、接线头松动或连接不实。

⑤ 燃油压力低或保持压力不正常。

⑥ 喷油器工作不良。如积炭、胶质堵塞等。

⑦ 气门关闭不严。

⑧ 机械故障，如正时带轮连接键磨损。

⑨ 点火线圈、火花塞工作不良或高压线有破损之处。

（2）电控方面的原因

① 有时易启动，有时难启动。

其主要原因是各元件（计算机控制继电器或相关的传感器）有松动或线头有连接不好的现象。如与启动相关传感器的插头脱落、松旷或虚接都会引起启动困难。

② 冷车、热车都难启动。

a. 电源继电器、燃油泵继电器有故障。

b. 分电器接头氧化，不能传递正确信号给 ECU。

c. 节气门电位计磨损严重，信号不准确。

d. EGR 电磁阀的线路接触不良。

e. ECU 收不到正确的上止点位置的信号。如曲轴位置传感器信号盘上和分电器内有脏物。

f. ECU 本身有故障。

③ 冷车难启动。

a. 喷油器有故障。如定时开关触点不能闭合，堵塞喷油量少等。

b. 冷却液温度传感器有故障。如插头插脚严重生锈，阻值大，传递信号错误，塑料头损坏，信号电压过低，插脚扭曲变形，接触不良，传感器触头插错，插在制动液液面报警开关插座上等。

c. 怠速步进电动机有故障。如头部锥形阀及阀座有油污，堵塞怠速进气道从而影响进气。

d. 油压调节器有故障。如密封圈损坏。

e. 空气流量计有故障。如热膜上黏附粉尘，造成进气质量信号失准。

④ 热车难启动。

a. 冷却液温度传感器有故障。如损坏、连线脱落或导线有剥落现象，信号突变而发出错误信号。

b. 冷启动喷油器插头装反。

c. 活性炭罐电磁阀卡滞。

d. 点火模块发热。如连线破损。

e. 空气流量计胶管密封不好。如锈蚀损坏。

（3）故障的排除方法

对于电控发动机难启动故障的排除，可按照常规检查与专项检查的方法进行诊断，或者利用发动机正常工作三要素诊断法来检查（高压火花、油管压力和气缸压力）。一般来说，发动机启动困难，启动以后发动机若能正常运转，说明机械部分没有大的故障。

在排除发动机启动困难故障时，可按照以上所述的原因逐一查找。一般情况下，发动机启动困难多与油路及电控方面的原因有关，与点火系（火花塞工作不好、点火线圈工作不良）的关系相对少一些。

检查电控电路时，可用电压表和电阻表来检查。检查线路连接，检查空气流量计、冷却液温度传感器、ECU 的电源电路（如主继电器、熔断丝等），检查喷射信号电路（如 ECU、连接线路、喷油器）有无虚接和烧蚀情况。

对于没有冷启动喷油装置的发动机来说，主要靠冷却液温度传感器的作用来启动发动机。由 ECU 根据冷却液温度传感器提供的信号，来加浓各缸的喷油量。故出现冷启动困难时，首先应检查冷却液温度传感器的阻值是否正常，以及信号能否被计算机 ECU 接收到。

在排除热车难启动故障时，重点应该寻找冷却液温度传感器方面的原因。这并不是说，冷却液温度传感器出现故障，发动机就一定热启动困难。因为有的 ECU 检测到冷却液温度传感器信号异常时，除了发出故障信息外，还可以用一个固定信号（如 80℃冷却液温度条件信号值）代替冷却液温度传感器信号，发动机此刻则表现为热启动容易，而冷启动困难。

排除热车难启动故障时，还应注意活性炭罐电磁阀的工作情况。若电磁阀内部有卡滞现象，使阀芯断电时不能正常回位，活性炭罐内部所吸附的燃油蒸气就会源源不断地送入进气歧管被燃烧，造成混合气过浓，使发动机热车启动困难。

3.5.3.3 冒黑烟故障

(1) 故障的一般原因

① 空气滤清器堵塞。

② 喷油器有故障。例如雾化不良，滴漏或喷油压力过高。

③ 燃油系统压力过高。如回油管堵塞，供油量过大或调节器有故障。

④ 空气泄漏。

⑤ 真空度降低。

⑥ 点火系统能量太低。例如火花塞跳火弱从而引起积炭，影响燃烧质量。

⑦ 气门密封不严，内部泄漏。

⑧ 调整不当。

⑨ 缸筒与活塞配合间隙过大。

(2) 电控方面的原因

① 氧传感器有故障。如供电线路断路，不能加热，氧传感器本身中毒或脏污。

② 空气流量计有故障。如计量错误或失调。

③ 冷启动喷油器有故障。

④ 燃油压力调节器有故障。如油压调节器真空软管损坏或堵塞，就会造成调节器有时不受真空控制，从而造成燃油压力过高。

⑤ 节气门位置传感器及其电路有故障。

⑥ 进气压力传感器有故障。例如不能提供正常的进气压力信号。

⑦ 冷却液温度传感器有故障。例如不能正确提供冷却液的温度。

⑧ ECU 计算机程序故障。

⑨ 装配失误。例如把进气压力传感器的真空管接在进气歧管上（应该接在节气门体上）。

⑩ 搭铁线搭铁不良。例如氧传感器的信号线与屏蔽搭铁拧在一起等。

(3) 故障的排除方法

在排除冒黑烟故障时，注意检查以下两个方面的问题。

① 传感器是否损坏，输入信号是否错误。传感器损坏能引发冒黑烟故障。如空气流量计、节气门位置传感器、氧传感器或其他重要传感器损坏后，它们向计算机传输的信号（电压或频率）并不能真实地反映空气流量，因而使供油量不正常地增加，从而导致混合气过浓。

② 真空泄漏。在维修时若难以找到故障原因，则应先用真空表测量发动机真空度，再

按顺序检查所有空气管路是否存在漏气。可以采用分别切断真空的方法逐一排查。

3.5.3.4 动力不足故障

(1) 故障的一般原因

① 高压火花过弱或点火不正时。包括中央高压线跳火过弱、高压分线火花过弱、点火线圈或点火器工作不良、点火提前角过大、点火提前角过小等。

② 可燃混合气不符合要求。包括可燃混合气过稀、可燃混合气过浓、喷油器雾化不良、进入气缸可燃混合气数量不足、可燃混合气燃烧不正常等。

③ 气缸压力不足。

④ 真空管道泄漏。

⑤ 排气管堵塞。

⑥ 配气相位异常。

⑦ 发动机自身的机械损失过大。例如活塞与气缸配合过紧、曲轴箱机油过稠、进气门积炭、漏气等。

⑧ 废气再循环阀不能关闭或不能正常工作。

(2) 电控方面的原因

① 节气门位置传感器有故障。如节气门过脏、灵敏度下降、反应迟钝等。

② 空气流量传感器有故障。如所检测的数据不准或空气流量计热线上有积垢。

③ 冷却液温度传感器有故障。如不能正确反映冷却液的温度,提供错误信号。

④ 进气歧管压力传感器有故障。如不能输出信号,计算机按预先设置的信号使发动机维持运转,但预先设置的信号不能随真空度的变化进行调节,导致发动机性能变坏。

⑤ 曲轴位置传感器和凸轮轴位置传感器有故障。如不能正确传递转速信号、造成发动机点火不正时。

⑥ 霍尔传感器有故障。如计算机工作不良,引起喷油时间过长,氧传感器检测到后,计算机便减少喷油脉宽,使混合气变稀,导致发动机工作不良。

⑦ 线路接触不良。如喷油器线束侧连接器端子接触不良、搭铁线接触不良等。

(3) 故障的排除方法

电控发动机动力不足的根本原因就是发动机工作不良。引起发动机工作不良的因素有三个:燃油雾化不好、压缩性能差和点火能量不足。排除发动机动力不足的故障,主要要围绕着这三个因素找原因,即使是传感器方面有故障,也大都与这几个因素有关,具体的方法步骤如下。

① 初步诊断发动机各缸工作情况,若有的气缸工作不好,要想办法予以排除。

② 检查进气系统有无真空泄漏。包括燃油滤清器盖、PCV 软管、EGR 阀等。

③ 读取故障码。若有故障码显示,应根据故障码所包含的内容,检查相应的部件和线路。

④ 检查点火正时。

⑤ 检查燃油压力。包括电子汽油泵、汽油滤清器和燃油压力调节器。

⑥ 检查喷油器。包括喷油器是否堵塞,连接器是否良好。

⑦ 检查火花塞跳火情况。如火花塞是否烧蚀或被油淹,以及相关的高压线电阻是否符合标准。必要时调整气门间隙或检查气缸压缩压力。

⑧ 用电压表或电阻表检查电子燃油系统电子控制回路。包括检查线路连接;检查向 ECU 供电情况(熔断丝、主继电器);检查节气门位置传感器;检查冷却液温度传感器;检查空气流量传感器;检查进气歧管绝对压力传感器,检查喷射信号回路(喷射器配线和 ECU 检查)。

3.5.3.5 怠速运转不良

发动机怠速运转不良故障主要分为三种情况：一是怠速不稳；二是怠速偏高；三是怠速偏低或无怠速。

(1) 怠速不稳

① 故障的一般原因。

a. 节气门装置调整不当。

b. 怠速阀调节不当。怠速调节阀有故障。如被污物积炭黏结。

c. 常规点火电路有故障。如火花塞损坏，烧蚀开裂；高压线有缺陷、破损或电阻太大；分电器漏电；点火线圈工作不良等。

d. 进气及真空系统有漏气现象。

e. 喷油器因脏物堵塞而工作不良，喷油器漏气。

f. 活性炭罐堵塞，电磁阀损坏。

g. 废气再循环阀因卡住而常开，不能关闭。

h. 曲轴通风阀（PCV）有故障或堵塞。

i. 怠速混合气空燃比不当。

j. 气门漏气，液压挺柱工作状态不良。

② 电控方面的原因。

a. 节气门积炭有脏物或怠速执行器（怠速步进电动机）有故障（堵塞）。

b. 传感器线路或接头有故障，引起喷油误调节。这些传感器主要有：氧传感器（导热不良、电源接触不良、头部积炭发黑），进气温度传感器，进气压力传感器（胶管堵塞、挤扁或漏气），节气门位置传感器，空气流量传感器等。

c. 燃油压力调节器有故障。

d. 空气流量计有故障。例如热膜过脏。

e. 电控真空开关电磁阀有故障。

f. 冷启动喷油器和相关元件有故障。

g. ECU 有故障。例如内部线路接触不良、腐蚀、氧化等。

h. 装配错误。例如把进气温度传感器和怠速控制阀插头插反（本田雅阁轿车这两者的形状大小完全相同，而且距离很近）。

③ 故障的排除方法。

电控发动机怠速不稳由多种原因造成。首先应区分发动机怠速是一直不稳，还是有节奏性的怠速不稳。若发动机故障为有节奏性的怠速不稳，则一般是个别气缸不工作。若转速忽高忽低，则多为喷油器漏气所引起。若发动机仅在热车或冷车时怠速不稳，则多是由于暖机调节器（有的车没有）或冷却液温度传感器有问题。

排除电控发动机怠速一直不稳的故障，应先读取故障码，然后再按以下程序来检查。

a. 检查发动机各缸的工作情况，是否有的缸工作不好。

b. 检查进气系统，喷油器是否漏气。把化油器清洗剂喷到进气管周围，观察发动机转速是否有变化，若有变化，说明进气管可能漏气。再检查喷油器固定螺栓紧固情况，密封如何，有无漏气现象，最常见的是喷油器与进气管的结合部密封不好，而使气缸里吸入过多的混合气，使混合气变稀。

c. 检查节气门是否有积炭。

d. 检查怠速执行元件是否有故障。这些元件主要有节气门位置传感器、冷却液温度传感器、氧传感器、空气流量计、怠速控制阀、进气温度传感器等。在检查这些元件之前，首先应检查与这些元件连接的线路与接头有无损伤、断裂及接头松动等问题。如果传感器与发动机 ECU 之间的线路电阻值大于 0.5Ω，而又小于 10Ω，则要反复进行测量，以免引起故障误判断。

节气门位置传感器的作用是向发动机 ECU 输入节气门位置方面的信号，它与发动机怠速关系最为密切。节气门位置传感器引发的怠速不稳故障约占 20%。这种怠速稳定装置脏污较快。其原因是：节气门与节气门体之间形成的气路在发动机各种工况下都要供气，使脏物附着在节气门与节气门体上的速度加快，使发动机在怠速工况时的供气截面积减少，在同样的节气门开度下，可燃混合气变浓，随之就造成怠速不稳，排放升高，油耗增加等故障。解决办法就是清洗节气门体，再检查节气门位置传感器。

氧传感器的电源接触不良、头部积炭、导热不良等，都会影响发动机的怠速运转，因此也要重点检查。

进气压力传感器与进气歧管相连。它输出的电压随进气歧管中的气压变化而变化。当 ECU 接到它的电压信号后，就可计算出发动机的进气量。进气压力传感器的性能好坏，同样会影响发动机怠速的运转。如果胶管被油污堵塞或挤扁、漏气，都会改变胶管内的气压，从而影响空燃比的稳定性，也影响了发动机的怠速运转。

如果怀疑废气再循环系统有故障，可用暂时堵住废气进入进气管通道的办法来检查废气再循环系统是否工作。如果怀疑空气流量计有故障，可用一本书逐渐盖住空气流量计前的空气入口（逐渐缩小空气入口的截面积）的方法来检查空气流量计是否有故障。对于进气歧管绝对压力传感器的性能，可用拔去真空管的方法来检查。对于冷却液温度传感器的性能，可用调电阻的方法进行替代试验。如果没有可调电阻，可用普通电阻串联的方法进行替代试验。

（2）怠速偏高

① 一般原因。

a. 真空泄漏。

b. 节气门位置调整不当（人为调整）。

c. 怠速控制阀变形或卡死。

d. 温控阀水道不畅。发动机升温后，阀体温度不升高，阀内石蜡感温体不动作，致使怠速处于高怠速状态不下降。

e. P/N（驻车/空挡）开关和快怠速阀有故障。

② 电控原因。

a. 节气门位置传感器有故障。例如调整不当；怠速触点不闭合，ECU 收不到怠速信号；传感器电阻值发生变化，输送给 ECU 的信号电压随之变化。ECU 根据变化的信号（不是处于怠速工况，而是处于部分负荷工况）指令增加喷油时间，使其怠速转速升高。

b. 冷却液温度传感器有故障。如传感器插头断路，ECU 以事先设定的冷却液温度替代值为标准，以极冷工况控制喷油量，使其转速升高；或者是传感器显示冷却液温度信号错误，将热车状态当作冷车状态，ECU 以冷车状态为标准指令增加喷油脉冲，使转速升高。

c. ECU 有故障。如 ECU 受潮。

d. 空调开关信号，转向油压信号（单点喷射发动机）有问题，向 ECU 发出需要升高怠速的信号，致使怠速升高。

（3）怠速偏低或无怠速

① 一般原因。

a. 节气门或怠速开关调节不当。

b. 怠速控制阀有故障。

c. 正时不准。

② 电控原因。

a. 节气门位置传感器及连接导线有故障。如传感器信号不良。

b. 冷却液温度传感器及连接导线有故障。

c. 怠速步进电动机有故障。例如卡滞。

d. 进气温度传感器有故障。

③ 故障的排除方法。

a. 发动机检查。启动发动机，使发动机冷却液温度达到正常温度，关掉所有附加电气装置，将变速杆置于空挡位置，然后从发动机仪表板上查看怠速情况是否在正常的转速范围内，如不在规定范围，就应进行以下检查。

b. 检查顺序。

检查进气歧管处是否有紧固螺栓松动或胶管垫破裂现象。

检查节气门位置传感器的输出电压值。可用万用表测量。正常电压值一般为 $0.4 \sim 0.5V$，如不符合要求，可通过清洁节气门体并调节其开度，使输出电压恢复正常值。

检查怠速步进电动机工作情况。若怠速过低而其他部位均正常，则可通过清洁怠速步进电动机和空气孔上的结胶和积炭来排除。

检查空气流量计信号。

检查怠速控制阀的工作情况。

检查其他信号元件，如冷却液温度传感器和氧传感器。

3.6 柴油机电控技术

由于能源危机与日益严格的排放要求，世界各国都在努力寻找与开发新能源来替代不断增长的燃油消耗的要求。虽然，已经出现各式各样的替代能源，但是，在这些能源的推广与具体应用中仍存在着很多问题，这使得石油将仍是当今的主要能源。

众所周知，柴油一方面提炼比汽油方便，另一方面在热转换效率上要优于汽油。现在发动机上微机的大量使用，使其在控制方面的瓶颈已经不复存在，故柴油发动机在近几年有不断壮大的趋势。现在的柴油发动机在货车与大型车上的使用已远远超过了汽油发动机。因此，应当注重柴油发动机的使用与研究。

柴油发动机电控制系统是为了适应对发动机排放要求越来越严格、对油耗要求越来越低的情况而出现的，它可以对喷油量和喷油正时进行更加精确的控制，使柴油机的性能得到进一步优化和提高。

3.6.1 柴油机电控系统的特点

（1）提高了发动机的动力性和经济性

喷油量和喷油正时是影响柴油机动力性和经济性的重要因素。传统的柴油机燃料供给装置，由于调整、磨损等原因，会使喷油量和喷油正时等产生误差。在柴油机电控系统中，ECU 根据传感器信号精确计算喷油量和喷油正时，从而提高了发动机的动力性和经济性。

（2）提高了发动机的工作可靠性

借助传感器的输入信号，ECU 可随时检测影响发动机工作可靠性的一些参数，如润滑系统的机油压力、排气温度、曲轴轴瓦温度及发动机的转速等。一旦某一项或某些项的参数或状态超出或低于设定值，控制系统就会报警，同时控制执行器进行相应的调节，直到这些参数或状态正常为止。对于一些影响发动机运转可靠性的重要参数，电控系统还可为发动机提供双重甚至是多重保护，以免造成巨大损失。

(3) 控制速度快、控制精度高

电控系统从接收到一个信息到处理完毕并输出控制信号所需的时间一般为毫秒级，这个时间要远远小于发动机或其他机械控制机构的响应时间。因此，一旦发动机及其系统的运行参数或状态稍微偏离目标值，电控系统就能立即进行跟踪并予以实时调节和控制。正是由于响应快这一特点，使得电控系统能实现其他机械控制系统所不能实现的一系列功能。

电控系统的控制精度远高于机械控制系统和模拟电路控制系统的主要原因是对输入、输出信号实现了数字化传输。

(4) 改善了低温启动性

由于柴油机是压燃式，发动机在低温条件下着火相当困难，因此需使用预热塞。启动时，驾驶员先使发动机减压以提高转速，再返回压缩状态，启动预热塞使之迅速着火，这一系列操作十分麻烦，如果操作不熟练，将很容易因反复启动而导致蓄电池放电过度。电控系统能够以最佳的程序替代驾驶员进行这种烦琐的启动操作，使柴油机在低温时启动更容易。

(5) 降低氮氧化物和烟度的排放

柴油机工作时，由于混合气的空燃比大，无法使用能够有效减少 NO_x 排放量的三元催化剂，因此，为了减少 NO_x 排放量，有必要采用 EGR 系统，而废气再循环又会增加烟度，且其控制方法比汽油机要难得多。但是，采用柴油机电控系统将使这些变得非常容易。柴油机排放的烟雾，主要是在燃烧时燃料暴露在局部高温缺氧环境中产生热分解而生成的游离碳，采用柴油机电控系统，可精确地将喷油量控制在不超过冒烟界限的适当范围内，同时根据发动机工况调节喷油时刻，从而有效地抑制发动机排烟。

(6) 提高发动机运转稳定性

传统柴油机喷油泵调速器的反馈控制系统响应特性差，容易导致发动机在负荷急剧变化和小负荷低速运转时产生游车现象。而采用柴油机电控系统，电子式反馈控制电路的响应特性很好，故不会产生游车现象。此外，发动机怠速运转时，为防止因负荷的增加（如动力转向泵、空调压缩机工作等）而产生游车和熄火现象，传统的方法是把怠速转速调高。采用柴油机电控系统，无论负荷怎样增减，都能保证发动机怠速工况下以最低的转速稳定运转，有利于提高其经济性。

(7) 适应性广

只要改变 ECU 的控制程序和数据，一种喷油泵就能广泛应用在各种柴油机上，而且柴油机燃油喷射控制可与变速器控制、怠速控制等各种控制系统进行组合，实现集中控制，有利于缩短柴油机电控系统开发周期，并降低成本，从而扩大柴油机电控系统的应用范围。

(8) 电控系统的主要控制量是喷油量和喷油正时

柴油机电控系统和汽油机电控系统有很大的不同。在汽油机电控系统中，喷油量完全由喷油时间来决定，控制了喷油时间就控制了喷油量，并且汽油机对喷油正时的要求也不高。柴油机电控系统除了控制喷油量外，对喷油正时和喷油压力都有很高的要求。柴油机的喷油压力，采用分隔式燃烧室的柴油机为 9.8~12.7MPa，采用统一式燃烧室的柴油机喷油压力则高达 19.6MPa，汽油机电控系统的喷油压力一般只需 1.96~2.94MPa，很明显柴油机电控系统的喷油压力要求较高。

(9) 电控系统的多样化

由于在传统的柴油机中就有结构甚至工作原理完全不同的柱塞式喷油泵、转子分配式喷油泵、泵喷油器一体的"P-T"燃油系统等，因此形成了柴油机电控系统多样化、执行器结构复杂等特点。

(10) 有利于控制涡轮增压

柴油机的转速不易提高，要提高其输出功率，必须增大柴油机的转矩，采用涡轮增压已成为一种应用较为广泛的手段。可是，为了用好增压柴油机，有必要对增压装置进行精确的控制，采用电控系统无疑是最好的选择。

3.6.2 柴油机电控系统的基本组成

虽然柴油机电控系统存在多样化、执行器结构复杂化等特点，但其基本组成与汽油机电控系统一样，也是由信号输入装置、ECU 和执行器三部分组成的，如图 3-140 所示。

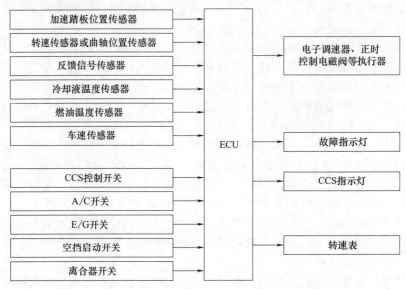

图 3-140 柴油机电控系统的基本组成

（1）信号输入装置

① 加速踏板位置传感器。加速踏板位置传感器用来检测加速踏板所处的位置，ECU 可以根据此传感器信号间接判断柴油机的负荷。加速踏板位置传感器信号与转速传感器信号一起作为 ECU 控制柴油机喷油量和喷油正时的主控制信号。

常用的加速踏板位置传感器有电位计式和差动电感式。电位计式加速踏板位置传感器如图 3-141 所示。其结构和工作原理与汽油机电控系统中的节气门位置传感器基本相同。差动电感式加速踏板位置传感器，如图 3-142 所示。传感器主要由感应线圈、铁芯和线束插接器等组成。推杆与加速踏板联动铁芯与推杆做成一体。当加速踏板的位置发生变化时，铁芯在

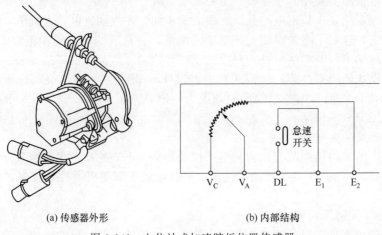

(a) 传感器外形　　　　　　(b) 内部结构

图 3-141 电位计式加速踏板位置传感器

两个线圈中移动，使两个线圈内的自感电动势发生一增一减的变化，ECU 根据线圈输出端的电压信号即可确定加速踏板的位置。

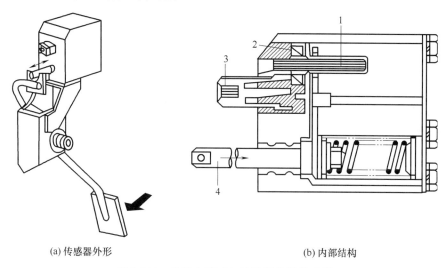

图 3-142　差动电感式加速踏板位置传感器
1—铁芯；2—感应线圈；3—线束插接器；4—推杆

② 转速传感器或曲轴位置传感器。转速传感器或曲轴位置传感器的结构和工作原理与汽油机电控系统中的基本相同，用来检测发动机转速或曲轴位置，该信号与加速踏板位置传感器信号一起作为 ECU 控制柴油机喷油量和喷油正时的主控制信号。

③ 反馈信号传感器。柴油机电控系统一般对喷油量和喷油正时采用闭环控制，反馈信号传感器就是指闭环控制系统中用来检测控制系统执行器实际位置的传感器。

反馈信号传感器主要包括负荷传感器（如供油齿条位置传感器、滑套位置传感器、喷油压力传感器等）和正时传感器（如分配泵正时活塞位置传感器、着火正时传感器等）两大类。在不同柴油机电控系统中，由于控制喷油量和喷油正时的执行器不同，负荷传感器和正时传感器的名称、数量和类型也不同，传感器通常采用电位计式、差动电感式或电磁感应式，其结构原理与用于其他用途的同类传感器基本相同。

在有些柴油机电控系统中，用光电式着火正时传感器来检测气缸内混合气燃烧的开始时刻。光电式着火正时传感器的结构如图 3-143 所示。当气缸内的混合气燃烧时，传感器内的光敏晶体管产生电压信号输出，ECU 根据此信号判断实际着火开始时刻，并对喷油正时进行修正。

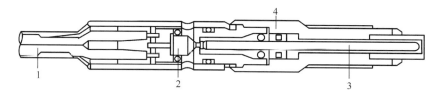

图 3-143　光电式着火正时传感器结构
1—线束连接器；2—壳体；3—石英晶体棒；4—光敏晶体管

④ 冷却液温度传感器。冷却液温度传感器一般采用热敏电阻式，用来检测发动机冷却液温度的变化，ECU 根据此传感器信号对喷油量及喷油正时进行修正。

⑤ 进气温度传感器。进气温度传感器的结构原理与冷却液温度传感器基本相同，用来

检测进气温度的变化，ECU根据此传感器信号对喷油量及喷油正时进行修正。

⑥ 燃油温度传感器。柴油的温度直接影响其黏度。燃油温度传感器的结构原理与冷却液温度传感器基本相同，用来检测柴油的温度变化，ECU根据此传感器信号对喷油量及喷油正时进行修正。

⑦ 进气压力传感器。进气压力传感器的结构和工作原理与汽油机电控系统中的传感器基本相同，用来检测进气压力，ECU根据此传感器信号对喷油量及喷油正时进行修正。

⑧ 信号开关。信号开关包括A/C开关、空挡启动开关等。它们的功能、结构和工作原理与汽油机电控系统的基本相同。

（2）ECU

柴油机电控系统ECU的组成如图3-144所示。其功能是根据各传感器与信号开关的输入信号和内存程序计算出喷油量和喷油开始时刻，并向执行器发出指令信号。柴油机电控系统ECU的结构与汽油机电控系统ECU的结构基本相同，其不同点在于控制程序有较大差别。

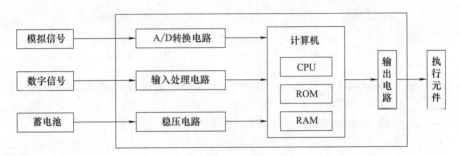

图3-144 柴油机电控系统ECU的组成框图

（3）执行器

执行器的主要功能是执行ECU的指令、调节柴油机的喷油量和喷油正时。不同柴油机电控系统的执行器有很大差异。常用的执行器有电子调速器、正时控制电磁阀、供油齿条控制电磁阀、滑套控制电磁阀、分配泵或喷油器回油控制电磁阀等。

3.6.3 柴油机电控系统的控制内容与功能

随着柴油机电控技术的发展，柴油机电控系统已经从最基本的燃油喷射控制扩展到包括怠速控制、进气控制、增压控制、排放控制、启动控制、巡航控制、故障自诊断、失效保护、发动机与变速器的综合控制等在内的全方位集中控制。

（1）燃油喷射控制

燃油喷射控制主要包括喷油量控制、喷油正时控制、喷油速率和喷油规律的控制以及喷油压力控制。

① 喷油量控制。喷油量控制是柴油机电控系统最主要的控制功能之一。在启动、怠速、正常运行等各种工况下，ECU根据发动机转速信号、加速踏板位置信号和内存控制模型来确定基本喷油量，再根据冷却液温度信号、进气温度信号、启动开关信号、空调开关信号；反馈信号等对喷油量进行修正。柴油机基本喷油量控制模型如图3-145所示。

② 喷油正时控制。喷油正时控制也是柴油机电控系统最主要的控制功能之一。在柴油机电控系统中，ECU根据发动机转速信号、负荷信号和内存的控制模型来确定基本喷油提前角，再根据反馈信号进行修正。柴油机基本喷油提前角控制模型如图3-146所示。

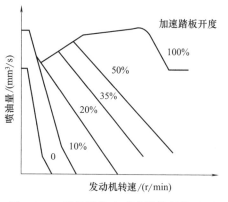

图 3-145　柴油机基本喷油量控制模型图　　图 3-146　柴油机基本喷油提前角控制模型图

③ 喷油速率和喷油规律的控制。在柴油机电控系统中，ECU 以柴油机转速信号和负荷信号作为主控制信号，按预设的程序确定最佳的喷油速率和喷油规律。

④ 喷油压力的控制。在柴油机电控系统中，ECU 以柴油机转速信号和负荷信号作为主控制信号，按预设的程序确定最佳的喷油压力，并对喷油压力进行闭环控制。

（2）怠速控制

柴油机的怠速控制主要包括怠速转速控制和怠速时各缸均匀性的控制。

① 怠速转速控制。怠速工况时，ECU 以柴油机转速信号和负荷信号作为主控制信号，按内存程序确定怠速时的喷油量，并根据冷却液温度信号、进气温度信号、空调开关信号、转速（反馈）信号等对怠速喷油量进行修正控制，使怠速转速保持稳定。

② 怠速时各缸均匀性的控制。在共轨式第二代柴油机电控系统中，由 ECU 分别对各缸的喷油器进行控制（顺序喷射控制），ECU 可以通过精确测定曲轴转速，根据各缸做功行程中曲轴转速的变化确定各缸喷油量的偏差，然后进行补偿调节。

（3）进气控制

柴油机的进气控制主要包括进气节流控制、可变进气涡流控制和可变配气正时控制。

① 进气节流控制。ECU 主要根据柴油机转速信号和负荷信号控制设在进气管中的节气门开度，以满足不同工况对进气流量的不同要求。

② 可变进气涡流控制。ECU 以柴油机转速信号和负荷信号作为主控制信号，按内存的程序对进气涡流强度进行控制，以满足不同工况对进气涡流强度的不同要求。

③ 可变配气正时控制。ECU 根据柴油机转速信号和负荷信号，按内存程序对配气正时进行控制，以满足不同工况对配气正时的不同要求。

（4）增压控制

柴油机的增压控制主要是由 ECU 根据柴油机转速信号、负荷信号、增压压力信号等，通过控制废气旁通阀的开度或废气喷射器的喷射角度、增压器涡轮废气进口截面大小等措施，实现对废气涡轮增压器工作状态和增压压力的控制，以改善柴油机的转矩特性，提高加速性能，降低排放和实现低噪声。

（5）排放控制

柴油机的排放控制主要是废气再循环（EGR）控制。ECU 主要根据柴油机转速信号和负荷信号，按内存程序控制 EGR 阀开度以调节 EGR 率。

（6）启动控制

柴油机启动控制主要包括喷油量控制、喷油正时控制和预热装置控制，其中喷油量控制和喷油正时控制与其他工况相同。柴油机冷启动时的预热装置一般都是电加热装置（如进气预热塞等），ECU 根据柴油机启动时的冷却液温度决定电加热装置是否通电以及通电持续时间，并在柴油机启动后或启动温度较高时，自动切断电加热装置电源。

(7) 巡航控制

带有巡航控制功能的柴油机电控系统，当通过巡航控制开关选定巡航控制模式后，ECU 即可根据车速信号等自动维持汽车以一定车速行驶。

(8) 故障自诊断和失效保护

柴油机电控系统中也包含故障自诊断和失效保护两个子系统。柴油机电控系统出现故障时，自诊断系统将点亮仪表盘上的"发动机故障指示灯"，提醒驾驶员注意，并储存故障码，检修时可通过一定的操作程序调取故障码等信息，同时失效保护系统启动相应保护程序，柴油机能够继续保持运转或强制熄火。

(9) 柴油机与自动变速器的综合控制

在装用电控自动变速器的柴油车上，将柴油机控制 ECU 和自动变速器控制 ECU 合为一体，可实现柴油机与自动变速器的综合控制，以改善汽车的变速性能。

3.6.4　第三代共轨式电控燃油喷射系统

共轨式电控燃油喷射系统属于第三代电控柴油喷射系统，其是在第二代时间控制式电控燃油喷射系统存在不足的基础上进一步研发的。所谓共轨式（公共轨道式的简称）电控燃油喷射系统是指该系统中有一条可独立控制的燃油压力公共油轨，高压供油泵向公共油轨中泵油，用电磁阀进行油压调节并根据压力传感器信号对共轨中的油压进行闭环控制。有一定压力的柴油经由公共油轨分别通向各缸喷油器，而喷油器上的电磁阀控制供油正时和喷油量。

在共轨式电控燃油喷射系统中，压力的形成和燃油的喷射过程是独立的，相互之间没有影响。喷油压力的形成取决于发动机的转速和喷油的数量。高压油轨中存储了待喷射的高压燃油，喷油始点和喷油压力通过 ECU 比较计算机中预先存储的基本喷油特性图计算出来，ECU 再触发电磁阀，最终喷油器将一定量的燃油喷入气缸。

(1) 共轨式电控燃油喷射系统的组成

从功能方面分析，共轨式电控燃油喷射系统（简称电控共轨系统）可分为两部分：电控系统和燃油供给系统，如图 3-147 所示。

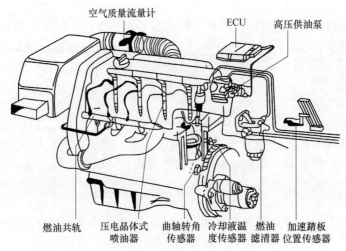

图 3-147　共轨式电控燃油喷射系统组成

① 电控系统。

如图3-148所示，电控系统由传感器、电控单元和执行器组成，其中电控单元是电控共轨系统的核心部分。电控单元根据各个传感器传来的信息计算出最佳喷油时间和最合适的喷油量，使发动机在各种工况都能在最佳状态下工作。

② 燃油供给系统。

如图3-149所示，燃油供给系统由输油泵、共轨和喷油器等部分组成，该系统的功用是：供油泵向共轨中提供高压燃油，存储在共轨内的燃油在适当的时刻通过喷油器喷入发动机气缸内。电控共轨系统中的喷油器受电磁阀控制，电磁阀的开启和关闭由发动机电控单元控制。

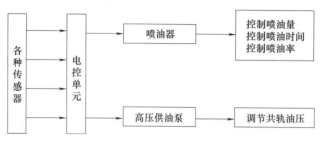

图3-148 电控系统框图

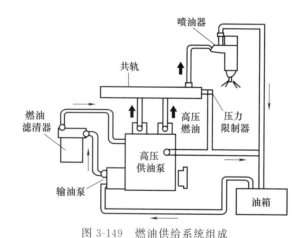

图3-149 燃油供给系统组成

（2）共轨式电控燃油喷射系统工作原理

共轨式电控燃油喷射系统的基本工作原理是，高压供油泵从油箱中吸出柴油并将油压提高后输入共轨，多余的燃油经回油管流回油箱。共轨上设有油压传感器，传感器将共轨油压的信号输送给电控单元，由电控单元对PCV阀（调压阀）实施闭环控制，使共轨中油压稳定于目标值。电控单元控制的PCV阀则通过调整电磁阀线圈中电流的大小来调节共轨中的油压。共轨中的燃油压力由电控单元根据柴油机工况的要求进行调节，并由共轨上的油压传感器向电控单元提供油压反馈控制信号。共轨油压决定喷油压力，而喷油压力和喷油器中电磁阀通电持续时间决定了循环喷油量，通电时刻决定了喷油起始点。

下面以博世（Bosch）公司的共轨系统为例，说明系统零部件的组成及工作原理。

① 高压供油泵。

在电控高压共轨式喷油系统中，高压供油泵的功能是向共轨中提供高压燃油。供油压力由压力限制器进行设定。供油泵结构如图3-150所示，油泵上有三套柱塞组件，彼此成120°分布，柱塞由偏心凸轮驱动。从图中可以看出，这种偏心轮驱动平面和柱塞垫块之间为面接触，比传统的凸轮与滚轮之间的线接触的接触应力要小得多，更有利于高压喷射。高压泵的基本工作原理如下：当柱塞下行时，来自输油泵的压力为 0.05～0.15MPa 的燃油流过安全阀 5，经过低压油路 6 到达各柱塞组件的进油阀，并由进油阀 11 进入柱塞腔 10，实现进油过程。还有一部分燃油经节流小孔流向偏心凸轮室 8 供润滑冷却用。当偏心凸轮转动使柱塞上行时，进油阀 11 关闭，燃油建立起高压。当柱塞腔 10 压力高于共轨中的压力时，出油阀 1 被顶开，柱塞腔 10 的燃油在 PCV 阀的控制下进入共轨中。

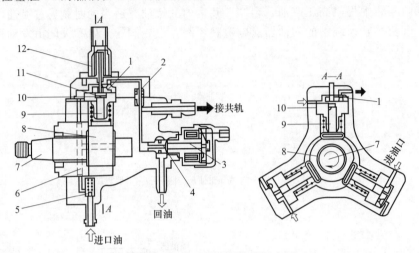

图 3-150　高压供油泵结构示意图

1—出油阀；2—密封件；3—调压阀；4—球阀；5—安全阀；6—低压油路；7—驱动轴；8—偏心凸轮室；9—柱塞泵油元件；10—柱塞腔；11—进油阀；12—柱塞单向阀

在急速或小负荷时，输出油量有剩余，可以经调压阀 3 流回油箱。还可以通过控制电路使柱塞单向阀 12 通电，使电枢上的销子下移，顶开进油阀 11，切断某缸柱塞供油，以减少供油量和功率损耗。

② 调压阀（PCV）。

调压阀安装在高压供油泵旁或共轨管上，其作用是根据发动机负荷状况调整和保持共轨管中的压力。当共轨压力过高时，调压阀打开，一部分燃油经集油管流回油箱；当共轨压力过低时，调压阀关闭，高压端对低压端密封。调压阀结构示意图如图 3-151 所示，球阀的一侧是来自共轨燃油的压力，另一侧衔铁受弹簧预紧力和电磁阀电磁力的作用。而电磁阀产生电磁力的大小与电磁阀线圈中的电流大小有关。当电磁阀不通电的时候，弹簧预紧力使球阀紧压在密封座面上，当燃油压力超过 10MPa 时，才能将其打开，即共轨腔中的燃油压力至少达到 10MPa 时，才有可能从 PCV 阀处泄流到低压回路。若要提高共轨中的油压，需使 PCV 阀通电。燃油压力除了要克服弹簧预紧力之外，还要克服电磁力，即电磁阀的电磁力通过衔铁作用在球阀上的力的大小也决定了共轨中的燃油压力。电磁阀的电磁力可以通过调整电磁阀线圈中电流的大小来控制。

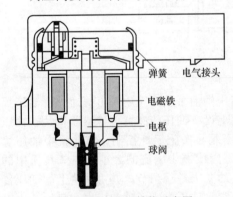

图 3-151　调压阀结构示意图

③ 共轨组件。

共轨组件包括共轨本身和安装在共轨上的高压燃油接头、共轨压力传感器、起安全作用的压力限制阀、连接共轨和喷油器的流量限制阀等，其作用是存储高压油，保持压力稳定，如图 3-152 所示。共轨本身容纳高达 150MPa 以上的高压燃油，材料和高压容积对于共轨压力的控制都是至关重要的。

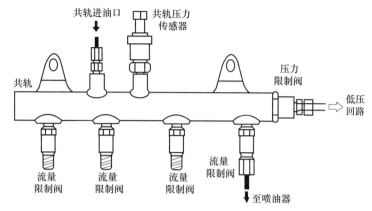

图 3-152　共轨组件

a. 限压阀（压力限制阀）。限压阀的作用是限制共轨中的压力。当共轨中的燃油压力过高时，限压阀连通共轨到低压的燃油回路，实现安全泄压，保证整个共轨系统中的最高压力不超过极限安全压力。共轨内允许的短时间最高压力为 150MPa。如图 3-153 所示，当压力超过弹簧的弹力时，阀门打开卸压，高压油经通孔和回油孔流回油箱。

b. 流量限制阀。流量限制阀的作用是在非正常情况下防止喷油器常开并导致持续喷油的现象。一旦共轨输出的油量超出规定的水平，流量限制阀就关闭通往喷油器的油路。流量限制阀的一侧通过螺纹连接到共轨上，另一侧通过螺纹拧入喷油器的进油管。外壳两端有孔，以便与共轨或喷油器进油管建立液压联系。流量限制阀内部有一个活塞，一根弹簧将此活塞向共轨方向压紧，如图 3-154 所示。正常工作时，活塞在静止状

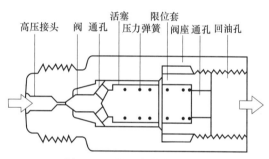

图 3-153　限压阀结构示意图

态，由于受弹簧的作用力，总是靠在堵头一端。在一次喷油后，喷油器端压力下降，活塞在共轨压力作用下向喷油器端移动。在喷油终了时，活塞停止运动，但并不关闭密封座面，这时弹簧将活塞重新压回到静止位置。当喷油量过大时，由于出油量过多，活塞从静止位置被压到喷油器端的密封面上，从而关闭通往喷油器的进油口，这种情况一直保持到发动机停机。

c. 共轨压力传感器。共轨压力传感器的作用是测定共轨中的实时燃油压力，并向 ECU 提供电信号，如图 3-155 所示。高压燃油经压力室的小孔流向膜片，膜片上装有半导体压敏元件，可将压力转换为电信号，通过连接导线将产生的电信号传送到 ECU。当膜片形状改变时，膜片上涂层的电阻发生变化，使 5V 供电的电阻电桥中产生的电压也发生变化。电压在 0～70mV 之间变化，经电路放大到 0.5～4.5V，并通过连接导线将产生的电信号传送到 ECU。

④ 喷油器。

喷油器是共轨柴油喷射系统中的核心部件，其作用是准确控制向气缸喷油的时间、喷油量和喷油规律。图 3-156 为 Bosch 共轨式喷油器的结构简图，喷油器的顶端装有电磁阀，用来控制喷射过程。

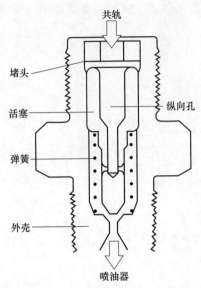

图 3-154 流量限制阀结构示意图

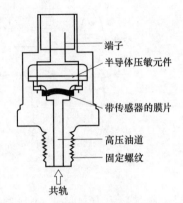

图 3-155 共轨压力传感器结构示意图

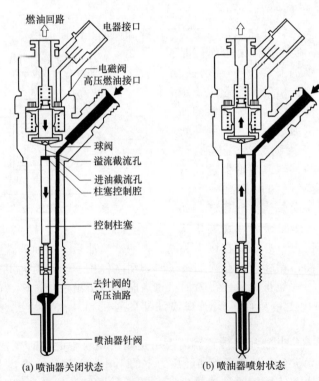

图 3-156 Bosch 共轨式喷油器的结构简图

当电磁阀断电时，球阀在弹簧力的作用下压紧在电磁阀的阀座上，高压和低压之间的流通通道被隔断，来自共轨的高压燃油流经喷油器上的高压燃油接口、进油截流孔进入到柱塞控制腔中，并作用在控制柱塞上，同时另有一部分高压燃油还经喷油器体的斜油道流入喷油器底部喷嘴针阀承压锥面上。由于柱塞截面面积大于喷嘴针阀承压锥面面积，加上弹簧的预紧力，作用在柱塞顶部的燃油压力便克服喷油器底端针阀承压锥面上的燃油压力，使得柱塞和针阀向下紧压在喷油器针阀座面上，针阀关闭，喷油器不喷射。

当电磁阀通电后，球阀受电磁力的作用离开阀座，柱塞控制腔和燃油回油口连通，高压和低压之间的流通通道打开，柱塞控制腔中的部分高压燃油经过溢流截流孔、球阀进入低压回路。由于进油截流孔和溢流截流孔都很小，因此流体的截流作用导致柱塞控制腔的压力小于来自共轨的高压燃油的压力，高压燃油在喷油器针阀承压面上的压力使柱塞和针阀抬起，喷油器就开始喷油。电磁阀断电时，球阀再次关闭，共轨中的燃油压力又重新作用在控制柱塞的上方，针阀重新关闭。

整个喷射过程简述如下：当电磁阀通电时，针阀抬起，喷射开始；当电磁阀断电时，针阀落座，喷射结束。由于共轨中的压力一直存在，所以任何时刻喷油器都可以在电磁阀的控制下喷油，这是与第二代时间控制式系统喷油电磁阀的不同之处。

由此可见，在此"时间-压力控制"系统中，ECU控制供油压力调节阀使喷油器的喷油压差保持不变，再通过控制电磁阀工作实现喷油量和供油正时的控制。电磁阀通电开始时刻决定了喷油的开始时刻，其通电时间决定喷油量。

（3）共轨式电控燃油喷射系统的特点

① 可实现高压喷射，喷射压力比一般喷油泵高出一倍，最高已达200MPa。

② 共轨式燃油喷射系统喷油压力独立于发动机转速，可改善发动机低速及低负荷性能。

③ 具有良好的喷油特性，喷油器电磁阀直接对喷油定时和喷油脉宽进行控制，可优化燃烧过程，使发动机油耗、烟度、噪声及排放等性能指标得到明显改善，并有利于改进发动机转矩特性。

④ 可实现共轨压力的闭环控制。共轨上的压力传感器实时反馈共轨中的压力，通过控制PCV阀的电流来调整进入共轨的燃油量和轨道压力，形成独立的共轨压力闭环子系统。

⑤ 共轨沿发动机纵向布置，高压泵、共轨和喷油器各自的位置相互独立，便于在发动机上安装和布置。

⑥ 从技术总体实现难度上看，共轨系统组成较复杂，机械、液压力和电子、电磁阀耦合程度高，加工制造、控制匹配要求的水平高，与第二代时间控制式相比，具有好性能的同时，开发难度也加大了。

第4章 汽车底盘电控系统

4.1 自动变速器

4.1.1 自动变速器概述

(1) 自动变速器的功用和分类

① 功用。

自动变速器使汽车在行驶中能根据车速和发动机节气门开度等参数信号在所有前进挡实现自动换挡,其离合器和变速器的操纵都实现了自动化,简称 AT。目前自动变速器的自动换挡等过程都是由自动变速器的电子控制单元(ECU,俗称计算机)控制的,因此自动变速器又可简称为 EAT。

② 分类。

自动变速器按结构和控制方式的不同,可以分为机械式自动变速器(AMT)、液力式自动变速器(EAT)和无级自动变速器(CVT)。

a. 机械式自动变速器。这是在干式离合器和齿轮变速器基础上加装微机控制的自动变速系统。它能根据车速、节气门开度、驾驶员命令等参数,确定最佳挡位,控制原来由驾驶员人工完成的离合器分离与接合、换挡手柄的摘挡与挂挡以及发动机的油门开度的同步调节等操作过程,最终实现换挡过程的操纵自动化。AMT 保持了原有机械变速器的基本结构,具有传动效率高、结构紧凑、成本低、易于制造、工作可靠及操纵方便等优点,在重型商用车的应用上具有很好的发展前景。

b. 液力式自动变速器。这是目前应用最广泛、技术最成熟的自动变速器。目前轿车上大多采用电控液力自动变速器(EAT);按照变速传动机构的不同,液力自动变速器又可以分为行星齿轮自动变速器和普通齿轮自动变速器,行星齿轮自动变速器应用最广泛,普通齿轮自动变速器只在本田等个别车系中应用。行星齿轮自动变速器又可以分为辛普森式和拉维娜式。

c. 无级自动变速器。它是采用传动带和工作直径可变的主、从动轮相配合来传递动力的,可以实现传动比的连续改变。这也是一种具有广阔发展前景的自动变速器,目前在汽车上的应用已具有一定的市场份额。目前常见的有奥迪 A6、日产天籁、本田飞度等无级自动变速器。

(2) 自动变速器的组成和工作原理

本手册所介绍的是目前应用最广泛、技术最成熟的液力自动变速器。

① 组成。

液力自动变速器主要由液力变矩器、齿轮变速机构、液压控制系统、电子控制系统和冷却滤油装置等组成。

a. 液力变矩器。它是一个通过自动变速器油(ATF)传递动力的装置,能根据汽车行驶阻力的变化,在一定范围内自动地、无级地改变传动比和转矩比,其中的闭锁离合器可实现液力与机械传动的相互转换。

b. 齿轮变速机构。以常见的行星齿轮为例,其由 2~3 排行星齿轮机构组成,不同的运动状态组合可得到 2~6 种速比,并可实现倒挡传动。

c. 液压控制系统。其由油泵、各种控制阀及与之相连通的液压控制回路等组成。汽车行驶中根据驾驶员的要求和行驶条件的需要,控制离合器和制动器工作状况的改变来实现机械变速器的自动换挡。

d. 电子控制系统。其包括传感器、电磁阀和电子控制单元。各种传感器输出的控制信号输入电子控制单元(ECU),经 ECU 处理后发出控制指令控制各种电磁阀,再由电磁阀控制液压系统中的换挡阀实现自动换挡,并改善换挡性能。

e. 冷却滤油装置。其包括冷却器和滤油器。自动变速器油(ATF)在自动变速器工作过程中会因冲击、摩擦产生热量,并要吸收齿轮传动过程中所产生的热量,油温将会升高。油温升高将导致 ATF 黏度下降,传动效率降低,因此必须对 ATF 进行冷却,保持油温在 80~90℃。ATF 是通过油冷却器与冷却水或空气进行热量交换的。自动变速器工作中各部件磨损产生的机械杂质,由滤油器从油中过滤分离出去,以减小机械的磨损,避免液压油路堵塞和控制阀卡滞。

② 工作原理。

如图 4-1 所示,电控自动变速器是通过各种传感器,将发动机的转速、节气门开度、车速、发动机水温、自动变速器 ATF 油温等参数信号输入电控单元(ECU),ECU 根据这些信号,按照设定的换挡规律,向换挡电磁阀、油压电磁阀等发出动作控制信号,换挡电磁阀和油压电磁阀再将 ECU 的动作控制信号转变为液压控制信号,阀板中的各控制阀根据这些液压控制信号,控制换挡执行元件的动作,从而实现自动换挡过程。

(3) 自动变速器的优缺点

① 操纵简化且提高了行车安全。

在汽车起步和行驶中,自动变速器无需离合器和手动换挡操作,减少了驾驶员的劳动强度,可使驾驶员集中精力注意路面交通情况。因此,行车的安全性得以提高。

② 提高了发动机和传动系的使用寿命。

首先,由于自动变速器在自动换挡过程中无动力中断,换挡平顺,故减小了发动机和传动系零件的动载荷。其次,液力变矩器这种"软连接"可以吸收动力传递过程中的冲击和动载荷。因此,采用自动变速器的汽车发动机和传动系零件的寿命比手动变速器长。

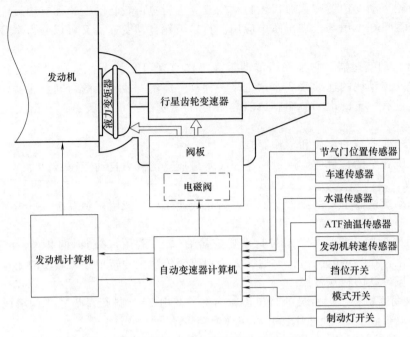

图 4-1 电控自动变速器的组成和原理

③ 提高了汽车的动力性。

自动变速器在汽车起步时,由于液力变矩器有较大的变矩比,可增大驱动轮上的牵引力,同时换挡时动力不中断,发动机可维持在稳定的转速,因此,可使汽车起步加速性能和平均车速提高。

④ 提高了汽车的通过性能。

液力变矩器可以在一定范围内自动变矩来适应汽车行驶阻力的变化,在必要时又可自动换挡以满足牵引力的需要,因此,显著提高了汽车的通过性能。

⑤ 减少了排气污染。

自动变速器由于采用液力传动和自动换挡,在换挡过程中发动机可保持在相对稳定的转速,发动机的燃烧条件不会恶化,因此,可减少发动机排气污染。

自动变速器的缺点是传动效率低、结构较为复杂、成本较高、缺少驾驶乐趣、操作不规范会造成自动变速器的损坏、维修技术要求较高。

(4) 自动变速器选挡杆的使用

自动变速器选挡杆一般布置在地板或转向柱上,其位置随车型差异,一般有 4～7 个位置,如图 4-2 所示。各位置功能如下。

P 位:驻车挡。选挡杆置于此位置时,发动机可以启动,驻车锁止机构将自动变速器输出轴锁止。

R 位:倒挡。选挡杆置于此位置时,液压系统倒挡油路被接通,驱动轮反转,实现倒向行驶。

N 位:空挡。选挡杆置于此位置时,发动机可以启动,所有机械变速器的齿轮机构空转,不能输出动力。

图 4-2 自动变速器选挡杆位置示意图

D位：前进挡。选挡杆置于此位置时，计算机根据节气门开度信号和车速信号等，通过换挡电磁阀和液压控制系统自动接通相应的前进挡油路，行星齿轮变速器在换挡执行元件的控制下得到相应的传动比。随着行驶条件的变化，在前进挡中自动升降挡，实现自动变速功能。

2位（S）：高速发动机制动挡。选挡杆置于此位置时，液压控制系统只能接通前进挡中的一、二挡油路，自动变速器只能在这两个挡位间自动换挡，无法升入更高的挡位，从而使汽车获得发动机制动效果。

1位（L）：低速发动机制动挡。选挡杆置于此位置时，汽车被锁定在前进挡的一挡，只能在该挡位行驶而无法升入高挡，发动机制动效果更强。

2位（S）和1位（L）多用于山区、上下坡等路况的行驶，可避免频繁换挡，提高自动变速器的使用寿命。

有的自动变速器为了增加驾驶乐趣，选挡杆采用了手/自一体模式，如图4-3所示。当需要手动换挡时，只要将选挡杆从D位向左拨动，向"＋"拨动为升挡，向"－"拨动为减挡。

图4-3 手/自一体自动变速器选挡杆

4.1.2 液力变矩器

（1）液力变矩器结构组成

液力变矩器位于发动机和机械变速器之间，以自动变速器油（ATF）为工作介质，具体功用为：传递并扩大发动机输出转矩、在一定范围内实现无级变速、自动离合、驱动油泵、代替飞轮。

液力变矩器通常由泵轮、涡轮和导轮三个元件组成，又称为三元件液力变矩器，如图4-4所示。

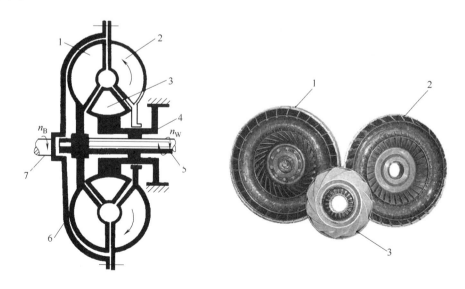

图4-4 液力变矩器的组成

1—涡轮；2—泵轮；3—导轮；4—导轮固定套；5—变矩器从动轴；6—变矩器壳；7—输入轴

液力变矩器总成封在一个钢制壳体（变矩器壳体）中，液力变矩器泵轮（壳体）通过螺栓与发动机曲轴后端的驱动盘连接，与发动机曲轴一起旋转。涡轮位于泵轮前，通过带花键的从动轴向后面的机械变速器输出动力。导轮位于泵轮与涡轮之间，通过单向离合器支承在固定套管上，使得导轮只能单向旋转（顺时针旋转）。泵轮、涡轮和导轮上都带有叶片，液力变矩器装配好后形成环形内腔，其间充满ATF。

（2）液力变矩器的工作原理

① 动力的传递。

发动机运转时带动液力变矩器的壳体和泵轮旋转，泵轮叶片带动ATF旋转起来，旋转起来的ATF在离心力的作用下，沿着泵轮的叶片从内缘流向外缘。当泵轮转速大于涡轮转速时，泵轮叶片外缘的液压大于涡轮叶片外缘的液压。因此，ATF在做圆周运动的同时，在上述压差的作用下由泵轮流向涡轮，再流向导轮，最后返回泵轮，形成在液力变矩器环形腔内的循环运动，如图4-5所示。如果作用在涡轮叶片上的冲击力大于作用在涡轮上阻力，涡轮将开始转动，并使机械变速器的输入轴一起转动。

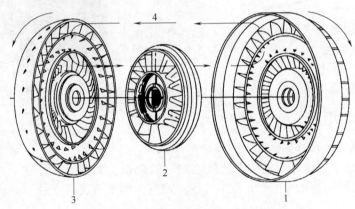

图4-5 ATF在液力变矩器中的循环流动
1—泵轮；2—导轮；3—涡轮；4—液流

② 转矩的放大。

在泵轮与涡轮的转速差较大的情况下，由涡轮甩出的ATF以逆时针方向冲击导轮叶片，如图4-6所示。由于导轮上装有单向离合器，它可以防止导轮逆时针转动，因此导轮是固定不转的，导轮的叶片形状使得ATF的流向改变为顺时针方向流回泵轮，即与泵轮的旋转方向相同。泵轮将来自发动机和从涡轮经导轮回流的能量一起传递给涡轮，使涡轮输出转矩增大。液力变矩器的转矩放大倍数一般为2.2左右。

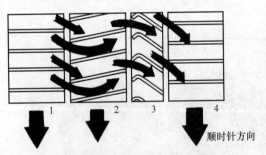

图4-6 液力变矩器转矩放大原理
1,4—泵轮；2—涡轮；3—导轮

液力变矩器的变矩特性只有在泵轮与涡轮转速相差较大的情况下才成立，随着涡轮转速的不断提高，从涡轮回流的ATF油液的流向将发生变化，当涡轮转速上升到某一转速时，液流会按顺时针方向冲击导轮。若导轮仍然固定不动，则从导轮流回泵轮的ATF流向将与泵轮旋转方向相反，从而阻碍泵轮的运动。为此，液力变矩器在导轮机构中增设了单向离合器，也称自由轮机构。当涡轮与泵轮转速相差较大时，单向离合器处于锁止状态，导轮不能转动。当涡轮转速达到泵轮转速的85%～90%时，单向离合器导通，导轮空转，不起导流的作用，液力变矩器的输出转矩不能增加，只能等于泵轮的转矩，此时称为耦合状态。

液力变矩器的工作原理可以通过一对电扇的工作来描述。如图 4-7 所示，将电扇 A 通电，将气流吹动起来，并使未通电的电扇 B 也转动起来，此时动力由电扇 A 传递到电扇 B。为了实现转矩的放大，在两台电扇的背面加上一条空气通道，使穿过电扇 B 的气流通过空气通道的导向，从电扇 A 的背面流回，这会加强电扇 A 吹动的气流，使吹向电扇 B 的转矩增加。即电扇 A 相当于泵轮，电扇 B 相当于涡轮，空气通道相当于导轮，空气相当于 ATF。

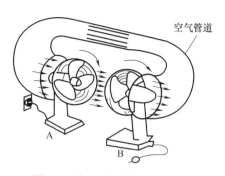

图 4-7 液力变矩器的工作原理

从上面的分析我们可以得出这样的结论：随着涡轮转速的逐渐提高，涡轮输出的转矩要逐渐下降，而且这种变化是连续的。同样，如果涡轮上的负荷增加了，涡轮的转速要下降，而涡轮输出的转矩增加正好适应负荷的增加。

液力变矩器的工作过程包括为两个工况，一是变矩，另一个是耦合。当泵轮与涡轮转速相差较大，或者说在低速区时，液力变矩器实现变矩（增矩）；当涡轮转速达到泵轮转速的 85%～90%，或者说在高速区时，液力变矩器实现偶合传动，即输出（涡轮）转矩等于输入（泵轮）转矩。

（3）单向离合器

单向离合器又称为自由轮机构、超越离合器，其功用是实现导轮的单向锁止，即导轮只能顺时针转动而不能逆时针转动，使得液力变矩器在低速区实现变矩传动，而在高速区实现偶合传动。

常见的单向离合器有楔块式和滚柱式两种结构形式。楔块式单向离合器如图 4-8 所示，由内座圈、外座圈、楔块、保持架等组成。导轮与外座圈连为一体，内座圈与固定套管花键连接，不能转动。当导轮带动外座圈逆时针转动时，外座圈带动楔块逆时针转动，楔块的长径与内、外座圈接触，如图 4-8（a）所示。由于长径长度大于内、外座圈之间的距离，所以外座圈被卡住而不能转动。当导轮带动外座圈顺时针转动时，外座圈带动楔块顺时针转动，楔块的短径与内、外座圈接触，如图 4-8（b）所示。由于短径长度小于内、外座圈之间的距离，所以外座圈可以自由转动。

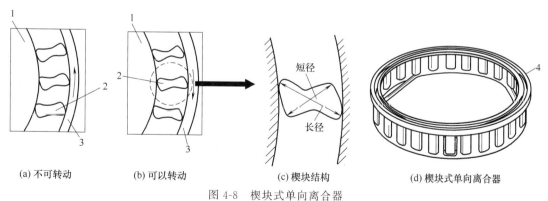

图 4-8 楔块式单向离合器
1—内座圈；2—楔块；3—外座圈；4—保持架

滚柱式单向离合器如图 4-9 所示，由内座圈、外座圈、滚柱、叠片弹簧等组成。当导轮带动外座圈顺时针转动时，滚柱进入楔形槽的宽处，内、外座圈不能被滚柱楔紧，外座圈和导轮可以顺时针自由转动。当导轮带动外座圈逆时针转动时，滚柱进入楔形槽的窄处，内、外座圈被滚柱楔紧，外座圈和导轮固定不动。

(4) 锁止离合器

锁止离合器简称 TCC，锁止离合器在必要时可以将泵轮和涡轮直接连接起来，提高传动效率和汽车的燃油经济性，并防止 ATF 油温过热。

锁止离合器的结构、原理如图 4-10 所示。锁止离合器的主动盘即为变矩器的壳体，从动盘则是一个可做轴向移动的活塞，它通过花键与涡轮连接。锁止离合器接合时，进入液力变矩器中的 ATF 按图 4-10（a）所示的方向流动，使锁止活塞向前移动，压紧在液力变矩器壳体上，通过摩擦力矩使二者一起转动。此时发动机的动力经液力变矩器壳体、锁止活塞、扭转减振器、涡轮轮毂传给后面的机械变速器，相当于将泵轮和涡轮刚性连在一起，传动效率为 100%。

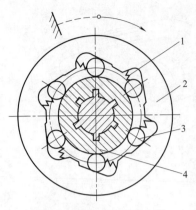

图 4-9 滚柱式单向离合器
1—叠片弹簧；2—外座圈；3—滚柱；4—内座圈

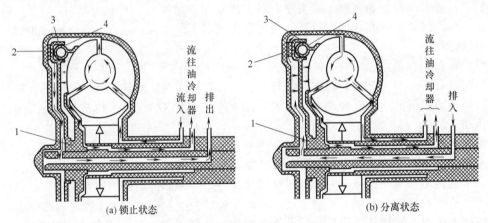

图 4-10 锁止离合器的结构、原理
1—涡轮轮毂；2—变矩器壳体；3—锁止活塞；4—扭转减振器

当车辆起步、低速或在坏路面上行驶时，应将锁止离合器分离，使液力变矩器具有变矩作用。此时 ATF 按图 4-10（b）所示的方向流动，将锁止活塞与液力变矩器壳体分离，解除液力变矩器壳体与涡轮的直接连接。

锁止离合器的接合和分离由变矩器中的继动阀来控制液压油流向，而继动阀是由自动变速器计算机通过锁止电磁阀来控制的。

(5) 液力变矩器的检修

① 液力变矩器的拆装。

在自动变速器中由于变矩器代替了飞轮，因此，在从驱动盘上拆卸时要做记号，以免装配时破坏其动平衡。把液力变矩器安装到变速器上时，要使变矩器与油泵的驱动位置对正且安装到位，使距离 A 至少为 20mm，如图 4-11 所示。

② 单向离合器检修。

单向离合器常见故障有打滑和卡死两种形式。单向离合器打滑，将导致汽车起步加速无力；单向离合器卡死，将导致汽车高速时加速无力。单向离合器的检查如图 4-12 所示。用专用工具插入油泵驱动毂和单向离合器外座圈的槽口中。然后用手指压住单向离合器的内座圈并转动它，检查其是否顺时针转动平稳而逆时针方向锁止。如果单向离合器损坏则需要更换液力变矩器总成。

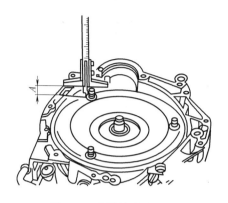

图 4-11 安装液力变矩器

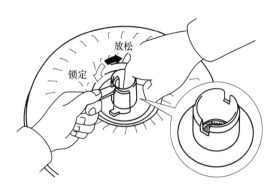

图 4-12 检查单向离合器

③ 锁止离合器的检修。

锁止离合器的常见故障有不锁止和常锁止。不锁止将导致 ATF 油温过高、车辆的耗油大和发动机高速运转而车速不够快；常锁止的现象是发动机怠速正常，但选挡杆置于动力挡（R、D、2、L）或汽车紧急制动时发动机熄火。具体故障原因要检查相应的电路部分、阀体部分以及锁止离合器机械部分确定。

锁止离合器机械部分的检查需要将液力变矩器切开后才能进行，这只能由专业的自动变速器维修站来完成。

④ 液力变矩器的清洗。

当自动变速器 ATF 被污染后，应该清洗液力变矩器。清洗液力变矩器可以采用专用的冲洗机进行，也可以手工清洗，方法是加入干净的 ATF，用力摇晃、振荡液力变矩器，然后排净油液，反复进行这样的操作，直到排出的油液干净为止。当自动变速器发生较严重的故障时，如离合器烧片、锁止离合器或单向离合器过度磨损等，在液力变矩器中往往会沉积大量的杂质，采用浸泡、清洗的方法是不能除净的，此时需要更换液力变矩器。

4.1.3 齿轮变速机构

自动变速器的齿轮变速机构有行星齿轮和普通齿轮两种，目前大部分采用行星齿轮，它主要包括行星齿轮机构和换挡执行元件。行星齿轮机构的作用是改变传动比和传动方向，即构成不同的挡位，换挡执行元件的作用是实现挡位的变换。

（1）单排行星齿轮机构

① 组成。

单排行星齿轮机构主要由 个太阳轮（或称为中心轮）、一个带有若干个行星齿轮的行星架和一个齿圈组成，如图 4-13 所示。齿圈又称为齿环，制有内齿，其余齿轮均为外齿轮。太阳轮位于机构的中心，行星轮与之外啮合，行星轮与齿圈内啮合。通常行星轮有 3～6 个，通过滚针轴承安装在行星齿轮轴上，行星齿轮轴对称、均匀地安装在行星架上。行星齿轮机构工作时，行星轮除了绕自身轴线自转外，同时还随行星架绕着太阳轮公转。由于太阳轮与行星轮是外啮合，所以两者的旋转方向是相反的；而行星轮与齿圈是内啮合，则这二者的旋转方向是相同的。

② 传动规律。

行星齿轮为转轴式齿轮系统，其与定轴式齿轮系统一样，也是降速增矩和升速降矩的原

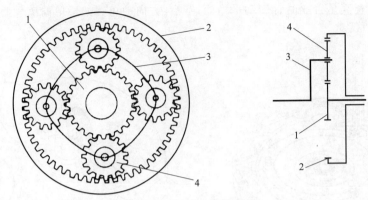

图 4-13 单排行星齿轮机构
1—太阳轮；2—齿圈；3—行星架；4—行星轮

理，只不过由于公转和自转的存在，使传动比的计算方法不同。行星齿轮系统的传动比取决于齿圈齿数和太阳轮齿数，与行星齿轮的齿数无关。根据机械原理可知，单排行星齿轮机构的运动特性方程式为：

$$n_1 + \alpha n_2 - (1+\alpha)n_3 = 0$$

式中，n_1 为太阳轮转速；n_2 为齿圈转速；n_3 为行星架转速；α 为齿圈齿数 z_2 与太阳轮齿数 z_1 之比，即 $\alpha = z_2/z_1$，且 $\alpha > 1$。

一个方程有三个变量，如果将太阳轮、齿圈和行星架中某个元件作为主动（输入）部分，让另一个元件作为从动（输出）部分，则由于第三个元件不受任何约束和限制，所以从动部分的运动是不确定的。因此为了得到确定的运动，必须对太阳轮、齿圈和行星架三者中的某个元件的运动进行约束和限制。通过对不同的元件进行约束和限制，可以得到不同的动力传动方式，如图 4-14 所示。

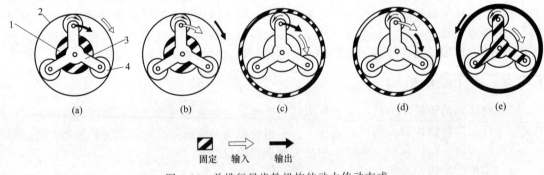

图 4-14 单排行星齿轮机构的动力传动方式
1—太阳轮；2—齿圈；3—行星架；4—行星轮

a. 齿圈为主动件（输入），行星架为从动件（输出），太阳轮固定，如图 4-14（a）所示。此时，$n_1 = 0$，则传动比 i_{23} 为：

$$i_{23} = n_2/n_3 = 1 + 1/\alpha > 1$$

传动比大于 1，说明其为减速传动，可以作为降速挡。

b. 太阳轮为主动件（输入），行星架为从动件（输出），齿圈固定，如图 4-14（c）所示。此时，$n_2 = 0$，则传动比 i_{13} 为：

$$i_{13} = n_1/n_3 = 1 + \alpha > 2$$

传动比大于 2，说明其为减速传动，可以作为降速挡。

对比这两种情况的传动比，由于 $i_{13}>i_{23}$，故二者虽然都为降速挡，但 i_{13} 是降速挡中的低挡，而 i_{23} 为降速挡中的高挡。

c. 行星架为主动件（输入），齿圈为从动件（输出），太阳轮固定，如图 4-14（b）所示。此时，$n_1=0$，则传动比 i_{32} 为：

$$i_{32}=n_3/n_2=\alpha/(1+\alpha)<1$$

传动比小于 1，说明其为增速传动，可以作为超速挡。

d. 行星架为主动件（输入），太阳轮为从动件（输出），齿圈固定，如图 4-14（d）所示。此时，$n_2=0$，则传动比 i_{31} 为：

$$i_{31}=n_3/n_1=1/(1+\alpha)<1$$

传动比小于 1，说明其为增速传动，可以作为超速挡。

e. 太阳轮为主动件（输入），齿圈为从动件（输出），行星架固定，如图 4-14（e）所示。此时，$n_3=0$，则传动比 i_{12} 为：

$$i_{12}=n_1/n_2=-\alpha$$

传动比为负值，说明主从动件的旋转方向相反；又由于 $|i_{12}|>1$，说明其为降速传动，可以作为倒挡。

f. 如果 $n_1=n_2$，则可以得到 $n_3=n_1=n_2$。同样，$n_1=n_3$ 或 $n_2=n_3$ 时，均可以得到 $n_1=n_2=n_3$ 的结论。因此，若使太阳轮、齿圈和行星架三个元件中的任何二个元件连为一体转动，则另一个元件的转速必然与前二者等速同向转动。即行星齿轮机构中所有元件（包含行星轮）之间均无相对运动，传动比 $i=1$。这种传动方式用于变速器的直接挡传动。

g. 如果太阳轮、齿圈和行星架三个元件没有任何约束，则各元件的运动是不确定的，此时为空挡。

自动变速器中的行星齿轮变速器一般采用 2~3 排行星齿轮机构传动，其各挡传动比就是根据上述单排行星齿轮机构传动特点进行合理组合得到的。常见的行星齿轮变速器有辛普森式的和拉威娜式。

（2）换挡执行元件

行星齿轮变速器的换挡执行元件包括离合器、制动器和单向离合器。单向离合器的结构、原理在变矩器中已阐述，下面重点介绍离合器和制动器。

① 离合器。

自动变速器采用的离合器是多片湿式离合器，其功用是连接轴和行星齿轮机构中的元件或是连接行星齿轮机构中的不同元件。

a. 组成。离合器主要由离合器鼓、花键毂、活塞、主动钢片、从动摩擦片、回位弹簧、卡环等组成，如图 4-15 所示。

离合器鼓是一个液压缸，鼓内有内花键齿圈，内圆轴颈上有进油孔与控制油路相通。离合器活塞为环状，内外圆上有密封圈，安装在离合器鼓内。主动钢片和从动摩擦片交错排列，二者统称为离合器片，均使用钢料制成，但摩擦片的两面烧结有铜基粉末冶金的摩擦材料。为保证离合器接合柔和及散热，离合器片浸在油液中工作，因而称为湿式离合器。钢片带有外花键齿，与离合器鼓的内花键齿圈连接，并可轴向移动，摩擦片则以内花键齿与花键毂的外花键槽配合，也可做轴向移动。离合器鼓和花键毂分别以一定的方式与变速器输入轴或行星齿轮机构的元件相连接。碟形弹簧的作用是使离合器接合柔和，防止换挡冲击。

b. 工作原理。如图 4-16（b）所示，当一定压力的 ATF 油经控制油道进入活塞左面的液压缸时，液压作用力便克服弹簧力使活塞右移，将所有离合器片压紧，即离合器接合，与离合器主、从动部分相连的元件也被连接在一起，以相同的速度旋转。

如图 4-16（a）所示，当控制阀将作用在离合器液压缸的油压卸除后，活塞在回位弹簧

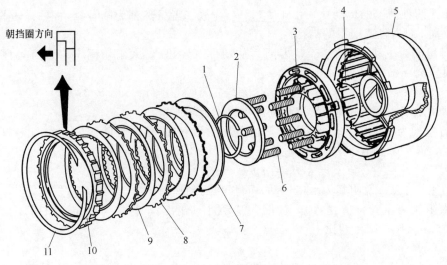

图 4-15 离合器零件分解图

1—卡环;2—弹簧座;3—活塞;4—O形圈;5—离合器鼓;6—回位弹簧;
7—碟形弹簧;8—主动钢片;9—从动摩擦片;10—压盘;11—卡环

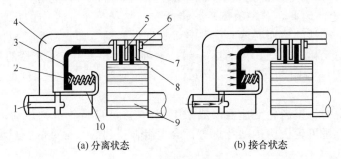

(a) 分离状态　　　　　　(b) 接合状态

图 4-16 离合器工作原理

1—控制油道;2—回位弹簧;3—活塞;4—离合器鼓;5—主动钢片;
6—卡环;7—压盘;8—从动摩擦片;9—花键毂;10—弹簧座

作用下返回原位,钢片和摩擦片自由分开,使离合器分离。

为了快速泄油,保证离合器彻底分离,一般在液压缸中都有一个单向球阀,如图 4-17 所示。当 ATF 油被卸除时,钢球在离心力的作用下离开阀座,开启辅助泄油通道,使 ATF 油迅速流出。

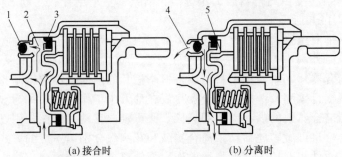

(a) 接合时　　　　　　(b) 分离时

图 4-17 带单向安全阀的离合器

1—单向球阀;2—液压缸;3—密封圈;4—辅助泄油通道;5—活塞

c. 检修。离合器总成分解后要对每个零件进行清洗和检查,如离合器鼓、花键毂、离合器片、压盘和密封圈等是否磨损严重、变形,回位弹簧是否断裂、弹性不足,单向球阀是否密封良好等，必要时更换零部件和总成。

离合器重新装配前，要将更换的新的摩擦片和密封圈放在 ATF 油中浸泡 20min 以上，装配后要检查离合器的间隙。间隙过大会使换挡滞后、离合器打滑；间隙过小会使得离合器分离不彻底，离合器的间隙可以通过调整压盘的厚度调整。检查离合器间隙一般是用厚薄规（塞尺）进行，如图 4-18 所示。

② 制动器。

制动器的功用是固定行星齿轮机构中的元件，防止其转动。制动器有片式和带式两种形式。片式制动器与离合器的结构和原理相同，不同之处是离合器是起连接作用而

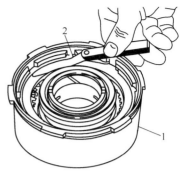

图 4-18　检查离合器间隙
1—离合器总成；2—厚薄规

传递动力，而片式制动器是通过与变速器壳体连接而起制动作用。下面介绍带式制动器。

a. 组成。带式制动器由制动带和控制油缸组成，如图 4-19 所示。制动带是内表面粘有摩擦材料的开口式环形钢带。控制油缸包括活塞、活塞杆、回位弹簧、密封圈等。

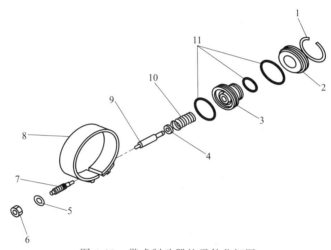

图 4-19　带式制动器的零件分解图
1—卡环；2—活塞定位架；3—活塞；4—止推垫圈；5—垫圈；6—锁紧螺母；7—调整螺钉；
8—制动带；9—活塞杆；10—回位弹簧；11—O 形圈

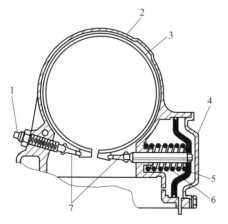

图 4-20　制动器的工作原理
1—调整螺钉（固定支承端）；2—制动带；3—制动鼓；
4—油缸盖；5—活塞；6—回位弹簧；7—支柱

b. 工作原理。如图 4-20 所示，制动带开口处的一端通过支柱支承于固定在变速器壳体的调整螺钉上，另一端支承于油缸活塞杆端部，不制动时，活塞在回位弹簧和左腔油压作用下位于右极限位置，此时，制动带和制动鼓之间存在一定间隙。

制动时，压力油进入活塞右腔，克服左腔油压和回位弹簧的作用力，推动活塞左移，制动带以固定支座为支点收紧。在制动力矩的作用下，制动鼓停止旋转，行星齿轮机构某元件被锁止。

c. 检修。检查制动带是否破裂、过热、不均匀磨损、表面摩擦材料剥落等情况，如果有

任何一种，都应更换制动带。检查制动鼓表面是否有污点、划伤、磨光、变形等缺陷。

制动器装配后要调整带鼓间隙，方法是：将调整螺钉上的锁紧螺母拧松，然后将调整螺钉拧紧，再按维修手册的要求将调整螺钉退回一定圈数，最后用锁紧螺母紧固。

(3) 辛普森式变速传动机构

辛普森式行星齿轮变速传动机构是在自动变速器中应用最广泛的行星齿轮机构之一，它是由美国福特公司的工程师 H.W. 辛普森发明的，目前多采用的是四挡辛普森行星齿轮变速传动机构，如图 4-21 所示。

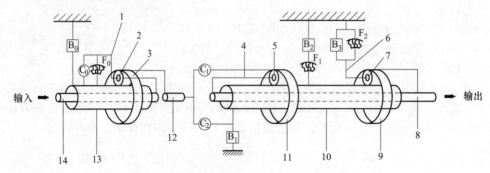

图 4-21　辛普森四速行星齿轮变速传动机构

1—超速（OD）行星排行星架；2—超速（OD）行星排行星轮；3—超速（OD）行星排齿圈；4—前行星排行星架；5—前行星排行星轮；6—后行星排行星架；7—后行星排行星轮；8—输出轴；9—后行星排齿圈；10—前后行星排太阳轮；11—前行星排齿圈；12—中间轴；13—超速（OD）行星排太阳轮；14—输入轴；C_0—超速挡（OD）离合器；C_1—前进挡离合器；C_2—直接挡、倒挡离合器；B_0—超速挡（OD）制动器；B_1—二挡滑行制动器；B_2—二挡制动器；B_3—低、倒挡离合器；F_0—超速挡（OD）单向离合器；F_1—二挡（一号）单向离合器；F_2—低挡（二号）单向离合器

① 组成。

四挡辛普森行星齿轮变速传动机构由行星排和换挡执行元件两大部分组成。其中行星排包括三排，前面一排为超速行星排，中间一排为前行星排，后面一排为后行星排。输入轴与超速行星排的行星架相连，超速行星排的齿圈与中间轴相连，中间轴通过前进挡离合器或直接挡、倒挡离合器与前、后行星排相连。前、后行星排的结构特点是，共用一个太阳轮，前行星排的行星架与后行星排的齿圈相连并与输出轴连接。

换挡执行元件包括三个离合器、四个制动器和三个单向离合器共十个元件。具体的功能见表 4-1。

表 4-1　换挡执行元件的功能

换挡执行元件		功　能
C_0	超速挡(OD)离合器	连接超速行星排太阳轮与超速行星排行星架
C_1	前进挡离合器	连接中间轴与前行星排齿圈
C_2	直接挡、倒挡离合器	连接中间轴与前后行星排太阳轮
B_0	超速挡(OD)制动器	制动超速行星排太阳轮
B_1	二挡滑行制动器	制动前后行星排太阳轮
B_2	二挡制动器	制动 F_1 外座圈，当 F_1 也起作用时，可以防止前后行星排太阳轮逆时针转动
B_3	低、倒挡制动器	制动后行星排行星架
F_0	超速挡(OD)单向离合器	连接超速行星排太阳轮与超速行星排行星架
F_1	二挡(一号)单向离合器	当 B_2 工作时，防止前后行星排太阳轮逆时针转动
F_2	低挡(二号)单向离合器	防止后行星排行星架逆时针转动

② 换挡执行元件的工作。

在变速器各挡位时，换挡执行元件的动作情况见表 4-2。

表 4-2 各挡位时换挡执行元件的动作情况

选挡杆位置	挡位	换挡执行元件										发动机制动
		C_0	C_1	C_2	B_0	B_1	B_2	B_3	F_0	F_1	F_2	
P	驻车挡	○										
R	倒挡	○		○				○	○			
N	空挡	○										
D	一挡	○	○						○		○	○
D	二挡	○	○				○		○	○		○
D	三挡	○	○	○			●		○			
D	四挡(OD挡)		○	○	○		●					
2	一挡	○	○						○		○	○
2	二挡	○	○			○	○		○	○		
2	三挡*	○	○	○			●		○			
L	一挡	○	○					○	○		○	
L	二挡*	○	○			○	○		○	○		

注：* 表示只能降挡不能升挡。
○表示换挡执行元件工作或无发动机制动。
●表示接合但不起作用。

③ 各挡动力传递路线分析。

D位一挡：如图 4-22 所示，D 位一挡时，C_0、C_1、F_0、F_2 工作。C_0 和 F_0 工作将超速行星排的太阳轮和行星架相连，此时超速行星排为直接挡传动，输入轴的动力顺时针传到中间轴。C_1 工作将中间轴与前行星排齿圈相连，前行星排齿圈顺时针转动驱动前行星排行星轮，前行星排行星轮即顺时针自转又顺时针公转，前行星排行星轮顺时针公转则输出轴也顺时针转动，这是一条动力传动路线。由于前行星排行星轮顺时针自转，则前后行星排太阳轮逆时针转动，再驱动后行星排行星轮顺时针自转，此时后行星排行星轮在前后行星排太阳轮的作用下有逆时针公转的趋势，但由于 F_2 的作用，使得后行星排行星架不动。这样顺时针转动的后行星排行星轮驱动齿圈顺时针转动，从输出轴输出动力，这是第二条动力传动路线。

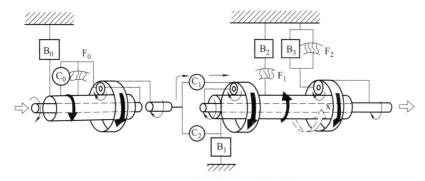

图 4-22 D 位一挡动力传递路线

D位二挡：如图 4-23 所示，D 位二挡时，C_0、C_1、B_2、F_0、F_1 工作。C_0 和 F_0 工作如前所述直接将动力传给中间轴。C_1 工作，动力顺时针传到前行星排齿圈，驱动前行星排行星轮顺时针转动，并使前后太阳轮有逆时针转动的趋势，由于 B_2 的作用，F_1 将防止前后太阳轮逆时针转动，即前后太阳轮不动。此时前行星排行星轮将带动行星架也顺时针转动，从输出轴输出动力。后行星排不参与动力的传动。

D位三挡：如图 4-24 所示，D 位三挡时，C_0、C_1、C_2、B_2、F_0 工作。C_0 和 F_0 工作如

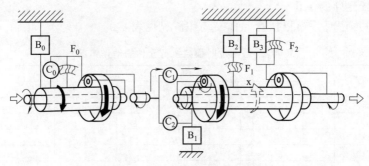

图 4-23　D 位二挡动力传递路线

前所述直接将动力传给中间轴。C_1、C_2 工作将中间轴与前行星排的齿圈和太阳轮同时连接起来，前行星排成为刚性整体，动力直接传给前行星排行星架，从输出轴输出动力。此挡为直接挡。在该挡位 B_2 工作但不传递动力，其目的是为了改善二挡升三挡的平顺性。

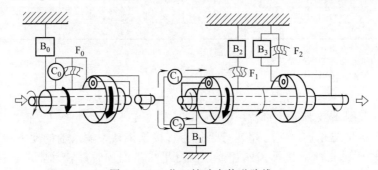

图 4-24　D 位三挡动力传递路线

D 位四挡：如图 4-25 所示，D 位四挡时，C_1、C_2、B_0、B_2 工作。B_0 工作，将超速行星排太阳轮固定。动力由输入轴输入，带动超速行星排行星架顺时针转动，并驱动行星轮及齿圈都顺时针转动，此时的传动比小于 1。C_1、C_2 工作使得前后行星排的工作同 D_3 挡，即处于直接挡。所以整个机构以超速挡传递动力。B_2 的作用同 D 位三挡。

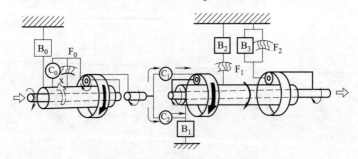

图 4-25　D 位四挡动力传递路线

2 位一挡：2 位一挡的工作与 D 位一挡相同。

2 位二挡：如图 4-26 所示，C_0、C_1、B_1、B_2、F_0、F_1 工作。动力传动路线与 D 位二挡时相同。区别只是由于 B_1 的工作，使得 2 位二挡有发动机制动，而 D 位二挡没有。此挡为高速发动机制动挡。

发动机制动是指利用发动机急速时的较低转速以及变速器的较低挡位来使较快的车辆减速。D 位二挡时，如果驾驶员抬起加速踏板，则发动机进入急速工况，而汽车在原有的惯性作用下仍以较高的车速行驶。此时，驱动车轮将通过变速器的输出轴反向带动行星齿轮机构

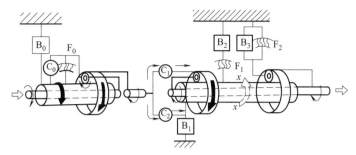

图 4-26 2 位二挡动力传递路线

运转，各元件都将以相反的方向受力，即前后太阳轮将有顺时针转动的趋势，F_1 不起作用，不能将变速器传动机构保持在二挡，而处于空挡，使得反传的动力不能到达发动机，无法利用发动机进行制动。而在 2 位二挡时，B_1 工作使得前后太阳轮固定，既不能逆时针转动也不能顺时针转动，这样反传的动力就可以传到发动机，所以有发动机制动。

2 位三挡：2 位三挡的工作与 D 位三挡相同。

L 位一挡：如图 4-27 所示，L 位一挡时，C_0、C_1、B_3、F_0、F_2 工作。动力传动路线与 D 位一挡时相同。区别只是由于 B_3 的工作，使后行星排行星架固定，有发动机制动，原因同前所述。此挡为低速发动机制动挡。

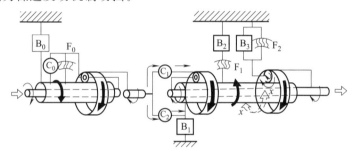

图 4-27 L 位一挡动力传递路线

L 位二挡：L 位二挡的工作与 2 位二挡相同。

R 位：如图 4-28 所示，倒挡时，C_0、C_2、B_3、F_0 工作。C_0 和 F_0 工作如前所述直接将动力传给中间轴。C_2 工作将动力传给前后行星排太阳轮。由于 B_3 工作，将后行星排行星架固定，使得行星轮仅相当于一个惰轮。前后行星排太阳轮顺时针转动驱动后行星排行星轮逆时针转动，进而驱动后行星排齿圈也逆时针转动，从输出轴逆时针输出动力。

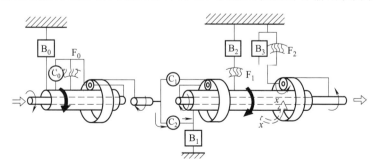

图 4-28 R 位动力传递路线

P 位（驻车挡）：选挡杆置于 P 位时，一般自动变速器都是通过驻车锁止机构将变速器输出轴锁止实现驻车。如图 4-29 所示，驻车锁止机构由输出轴外齿圈、锁止棘爪、锁止凸轮等组成。锁止棘爪通过销轴与变速器壳体相连。当选挡杆处于P位时，与选挡杆相连的手动阀通过锁止凸轮将锁止棘爪推向输出轴外齿圈，并嵌入齿中，使变速器输出轴与壳体相连而无法转动，如图4-29（b）所示。当选挡杆处于其他位置时，锁止凸轮退回，锁止棘爪在回位弹簧的作用离开输出轴外齿圈，锁止撤销，如图4-29（a）所示。

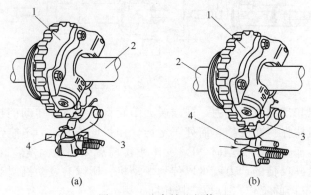

图4-29 驻车锁止机构

1—输出轴外齿圈；2—输出轴；3—锁止棘爪；4—锁止凸轮

（4）拉维娜式变速传动机构

拉维娜式行星齿轮传动机构具有四个独立元件：小太阳轮、大太阳轮、行星架和内齿圈，行星架上有相互啮合的长行星轮和短行星轮，其中长行星轮与内齿圈和大太阳轮啮合，短行星轮与小太阳轮啮合，该型式具有结构简单、尺寸小、传动比变化范围大、灵活多变等特点，如图4-30所示。

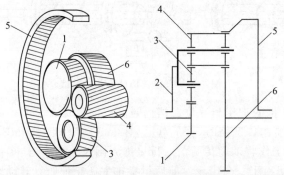

图4-30 拉维娜式变速传动机构

1—小太阳轮；2—行星架；3—短行星轮；4—长行星轮；5—齿圈；6—大太阳轮

以大众01N四速变速传动机构为例进行介绍，如图4-31所示。

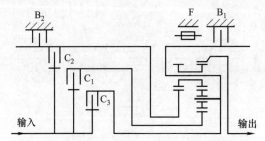

图4-31 拉维娜式大众01N四速变速传动机构

C_1—前进离合器；C_2—倒挡离合器；C_3—高挡离合器；
B_1—低、倒挡制动器；B_2—二、四挡制动器；F—低挡单向离合器

① 组成。

行星排有两个，前排为单行星轮，后排为双行星轮。换挡执行元件有六个，即三个离合器、二个制动器和一个单向离合器。各换挡执行元件的功能见表4-3。

表4-3 换挡执行元件的功能

换挡执行元件	功 能
C_1	前进离合器	连接输入与小太阳轮
C_2	倒挡离合器	连接输入与大太阳轮
C_3	高挡离合器	连接输入与行星架
B_1	低、倒挡制动器	制动行星架
B_2	二、四挡制动器	制动大太阳轮
F	低挡单向离合器	防止行星架逆时针转动

② 换挡执行元件的工作。

在变速器各挡位时，换挡执行元件的动作情况见表4-4。

表4-4 各挡位时换挡执行元件的动作情况

选挡杆位置	挡位	C_1	C_2	C_3	B_1	B_2	F	发动机制动
R	倒挡		○		○			
D	一挡	○					○	○
D	二挡	○				○		
D	三挡	○		○				
D	四挡			○		○		
3	一挡	○					○	○
3	二挡	○				○		
3	三挡	○		○				
2	一挡	○			○			○
2	二挡	○				○		
1	一挡	○			○			○

注：○表示换挡执行元件工作或无发动机制动。

(5) 普通齿轮变速传动机构

广州本田轿车采用的PAX电控自动变速器，采用了普通齿轮四速变速传动机构，如图4-32所示。

① 组成。

它主要由平行轴、各挡齿轮和湿式多片离合器等组成。平行轴有三根，即主轴、中间轴和副轴。主轴上装有三挡和四挡离合器及三挡、四挡、倒挡齿轮和惰轮（倒挡和四挡齿轮制为一体）。中间轴上装有最终主动齿轮、一挡锁定离合器、单向离合器、一挡、三挡、四挡、倒挡、二挡齿轮及惰轮，单向离合器控制一挡齿轮的动力传递方向只能是由副轴上齿轮传给中间轴上齿轮，否则，单向离合器打滑。一挡锁定离合器负责中间轴上的一挡齿轮与中间轴的连接和分离，伺服油缸控制倒挡滑套选择四挡或倒挡齿轮与中间轴相连接，从而获得四挡或倒挡。副轴上

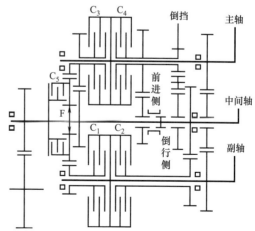

图4-32 广州本田四速变速传动机构
C_1—一挡离合器；C_2—二挡离合器；C_3—三挡离合器；
C_4—四挡离合器；C_5—一挡锁定离合器；F—单向离合器

装有一挡、二挡离合器及一挡、二挡齿轮和惰轮。

② 换挡执行元件的工作。

在变速器各挡位时，换挡执行元件的动作情况见表 4-5。

表 4-5 各挡位时换挡执行元件的动作情况

选挡杆位置	挡位	换挡执行元件							
		一挡离合器	二挡离合器	三挡离合器	四挡离合器	一挡锁定离合器	单向离合器	倒挡滑套	发动机制动
R	倒挡				○			右移	
D4	一挡	○					○		○
	二挡		○						
	三挡			○					
	四挡				○				
D3	一挡	○					○		○
	二挡		○						
	三挡			○					
2	二挡		○						
1	一挡	○				○			

注：○表示换挡执行元件工作或无发动机制动。

4.1.4 液压控制系统

液压控制系统是液力自动变速器的液压控制中心，是液力自动变速器最复杂、最重要的组成部分。其具有动力传递、操纵控制和冷却、滤油等功能。

(1) 液压控制系统的组成

液压控制系统主要由油泵、执行机构和控制机构三大部分组成，主要元件如图 4-33 所示。

油泵是液压控制系统的动力源，油泵的基本功用就是提供满足需求的 ATF 油量和油压。它是整个液压控制系统的工作基础。如各种阀体的动作、换挡执行元件的工作等都需要一定压力的 ATF。

执行机构主要由离合器、制动器油缸等组成。其功用是在控制油压的作用下实现离合器的接合和分离、制动器的制动和松开动作，以便得到相应的挡位。

控制机构包括阀体和各种阀，包括主调压阀、副调压阀、手动阀、换挡阀、节气门阀、速控阀（调速器）、强制降挡阀等。

液压控制系统还包括一些辅助装置，如用于防止换挡冲击的蓄能器、单向阀等。

(2) 液压控制系统的工作原理

油泵将 ATF 从自动变速器油底壳中泵出来、加压，并经过主调压阀的调节，形成具有一定压力的 ATF，一般称为主油压（或管道压力）。主油压作用在节气门阀和速控阀上，分别产生与节气门开度和车速成正比的节气门油压和速控油压。节气门油压和速控油压作用在换挡阀的两端，以控制换挡阀的动作。节气门油压和速控油压还要反馈给主调压阀，以根据节气门的开度和车速调节主油压。主油压经过手动阀后作用在各换挡阀上，换挡阀的动作切换油道，使经过手动阀的主油压作用到不同的换挡执行元件（离合器、制动器）以得到不同的挡位。主油压还作用到副调压阀上，并把 ATF 分别送到油冷却器进行冷却、送到机械变速器相应元件处进行润滑和送到液力变矩器作为液力变矩器的工作介质。

(3) 液压控制系统主要元件

① 油泵。

油泵是液压控制系统的动力源，其功用是产生一定压力和流量的 ATF，供给液力变矩

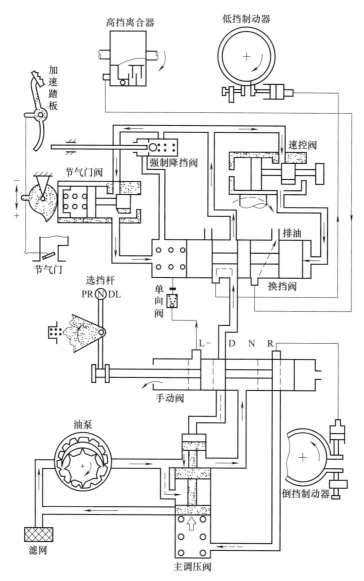

图 4-33 液压控制系统的基本组成

器、液压控制系统和行星齿轮机构。

油泵一般位于液力变矩器和齿轮变速机构之间，一般由液力变矩器外壳驱动。油泵的类型有齿轮泵、转子泵和叶片泵，其中以内啮合齿轮泵应用最广，如图 4-34 所示。

内啮合齿轮泵主要由主动齿轮、从动齿轮、月牙板、壳体等组成。主动齿轮为外齿轮，从动齿轮为内齿轮，在壳体上有一个月牙板，把主、从动齿轮不啮合的部分隔开，并形成两个工作腔，分别为进油腔和出油腔。进油腔与泵体上的进油口相通，出油腔与泵体上的出油口相通。主动齿轮内径上有两个对称的凸键，与液力变矩器后端油泵驱动毂的键槽或平面相配合。因此，只要发动机转动，油泵便转动并开始供油。

油泵工作时，主动齿轮带动从动齿轮转动，在齿轮脱离啮合的一端（进油腔），容积不断变大，产生真空吸力，把 ATF 从油底壳经滤网吸入油泵。在齿轮进入啮合的一端（出油腔）时，容积不断减小，油压升高，把 ATF 从出油腔挤压出去。这样，油泵不断地运转，就形成了具有一定压力的油液，供给自动变速器工作。

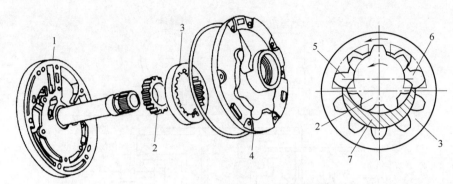

图 4-34　内啮合齿轮泵的结构原理

1—泵盖；2—主动齿轮；3—从动齿轮；4—壳体；5—进油腔；6—出油腔；7—月牙板

这种油泵要求具有严格的加工制造精度。因为齿轮之间、齿轮与泵体之间，过大的磨损和间隙会导致油泵的泵油压力过低。而油压对于自动变速器的正常工作是非常重要的。因此，对油泵的各种间隙要严格控制。

因离合器和制动器都是由油泵提供的控制油液控制，而齿轮传动又采用压力润滑，故在使用自动变速器时应注意以下事项。

a. 发动机不工作，油泵不转，自动变速器无油压时，即使在 D 位和 R 位，也不能靠推车启动发动机。

b. 长距离拖车时，由于发动机不转，油泵也不转，齿轮系统和摩擦片表面没有润滑油，磨损会加剧，因此要求车速慢、距离短。如丰田车系要求拖车车速不高于 30km/h，距离不超过 80km；奔驰车系要求拖车车速不高于 50km/h，距离不超过 50km。如果需长距离拖车则应将驱动轮提起，或断开传动轴。

c. 不能空挡滑行。由于空挡滑行时，发动机怠速运转，油泵泵油量小，而变速器中的齿轮转速相对较高，因此会加速齿轮磨损。

② 主调压阀。

主调压阀是液压控制系统中最重要的阀，其功用是根据车速、节气门开度和选挡杆位置自动调节主油路油压（管路压力），保证液压系统油压稳定。

由于油泵是由发动机驱动的，故随着发动机转速的增加，油泵输出油量和油压就会增加，反之亦然。但自动变速器的正常工作需要相对稳定的油压。如果油压过高，会导致离合器、制动器接合过快而出现换挡冲击；如果油压过低，又会导致离合器、制动器接合不紧而打滑、烧片；所以必须要有油压调节装置。

主调压阀的结构如图 4-35 所示。当发动机转速增加时，油泵输出油压会升高，作用在阀体上部 A 处的油压升高，使阀体向下移动，回油通道的截面积增大，从回油口排出的油液增加，使主油压下降；反之，阀体向上移动，主油压升高。

当发动机负荷（节气门开度）增加时，由于传递的转矩增加，所以需要较大的油压才能保证离合器、制动器的正常工作。此时，随着节气门开度的增加，节气门油压也会增加，作用在主调压阀下端的节气门油压使阀体向上移动，使主油压升高。

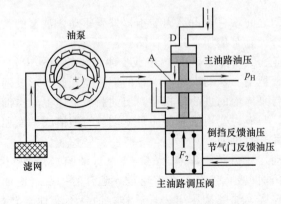

图 4-35　主调压阀结构原理示意图

当选挡杆置于"R"时，来自手动阀的主油压作用在阀体的下端，使得阀体受到向上力的作用，阀体向上移动，主油压升高，满足倒挡较大传动比的要求。

③ 节气门阀。

节气门阀的工作取决于节气门的开度，即取决于发动机的负荷。反映节气门开度的信号是自动变速器自动换挡的两个重要参数之一，对于液控自动变速器来说，是采用节气门油压来反映节气门开度大小的。节气门阀的功用是产生与节气门开度成正比的控制油压（节气门油压）。

节气门阀的控制有两种类型：机械式节气门阀和真空式节气门阀。

机械式节气门阀利用拉杆或拉索、凸轮、弹簧来操纵节气门阀，节气门开度加大，弹簧力 F 加大，节气门阀芯右移，进油口 a 开度增大，输出节气门油压 p_Z 就相应地增大。该结构工作可靠，但要定期检查拉杆或拉索的松紧情况，如图 4-36 所示。

真空式节气门阀利用进气歧管真空度 Δp_X 操纵节气门阀，Δp_X 大小变化，波纹筒的长度也发生变化，使阀产生位移，开闭进、排油口 a 和 b。节气门阀的位置是由波纹筒的弹力、真空吸力与弹簧力三者共同控制的，只要真空吸力发生变化，其他两个力也发生变化。如图 4-37 所示。

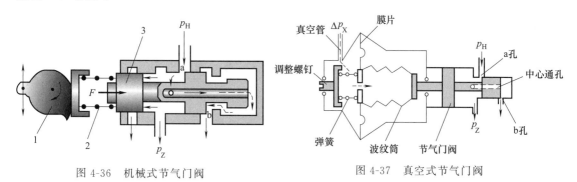

图 4-36 机械式节气门阀
1—凸轮；2—弹簧；3—节气门阀

图 4-37 真空式节气门阀

当节气门开度加大时，Δp_X 变小，在弹簧力和波纹筒弹力的作用下，节气门阀向右移动，p_Z 加大；当节气门逐渐关小时，Δp_X 变大，真空吸力使膜片和波纹筒向左移动，节气门阀随之向左移动，p_Z 减小。当节气门阀左侧各种力的合力与右侧的油液推力相等时，阀处于平衡状态。

真空 Δp_X 的大小受发动机进气系统密封性能的影响，可见发动机密封性能的好坏直接影响自动变速器的正常工作。

④ 速控阀。

速控阀又叫调速器或速度调压阀，它的功用是产生与车速成正比的控制油压（速控油压），与节气门油压一起作用在换挡阀上，以便控制换挡。速控阀是液控自动变速器反映车速的装置，仅用于液控自动变速器，电控自动变速器采用车速传感器来反映车速。

正确的速控油压对于自动变速器的正常工作非常重要，如果速控油压过高，会导致换挡车速的提前；而速控油压过低，会导致换挡车速的滞后。

速控阀的结构如图 4-38 所示。速控阀安装在变速器输出轴上，与输出轴一起旋转。作用在滑阀上的力包括向外的离心力和向内的速控油压力。当汽车低速行驶时，阀轴和滑阀构成一体，在重锤和滑阀的离心力作用下使滑阀向外移动，此时速控油压随着车速的增加而增加。当车速增加到一定程度时，阀轴被壳体内部台阶限位而不再向外移动，此时滑阀仅能靠自身的离心力向外移动，速控油压随着车速的增加而缓慢增加。因此，速控油压与车速的关系分成两个阶段，一般把这种形式的速控阀称为二阶段速控阀，与此类似的还有三阶段速控阀。

⑤ 换挡阀。

换挡阀的功用是根据换挡控制信号或油压，切换挡位油路，以实现两个挡位的转换。换挡阀直接与换挡执行元件（离合器、制动器）相通，当换挡阀动作后，会切换相应的油道以便给相应挡位的离合器和制动器供油，得到所需要的挡位。换挡阀的数量与自动变速器前进挡的个数有关。一般四挡自动变速器需要三个换挡阀，即1-2挡换挡阀、2-3挡换挡阀和3-4挡换挡阀。

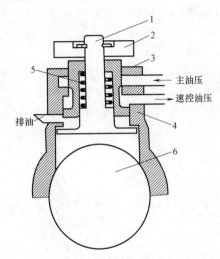

图4-38 速控阀的结构
1—阀轴；2—重锤；3—滑阀；4—壳体；
5—弹簧；6—变速器输出轴

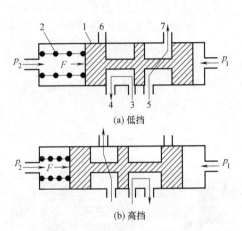

图4-39 换挡阀工作原理示意图
1—换挡阀；2—弹簧；3—主油路进油孔；4—至低挡换挡执行元件；5—至高挡换挡执行元件；6,7—泄油口；p_1—速控阀油压；p_2—节气门油压；F—弹簧力

如图4-39（a）所示为低挡时的情况，此时节气门油压和弹簧力之和大于速控油压，换挡阀处于右侧位置，主油压进入低挡换挡执行元件，所以自动变速器位于低挡。当车速增加到一定程度，速控油压大于节气门油压和弹簧伸张力之和时，换挡阀左移处于左侧位置，如图4-39（b）所示，此时主油压进入高挡换挡执行元件，自动变速器自动换至高挡。

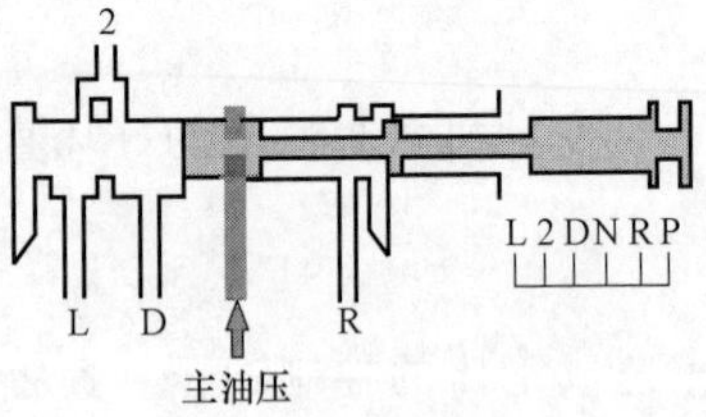

⑥ 手动阀。

手动阀又称为手控阀或手动换挡阀，与驾驶室内的选挡杆相连，其功用是控制各挡位油路的转换。如图4-40所示，当驾驶员操纵选挡杆时，手动阀会移动，使主油压通往不同的油道。如当选挡杆置于P位或N位时，由手动阀通往操纵油路的油道被关闭，操纵油路中无油压。若手柄位于其他位置，则滑阀沿阀体移动到相应位置，接通操纵油路，液压系统按照驾驶员选择的挡位完成相应的工作。

图4-40 手动阀结构示意图

4.1.5 电子控制系统

自动变速器的电子控制系统包括传感器、执行器和电子控制单元（ECU）三部分，其组成框图如图4-41所示。

传感器部分主要包括节气门位置传感器、车速传感器、发动机转速传感器、输入轴转速

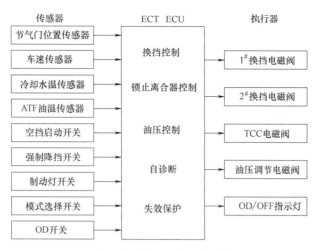

图 4-41 电子控制系统组成

传感器、冷却水温传感器、ATF 油温传感器、空挡启动开关、强制降挡开关、制动灯开关、模式选择开关、OD 开关等。

执行器部分主要包括各种电磁阀和故障指示灯等。

ECU 主要完成换挡控制、锁止离合器控制、油压控制、故障诊断和失效保护等功能。

(1) 传感器

① 节气门位置传感器 (TPS)。

节气门位置传感器安装在节气门体上,用于检测节气门开度的大小,并将数据传送给计算机,计算机根据此信号判断发动机负荷,从而控制自动变速器的换挡、锁止离合器的锁止和调节主油压。节气门位置信号相当于液控自动变速器中的节气门油压。

② 车速传感器 (VSS)。

车速传感器用于检测自动变速器输出轴转速,自动变速器 ECU 根据车速传感器输入的信号计算出车速,并以此信号控制自动变速器的换挡和锁止离合器的锁止。

③ 输入轴转速传感器。

对于轿车自动变速器,一般在机械变速器输入轴附近的壳体上装有检测输入轴转速的输入轴转速传感器。自动变速器 ECU 根据输入轴转速传感器的信号可以更精确地控制换挡。另外,ECU 还可以把该信号与发动机转速信号进行比较,计算出变矩器的转速比,使主油压和锁止离合器的控制得到优化,以改善换挡,提高行驶性能。

④ 冷却水温传感器。

冷却水温传感器的信号不仅用于发动机的控制,还用于自动变速器的控制。当发动机冷却液温度低于设定温度(如 60℃)时,发动机 ECU 会发送一个信号给自动变速器 ECU,以防止自动变速器换入超速挡,同时锁止离合器也不能工作。当发动机冷却液温度过高时,自动变速器 ECU 会让锁止离合器工作以帮助发动机降低冷却液的温度,防止变速器过热。

⑤ 模式选择开关。

模式选择开关是供驾驶员选择所需要的行驶或换挡模式的开关。大部分车型都具有常规模式 (N 或 NORM) 和动力模式 (P 或 PWR),有些车型还有经济模式 (E 或 ECO)。自动变速器 ECU 根据所选择的行驶模式执行不同的换挡程序,控制换挡和锁止正时。如选择动力模式,自动变速器会推迟升挡,以提高动力性;而选择经济模式,自动变速器会提前升挡,以提高经济性;常规模式介于二者之间。

如图 4-42 所示为常见的具有常规和动力两种模式的模式选择开关线路图,当开关接通

NORM（常规模式）时，仪表盘上 NORM 指示灯点亮，同时自动变速器 ECU 的 PWR 端子的电压为 0V，ECU 从而知道选择了常规模式。当开关接通 PWR（动力模式）时，仪表盘上 PWR 指示灯点亮，同时自动变速器 ECU 的 PWR 端子的电压为 12V，ECU 从而知道选择了动力模式。

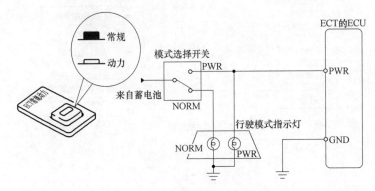

图 4-42　模式选择开关线路图

⑥ 空挡启动开关。

空挡启动开关的功用是：给自动变速器 ECU 提供挡位信号；控制挡位指示灯的显示；保证只有选挡杆置于 P 或 N 位才能启动发动机。

如图 4-43 所示为空挡启动开关结构与线路图，当选挡杆置于不同的挡位时，仪表盘上相应的挡位指示灯会点亮。当 ECU 的端子 N、2 或 L 与端子 E 接通时，ECU 便分别确定变速器位于 N、2 或 L 位；否则，ECU 便确定变速器位于 D 位。只有当选挡杆置于 P 或 N 位时，端子 B 与 NB 接通，才能给起动机通电，使发动机启动。

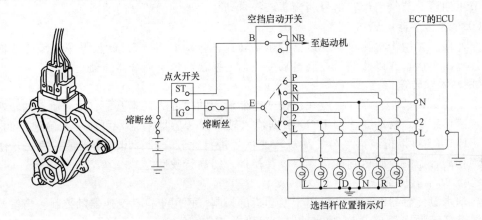

图 4-43　空挡启动开关结构与线路图

⑦ OD 开关。

OD 开关（超速挡开关）一般安装在选挡杆上，由驾驶员操作控制，其可以控制自动变速器在 D 位能否升至超速挡。

如图 4-44 所示，当按下 OD 开关（ON）时，OD 开关的触点实际为断开，此时 ECU 的 OD_2 端子的电压为 12V，自动变速器可以升至超速挡，且 O/D OFF 指示灯不亮。

当再次按下 OD 开关时，OD 开关会弹起（OFF），OD 开关的触点实际为闭合，如图 4-45 所示。此时 ECU 的 OD_2 端子的电压为 0V，自动变速器不能升至超速挡，且 OD OFF 指示灯点亮。

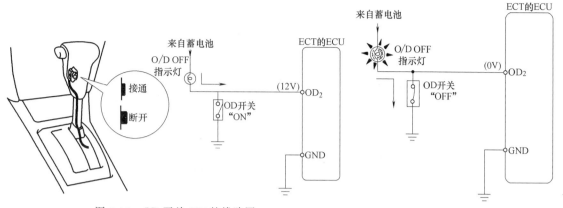

图 4-44　OD 开关 ON 的线路图　　　　　图 4-45　OD 开关 OFF 的线路图

⑧ 制动灯开关。

自动变速器 ECU 通过制动灯开关检测是否踩下制动踏板，如果踩下制动踏板，ECU 会取消锁止离合器的工作。

如图 4-46 所示，制动灯开关安装在制动踏板支架上。当踩下制动踏板时，开关接通，ECU 的 STP 端子电压为 12V；当松开制动踏板时，开关断开，STP 端子电压为 0V。ECU 根据 STP 端子的电压变化了解制动踏板的工作情况。

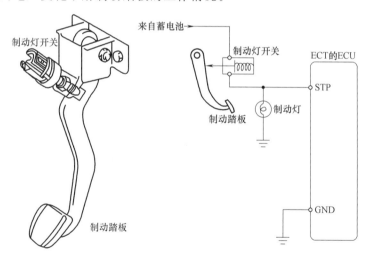

图 4-46　制动灯开关线路图

（2）执行器

电子控制系统的执行器主要是电磁阀，按其功用可分为换挡电磁阀、锁止离合器电磁阀（TCC 阀）和油压调节电磁阀。按其工作方式的不同可以分为开关式电磁阀和脉冲式电磁阀。换挡电磁阀采用开关式，油压调节电磁阀采用脉冲式，而锁止离合器电磁阀采用开关式和脉冲式的都有。

① 开关式电磁阀。

开关式电磁阀的功用是开启或关闭液压油路，通常用于控制换挡阀和锁止离合器继动阀的工作。开关式电磁阀由电磁线圈、衔铁、阀芯和回位弹簧等组成，如图 4-47 所示。当电磁阀通电时，在电磁吸力作用下衔铁和阀芯下移，关闭泄油口，主油压供给到控制油路。当电磁阀断电时，在回位弹簧的作用下衔铁和阀芯上移，打开泄油口，主油压被泄掉，控制油路无油压。

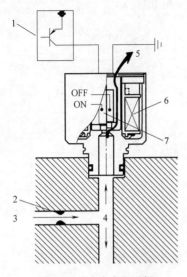

图 4-47　开关式电磁阀

1—ECU；2—节流口；3—主油路；4—控制油路；
5—泄油口；6—电磁线圈；7—衔铁和阀芯

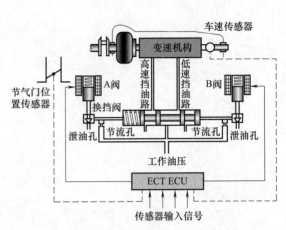

图 4-48　电控换挡阀的工作原理

如图 4-48 所示为换挡电磁阀控制换挡阀的工作原理。当换挡电磁阀 A 断电、B 通电时，电磁阀 B 的泄油孔打开，换挡阀右侧无油压，阀芯在左侧弹簧力和油压力作用下位于右侧，此时，工作油压进入低挡油路，变速器位于低挡。当换挡电磁阀 A 通电、B 断电时，电磁阀 B 的泄油孔关闭，工作油压进入换挡阀的右侧，克服左侧弹簧力使阀芯左移，低速挡油路被关闭，而高速挡油路被打开，变速器自动由低挡升入高挡。

② 脉冲式电磁阀。

脉冲式电磁阀的功用是控制油路的油压，其结构与开关式电磁阀类似，也是由电磁线圈、滑阀、弹簧等组成。与开关式电磁阀不同的是，控制脉冲式电磁阀的电信号不是恒定不变的电压信号，而是一个固定频率的脉冲电信号。计算机通过改变每个脉冲周期内电流接通和断开的时间比例，即所谓占空比来改变电磁阀开启和关闭泄油口的时间比例，从达到控制油路压力的目的。脉冲式电磁阀的电信号如图 4-49 所示。

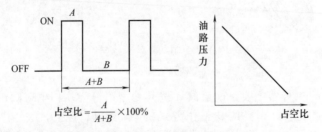

图 4-49　脉冲式电磁阀的电信号

在不同的自动变速器中，电磁阀的数目和安装位置有所差异，常见的电磁阀有 3～8 个，其位置通常安装在控制阀板上。

(3) 电子控制单元

电子控制单元的英文缩写为 ECU，俗称计算机。自动变速器可以使用独立的计算机，也可与发动机电子燃油喷射系统共享一个计算机。自动变速器的计算机具有换挡控制、锁止离合器控制、换挡平顺性控制、发动机制动控制、故障自诊断和失效保护等功能。

① 换挡控制。

换挡时机的控制是电控自动变速器的重要内容之一,汽车在任何工况下,计算机都能给出一个最佳的换挡时机,以便提高汽车的动力性和经济性。

自动变速器的选挡杆或模式开关处于不同的位置时,对汽车的使用要求不同,换挡规律也不同。通常计算机将汽车在不同使用要求下的最佳换挡规律以自动换挡图的形式储存在存储器中。自动换挡控制原理框图如图 4-50 所示。

汽车在行驶时,计算机根据模式开关和选挡杆的信号从存储器中选出相应的自动换挡图,再将车速传感器、节气门位置传感器测得的车速、节气门开度与所选的自动换挡图进行比较。如在一定节气门开度下行驶的汽车达到设定的换挡车速时,计算机便向换

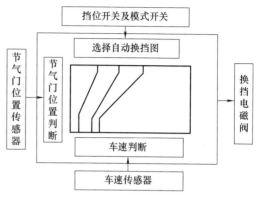

图 4-50　自动换挡控制原理框图

挡电磁阀发出电信号,由电磁阀的动作决定压力油通往各换挡执行元件的流向,以实现挡位的自动变换。

② 锁止离合器控制。

自动变速器 ECU 将各种行驶模式下锁止离合器的工作方式编程存入存储器,然后根据各种输入信号,控制锁止离合器电磁阀的通、断电,从而控制锁止离合器的工作。

锁止离合器工作的条件。如果满足以下五个条件,自动变速器 ECU 会接通锁止离合器电磁阀,使锁止离合器处于接合状态。

a. 选挡杆置于 D 位,且挡位在 D_2、D_3 或 D_4 挡。

b. 车速高于规定值。

c. 节气门开启(节气门位置传感器 IDL 触点未闭合)。

d. 冷却液温度高于规定值。

e. 未踩下制动踏板(制动灯开关未接通)。

锁止的强制取消。如果符合以下条件中的任何一项,ECU 就会给锁止离合器电磁阀断电,使锁止离合器分离。

a. 踩下制动踏板(制动灯开关接通)。

b. 发动机怠速(节气门位置传感器 IDL 触点未闭合)。

c. 冷却液温度低于规定值(如 60℃)。

d. 当巡航系统工作时,车速降至设定车速以下至少 10km/h。

e. 换挡瞬间。

早期的电控自动变速器中,控制锁止离合器的电磁阀是开关式电磁阀,即通电时锁止离合器接合,断电时锁止离合器分离。目前许多新型电控自动变速器采用脉冲式电磁阀作为锁止离合器电磁阀,计算机在控制锁止离合器接合时,通过改变脉冲电信号的占空比,让锁止离合器电磁阀的泄油口开度缓慢增大,以减小锁止离合器接合时所产生的冲击,使锁止离合器的接合过程变得更加柔和。

③ 换挡平顺性控制。

自动变速器改善换挡平顺性的方法有换挡油压控制、减小发动机转矩控制和 N-D 换挡控制。

换挡油压控制：自动变速器在升挡和降挡的瞬间，ECU 会通过调压电磁阀适当降低主油压，以减小换挡冲击。也有的自动变速器在换挡时通过调压电磁阀来减小蓄压器背压，以减缓离合器或制动器油压的增长率，来减小换挡冲击。

减小发动机转矩控制：在自动变速器换挡的瞬间，通过推迟发动机点火时刻或减少喷油量，减少发动机输出转矩，以减少换挡冲击和输出轴的转矩波动。

N-D 换挡控制：当选挡杆由 P 位或 N 位置于 D 位或 R 位时，或由 D 位或 R 位置于 P 位或 N 位时，通过调整喷油量，把发动机转速的变化减少到最小限度，以改善换挡。

④ 发动机制动控制。

变速器计算机按照设定的控制程序，在选挡杆、车速、节气门开度等满足一定条件时，向强制离合器或强制制动器电磁阀发出电信号，打开强制离合器或强制制动器的控制油路，使之接合或制动，让自动变速器具有反向传递动力的能力，从而在汽车滑行时可以实现发动机制动。

⑤ 故障自诊断。

电控自动变速器 ECU 具有内置的自我诊断系统，它不断监控各传感器、信号开关、电磁阀及其线路。当有故障时，ECU 使 O/D OFF 指示灯闪烁，以提醒驾驶员或维修人员；并将故障内容以故障码的形式存储在存储器中，以便维修人员采用人工或仪器的方式读取故障码。当故障排除后，必须通过特定的程序清除故障码，否则，故障码仍然会保留在 ECU 存储器中。

当 OD 开关 ON 时（OD 开关断开），如果有故障，O/D OFF 指示灯将点亮而不是闪烁。

⑥ 失效保护。

当自动变速器出现故障时，为了尽可能使自动变速器保持最基本的工作能力，以维持汽车行驶，便于汽车进厂维修，电控自动变速器 ECU 还具有失效保护功能。

当传感器出现故障时，ECU 所采取的失效保护措施。

a. 节气门位置传感器出现故障时，计算机根据怠速开关的状态进行控制。当怠速开关断开时（加速踏板被踩下），按节气门开度为 1/2 进行控制，同时节气门油压为最大值；当怠速开关接通时（加速踏板完全放松），按节气门处于全闭状态进行控制，同时节气门油压为最小值。

b. 车速传感器出现故障时，计算机不能进行自动换挡控制，此时自动变速器的挡位由选挡杆的位置决定。在 D 位和 2 位时固定为超速挡或 3 挡，在 L 位时固定为 2 挡或 1 挡；或不论选挡杆在任何前进挡位，都固定为 1 挡，以保持汽车最基本的行驶能力。

c. 冷却液或 ATF 油温度传感器出现故障时，ECU 按温度为 80℃ 的设定进行控制。

当电磁阀出现故障时，ECU 所采取的失效保护措施。

a. 换挡电磁阀出现故障时，ECU 一般会将自动变速器锁挡，挡位与选挡杆的位置有关。如丰田车系锁挡情况见表 4-6。

表 4-6 丰田车系锁挡情况

选挡杆位置	D	2	L	R
挡位	4 挡	3 挡	1 挡	倒挡

b. 锁止离合器电磁阀出现故障时，ECU 会停止锁止离合器的控制，使锁止离合器始终处于分离状态。

c. 油压电磁阀出现故障时，ECU 会停止油压的控制，使油路压力保持为最大。

4.1.6 自动变速器的基本检查

自动变速器的结构和工作原理很复杂，任何部件出现故障都会影响自动变速器的正常工作。自动变速器一旦出现故障，切忌盲目拆卸分解，而是应该先对自动变速器进行基本检查和试验。基本检查是自动变速器检修中要首先进行的，具体来说包括：发动机怠速的检查、ATF的检查和更换、节气门阀拉线的检查和调整、选挡杆位置的检查和调整、空挡启动开关的检查和调整。这些项目也是自动变速器的维护项目。

(1) 发动机怠速的检查

将选挡杆置于P位或N位，关闭空调，检查发动机怠速转速。具体数值应查看具体车型的维修手册，一般为750r/min左右。

自动变速器的很多故障是由于发动机的问题引起的。如发动机怠速转速过低，则当选挡杆由P位或N位换至D位或R位时，会导致车身振动，严重时会导致发动机熄火。如发动机怠速转速过高，则换挡时容易产生冲击和振动，且变速器位于D位或R位时"爬行"严重。

(2) ATF的检查和更换

① ATF液面高度的检查。

自动变速器油液的油量应该满足把液力自动变速器各换挡执行元件的操纵油缸都充满之后，在自动变速器油底壳里的油面高度低于行星齿轮机构等自动变速器中旋转元件的最低位，但油面高度必须高于阀体与变速器壳体安装的接合面。

ATF液面过高会导致空气进入ATF而形成泡沫，严重时可能使油液从加油口处喷油，致使发动机罩下起火。如果ATF液面过低则会导致主油压过低，从而引起离合器和制动器打滑。

ATF油液面高度检查的具体方法、步骤如下。

a. 行驶车辆，使自动变速器ATF油温达到正常工作温度。

b. 将车辆停在水平地面，并可靠驻车。

c. 发动机怠速运转，将选挡杆分别置于各个挡位停留片刻，最后将选挡杆置于P位。

d. 拉出变速器油尺，并将其擦拭干净。

e. 将油尺全部插回套管。

f. 再将油尺拉出，检查油面是否在HOT范围，如图4-51所示；如果不在，应加油。

部分车型没有设计自动变速器油面高度检查尺，而是在自动变速器油底壳上设

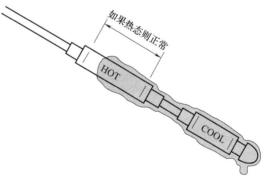

图4-51 ATF液面高度的检查

一溢流孔，如图4-52所示。溢流孔平时用螺塞拧紧，检查油面高度时将车辆水平停放，保持发动机怠速运转，将选挡杆分别置于各个挡位停留片刻，然后将选挡杆置于P位，拧开螺塞，如有少量油液溢出即为合适。例如，大众系列01N、01M、001型自动变速器规定在35～45℃时溢流孔刚好有自动变速器油液流出为正常。

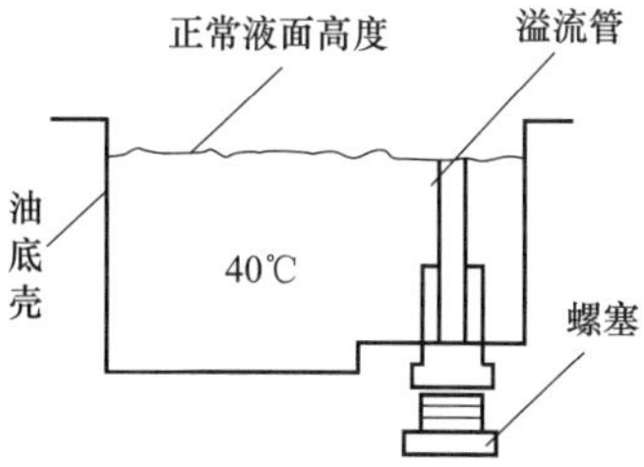

② ATF油质的检查。

自动变速器随着运行时间的延长和内部相对运动件的磨损，不可避免地会产生各种故障，同时伴有自动变速器油液变质、变色。油质的好坏主要从以下几个方面去判断。

a. ATF的颜色：正常颜色为鲜亮、透明的红色，如果发黑则说明已经变质或有杂质，如果呈粉红色或白色则说明油冷却器进水。

图4-52 溢流孔检查ATF液面高度

b. ATF的气味：正常的ATF没有气味，如果有焦糊味，说明ATF过热，有摩擦材料烧蚀。

c. ATF的杂质：如果ATF中有金属切屑，说明有元件严重磨损或损伤；如果ATF中有胶质状油，说明ATF因油温过高或使用时间过长而变质。

为准确地分析油液中磨料的含量及种类，最好将油液放尽后拆下油底壳，从油底壳沉淀中分析磨粒的成分，以便判断故障产生的原因。

③ ATF的更换。

通常在我国的道路条件和使用环境下，自动变速器轿车每正常行驶40000～80000km应更换一次自动变速器油，换油方法如下。

a. 换油前将车辆行驶至ATF油温正常。

b. 拆下油底壳放油螺塞，将油底壳内的油放尽，有些车型的自动变速器油底壳上没有放油螺塞，应拆卸油底壳放油。

c. 清洗油底壳及滤清器，必要时更换滤芯。

d. 清洗装复后，加入规定牌号和容量的ATF，启动车辆行驶一段路程至正常油温后，再次检查油面高度，直至调整到符合要求为止。

(3) 节气门阀拉线的检查和调整

节气门阀拉线调整不当会导致自动变速器工作不正常。如果节气门阀拉线过松，节气门油压会过低，使换挡点提前；如果节气门阀拉线过紧，节气门油压会过高，使换挡点滞后。

常见的节气门阀拉线检查和调整如图4-53所示。即在节气门全开时，检查轧头和索套之间的距离，标准距离为0～1mm。如果距离不合适可以通过旋转调节螺母进行调整。

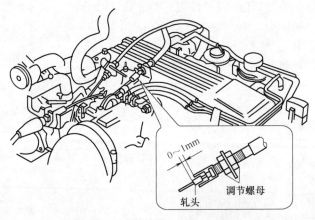

图4-53 节气门阀拉线检查和调整

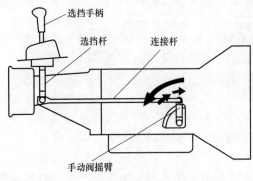

图4-54 选挡杆位置的调整

(4) 选挡杆位置的检查和调整

选挡杆调整不当，会使选挡杆的位置与自动变速器阀体中手动阀的实际位置不符，造成挂不进相对应的挡位，或选挡杆的位置与仪表盘上挡位指示灯显示不符，甚至在空挡或停车挡无法启动发动机。

选挡杆的位置不正确时，如图4-54所示，其调整方法如下。

① 拆下选挡杆与自动变速器手动阀摇臂之间的连接杆。

② 将选挡手柄拨至空挡位置。

③ 将手动阀摇臂向后拨至极限位置（停车挡位置），然后再退回两格，使手动阀摇臂处于空挡位置。

④ 稍用力将选挡手柄靠向 R 位方向，然后连接并固定选挡手柄与手动阀之间的连接杆。

⑤ 检查各挡位是否能顺利挂入，位置是否正确。

(5) 空挡启动开关的检查和调整

检查发动机是否仅能在选挡杆位于 N 或 P 挡位时启动，在其他挡位不能启动。如果不符合要求，则应进行如下的调整，如图 4-55 所示。

① 松开空挡启动开关螺栓，将选挡杆置于 N 位。

② 转动开关，将槽口对准空挡基准线。

③ 按规定力矩拧紧螺栓。

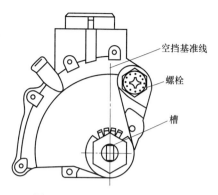

图 4-55　空挡启动开关的调整

4.1.7　自动变速器的试验

自动变速器在基本检查后无故障，但运行中仍存在问题，则可能是自动变速器的液压、机械或电控系统有故障。在拆下维修之前可进一步进行试验，通过试验来判断故障发生的部位，为维修提供依据。自动变速器的试验包括手动换挡试验、失速试验、油压试验、时滞试验和道路试验等。

(1) 手动换挡试验

手动换挡试验就是将电控自动变速器所有换挡电磁阀的线束插接器全部脱开，此时自动变速器 ECU 不能通过换挡电磁阀来控制换挡，其挡位只取决于选挡杆的位置。

① 目的。

手动换挡试验用于判断故障是来自电控系统还是机械系统。

② 方法及步骤（以丰田车系为例）。

a. 脱开所有换挡电磁阀的线束插接器。

b. 将选挡杆置于各个位置，进行道路试验，检查挡位是否与表 4-7 所列情况相符。如果相符，说明故障在电控系统；如果不符，说明故障在机械系统。

c. 插上换挡电磁阀插接器，清除故障码。

表 4-7　丰田车系手动换挡试验时选挡杆位置和挡位的关系

选挡杆位置	D	2	L	R
挡位	4 挡	3 挡	1 挡	倒挡

(2) 失速试验

选挡杆置于 D 位或 R 位时，踩下制动踏板。当完全踩下加速踏板时，发动机处于最大转矩工况，而此时自动变速器的输出轴及输入轴均静止不动，即液力变矩器的涡轮不动，只有泵轮随发动机一起转动，此工况称为发动机失速工况，此时的转速称为发动机的失速转速，这种试验称为失速试验。

① 目的。

检查发动机输出功率的大小；液力变矩器性能的好坏（主要是导轮）和自动变速器中换挡执行元件是否打滑。

② 方法及步骤（图 4-56）。

a. 将自动变速器油液温度升至 50~80℃。

b. 塞住前后车轮。

c. 用驻车制动和行车制动将车轮制动。

d. 启动发动机,将选挡手柄置于 D 位,用右脚把加速踏板踩到底,同时迅速读出发动机的最高转速,此转速即为失速转速。

e. 在 R 位重复试验。

注意:加速踏板踩下的时间不得超过 5s,次数不得超过三次。

常见车型自动变速器的失速转速一般为 2200r/min 左右,具体车型应参照维修手册。

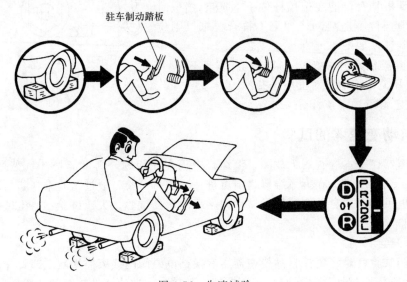

图 4-56 失速试验

③ 性能分析。

a. 当 D 位和 R 位的失速转速相同,且都低于规定值时,说明发动机功率不足;如果低于规定转速值 600r/min 以上,说明液力变矩器导轮的单向离合器打滑。

b. 当 D 位和 R 位的失速转速均高于规定值时,说明主油压过低,造成离合器或制动器打滑。

c. 当 D 位的失速转速高于规定值时,说明前进挡油路油压过低,前进挡换挡执行元件打滑。

d. 当 R 位的失速转速高于规定值时,说明倒挡油路油压过低,倒挡换挡执行元件打滑。

(3) 油压试验

油压试验即在自动变速器工作时对主油路油压或各个执行元件的工作油压进行测量。正确的油路油压是自动变速器正常工作的先决条件。油压过高,会引起换挡冲击;油压过低,会引起离合器、制动器打滑。

① 目的。

测量控制管路中的油压,判断液压系统工作是否正常。

② 方法及步骤(以主油路油压测试为例,如图 4-57 所示)。

a. 将自动变速器油液温度升至 50~80℃。

b. 将油压表接入主油路测压孔中。

c. 拉紧驻车制动手柄,塞住四个车轮。

d. 启动发动机,检查怠速转速。

e. 左脚踩下制动踏板,将选挡杆换入 D 位。

f. 发动机怠速下测量主油压。
g. 将加速踏板踩到底。在发动机达到失速转速时迅速读下油路最高压力。
h. 在 R 位重复试验。

图 4-57　油压试验

③ 性能分析。
a. D 位、R 位油压都过高：主调压阀、调压电磁阀或计算机故障。
b. D 位、R 位油压都过低：缺油，滤网堵塞，油泵磨损，调压电磁阀或计算机故障。
c. D 位油压正常、R 位油压过低：R 位油路泄漏或倒挡离合器、倒挡制动器漏油。
d. R 位油压正常、D 位油压过高：D 位油路泄漏或前进挡离合器漏油。

（4）时滞试验

在发动机怠速状态将选挡杆从 N 位换到 D 位或 R 位时，从开始换挡直到感到车身出现振动存在一定的时差，称为时滞。时差大小取决于自动变速器油路油压的高低、离合器和制动器的磨损情况。测量自动变速器时差大小的试验称为时滞试验。

① 目的。
时滞试验的目的是进一步检查离合器、制动器的磨损情况，以及控制油压是否正常。
② 方法及步骤（图 4-58）。

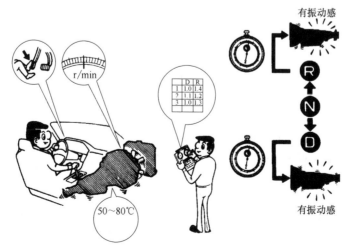

图 4-58　换挡时滞试验

a. 将自动变速器油液温度升至50~80℃。
b. 启动发动机并检查怠速。
c. 踩下制动踏板，将选挡杆从N位拨向D位。用秒表测量拨动选挡杆到感觉车身有振动的时间（做三次，取平均值）。
d. 将选挡杆从N位拨向R位，重复试验（试验间隔时间为1min）。

③ 性能分析。

标准值为N→D：1.2s；N→R：1.5s。

a. 如果N→D、N→R延迟时间都大于规定值：主油压太低。
b. 如果N→D延迟时间大于规定值：前进挡油路油压太低、前进挡离合器磨损。
c. 如果N→R延迟时间大于规定值：倒挡油路油压太低、倒挡离合器或制动器磨损。

（5）道路试验

道路试验是诊断、分析自动变速器故障最有效的手段之一。此外，自动变速器在修复之后，也应进行道路试验，以检查其工作性能，检验修理质量。自动变速器的道路试验内容主要有：检查换挡车速、换挡质量以及检查换挡执行元件有无打滑等。在道路试验之前，应先让汽车以中低速行驶5~10min，让发动机和自动变速器都达到正常工作温度。在试验中，通常应将OD开关置于ON的位置（即O/D OFF灯熄灭），并将模式选择开关置于常规模式或经济模式。道路试验的方法如下。

① 升挡检查。

将选挡杆置于D位，踩下加速踏板，使节气门保持在50%开度左右，让汽车起步加速，检查自动变速器的升挡情况。自动变速器在升挡时发动机会有瞬时的转速下降，同时车身有轻微的振动感。正常情况下，汽车起步后随着车速的升高，试车者应能感觉到自动变速器顺利地由1挡升入2挡，随后再由2挡升入3挡，最后升入超速挡。若自动变速器不能升入高挡（3挡或超速挡），说明控制系统或换挡执行元件有故障。

② 升挡车速的检查。

在上述升挡检查的过程中，当察觉到自动变速器升挡时，记下升挡车速。一般4挡自动变速器在节气门开度50%时，由1挡升至2挡的车速为25~35km/h，由2挡升至3挡的车速为55~70km/h，由3挡升至4挡（超速挡）的车速为90~120km/h。由于升挡车速和节气门开度有很大的关系，即节气门开度不同时，升挡车速也不同，而且不同车型的自动变速器各挡位传动比的大小都不相同，其升挡车速也不完全一样，因此，只要升挡车速基本保持在上述范围内，而且汽车行驶中加速良好，无明显的换挡冲击，都可认为其升挡车速基本正常。若汽车在行驶中加速无力，升挡车速明显低于上述范围，则说明升挡车速过低（即升挡提前）；若汽车在行驶中有明显的换挡冲击，升挡车速明显示高于上述范围，则说明升挡车速过高（即升挡滞后）。

升挡车速太低一般是控制系统的故障所致；升挡车速太高则可能是控制系统或换挡执行元件的故障所致。

③ 换挡质量的检查。

换挡质量的检查内容主要是检查有无换挡冲击。正常的自动变速器只能有不太明显的换挡冲击，特别是电控自动变速器的换挡冲击应十分微弱。若换挡冲击太大，说明自动变速器的控制系统或换挡执行元件有故障，其原因可能是主油压高或换挡执行元件打滑，应做进一步的检查。

④ 锁止离合器工作状况的检查。

自动变速器液力变矩器中锁止离合器的工作是否正常也可以采用道路试验的方法进行检查。试验中，让汽车加速至超速挡，以高于80km/h的车速行驶，并让节气门开度保持在低于 50% 的位置，使变矩器进入锁止状态。此时，快速将加速踏板踩下使节气门开度超过 85%，同时检查发动机转速的变化情况。若发动机转速没有太大的变化，说明锁止离合器处于接合状态；反之，若发动机转速升高很多，则表明锁止离合器没有接合，其原因通常是锁止控制系统有故障。

⑤ 发动机制动作用的检查。

检查自动变速器有无发动机制动作用时，应将选挡杆置于 2 位或 L 位。在汽车以 2 挡或 1 挡行驶时，突然松开加速踏板，检查是否有发动机制动作用。若松开加速踏板后车速立即随之下降，说明有发动机制动作用；否则说明控制系统或换挡执行元件有故障。

⑥ 强制降挡功能的检查。

检查自动变速器强制降挡功能时，应将选挡杆置于 D 位，保持节气门开度为 30% 左右，在以 2 挡、3 挡或超速挡行驶时突然将加速踏板完全踩到底，检查自动变速器是否被强制降低一个挡位。在强制降挡时，发动机转速会突然升至 4000r/min 左右，并随着加速升挡，转速逐渐下降。若踩下加速踏板后没有出现强制降挡，说明强制降挡功能失效。若在强制降挡时发动机转速升高反常，达 5000r/min 左右，并在升挡时出现换挡冲击，则说明换挡执行元件打滑，应拆修自动变速器。

4.2 电控悬架系统

传统的悬架系统一般具有固定的弹簧刚度和减振器阻尼，不能同时满足汽车行驶平顺性和操纵稳定性的要求；降低弹簧刚度，平顺性会变好，使乘坐舒适，但由于悬架偏软会使操纵稳定性变差；而增加弹簧刚度会提高操纵稳定性，但较硬的弹簧又使车辆对路面的不平度很敏感，使平顺性降低。因此，理想的悬架系统应在不同的使用条件下具有不同的弹簧刚度和减振器阻尼，这样既能满足平顺性的要求又能满足操纵稳定性的要求。电子控制悬架系统就是这种理想的悬架系统。

4.2.1 电控悬架系统概述

（1）电控悬架的分类

电控悬架通过电子单元（ECU）来控制相应的执行元件，改变悬架特性以适应各种复杂的行驶工况，从而使舒适性、平顺性和操作稳定性同时得到改善。电控悬架可以调节悬架刚度和阻尼系数，突破被动悬架的局限。电控悬架在其电子控制装置的控制下，能根据外界接收的信息或车辆本身状态的变化，进行动态的自适应调节，即电控悬架没有固定的悬架刚度和阻尼系数，其随着道路条件的变化和行驶需要自动调节，从而提高汽车的使用性能。根据调节悬架的刚度和阻尼系数的不同，悬架分为半主动悬架和全主动悬架。

① 半主动悬架。

半主动悬架是对悬架的刚度和阻尼系数其中之一能进行实时调节控制的悬架。由于半主动悬架控制系统较简单，而且能达到与全主动悬架相近的性能，故应用较广泛。

② 全主动悬架。

全主动悬架对悬架的刚度和阻尼系数均能进行实时调节，可以同时提高车辆的平顺性和操纵稳定性。全主动悬架系统采用油气悬架和空气悬架取代被动悬架的弹性元件和减振器，根据控制的介质可分为主动空气悬架、主动油气悬架和主动液力悬架 3 种。全主动悬架一般包括控制机构和执行机构。控制机构是由 ECU 和传感器等组成的闭环控制系统，其通过传感器监测道路条件、汽车的运行状态和驾驶员的要求，按照设定的控制规律向执行机构（空气弹簧、动力源等）适时地发出控制信号，以调节悬架刚度和阻尼系数。

(2) 电控悬架的功用

常用的电控悬架实际是电子控制油气悬架或空气悬架，它用空气弹簧代替金属弹簧，利用液压减振器和空气弹簧中存在的压缩空气进行减振器阻尼系数与悬架刚度的有级调节和车高的自动调节控制。

电控悬架通过改变悬架刚度和阻尼系数来提高汽车的操纵稳定性和平顺性。当汽车在高低不平的路面上行驶时，电控悬架使弹簧刚度和阻尼系数根据需要变成"中等"或"坚硬"状态，以控制汽车车身跳动或前后抖动，从而改善汽车行驶的平顺性和乘坐的舒适性；当汽车急转弯时，电控悬架使弹簧刚度和阻尼系数变成"坚硬"状态，以控制车身的横向倾斜或摇摆；当汽车急加速行驶或汽车紧急制动时，使弹簧刚度和阻尼系数变成"坚硬"状态，以控制车身出现后部下沉（下坐）或车身的前倾（栽头），使汽车的姿态变化减至最小，改善操纵稳定性。除此之外，电控悬架还具有汽车高度调整的功能。汽车上的乘员和行李质量发生变化时，电控悬架能使汽车始终保持一个恒定的高度；当汽车在很差的道路上行驶时，能使汽车高度增加，提高车辆的通过性；当汽车高速行驶时，能使车高降低，以减少空气阻力，提高操纵稳定性；当汽车驻车时，电控悬架会降低车高，改善汽车驻车的安全性。

(3) 电控悬架的组成原理

电控悬架由传感器、电子控制单元（ECU）、执行器等组成。

传感器包括车高传感器、车速传感器、节气门位置传感器、转向传感器和制动开关、停车灯开关、车门开关等，这些传感器将相关信号转变成电信号传给电控单元，电控单元通过运算处理，控制空气弹簧等执行器进行适应性调节，保持车辆平顺性和操纵稳定性。空气压缩机产生的压缩空气送入空气弹簧的空气室中，ECU根据汽车高度信号，控制压缩机和排气阀充气或排气，使空气弹簧伸长或压缩而达到控制车辆高度的目的。同时ECU根据车速、转向、加速、制动、车高等信号，通过控制阀改变空气弹簧主、副气室间的流通面积，进行弹簧刚度的调节；并通过控制减振器中的旋转阀，通、断油孔改变节流孔的数量，使阀体中减振液的流通快慢发生变化，从而改变减振器的阻尼系数。

① 传感器。

a. 车高传感器（图4-59）。在每个悬架上都装有一只车高传感器，监测车身与悬架下臂之间的距离变化，从而检测汽车高度和因道路不平坦而引起的悬架位移量。

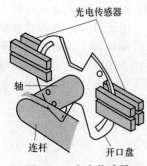

图4-59 车高传感器

车高传感器中，有一个开口圆盘与连杆组合成一个组件一起上下旋转，两个光电传感器在开口圆盘的两侧。车高变化时由于开口圆盘位置的变化，使发光二极管发出的光线被开口圆盘遮挡或通过，车高传感器由此检测出不同的车高信号，并将它们转换送至ECU。

b. 转向传感器（图4-60）。转向传感器安装在转向器上，用来检测转向时的转向角度和汽车转弯的方向，其主要为转弯时提高操纵稳定性防止倾侧，向ECU提供车态信号。

转向传感器由一个有槽圆盘和两个光电传感器组成。有槽圆盘随转向盘一起转动，并在圆盘上开有20个孔，圆盘的两侧有发光二极管和光敏晶体管组成的光电传感器，两者之间的光线变化随着圆盘遮挡转换成"通"或"断"信号。这种信号是与转向盘转动成正比的数字信号，并可通过判断两个光电传感器信号的相位差判断转弯方向。当ECU判断转向盘的转动角度和车速大于设定值时，ECU会使弹簧刚度和减振力增加。

c. 其他传感器和开关。车速传感器安装在车轮上，可检测出转速信号。ECU利用此信号，计算出车身的侧倾程度。

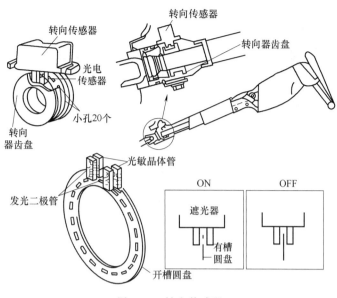

图 4-60 转向传感器

节气门开度传感器可以间接检测汽车加速度信号。

车门传感器是为了防止行驶过程中车门未关闭而设置的。

高度控制开关用来选择汽车高度，ECU 检测高度控制开关的状态使汽车高度上升或下降。

模式选择开关用来选择悬架的"软""中"或"硬"状态。ECU 检测到开关的状态后，操纵悬架控制执行器，改变减振器的弹簧刚度和阻尼系数。

② 电子控制单元。

电子控制单元 ECU 包括一个 8 位微型计算机、输入接口电器和输出驱动电路。其功能主要有以下几项。

a. 传感器信号放大。用接口电路将输入信号中的干扰信号除去，然后放大，变换极值、比较极值，变换为适合输入控制装置的信号。

b. 输入信号的计算。电子控制装置根据预先写入只读存储器 ROM 中的程序对各输入信号进行计算，并将计算结果与内存的数据进行比较后，向执行机构发出控制信号。

c. 驱动执行机构。电子控制装置用输出驱动电路将输出驱动信号放大，输送到各执行机构。

d. 故障检测。电子控制装置用故障检测电路来检测传感器、执行器、线路等的故障，当发生故障时，将信号送入控制装置，使悬架系统安全工作并确定故障所在的位置。

③ 执行器。

a. 空气弹簧。电控悬架用空气弹簧代替传统悬架的螺旋弹簧或钢板弹簧，空气弹簧在其气室内装入空气而具有弹性功能。用 ECU 根据汽车行驶的状态进行车高、弹簧刚度和阻尼系数的调节，可使车辆的性能得到提高。

空气弹簧由主气室、副气室、弹性刚度执行机构、阻尼转换执行机构和液压减振器等组成，如图 4-61 所示。弹簧刚度执行机构在主气室与副气室之间，在减振器的上部安装有阻尼转换执行机构，减振器的内部有阻尼旋转阀，因此弹簧刚度是通过主气室与副气室进行调节的，阻尼系数是通过减振器进行调节的。

b. 减振器。其采用简单的控制阀，通过变换最大、中等、最小的通流面积、改变减振

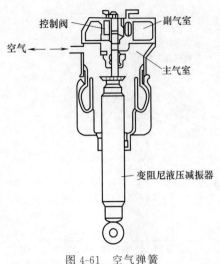

图 4-61 空气弹簧

液的流通快慢,实现阻尼系数的有级调节。电控悬架 ECU 根据转向操作、节气门位置、速度、加速度等信号调节悬架阻尼系数,控制汽车制动、加速、急转弯时产生的汽车姿态变化,从而提高汽车的平顺性和操纵稳定性。

c. 阻尼转换执行机构。阻尼转换执行机构安装在减振器的上部,它由直流电机、减速齿轮、控制杆、电磁铁和挡块等组成。电控悬架 ECU 根据接收到的信号,使直流电机驱动扇形的减速齿轮左右制动,通过控制杆带动减振器中的回转阀旋转,有级地改变阻尼孔的开闭,从而改变阻尼系数。

d. 弹簧刚度执行机构。弹簧刚度执行机构由刚度控制阀和执行机构等组成。执行机构位于减振器的顶部,与阻尼系数控制机构组装在一起。刚度控制阀安装在空气弹簧副气室的中部,由空气阀、阀体和空气阀控制杆组成。空气阀在截面上有一个空气孔,外部的阀体在截面上有不同大小的空气孔。

(4) 丰田雷克萨斯 LS400 电控悬架系统

丰田雷克萨斯 LS400 的电控悬架系统为空气弹簧主动悬架,可以根据行驶条件自动控制弹簧刚度、减振器阻尼力及车身高度,以抑制加速时后坐、制动时点头、转向时侧倾等汽车行驶状态的变化,明显改善乘坐舒适性和操纵稳定性。

① 系统控制功能。

丰田雷克萨斯 LS400 的电控悬架系统主要对车速及路面感应、车身姿态、车身高度三个方面进行控制。

a. 车速及路面感应控制。

当车速高时,提高弹簧刚度和减振器阻尼力,以提高汽车高速行驶时的操纵稳定性。

当前轮遇到突起时,减小后轮悬架弹簧刚度和减振器阻尼力,以减小车身的振动和冲击。

当路面状况差时,提高弹簧刚度和减振器阻尼力,以抑制车身的振动。

b. 车身姿态控制。

转向时侧倾控制:急转向时,提高弹簧刚度和减振器阻尼力,以抑制车身的侧倾。

制动时点头控制:紧急制动时,提高弹簧刚度和减振器阻尼力,以抑制车身的点头。

加速时后坐控制:急加速时,提高弹簧刚度和减振器阻尼力,以抑制车身的后坐。

c. 车身高度控制。

高速感应控制:车速超过 90km/h 时,降低车身高度,以减少空气阻力,提高汽车行驶的稳定性。

连续差路面行驶控制:车速在 40~90km/h 时,提高车身高度,以提高汽车的通过性;车速在 90km/h 以上时,降低车身高度,以满足汽车行驶的稳定性。

点火开关 OFF 控制:驻车时,当点火开关关闭后,降低车身高度,便于乘客的乘降。

自动高度控制:当乘客和载质量变化时,保持车身高度恒定。

② 系统操作。

丰田雷克萨斯 LS400 的电控悬架系统有三个操作选择开关:高度控制 ON/OFF 开关、高度控制开关和 LRC(模式控制)开关。

高度控制 ON/OFF 开关安装在汽车尾部后备厢的左边。当高度控制 ON/OFF 开关处于 ON 位置时，系统可按选择方式进行车身高度自动控制；当该开关处于 OFF 位置时，系统不执行车身高度控制。

高度控制开关和 LRC（模式控制）开关安装在驾驶室内变速操纵杆的旁边。

高度控制开关用于选择控制车身高度，当高度控制开关处于"HIGH"位置时，系统对车身高度进行"高值自动控制"；当高度控制开关处于"NORM"位置时，车身高度则进入"常规值自动控制"状态。

LRC（模式控制）开关用于选择控制悬架的刚度、阻尼力参数。当 LRC（模式控制）开关处于"SPORT"位置时，系统进入"高速行驶自动控制"；当 LRC（模式控制）开关处于"NORM"位置时，系统对悬架刚度、阻尼力进行"常规值自动控制"。此时，悬架 ECU 根据车速传感器等信号，使悬架的刚度、阻尼力自动地处于软、中或硬 3 种状态。

③ 元件位置。

丰田雷克萨斯 LS400 的电控悬架系统元件在车上的位置如图 4-62 所示。

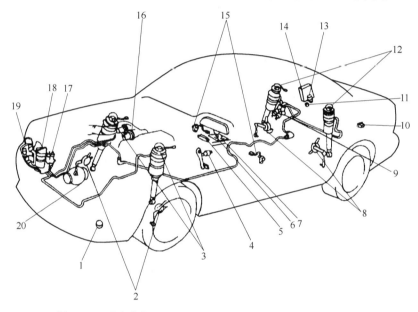

图 4-62　雷克萨斯 LS400 的电控悬架系统元件在车上的位置
1—1 号高度控制继电器；2—前车身高度传感器；3—前悬架控制执行器；4—制动灯开关；5—转向传感器；6—高度控制开关；7—LRC 开关；8—后车身高度传感器；9—2 号高度控制阀和溢流阀；10—高度控制 ON/OFF 开关；11—高度控制连接器；12—后悬架控制执行器；13—2 号高度控制继电器；14—悬架 ECU；15—门灯开关；16—主节气门位置传感器；17—1 号高度控制阀；18—高度控制压缩机；19—干燥器和排气阀；20—IC 调节器

④ 控制原理。

a. 车身高度控制。车身高度控制系统由压缩机、干燥器、排气阀、1 号高度控制继电器、2 号高度控制继电器、1 号高度控制阀、2 号高度控制阀、前后左右 4 个空气弹簧、4 个车身高度传感器及悬架 ECU 等组成。如图 4-63 所示为车身高度控制系统示意图，图 4-64 所示为 1 号、2 号高度控制阀控制电路图，图 4-65 所示为空气压缩机控制电路图。

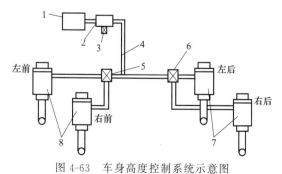

图 4-63　车身高度控制系统示意图
1—压缩机；2—干燥器；3—排气阀；4—空气管；5—1 号高度控制阀；6—2 号高度控制阀；7,8—空气弹簧

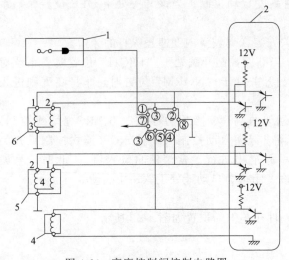
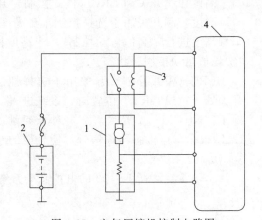

图 4-64 高度控制阀控制电路图
1—AIR SUS 熔丝；2—悬架 ECU；3—1 号高度控制继电器；
4—排气阀；5—2 号高度控制阀；6—1 号高度控制阀

图 4-65 空气压缩机控制电路图
1—压缩机电动机；2—蓄电池；
3—1 号高度控制继电器；4—悬架 ECU

当点火开关接通时，ECU 使 2 号高度控制继电器线圈通电，2 号高度控制继电器触点闭合，使前、后、左、右 4 个高度传感器接通蓄电池电源。当车身高度需要上升时，从 ECU 的 RCMP 端子送出一个信号，使 1 号高度控制继电器接通，1 号高度控制继电器触点闭合，压缩机控制电路接通产生压缩空气。ECU 使高度控制电磁阀线圈通电后，电磁线圈将高度控制阀打开，并将压缩空气引向空气弹簧，从而使车身高度上升。

当车身高度需要下降时，ECU 不仅使高度控制阀电磁线圈通电，而且还使排气阀电磁线圈通电，排气阀电磁线圈使排气阀打开，将空气弹簧中的压缩空气排到大气中。

1 号高度控制阀用于前悬架控制，它有两个电磁阀分别控制左右两个空气弹簧。2 号高度控制阀用于后悬架控制，它与 1 号高度控制阀一样，也采用两个电磁阀。为了防止空气管路中产生不正常的压力，2 号高度控制阀中采用了一个溢流阀。

悬架系统的车身高度传感器采用光电式传感器，为了检测汽车高度和因道路不平而引起的悬架位移量，在每个悬架上都装有一只车身高度传感器，用于连续监测车身与悬架下臂之间的距离。如图 4-66 所示为车身高度传感器与 ECU 之间的连接电路图。

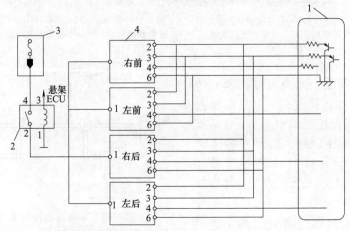

图 4-66 车身高度传感器与 ECU 之间的连接电路图
1—悬架 ECU；2—2 号高度控制继电器；3—ECU-B 熔丝；4—高度控制传感器

b. 弹簧刚度和减振器阻尼力控制。电子控制空气悬架系统空气弹簧的结构如图 4-67 所示。悬架系统弹簧刚度和减振器阻尼力控制执行器安装在空气弹簧的上部,悬架控制执行器电路如图 4-68 所示,ECU 将信号送至悬架控制执行器以同时驱动减振器的阻尼调节杆和空气弹簧的气阀控制杆,从而改变减振器的阻尼力和悬架弹簧刚度。

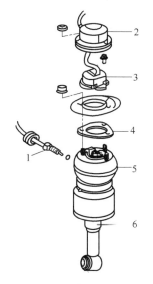

图 4-67　空气弹簧的结构
1—空气管；2—执行器盖；3—执行器；
4—悬架支座；5—气室；6—减振器

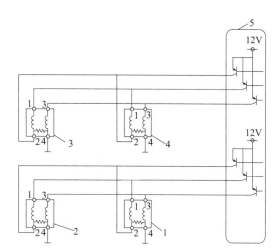

图 4-68　悬架控制执行器电路
1—右前悬架控制执行器；2—左前悬架控制执行器；
3—左后悬架控制执行器；4—右后悬架控制执行器；5—悬架 ECU

⑤ 系统电路图。

图 4-69 所示为 LS400 电子控制空气悬架系统的线路连接图。图 4-70 所示为悬架系统 ECU 连接器。

表 4-8 为连接器各接线端子与 ECU 连接对象的对应关系。

4.2.2　电控悬架的检修

（1）基本检查

① 车身高度调节功能检查。通过操作高度控制开关来检查汽车车身高度的变化。步骤如下（见图 4-71）。

a. 检查轮胎充气压力是否正确。

b. 检查汽车高度。

c. 起动发动机,将高度控制开关从"NORM"位置切换到"HIGH"位置。检查完成高度调整所需的时间和汽车车身高度的变化量。

d. 在汽车处于"HIGH"高度时,启动发动机并将高度控制开关从"HIGH"位置切换至"NORM"位置。检查完成高度调整所需的时间和汽车车身高度的变化量。

② 减压阀检查。迫使压缩机工作以检查减压阀的动作,方法如下。

a. 将点火开关转到 ON 位置,连接高度控制连接器的端子 3 和 6,使压缩机工作。并且连接时间不能超过 15s。

b. 压缩机工作一段时间后,检查减压阀应有空气逸出（图 4-72）。

c. 将点火开关转至 OFF 位置。

d. 清除故障代码。

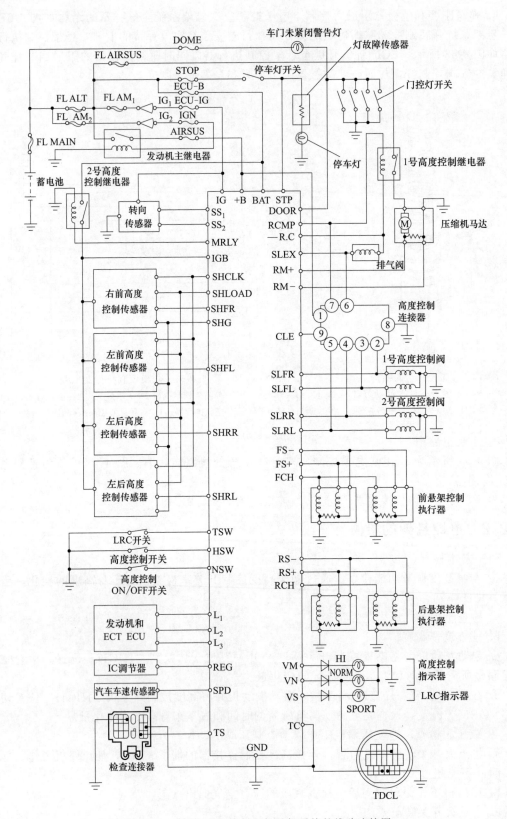

图 4-69　LS400 电子控制空气悬架系统的线路连接图

51	50	49	48	47	46	45	44	43	42	41	40	39		30	29	28	27	26	25	24	23		11	10	9	8	7	6	5	4	3	2	1
64	63	62	61	60	59	58	57	56	55	54	53	52		38	37	36	35	34	33	32	31		22	21	20	19	18	17	16	15	14	13	12

图 4-70 悬架系统 ECU 连接器

表 4-8 连接器各接线端子与 ECU 连接对象的对应关系

序号	代号	连接对象	序号	代号	连接对象
1	SLFR	1号右高度控制阀	33	—	—
2	SLRR	2号右高度控制阀	34	CLE	高度控制连接器
3	RCMP	1号高度控制继电器	35	—	—
4	SHRL	左后高度控制传感器	36	—	—
5	SHRR	右后高度控制传感器	37	—	—
6	SHFL	左前高度控制传感器	38	RM−	压缩机电动机(马达)
7	SHFR	右前高度控制传感器	39	+B	悬架控制执行器电源
8	NSW	高度控制 ON/OFF 开关	40	IGB	高度控制电源
9	—	—	41	BATT	备用电源
10	TSW	LRC 开关	42	—	—
11	STP	停车灯开关	43	SHLOAD	高度控制传感器
12	SLFL	1号左高度控制阀	44	SHCLK	高度控制传感器
13	SLRL	2号左高度控制阀	45	MRLY	2号高度控制继电器
14	—	—	46	VH	高度控制"HIGH"指示灯
15	—	—	47	VN	高度控制"NORMAL"指示灯
16	—	—	48	—	—
17	—	—	49	FS+	前悬架控制执行器
18	—	—	50	FS−	前悬架控制执行器
19	—	—	51	FCH	前悬架控制执行器
20	DOOR	门控灯开关	52	IG	点火开关
21	HSW	高度控制开关	53	GND	ECU 搭铁
22	SLEX	排气阀	54	−RC	1号高度控制继电器
23	L_1	发动机和 ECT ECU	55	SHG	高度控制传感器
24	L_3	发动机和 ECT ECU	56	—	—
25	T_c	TDCL 和检查连接器	57	—	—
26	T_a	检查连接器	58	—	—
27	SPD	汽车车速传感器	59	VS	LRC 指示灯
28	SS_2	转向传感器	60	—	—
29	SS_1	转向传感器	61	—	—
30	RM+	压缩机传感器	62	RS+	后悬架控制执行器
31	L_2	发动机和 ECT ECU	63	RS−	后悬架控制执行器
32	REG	IG 调节器	64	RCH	后悬架控制执行器

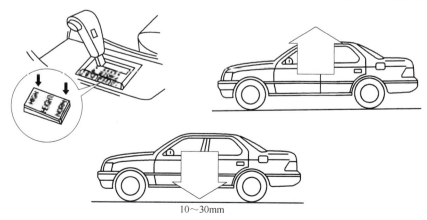

图 4-71 车身高度调节功能检查

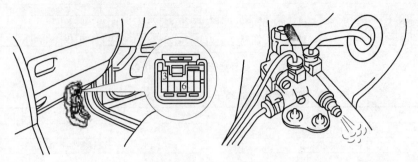

图 4-72 减压阀检查

③ 漏气检查。检查空气悬架系统的软管、硬管及其连接处是否漏气。步骤如下。

a. 将高度控制开关切换至"HIGH"位置,升高车身。

b. 发动机熄灭。

c. 在软、硬管连接处涂抹肥皂水检查是否有漏气(图 4-73)。

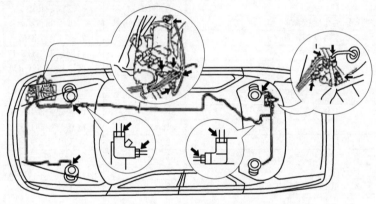

图 4-73 漏气检查

④ 车身高度初始调整。此项调整是使车身初始高度处于标准范围内。调整时,高度控制开关必须在"NORM"位置,汽车要停在平坦的路面上。

a. 检查车身高度。

b. 测量高度传感器控制杆的长度,如图 4-74(a)所示。标准值为:(前)59.3mm;(后)35.0mm。若测量值不符,则按下述方法进行调整。

c. 调整车身高度:拧松高度传感器控制杆上的 2 个锁紧螺母;转动高度传感器控制杆螺栓以调节长度,如图 4-74(b)所示。螺栓每转一圈,车身高度的改变量约为 5mm;检查如图 4-74(c)所示的长度,应小于:10mm(前);14mm(后);暂时拧紧 2 个锁紧螺母。再次检查车身高度;拧紧锁紧螺母。注意:在拧紧锁紧螺母时应确保球节与托架平行。

d. 检查车轮定位。

(2) 电路检测

电路及元件的检测以故障代码的序号为先后顺序,无故障代码的电路放在最后。

① 高度传感器电路。各传感器内部有一只与传感器转子轴结合在一起的电刷,该电刷在电阻器上方移动,产生线性输出。电刷和电阻器端子之间的电阻值,与转子轴的转动角成正比例变化。因此,传感器将悬架 ECU 施加在电阻器上的固定电压加以调整,然后再作为表示转子轴转动角的电压输至悬架 ECU。检查前高度传感器,如图 4-75 所示。

准备:拆卸前轮;拆出前翼子板衬里;脱开高度传感器连接器;拆下高度传感器。

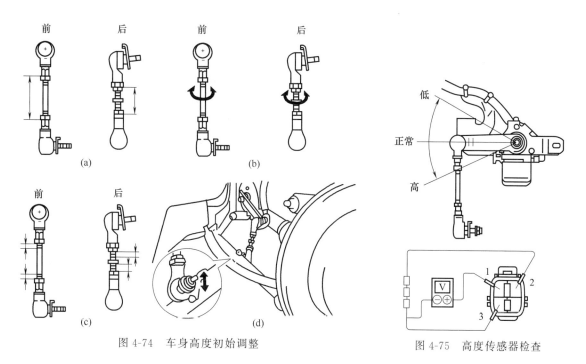

图 4-74 车身高度初始调整　　　图 4-75 高度传感器检查

检查：将 3 只 1.5V 的干电池串联起来；将端子 2 与干电池正极连接，端子 3 与干电池负极连接，在端子 2 与 3 之间施加约 4.5V 的电压；使控制杆缓慢地上、下移动，同时检查端子 1、3 之间的电压，在正常位置为 2.3V，低位置电压值为 0.5~2.3V，高位置电压值为 2.3~4.1V。

② 转向传感器电路（图 4-76）。转向传感器装在转向信号开关总成上，用于检测转弯方向和转向角。传感器由一个与方向盘一起转动的有缝信号盘和一对遮光器组成。每个遮光器中都对应地装有一个发光二极管（LED）和一个光敏晶体三极管。遮光器将这两个元件之间光线照射的变化转换为通/断信号。信号盘在这对遮光器的发光二极管和光电晶体管之间旋转。操作方向盘时，信号盘也随之旋转，使这两个元件之间的光线隔断或通过。由于这对遮光器具有不同的相位，因此根据每次输出的变化，悬架 ECU 便能检测出转弯方向和转向角。当转向传感器断定方向盘的最大转向角过大，而车速又高于预定值时，悬架 ECU 便会使减振力增大。

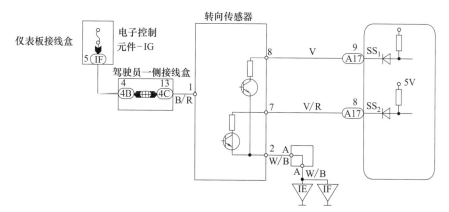

图 4-76 转向传感器电路

检测程序如下。

a. 检查悬架 ECU 连接器端子 SS_1 和 SS_2 与车身接地之间的电压。准备拆出仪表台下的手套箱和接通点火开关。慢慢转动方向盘，测量悬架 ECU 连接器端子 SS_1 和 SS_2 与车身接地之间的电压。正常值在 0～5V 之间变化。

b. 检测转向传感器连接端子电压。准备拆下转向盘，脱开转向传感器连接器，接通点火开关。测量转向传感器连接器端子 1、2 之间的电压。正常值为 9～14V。

c. 检查转向传感器。拆下转向盘，脱开转向传感器连接器，在端子间施加蓄电池电压。在转向传感器旋转部分慢慢转动的同时，测量转向传感器连接器端子 7、8 与 2 之间的电压。正常值在 0～∞ 之间变化。

③ 制动灯开关电路（图 4-77）。踩下制动踏板时，制动灯开关接通，蓄电池正极电压施加在悬架 ECU 的端子 STP 上。悬架 ECU 还将该信号作为防点头控制的启动条件之一。

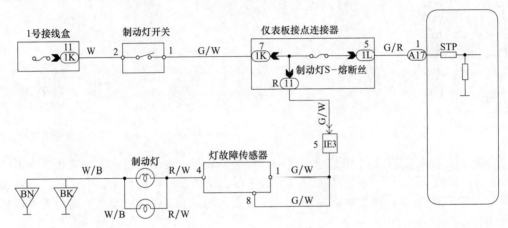

图 4-77 制动灯开关电路

检查悬架 ECU 连接端子 STP 与车身接地之间的电压。在踩下和松开制动踏板的同时，分别测量悬架 ECU 连接器端子 STP 与车身接地之间的电压。正常值松开时为 0～1.2V；踩下时为 9～14V。若不正常，则需要进一步检查配线连接器以及悬架 ECU。

4.3 电控动力转向系统

普通动力转向系统的助力特性是不变的，且与车速无关，这会导致停车及低速时，转向盘操纵沉重，中速时较轻快，当车速增高时更加轻快。如果考虑停车及低速时的轻便性，则使高速时操纵力过小，路感下降，易出现转向过度。反之会使停车及低速时操纵力过大，转向沉重，效率下降。为了实现在各种行驶条件下转向盘上所需要的力都是最佳值，必须采用更先进的电控动力转向系统。电控动力转向系统可分为：电动式动力转向系统、电控液力式转向系统和电动液力式转向系统。

4.3.1 电动式动力转向系统

(1) 电动式动力转向系统概述

① 电动式动力转向系统的组成。

如图 4-78 所示，该系统通常由转矩传感器、车速传感器、电动机、电磁离合器、减速机构、电子控制单元等组成。各部件在车上的布置如图 4-79 所示。

② 电动式动力转向系统的工作原理。

当操纵转向盘时，装在转向轴上的转矩传感器不断测出转向轴上的转矩，并由此产生一

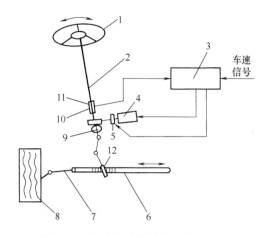

图 4-78 电动式动力转向系统的组成
1—转向盘；2—输入轴（转向轴）；3—电子控制单元；
4—电动机；5—电磁离合器；6—转向齿条；
7—转向横拉杆；8—轮胎；9—输出轴；
10—扭力杆；11—转矩传感器；12—转向齿轮

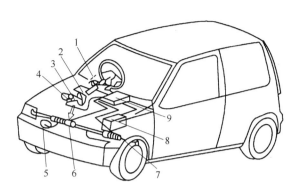

图 4-79 电动式动力转向系统在车上的布置
1—车速传感器；2—转矩传感器；3—减速机构；
4—电动机与离合器；5—发电机；6—转向机构；
7—发动机转速传感器；8—蓄电池；9—电子控制单元

个电压信号。该信号与车速信号同时输入电子控制单元，电子控制单元根据这些输入信号进行运算处理，确定助力转矩的大小和转向，即选定电动机的电流和转向，调整转向的助力。电动机的转矩由电磁离合器通过减速机构减速增矩后，加在汽车的转向机构上，使之得到一个与工况相适应的转向作用力。

（2）部件结构

① 转矩传感器。

转矩传感器也称为转向传感器，其测定转向盘与转向器之间的相对转矩，作为电动助力的依据之一。转矩传感器的结构、原理如图 4-80 所示。

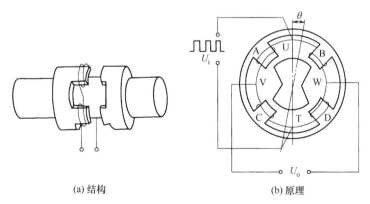

(a) 结构　　　　　(b) 原理

图 4-80 转矩传感器结构、原理

用磁性材料制成的定子和转子可以形成闭合的磁路，线圈 A、B、C、D 分别绕在极靴上，形成一个桥式回路。转向轴扭转变形的扭转角与转矩成正比，所以只要测定轴的扭转角，就可间接地知道转向力的大小。

在线圈的 U、T 两端施加连续的脉冲电压信号 U_i，当转向轴上的转矩为零时，定子与转子的相对转角也为零。这时转子的纵向对称面处于定子 AC、BD 的对称平面上，每个极靴上的磁通量是相同的。电桥平衡，V、W 两端的电位差 $U_o = 0$。

转向轴上存在转矩时，定子与转子的相对转角不为零，此时转子与定子间产生角位移 θ。极靴 A、D 间的磁阻增加，B、C 间的磁阻减小，各个极靴的磁阻产生差别，电桥失去平衡，在 V、W 两端产生电位差。这个电位差与轴的扭转角 θ 和输入电压 U_i 成比例，从而可以知道转向轴的转矩。

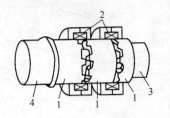

图 4-81 实际应用的转矩传感器结构
1—检测环；2—检测线圈；
3—输入轴；4—输出轴

一种实际应用的转矩传感器结构如图 4-81 所示，其工作原理与上述基本相同，优点是便于安装。

② 电动机、电磁离合器与减速机构。

电动机、电磁离合器和减速机构组成的整体称为电机组件，其结构如图 4-82 所示。

a. 电动机。转向助力电动机就是一般的永磁电动机（原理不再叙述），电动机的输出转矩控制是通过控制其输入电流来实现的，而电动机的正转和反转则是由电子控制单元输出的正反转触发脉冲控制的。图 4-83 是一种比较简单实用的正反转控制电路。

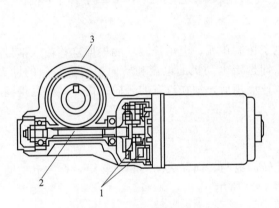

图 4-82 电机组件结构
1—电磁离合器；2—涡轮；3—斜齿轮

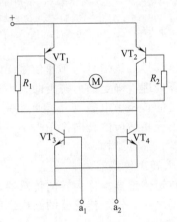

图 4-83 电动机正反转控制电路

a_1、a_2 为触发信号端。从电子控制单元得到的直流信号输入到 a_1、a_2 端，用以触发电动机产生正反转。当 a_1 端得到输入信号时，晶体管 VT_3 导通，VT_2 管得到基极电流而导通，电流经过 VT_2 管的发射极和集电极、电动机 M、VT_3 管的集电极和发射极搭铁，电动机有电流通过而正转。当 a_2 端得到输入信号时，晶体管 VT_4 导通，VT_1 管得到基极电流而导通，电流经过 VT_1 管的发射极和集电极、电动机 M、VT_4 管的集电极和发射极搭铁，电动机有反向电流通过而反转。控制触发信号端的电流大小，就可以控制电动机通过电流的大小。

b. 离合器。一般使用干式单片电磁离合器，如图 4-84 所示。其工作电压为 12V，额定转速时传递的转矩为 15N·m，线圈电阻（20℃时）为 19.5Ω。

其工作原理是：当电流通过滑环进入离合器线圈时，主动轮产生电磁吸力，带花键的压板被吸引与主动轮压紧，电动机的动力经过轴承、主动轮、压板、花键、从动轴传给执行机构。

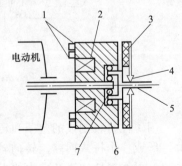

图 4-84 电磁离合器的结构
1—滑环；2—线圈；3—压板；
4—花键；5—从动轴；
6—主动轮；7—滚珠轴承

由于转向助力的工作范围限定在一速度区域内，所以离合器一般设定一个速度范围，如当车速超过 30km/h 时，离合器便分离，电动机也停止工作，这时就没有转向助力的作用。当电动机停止工作时，为了不使电动机及离合器的惯性影响转向系的工作，离合器也应及时分离，以切断辅助动力。当系统中电动机等发生故障时，离合器会自动分离，这时仍可恢复手动控制转向。

c. 减速机构。目前使用的减速机构有多种组合方式，一般采用涡轮蜗杆与转向轴驱动组合式；也有的采用两级行星齿轮与传动齿轮组合式，如图 4-85 所示。涡轮与固定在转向输出轴上的斜齿轮相啮合，它把电机的回转运动减速后传递到输出轴上。为了抑制噪声和提高耐久性，减速机构中的齿轮有的采用特殊齿形，有的采用树脂材料制成。

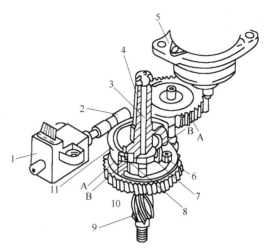

图 4-85　双级行星齿轮减速机构
1—转矩传感器；2—转轴；3—扭力杆；4—输入轴；
5—电动机与离合器；6—行星小齿轮 A；7—太阳轮；
8—行星小齿轮 B；9—驱动小齿轮；
10—齿圈 B；12—齿圈 A

③ 控制系统。

电动式动力转向的控制系统如图 4-86 所示。该系统的核心是一个有 4K ROM 和 256RAM 的 8 位微机。

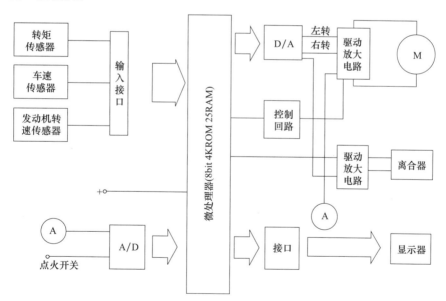

图 4-86　电动式动力转向的控制系统

转向盘转矩信号和车速信号经过输入接口送入微机，随着车速的升高，微机控制相应地降低助力电动机电流，以减少助力转矩。发动机转速信号也被送入微机，当发动机处于怠速时，由于供电不足，助力电动机和离合器不工作，因此，电动动力转向工作时，电子控制单元必须控制发动机处于高怠速工作状态。点火开关的通断（ON/OFF）信号经 A/D 转换接口送入微机。当点火开关断开时，电动机和离合器不能工作。微机输出控制指令经 D/A 转换接口送入电动机和离合器的驱动放大电路中，控制电动机的旋转转向和离合器的离合。电动机的电流经驱动放大回路、电流表 A、A/D 转换接口反馈给微机,微机比较电动机的实际电流与按微机指令应给的电流,调节电动机的实际电流,使两者接近一致。

三菱"米尼卡"车型的电动式动力转向系统如图 4-87 所示,其控制系统简图如图 4-88 所示。

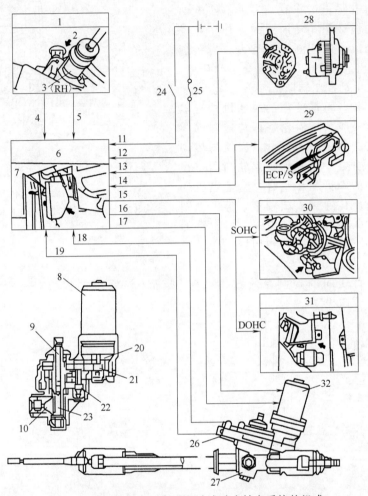

图 4-87　三菱"米尼卡"车型电动式动力转向系统的组成

1—车速传感器;2—速度表引出电缆的部位;3—传动轴;4—车速信号(主);5—车速信号(副);
6—电子控制单元;7—副驾驶员脚下部位;8—电动机;9—扭杆;10—齿条;11—点火电源信号;
12—蓄电池信号;13—发电信号;14—指示灯电流;15—高怠速电流;16—电动机电流;17—离合器电流;
18—转矩信号(主);19—转矩信号(副);20—离合器;21—电动机齿轮;22—传动齿轮;23—小齿轮;
24—点火开关;25—熔断丝;26—转矩传感器;27—转向器齿轮总成;28—交流发电机(L 端子);29—指示灯;
30—怠速提高电磁阀;31—发动机电子控制单元;32—电动机与离合器

由图 4-87 和图 4-88 可知:交流发电机的 L 端子可视为向电子控制单元输入信号的一个传感器,利用交流发电机的 L 端子电压可以判断发动机是否转动。当发动机还未发动时,该系统不能工作。

电动机和离合器接收电子控制单元输出的控制电流,产生助力转矩,经传动齿轮减速后,再经过小齿轮实现动力转向,电动机的动力是通过行星齿轮机构传递的。离合器是由电磁铁和弹簧等组成的电磁离合器。

当点火开关接通时,电源加于电子控制单元上,电动助力转向系才能进行工作。在发动

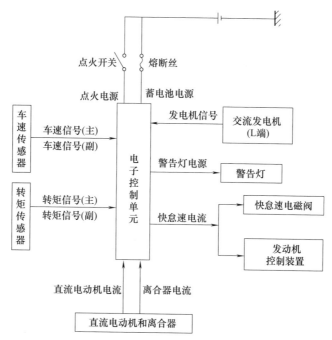

图 4-88 三菱"米尼卡"车型电动式动力转向系统的电子控制系统

机已启动时,交流发电机的 L 端子的电压加到电子控制单元上。当检测到发动机处于启动状态时,动力转向系转为工作状态。

行车时,电子控制单元按不同车速下的转向盘转矩,控制电动机的电流,并完成电子控制转向和普通转向控制之间的转换。当车速高于 30km/h 时,转换成普通的转向控制,电子控制单元没有离合器信号和电动机电流输出,离合器处于分离状态。当车速低于 27km/h 时,电子控制单元输出离合器信号和电动机电流,普通转向控制转换为动力转向的工作方式。

电子控制单元还具有自我修正的控制功能。当电动动力转向系出现故障时,可自动断开电动机的输出电流,恢复到通常的转向功能;同时速度表内的电动动力转向报警灯点亮,通知驾驶员动力转向系统发生故障。

(3) 电动式动力转向系的部件检修

以三菱"米尼卡"微型汽车的电动动力转向系为例进行说明。

① 转矩传感器的检查。

a. 检测转矩传感器线圈电阻。从转向器总成上拔下转矩传感器插接器,其端子排列如图 4-89 (b) 所示。测量转矩传感器 3 号与 5 号端子之间、8 号与 10 号端子之间的电阻,其标准值应为 (2.18±0.66)kΩ。若不符合要求,则应更换转矩传感器。

b. 检测转矩传感器电压。用万用表直流电压挡测量上述各端子之间的电压,将转向盘置于中间位置,测得电压约为 2.5V 为良好,4.7V 以上为断路,0.3V 以下为短路。

② 电磁离合器的检查。

从转向器上断开电磁离合器插接器,其端子排列参见图 4-89 (b)。将蓄电池的正极接到 1 号端子上,蓄电池的负极与 6 号端子相接,在接通与断开 6 号端子的瞬间,离合器应有工作声音。若没有声音,

(a) 电动机

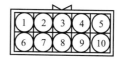
(b) 转矩传感器与电磁离合器

(c) 车速传感器

图 4-89 电动式动力转向系统插接器端子排列

表明电磁离合器有故障,应更换转向器总成。

③ 直流电动机的检查。

从转向器上断开电动机插接器,其端子排列如图4-89(a)所示。给电动机加上蓄电池电压时,电动机应有转动声音。若没有声音,应更换转向器总成。

④ 车速传感器的检查。

a. 检查车速传感器转动情况。从变速器上拆下车速传感器,用手转动车速传感器的转子检查其能否顺利转动,若有卡滞应予以更换。

b. 检测车速传感器电阻。拔开车速传感器插接器,其端子排列如图4-89(c)所示。测量车速传感器插接器1号与2号端子之间、4号与5号端子之间的电阻值,其值等于(165±20)Ω为良好。若与上述不符则必须更换车速传感器。

4.3.2 电控液力式动力转向系统

电控液力式动力转向系统是电子控制动力转向的另外一种形式。它通过控制电磁阀的动作,使动力转向液压控制回路油压根据车速而变化,在低速时操纵力减轻,在中低速以上时操纵力不致过小,即保持一定的手感。

(1) 结构组成

如图4-90所示,电控液力式动力转向系主要由转向控制阀、电磁阀、分流阀、转向动力缸、转向油泵、储油罐、车速传感器和电子控制单元组成。

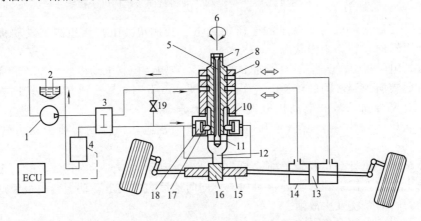

图4-90 电控液力式动力转向系统的组成

1—转向油泵;2—储油罐;3—分流阀;4—电磁阀;5—扭力杆;6—转向盘;7,10,11—销;
8—转向阀阀杆;9—控制阀阀体;12—转向齿轮轴;13—活塞;14—转向动力缸;
15—转向齿条;16—转向齿轮;17—柱塞;18—油压反力室;19—阻尼孔

① 转向控制阀。

转向控制阀的结构如图4-91所示,其基本结构是在传统的整体式动力转向控制阀的基础上,在内部增加了一个油压反力室和四个小柱塞,四个小柱塞位于控制阀阀体下端的油压反力室内。输入轴部分有两个小凸起顶在柱塞上。在油压反力室受到高压作用时,柱塞将推动控制阀阀杆。此时,扭杆即使受到转矩作用,由于柱塞推力的影响,也会抑制控制阀阀杆与阀体的相对回转。

② 分流阀。

分流阀的作用是将来自转向油泵输出的液压油向控制阀一侧和电磁阀一侧分流,按照车速和转向要求,改变控制阀一侧与电磁阀一侧的油压,确保电磁阀一侧具有稳定的油液流量。阻尼孔的作用是把供给转向控制阀的一部分流量分配到油压反力室一侧。

③ 电磁阀。

电磁阀由滑阀、电磁线圈、油路通道等构成。电磁阀油路的阻尼面积，可随电磁线圈通电电流占空比（通断比）变化。车速低时，通电电流大，滑阀被吸引，油路的阻尼增大，流向油箱的回流量增加。随着车速的升高，电流减小，油液回流量也减少。

（2）工作原理

电控液力式动力转向系具有三种控制状态。电子控制单元（ECU）根据车速传感器信号判断出停车与低速状态、中高速直行状态和中高速转向状态，控制电磁阀通电电流。

① 停车与低速状态。

此时电子控制单元（ECU）使电磁阀通电电流大，经分流阀分流的油液通过电磁阀流回油箱，柱塞受到的背压小（油压低），柱塞推动控制阀阀杆的力矩小，因此只需要较小的转向力就可使扭杆扭转变形，使阀体与阀杆发生相对转动而使控制阀打开，油泵输出油压作用到动力缸右室（或左室），使动力缸活塞左移（或右移），产生转向助力。

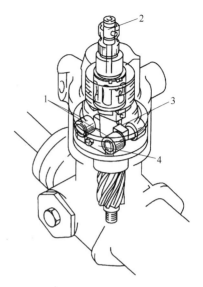

图 4-91 转向控制阀
1—柱塞；2—扭杆；3—凸起；
4—油压反力室

② 中高速直行状态。

车辆直行时，转向偏摆角小，扭杆相对转矩小，控制阀油孔开度减小，控制阀侧油压升高。由于分流阀的作用，使电磁阀侧油量增加。同时，随着车速的升高，通电电流减小，通过电磁阀流回油箱的阻尼增大，油压反力室的反力增大，使柱塞推动控制阀阀杆的力矩增大，转向盘手感增强。

③ 中高速转向状态。

从存在油压反力的中高速直行状态转向时，扭杆的扭转角更小，控制阀开度更小，控制阀侧油压进一步升高。随着该油压升高，将从固定阻尼孔向油压反力室供给油液。这样，除从分流阀向油压反力室供给的一定流量油液外，增加了从固定阻尼孔侧供给的油液，导致柱塞推力进一步增强。此时需要较大的转向力才能使阀体与阀杆之间做相对转动而实现转向助力作用，使得在中高速时驾驶员可获得良好的转向手感和转向特性。

4.3.3 电控液压式四轮转向系统

（1）结构组成

如图 4-92 所示，该系统主要由转向盘、转向油泵、前动力转向器、后轮转向传动轴、车速传感器、电子控制系统、后轮转向系统组成。

① 转向油泵。

转向油泵为一皮带驱动的串列式同轴叶片泵，它由前后两个油泵组合而成，分别向前、后轮转向系统供油，并且含有两套流量控制阀，如图 4-93 所示。

② 前轮动力转向器和后轮转向传动轴。

前轮动力转向器为齿轮齿条式，但将齿条加长，与固定在后轮转向传动轴上的小齿轮啮合。当转动转向盘使齿条水平移动时，齿条一方面控制前轮转向动力缸的工作，推动前轮转向，另一方面，将转向盘转动的方向、快慢和转动的角度传给后轮转向传动轴，驱动该轴转动，以控制后轮转向，如图 4-94 所示。

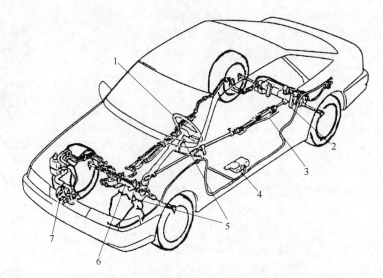

图 4-92 电控液压式四轮转向系统

1—转向盘；2—后轮转向系统；3—后轮转向传动轴；4—电子控制系统；5—车速传感器；
6—前动力转向器；7—转向油泵

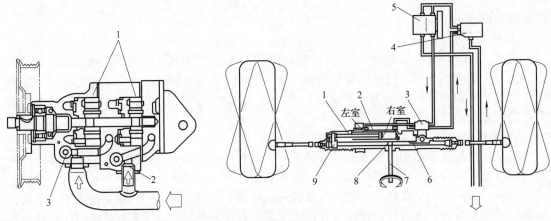

图 4-93 转向油泵结构

1—吸油腔；2—第二出油口；
3—第一出油口

图 4-94 前轮动力转向器

1—转向动力缸活塞杆；2—转向动力缸；3—转向控制阀；
4—转向油泵；5—储油罐；6—齿条；7—后轮转向传动轴；
8—小齿轮；9—连接板

后轮转向传动轴的结构如图 4-95 所示。

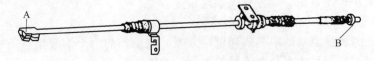

图 4-95 后轮转向传动轴

A—接前轮转向系统；B—接后轮转向系统

③ 车速传感器。

电控液压式四轮转向系装有两个车速传感器，分别设置在汽车的车速表内和变速器的输出轴端，如图 4-96 所示。其结构为舌簧触点开关式，两个传感器同时测量车速表传动软轴的转速,并向四轮转向控制系统输送车速脉冲信号。

④ 后轮转向系统。

后轮转向系统如图4-97所示。它主要包括相位控制系统、液压控制阀、后轮转向动力缸等。

a. 相位控制系统。相位控制系统包括步进电动机、扇形控制齿板、摆臂、大锥齿轮、小锥齿轮、液压控制阀连杆等,如图4-98所示。后轮转向传动轴与小齿轮连接并输入前转向齿条的运动状态。一个前、后车轮转向角比传感器安装在扇形控制齿板旋转轴上。

步进电动机用螺栓固定在壳体一端,电动机输出轴装一锥齿轮,与固定在蜗杆轴上的另一锥齿轮啮合,蜗杆轴的转动将使扇形控制齿板摆动。步进电动机接收车速传感器的电信号而转动,转动结果使扇形控制齿板正向摆动或逆向摆动一定角度,从而将摆臂拉向或推离步进电动机。

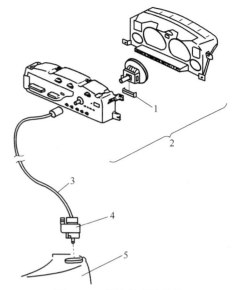

图4-96 车速传感器位置
1—车速传感器;2—仪表组件;3—车速表传动软轴;
4—车速传感器;5—变速器

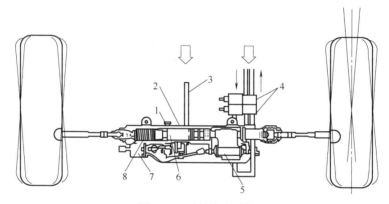

图4-97 后轮转向系统
1—转向角比传感器;2—后轮转向动力缸;3—后轮转向传动轴;4—电控制阀;
5—液压控制阀;6—动力输出杆;7—步进电动机;8—回位弹簧

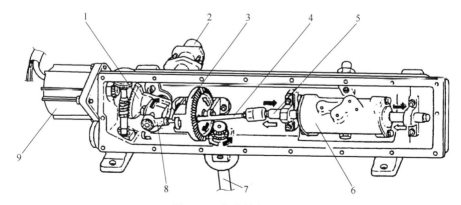

图4-98 相位控制系统
1—扇形控制齿板;2—转向角比传感器;3—大锥齿轮;4—液压控制阀连杆;5—液压控制阀主动杆;
6—液压控制阀;7—后轮转向传动轴;8—摆臂;9—步进电动机

液压控制阀连杆一端连接摆臂，中间穿过大锥齿轮上的孔，另一端与液压控制阀主动杆连接。大锥齿轮的旋转运动是由小锥齿轮驱动的，而小锥齿轮的转动是由后轮转向传动轴驱动的。由此可见，液压控制阀连杆的运动是摆臂运动和大锥齿轮运动的合成，即液压控制阀连杆的运动受车速和前轮转向运动的综合影响。

b. 液压控制阀。如图4-99所示，液压控制阀采用滑阀结构，其滑阀的位置取决于车速和前轮转向系统转角。图中表示滑阀向左移动的过程，此时油泵送来的油液通过液压控制阀进入动力缸右腔，同时动力缸左腔通过液压控制阀与储油罐相通。在动力缸左右腔压力的作用下，动力输出杆左移，使后轮向右偏转。因为阀套与动力输出杆固定在一起，所以当动力输出杆左移时将带动阀套左移，从而改变油路通道大小，当油压与回位弹簧及转向阻力的合力达到平衡时动力输出杆（连同阀套）停止移动。

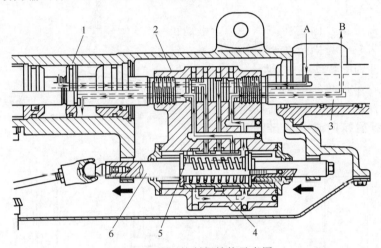

图4-99 液压控制阀结构示意图
1—动力缸活塞；2—阀套；3—动力输出杆；4—滑阀；5—回油道；6—液压控制阀主动杆；A—进油口；B—回油口

c. 后轮转向动力缸。阀套将滑阀密封，阀套内含有连接相位控制系统和动力缸的油道。如图4-99所示，输出杆穿过动力缸活塞（输出杆与动力缸活塞固定连接），两端分别与左、右转向横拉杆连接，在动力缸两腔的压差作用下，输出杆向左或向右移动，从而使得后轮做相应偏转。当汽车直线行驶时，其在动力缸两腔的回位弹簧及油压作用下，使后轮处于直线行驶位置。当电子控制线路或液压回路出现故障时，此功能可使后轮回到直线行驶位置，使四轮转向变成一般的两轮转向工作状态。

⑤ 电子控制系统。

电子控制系统由四轮转向控制器、转角比传感器和电控油阀组成。

a. 四轮转向控制器。四轮转向控制器的作用有以下几点。

• 根据车速传感器送来的电脉冲信号计算汽车的车速，再根据车速的高低计算汽车转向时前后轮的转角比。

• 比较前后轮理论转角比与前后轮实际转角比，并向步进电机发出正转或反转及转角大小的运转指令。另外还起监视控制四轮转向电子线路工作是否正常的作用。

• 发现四轮转向机构工作出现异常时，启动警告信号灯，并断开电控油阀的电源，使四轮转向处于两轮转向状态。

b. 转角比传感器。其作用是检测相位控制器中的扇形控制齿板的转角位置，并将检测出的信号反馈给四轮控制器，作为监督和控制信号使用。

c. 电控油阀。电控油阀的作用是控制由转向油泵输向后轮转向动力缸的油路通断。当液压回路或电子控制线路出现故障时，电控油阀就切断由转向油泵通向液压控制阀的油液通道，使四轮转向装置处于一般的两轮转向工作状态，起到失效保护的作用。

(2) 工作原理

当车速低于 35km/h 时，如图 4-100 (a) 所示，扇形控制齿板在步进电机的控制下向负方向偏转。假设转向盘向右转动，则小锥齿轮、大锥齿轮分别向空白箭头方向转动，摆臂在扇形齿板和大齿轮的带动下最终向右上方摆动，液压控制阀输入杆和滑阀也向右移动，由转向油泵输送的高压油液进入后轮转向动力缸的左腔，使后轮向左偏转，即后轮相对于前轮反向偏转，使车辆转向半径减小，提高了低速时的机动性。

当车速高于 35km/h 时，如图 4-100 (b) 所示，扇形控制齿板在步进电机的控制下向图中正方向移动。假设这时转向盘仍向右转动，则摆臂向左上方摆动，将液压控制阀输入杆和滑阀向左拉动，由转向油泵输送的高压油液进入后轮转向动力缸的右腔，结果使后轮向右偏转，即后轮相对于前轮同向偏转，使汽车高速行驶时的操纵稳定性显著提高。

当车速等于 35km/h 时，如图 4-100 (c) 所示，扇形控制齿板处于中间位置，摇臂处于与大锥齿轮轴线垂直的位置。不管转向盘向左还是向右转动，液压控制阀输入杆均不产生轴向位移，后轮保持与汽车纵向轴线平行的直线行驶状态。

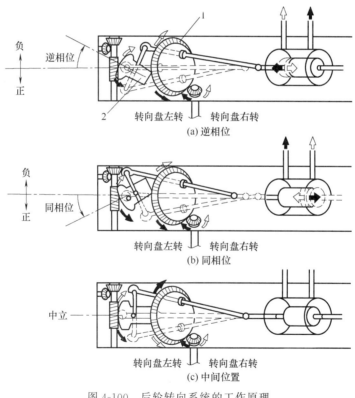

图 4-100 后轮转向系统的工作原理
1—大锥齿轮；2—扇形控制齿板

4.4 汽车防抱死制动系统

4.4.1 ABS 系统结构原理

目前 ABS 已经成为汽车标准装配，ABS 是英文 Anti-lock Braking System 的缩写。中文的意思就是制动防抱死系统。本节主要介绍 ABS 的基本知识。

先介绍一下车辆制动时的运动情况。当对行驶中车辆进行适当制动时，如果制动力左右对称产生，那么车辆能够在行驶方向上停止下来。但当左右制动力不对称时，就会发生车辆绕重心旋转的力矩。此时，如果轮胎与地面的侧向反力能阻止旋转力矩的作用，则车辆仍能保持直线行驶，如果轮胎与地面的侧向反力很小，则车辆就会像图 4-101 所示那样形成不规则的运动。

(1) 制动时车轮的受力分析

① 地面制动力（F_B）。如图 4-102 所示是汽车在良好的路面上制动时，车轮的受力情况。图中忽略了滚动阻力矩和减速时的惯性力、惯性力矩。

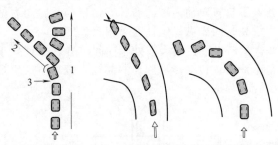

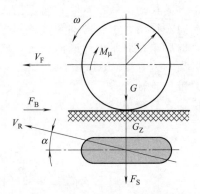

(a) 车辆直线行驶时，车轮抱死时的姿势　(b) 只有前轮抱死时的车辆姿势的车辆姿势　(c) 只有后轮抱死时的车辆姿势

图 4-101　车轮抱死时，车辆的姿势
1—车轮抱死；2—制动力解除时；3—外部干扰

图 4-102　制动时车轮受力分析
M_μ—制动中的摩擦力矩；V_F—汽车瞬时速度；
F_B—地面制动力；G—车轮垂直载荷；
G_Z—地面对车轮的反作用力；r—车轮的滚动半径；
V_R—车轮的圆周速度；F_S—侧向力；
ω—车轮的角速度；α—侧偏角

当汽车使用制动器制动时，由于制动鼓（盘）与制动蹄摩擦片之间的摩擦作用，形成了摩擦力矩 M_μ，此力矩与车轮转动方向相反。车轮在 M_μ 的作用下给地面一个向前的作用力，与此同时地面给车轮一个与行驶方向相反的切向反作用力 F_B，这个力就是地面制动力，它是迫使汽车减速或停车的外力。地面制动力的大小取决于制动器制动力的大小和轮胎与地面之间的附着力。

② 制动器制动力。由于地面制动力是由地面提供的外力，因此若将汽车架离地面，地面制动力就不存在了。这时阻止车轮转动的是制动器摩擦力矩 M_μ。将制动器的摩擦力矩 M_μ 转化为车轮周缘的一个切向力，并将其称为制动器制动力 F_μ。制动器制动力是由制动器的结构参数决定的，并与制动踏板力成正比。

③ 地面制动力、制动器制动力和轮胎与道路附着力的关系。如图 4-103 所示为不考虑制动过程中附着系数值变化的地面制动力、制动器制动力以及轮胎与道路附着力三者的关系。在制动过程中，车轮的运动只有减速滚动和抱死滑移两种状态。当驾驶员踩制动踏板的力较小，制动摩擦力矩较小时，车轮只做减速滚动，并且随着摩擦力

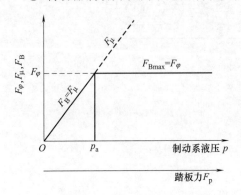

图 4-103　制动过程中地面制动力、制动器制动力和轮胎与道路附着力的关系

矩的增加，制动器制动力和地面制动力也随之增长，且在车轮未抱死前地面制动力始终等于制动器的制动力。此时，制动器的制动力可全部转化为地面制动力。但地面制动力不可能超过轮胎与道路的附着力。

当制动系压力（制动踏板力）增大到某一值，地面制动力达到轮胎与道路的附着力值，即地面制动力达到最大值时，车轮即开始抱死不转而出现拖滑的现象。当再加大制动系压力时，制动器制动力随着制动器摩擦力矩的增长仍按直线关系继续上升，但是，地面制动力已达到轮胎与地面的附着力值，因此地面制动力不再随制动器制动力的增加而增加。

要想获得好的制动效果，必须同时具备两个条件，即汽车具有足够的制动器制动力，同时又要有附着系数较高的路面提供足够的地面制动力。

影响附着系数的因素很多，如路面的状况、轮胎的花纹、车辆的行驶速度、轮胎与路面的运动状态等。在诸因素中，车轮相对于路面的运动状态对附着力有着重要的影响，特别是在湿路面上其影响更为明显。

（2）滑移率

① 滑移率的定义。汽车匀速行驶时，汽车的实际车速与车轮滚动的圆周速度（也称车轮速度）是相同的。在驾驶员踩制动踏板使车轮的轮速降低时，车轮滚动的圆周速度（轮胎胎面在路面上移动的速度）也随之降低了，但由于汽车自身的惯性，汽车的实际车速与车轮的速度不再相等，使车速与轮速之间产生一个速度差。此时，轮胎与路面之间产生相对滑移现象，其滑移程度用滑移率表示。

滑移率是指车轮在制动过程中滑移成分在车轮纵向运动中所占的比例，用"S_B"表示。其定义表达式为：

$$S_B = (v - r\omega)/v \times 100\%$$

式中 S_B——车轮的滑移率；
r——车轮的自由滚动半径；
ω——车轮的转动角速度；
v——车轮中心的纵向速度。

由上式可知：当汽车的实际车速等于车轮滚动时的圆周速度时，滑移率为零，车轮为纯滚动；汽车制动过程中，在汽车停止前车轮处于抱死状态时，车身具有一定的速度，而车轮的滚动圆周速度为零，则滑移率为100%；当滑移率在0～100%之间时，车轮既滚动又滑动。

② 滑移率与附着系数的关系。大量的实验证明，在汽车的制动过程中，附着系数的大小随着滑移率的变化而变化。在干路面或湿路面上，当滑移率在15%～30%范围内时，车轮具有最大的纵向附着系数，此时可产生的地面制动力最大，制动距离最短，制动效果最佳。在雪路或冰路面上时，最佳滑移率在20%～50%的范围内，当滑移率为零，即车轮处于纯滚动状态时，其侧向附着系数最大，此时汽车保持转向和防止侧滑的能力最强。随着滑移率的增加，侧向附着系数下降，当滑移率为100%，即车轮抱死滑动时，侧向附着系数变得极小，轮胎与路面之间的侧向附着力接近于零，车轮将完全丧失抵抗外界侧向力作用的能力。稍有侧向力干扰（如路面不平产生的侧向力、汽车重力的侧向分力、侧向风力等），汽车就会产生侧滑而失去稳定性，如图4-104所示。

在汽车的制动过程中，若能将滑移率控制在最大附着系数所对应的滑移率范围，则汽车将处于最佳制动状态。

要控制滑移率就要对作用于车轮上的力矩进行瞬时的自适应调节。制动防抱死系统就是通过电子控制器、车轮转速传感器和制动压力调节器等对作用于制动轮缸内的制动液压力进行瞬时的自动控制（每秒约10次），从而控制制动车轮上的制动器压力，使制动车轮尽可能

图 4-104　滑移率与地面附着系数的关系曲线

保持在最佳的滑移率范围内运动，使汽车的实际制动过程接近于最佳制动状态。

（3）ABS 系统的优点

① 缩短制动距离。

在同样紧急制动条件下，ABS 系统可以将滑移率控制在最大附着系数范围内，从而可获得最大的纵向制动力。

② 改善轮胎的磨损状况。

ABS 系统可以防止车轮抱死，从而避免了因制动车轮抱死造成的轮胎局部异常磨损，延长了轮胎的使用寿命。

③ 提高汽车制动时稳定性。

ABS 系统可防止车轮在制动时完全抱死，能将车轮侧向附着系数控制在较大的范围内，使车轮具有较强的侧向支承力，以保证汽车制动时的稳定性。

④ 使用方便、工作可靠。

ABS 系统的运用与常规制动装置的运用几乎没有区别，制动时驾驶员踩制动踏板，ABS 系统就根据车轮的实际转速自动进入工作状态，使车轮保持在最佳工作状态。

4.4.2　液压 ABS 系统

（1）液压 ABS 系统的基本组成

如图 4-105 所示，ABS 系统通常由车轮转速传感器、制动压力调节器、电子控制单元（ECU）和 ABS 警示装置等组成。

每个车轮上安装一个转速传感器，它们将各车轮的转速信号及时输入电子控制单元（ECU）。电子控制单元（ECU）是 ABS 系统的控制中心，它根据各个车轮转速传感器输入的信号对各个车轮的运动状态进行监测和判定，并形成相应的控制指令，再适时发出控制指令给制动压力调节器。制动压力调节器是 ABS 系统中的执行控制装置，它主要由调压电磁阀总成、电动泵总成和储液器等组成一个独立的整体，通过制动管路与制动主缸和各制动轮缸相连。制动压力调节器受电子控制单元（ECU）的控制，对各制动轮缸的制动压力进行调节。警示装置包括仪表板上的制动警告灯和 ABS 警告灯。制动警告灯为红色，通常用"BRAKE"作标识，由制动液面开关、手制动开关及制动液压力开关并联控制。ABS 警告灯为黄色，由 ABS 电子控制器控制，通常用"ABS""ALB"或"ANTILOCK"作标识。

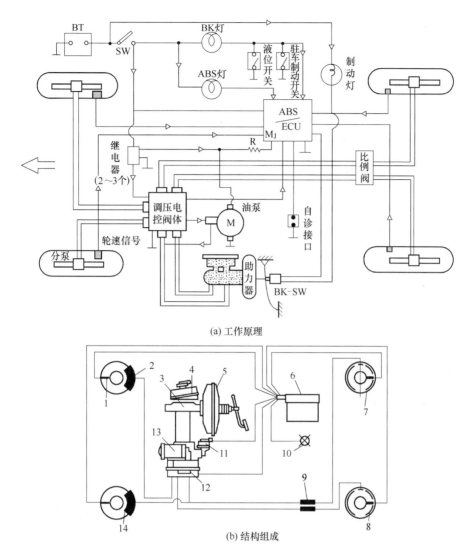

图 4-105 ABS 系统的组成

1—车轮转速传感器；2—右前轮制动器；3—制动主缸；4—储液室；5—真空助力器；6—电子控制单元；
7—右后轮制动器；8—左后轮制动器；9—比例阀；10—ABS 警告灯；11—储液器；
12—调压电磁阀总成；13—电动泵总成；14—左前轮制动器

ABS 系统具有失效保护和自诊断功能，当电子控制单元（ECU）监测到系统出现故障时，将自动关闭 ABS，恢复常规制动，存储故障信息，并将 ABS 警告灯点亮，提示驾驶员尽快进行修理。

① 车轮转速传感器。

a. 电磁式车轮转速传感器。

电磁式车轮转速传感器主要由传感器头和齿圈两部分组成，如图 4-106 所示。

齿圈一般安装在轮毂或轴座上，如图 4-107 所示。对于后轮驱动且后轮采用同时控制的汽车，齿圈也可安装在差速器或传动轴上，如图 4-108 所示。齿圈随车轮或传动轴一起转动，通常用磁阻很小的铁磁材料制成。传感头通

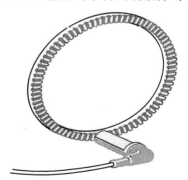

图 4-106 车轮转速传感器外形

常由永久磁铁、电磁线圈和磁极等组成，如图 4-109 所示。它对应安装在靠近齿圈而又不随齿圈转动的部件上，如转向节、制动底板、驱动轴套管或差速器、变速器壳体等固定件上。传感头与齿圈的端面有一空气间隙，此间隙一般为 1mm，通常可移动传感头的位置来调整间隙。

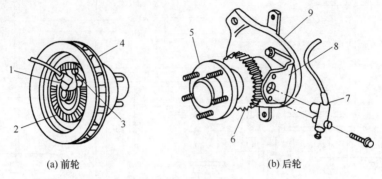

图 4-107 车轮转速传感器

1,7—传感器；2,6—传感器齿圈；3—定位螺钉；4—轮毂和组件；5—半轴；8—传感器支架；9—后制动器连接装置

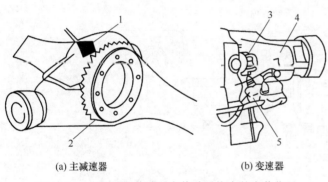

图 4-108 车轮转速传感器在传动系统中的安装位置

1—电磁式传感器；2—主减速器从动齿轮；
3—齿圈；4—变速器；5—电磁式传感器

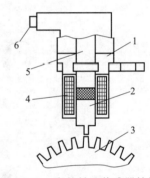

图 4-109 车轮转速传感器结构

1—导线；2—永久磁铁；3—传感器外壳；
4—电磁线圈；5—磁极；6—齿圈

b. 霍尔式车轮转速传感器。

霍尔式车轮转速传感器由传感头、齿圈组成。其齿圈的结构及安装方式与电磁式车轮转速传感器的齿圈相同，传感头由永磁体、霍尔元件和电子电路等组成。

霍尔式车轮转速传感器克服了电磁式传感器的缺点，其输出信号电压幅值不受转速的影响，频率响应高，抗电磁波干扰能力强。因而，霍尔传感器在 ABS 系统中应用得越来越广泛。

② 电子控制单元（ECU）。

如图 4-110 所示，电子控制单元（ECU）内部电路通常包括：输入级电路、运算电路、电磁阀控制电路和安全保护电路。

a. 输入级电路。输入级电路主要是将车轮转速传感器输入的正弦波信号转换成脉冲方波信号，经整形放大后输入运算电路。不同的 ABS 系统中车轮转速传感器的数量不同，输入级放大电路的个数也不同。

b. 运算电路。运算电路主要是进行车轮线速度、初始速度、滑移率、加速度和减速度的运算，调节电磁阀控制参数的运算和监控运算。经转换放大后的车轮速度传感器信号输入车轮线速度运算电路，由电路计算出车轮的瞬时速度。初始速度、滑移率及加减速度运算电路根据车轮瞬时线速度加以积分，计算出初速度，再把初速度和车轮瞬时线速度进行比较运

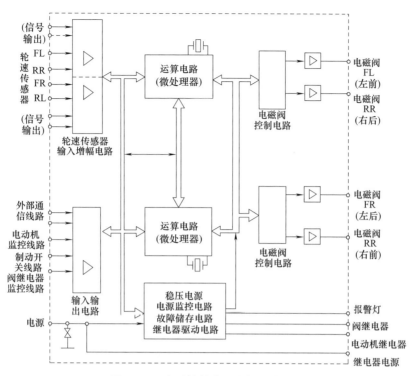

图 4-110 电子控制单元内部电路连接

算,最后得到滑移率和加减速度。电磁阀控制参数运算电路根据计算出的滑移率、加减速度信号,计算出电磁阀控制参数输入到输出级。电子控制单元中一般设有两套运算电路,同时进行运算和传递数据,利用各自的运算结果相互比较、相互监视,确保可靠性。

c. 电磁阀控制电路。电磁阀控制电路接收运算电路输入的电磁阀控制参数信号,控制大功率三极管向电磁阀提供控制电流。

d. 安全保护电路。将汽车电源(蓄电池、发电机)提供的 12V 或 14V 的电压变为 ECU 内部所需的 5V 标准稳定电压,同时对电源电路的电压是否稳定在规定的范围进行监控。

对车轮转速传感器输入放大电路、运算电路和输出级电路的故障信号进行监视。当出现故障信号时,关闭继动阀门,停止 ABS 系统的工作,转入常规制动状态。同时点亮仪表盘上的 ABS 警告灯,提示驾驶员 ABS 系统出现故障,并将故障信息以故障码的形式储存在存储器中,以便诊断时调取。

③ 制动压力调节器。

a. 循环式制动压力调节器。循环式制动压力调节器如图 4-111 所示,它主要由制动踏板机构、制动主缸、回油泵、储液器、电磁阀、制动轮缸等组成,在制动主缸与轮缸之间串联一电磁阀,直接控制轮缸的制动压力。

b. 可变容积式制动压力调节器。如图 4-112 所示,可变容积式制动压力调节器即在汽车原有制动管路上增加一套液压控制装置,用它控制制动管路中制动液容积

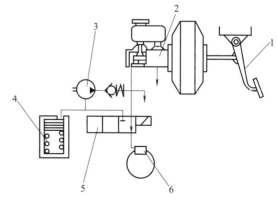

图 4-111 循环式制动压力调节器的组成
1—制动踏板机构;2—制动主缸;3—回油泵;
4—储液器;5—电磁阀;6—制动轮缸

的增减，从而控制制动压力的变化。它主要由电磁阀、控制活塞、液压泵、蓄能器等组成。

c. 整体式制动压力调节器。如图 4-113 所示为整体式液压调节器的零件分解图，它主要由电磁阀体、制动液储液罐、蓄能器、双腔制动主缸与液压助力器、电动泵等组成。

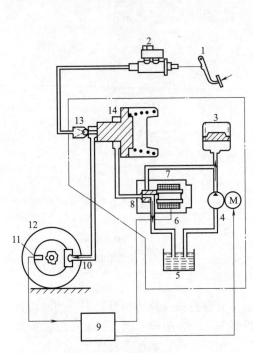

图 4-112 可变容积式制动压力调节器的组成
1—制动踏板；2—制动主缸；3—蓄能器；
4—电动泵；5—储液器；6—电磁线圈；
7—电磁阀；8—柱塞；9—电子控制单元；
10—制动轮缸；11—轮速传感器；
12—车轮；13—单向阀；14—控制活塞

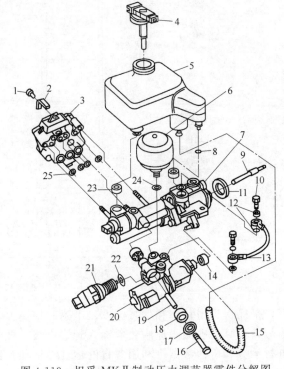

图 4-113 坦孚 MKⅡ 制动压力调节器零件分解图
1—固定螺栓；2—储液罐固定架；3—电磁阀体；
4—组合液位开关；5—储液罐；6—蓄能器；
7—制动主缸与液压助力器；8,12,22,24,25—O 形密封圈；
9—制动踏板推杆；10—高压管接头；11—密封圈；
13—高压管；14—隔离套；15—回液管；
16—电动泵固定螺栓；17—垫圈；18—隔离套；
19—螺栓套筒；20—电动泵；21—组合压力开关；
23—密封垫

制动主缸与液压助力器组成为一体，它是常规制动系统的液压部件。双腔制动主缸分别向左右两前轮的制动轮缸提供制动液，而液压助力器的作用一是向两后轮的制动轮缸提供制动液，二是对双腔制动主缸提供制动助力。

电动液压泵的功用是提高液压制动系统内的制动液压力，为 ABS 系统正常工作提供基础压力。电动液压泵通常是直流电动机和柱塞泵的组合体，如图 4-114 所示。其中直流电动机的工作由安装在柱塞泵出液口处的压力控制开关控制。当出液口处的压力低于设定的控制压力（14000kPa）时，压力开关触点闭合，电动机通电转动带动柱塞泵运转，将制动液泵送到蓄能器中。当出液口处的压力高于设定的控制压力时，开关触点断开，电动机及柱塞泵因断电而停止工作。如此往复，即可将柱塞泵出液口和蓄能器处的制动液压力控制在设定的标准值之内。

如图 4-115 所示为常见的活塞-弹簧式储液器，该储液器位于电磁阀和回油泵之间，由制动轮缸来的制动液进入储液器，进而压缩弹簧使储液器液压腔容积变大，以暂时储存制动

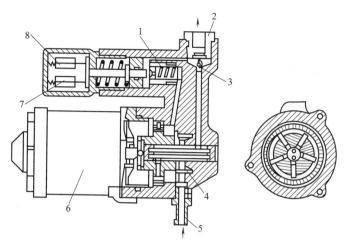

图 4-114 电动液压泵结构
1—限压阀；2—出液口；3—单向阀；4—滤芯；5—进液口；6—电动机；
7—压力控制开关；8—压力警告开关

液，压力较低。

蓄能器的功用是向车轮制动轮缸、制动助力装置供给高压制动液，作为制动能源。图 4-116 所示为气囊式蓄能器，其内部用隔膜分成上下两腔室，上腔室充满氮气，下腔室与电动液柱塞泵出液口相通，电动液压泵将制动液泵入蓄能器下腔室，使隔膜上移。蓄能器上腔室的氮气被压缩后产生压力，反过来推动隔膜下移，使下控室制动液在平时始终保持 14000～18000kPa 的压力。在常规制动和防抱死制动系统工作时，蓄能器均可提供较大压力的制动液。蓄能器中的氮气压力在平时有较大的压力（8MPa 左右），因此禁止拆卸和分解。

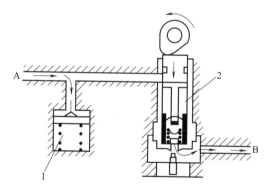

图 4-115 活塞-弹簧式储液器
1—储液器；2—回油泵

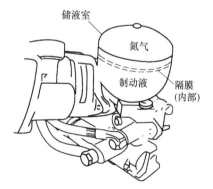

图 4-116 气囊式蓄能器

电磁阀是制动压力调节器的重要部件。常用的电磁阀为三位三通阀和二位二通阀。三位三通电磁阀的内部结构如图 4-117 所示，它主要由阀体、供油阀、卸荷阀、单向阀、弹簧、无磁支承环、电磁线圈等组成。

压力控制开关和压力警告开关安装在压力调节器的电动液压泵一侧。压力控制开关的功用是监视蓄能器下腔的压力。它由一组触点组成，且独立于 ABS 电子控制单元（ECU）而工作。当液压压力下降到约 14000kPa 时，开关闭合，使电动液压泵继电器通电，触点闭合，电源通过继电器触点向液压泵直流电动机供电，电动液压泵运转工作。压力警告开关的功用是当压力下降到一定值（14000kPa 以下）时，先点亮红色制动系统故障指示灯，紧接着点亮琥珀色或黄色 ABS 故障指示灯，同时 ABS 电子控制单元停止防抱死制动系统的工作。

液位指示开关位于制动储液室的盖上。它通常有两对触点，当制动液面下降到一定程度时，上面的触点闭合，下面的触点打开。此时，红色制动系统故障指示灯亮，它提醒驾驶员要对车辆的制动液进行检查。断开的下触点切断了通向 ABS 电子控制单元的电路，发出使电子控制单元停止防抱死制动控制的信号，同时点亮琥珀色 ABS 故障指示灯。

（2）液压 ABS 系统的工作原理

ABS 系统的工作原理分为常规制动、制动压力保持、制动压力减小和制动压力增大等阶段，如图 4-118 所示。

① 常规制动阶段。

在常规制动阶段，ABS 系统不起作用，调压电磁阀总成中的进液电磁阀、出液电磁阀均不通电，进液电磁阀处于开启状态，出液电磁

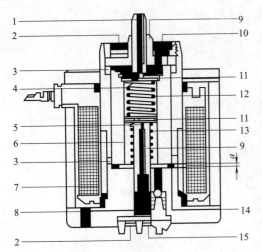

图 4-117 三位三通电磁阀结构
1—回油口接口；2—滤芯；3—无磁支承环；
4—卸荷环；5—进油阀；6—柱塞；7—电磁线圈；
8—限压阀；9—阀座；10—出油口；
11—承接盘；12—副弹簧；13—主弹簧；
14—凹槽；15—进油口

阀则处于关闭状态，制动主缸至各制动轮缸的制动管路均处于沟通状态，电动油泵不通电运转，制动轮缸至储液器的制动管路均处于封闭状态，各制动轮缸的制动压力将随制动主缸的输出压力而变化，此时的制动过程与常规制动系统过程完全相同，如图 4-118（a）所示。

② 制动压力保持阶段。

在制动过程中，电子控制单元（ECU）根据车轮转速传感器输入的车轮转速信号判定有车轮趋于抱死时，ABS 就进入防抱死制动压力调节过程。如判定右前轮趋于抱死时，电子控制单元（ECU）就输出控制指令使右前轮的进液电磁阀通电而转入关闭状态，制动主缸中的制动油液不再进入右前轮的制动轮缸。而右前轮出液电磁阀仍不通电而处于关闭状态，则右前轮制动主缸中的制动液也不会流出。此时，右前轮制动轮缸的制动压力保持一定，而其他未趋于抱死的车轮制动轮缸内油液压力仍随制动主缸输出压力的增大而增大，如图 4-118（b）所示。

③ 制动压力减小阶段。

当右前轮制动轮缸的制动压力保持一定时，若电子控制单元（ECU）判定右前轮仍然处于抱死，则输出控制指令使右前出液电磁阀也通电而转入开启状态。右前轮制动轮缸中的部分制动液经开启的出液电磁阀流回储液器，制动轮缸内的制动压力减小，右前轮的抱死趋势开始消除，如图 4-118（c）所示。

④ 制动压力增大阶段。

随着右前轮制动轮缸内制动压力的迅速减小，右前轮会在汽车惯性力的作用下逐渐加速。当电子控制单元（ECU）判定右前轮抱死趋势已完全消除时，就输入控制指令使进液电磁阀和出液电磁阀均断电，则进液电磁阀恢复开启状态，出液电磁阀恢复关闭状态。同时也使电动油泵通电运转向制动轮缸泵送制动液。由制动主缸输出的制动液和电动泵泵送的制动液均经过开启的进液电磁阀进入右前轮制动轮缸，使右前轮制动轮缸内的制动压力迅速增大，右前轮又开始减速转动，如图 4-118（d）所示。

ABS 控制系统通过使趋于抱死车轮的制动压力循环往复地经历保持—减小—增大过程，

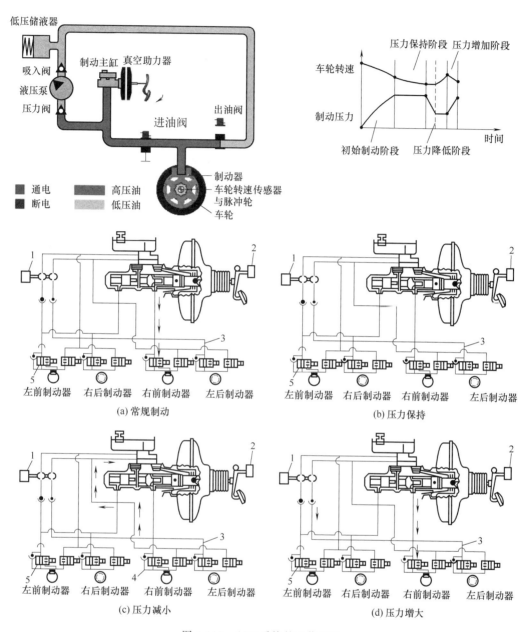

图 4-118 ABS系统的工作原理
1—电动泵；2—制动开关；3—高压管路；4—低压管路；5—电磁阀

而将趋于抱死车轮的滑移率控制在最大附着系数的范围内，直至汽车速度减小到很低或者制动主缸的压力不再使车轮趋于抱死时为止。

(3) 液压ABS系统的分类

① 按控制方式分类。

ABS按控制方式可分预测控制方式和模仿控制方式两种。

预测控制方式即预先规定控制参数和设定值等条件，然后根据检测的实际参数与设定值进行比较，对制动过程进行控制。控制参数有车轮减速度、车轮加速度及车轮滑移率。根据控制参数不同，预测控制可分为以车轮减速度控制，车轮滑移率控制，车轮减速度和车轮加速度控制，车轮减速度、加速度以及滑移率控制等方式。

模仿控制方式即在控制过程中,记录前一控制周期(从制动减压到增压中)的各种参数,再按照这些参数值规定下一个控制周期的控制条件。此类控制方式在控制时需要准确和实时测定汽车瞬时速度,成本较高,技术复杂,故已较少使用。

② 按控制通道及传感器分类。

其根据通道数可分为四通道、三通道、二通道和一通道四种;根据传感器数可分为四传感器和三传感器两种。目前汽车上应用较多的为三通道(前轮独立控制、后轮低选控制)四传感器式、三通道三传感器式和四通道四传感器式,如图4-119、图4-120所示。

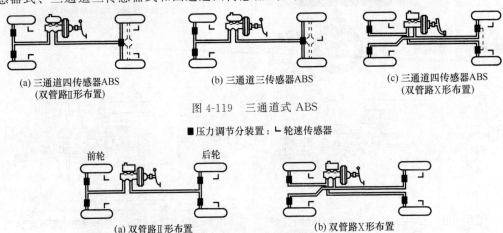

图 4-119 三通道式 ABS

■ 压力调节分装置;┕ 轮速传感器

图 4-120 四通道四传感器式 ABS

4.4.3 气压 ABS 系统

(1) 气压 ABS 系统的组成

气压 ABS 系统主要由电子控制单元 ECU、调节阀、轮速传感器、ABS 故障指示灯及诊断系统等组成。

① 电子控制单元 ECU。

电子控制单元 ECU 是气压 ABS 控制系统的核心部件,也是衡量 ABS 系统性能及功能等级的主要部件。根据安装型式的不同,ECU 主要分为驾驶室安装型(Cab-mounted)和车架安装型(Frame-mounted)两大类。

ECU 与轮速传感器、调节阀、电源、指示灯、故障诊断连接器相连。在制动过程中,ECU 根据轮速传感器反馈的轮速脉冲信号(是否发生滑动/抱死趋势),通过控制调节阀的动作实时调节对应车轮的制动力,进而及时消除对应车轮的抱死倾向。当气压 ABS 系统发生故障时,ECU 实时地将故障信息传递至 ABS 故障指示灯并转化存储为相应的故障码。ECU 还具有车载故障自动诊断功能。对于装备缓速器的车,当气压 ABS 系统进入工作状态时,缓速器控制系统在接收到 ECU 发送信号后中止缓速器动作。当 ABS 停止工作后,ECU 触发缓速器重新进入正常工作状态。

② 调节阀。

在气压制动系统工作过程中,ABS 调节阀起到调节制动室气体压力的作用。在没有接收到 ABS ECU 的控制指令时,调节阀允许压缩气体自由通过,此时气体压力无衰减。ECU 控制调节阀的动作主要为改变通往制动室的气体压力,或保持气压管路的现有压力。典型的 ABS 调节阀总成由两只调节阀与一个中继阀组成。如果 ABS 具备牵引力控制功能,则 ABS 调节阀总成中还将集成一个牵引力控制阀。当调节阀采用独立结构时,调节阀应布置在气压管路中的中继阀之后,并尽可能接近其对应的制动室,以确保最佳的控制效果。

独立式调节阀通常具有三只气口，即进气口、输气口与排气口。进气口接收来自快速释放阀或中继阀的压缩气体，输气口将压缩气体输入制动室，排气口释放来自制动室的压缩气体。

当车轮出现抱死倾向时，ECU 发出控制指令触发电磁线圈，驱动进气口关闭及排气口打开。当排气口排出的气体足以消除车轮出现的抱死倾向时，ECU 触发排气口关闭并根据现时制动状况，决定是否继续保持进气口关闭以维持现有压力，或打开进气口使制动室气压提升并循环上述动作。

③ 轮速传感器。

轮速传感器主要由触发齿圈、信号拾取器（Pickup）、相关的导线及安装支架等组成。触发齿圈，简单地说就是带齿形切口的圆环。最常见的触发齿圈采用 100 只等分齿，但是具体齿数最终由系统设计所决定。信号拾取器，通常又统称为传感器。信号拾取器为封装件，根据外观可主要分为杆式拾取器及直角拾取器两种。当触发齿圈在其前方转动时，拾取器产生相应的电子脉冲，ECU 根据该脉冲信号识别对应车轮的转速及加速/减速的速率。拾取器与齿圈之间距离的细微增大将导致脉冲信号强度的骤然衰退，所以轮速传感器是由相互间距离固定的拾取器和齿圈构成的一个整体，其间隔距离必须维持在汽车制造商规定的强制参数范围内。

现在最常见的车气压 ABS 信号拾取器安装在车轮轴端的法兰上，而齿圈则安装在轮总上（或者与轮总集成一体）。

④ ABS 故障指示灯。

安装气压 ABS 的车，也装备能够显示大部分 ABS 故障的黄色指示灯。内部（驾驶室内）ABS 指示灯必须安装于驾驶者可直视的范围内，通常安装在仪表板上。

几乎所有的气压 ABS 都具有故障自动诊断装置。通常，自动诊断系统通过安装在驾驶室内的 ABS 故障指示灯，或安装在 ECU 上的 LED 灯指示 ABS 系统存在的故障。

维修人员可以通过如下方法诊断出 ABS 的系统故障。

a. ABS 指示灯或 LED 灯的闪烁信号。

b. 由专用诊断工具通过仪表板下方的接口读取系统存储的故障码。

（2）西沃牌豪华客车 ABS 制动系统简介

图 4-121 为 ABS/ASR 的布置图。西沃牌 B10M 型豪华客车 ABS 系统前、后轮均采用单独控制系统。

① 控制单元。

图 4-122 为西沃牌 B10M 型豪华客车 ABS/ASR 系统 ABS 部分的控制单元方框图。

驾驶员制动时，压缩空气进入制动气室，使车辆减速。只要车轮的制动滑移率低于 ABS 特性曲线的下限，制动压力就不作调节。如果 ABS/ASR 控制单元根据车轮转速算出某个或几个车轮趋于抱死，则压力调节器将接通。为了使相应气室内的气压为最佳值，调节器将根据轮胎与路面间的摩擦系数以及车辆操纵情况，降低、保持或增大气压。

在时间 t_1，制动气室内气压上升，车轮减速。在时间 t_2，车轮减速度和滑移率超过允许的极限值，出现抱死迹象；通过关闭进气阀，打开排放阀，使气室内压力下降，直到车轮在 t_3 点处重新出现加速度，关闭排放阀，压力保持恒定至 t_4，此时滑移率 λ 接近于零，车轮加速度达到某个允许气压重新升高的值。此后，进气阀瞬间打开或关闭，压力脉动至时间 t_5。一旦车轮减速度和滑移率重新超过允许值，则压力又一次降低。这种控制循环不断重复，直至车辆停止。

当路面附着力很小时，凭借缓速器进行制动，可能在驱动轮上造成很大的制动滑移，使车辆稳定性降低到极差的程度，此时 ABS 通过接通或切断缓速器来控制制动滑移。

如果左、右轮附着系数相差很大（如路边结冰、路当中无冰的情况），在前轴上的控制过程将会兼顾制动距离和转向操纵性，通过限制附着力大的一侧车轮的制动力和制动气压，

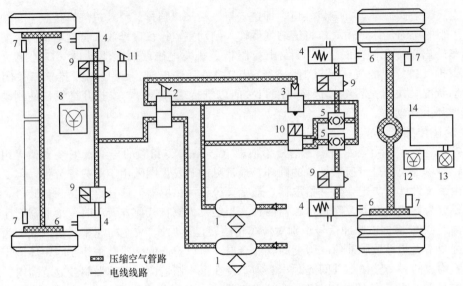

图 4-121　ABS/ASR 布置图

1—储气筒；2—制动阀；3—继动阀；4—制动气室；5—二位三通阀；6—脉冲环；7—传感器；8—控制单元；9—调节器；10—ASR 电磁阀；11—制动踏板位置传感器；12—EMS 控制单元；13—伺服电机；14—发动机

来限制侧滑力矩。因此，车辆即使在紧急制动状况下也能保持控制。

② 调节器。

西沃牌 B10M 型豪华客车 ABS 系统采用了 Bosch 气压调节器，调节器的总成外形图如图 4-123 所示。

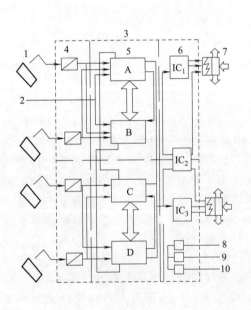

图 4-122　ABS 控制单元方框图

1—传感器；2—侧滑力矩限制；3—控制单元；
4—输入处理电路；5—计算机；
6—输出处理电路（IC）；7—调节器；8—缓冲器继电器；
9—电磁阀继电器；10—ABS 警示灯

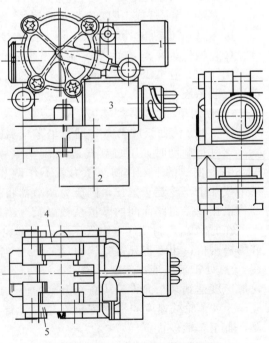

图 4-123　ABS 调节器总成外形图

1—进气口；2—排气口；3—出气口；4—电磁阀；
5—排气先导气室盖

4.4.4 ABS系统的检修

(1) 液压ABS的检修

① 车轮传感器的检测。

车轮转速传感器损坏后，电子控制单元接收不到转速信号，即不能控制制动压力调节器工作，ABS系统停止工作，车辆维持常规制动。传感器的检测方法如下。

a. 传感器的外观检查。检查传感器外观时，应注意以下内容：传感器安装有无松动；传感头和齿圈是否吸有磁性物质和污垢；传感器导线是否破损、老化；插接器是否连接牢固和接触良好，如有锈蚀、脏污，应清除，并涂少量防护剂，然后重新将导线插入连接器，再进行检测。

b. 传感头与齿圈齿顶端面之间间隙的检查。传感头与齿圈齿顶端面之间间隙可用无磁性厚薄规或合适的硬纸片检查。其检查方法如图4-124所示。

将齿圈上的一个齿正对着传感器的头部，选择规定厚度的厚薄规片或合适的硬纸片，将其放入轮齿与传感器的头部之间，来回拉动，阻力应合适。若阻力较小，说明间隙过大；若阻力较大，说明间隙过小。

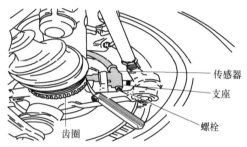

图4-124 传感头与齿圈齿顶端面间隙的检查

c. 传感器电磁线圈及其电路检测。使点火开关处于OFF位置，将ABS电子控制单元插接器插头拆下，查出各传感器与电子控制单元连接的相应端子，在相应端子上用万用表电阻挡检测传感器线圈与其连接电路的电阻值是否正常。如桑塔纳2000俊杰轿车ABS系统车轮转速传感器电磁线圈的电阻正常值应为1.0～1.2kΩ。若阻值无穷大，表明传感器线圈或连接电路有断路故障；若电阻值很小，表明有短路故障。为了区分故障是在电磁线圈还是在连接电路，应拆下传感器插接器插头，用万用表电阻挡直接测试电磁线圈的阻值。若所测阻值正常，表明传感器连接电路或插接器有故障，应修复或更换。

d. 模拟检查。为进一步证实传感器是否能产生正常的转速信号，可用示波器检测传感器的信号电压及其波形。其方法是：使车轮离开地面，将示波器测试线接于ABS电子控制单元（ECU）插接器插头的被测传感器对应端子上，用手转动被测车轮（传感器装在差速器上时则应挂上前进挡启动发动机低速运转），观察信号电压及其波形是否与车轮转速相当，以及波形是否残缺变形，以判定传感头或齿圈是否脏污或损坏。桑塔纳2000俊杰轿车ABS系统车轮转速传感器，当车轮以约1r/s的速度转动时，应输出190～1140mV的交流电压。

经测试，若信号电压值或波形不正常，则应更换和修理传感头或齿圈。

② 车轮传感器的拆装。

以桑塔纳2000俊杰轿车为例，如图4-125所示，拆卸前轮转速传感器时，先拆下传感器的导线插头（图中箭头所示），再拧下内六角紧固螺栓，拆下前轮转速传感器。

拆卸后轮转速传感器时，先翻起汽车后座垫，拔下后轮转速传感器的连接插头，如图4-126所示。

拧下传感器的内六角紧固螺栓，如图4-127所示，然后拆下后轮转速传感器。

按图4-128箭头所示方向取下后梁上的转速传感器导线和保护罩，拉出导线和导线插头。

传感器的安装与拆卸的顺序相反，但应注意安装传感前应先清洁传感器的安装孔内表

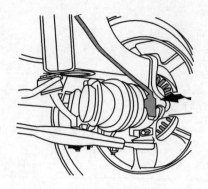

图 4-125 前轮转速传感器的拆卸

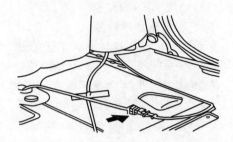

图 4-126 拔下后轮转速传感器的插头

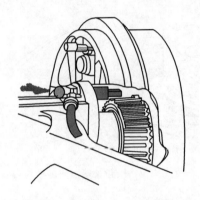

图 4-127 拧下传感器紧固螺栓

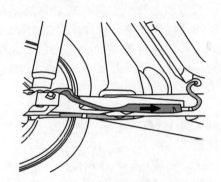

图 4-128 取下传感器导线和保护罩

面,并涂上固体润滑膏,然后装入传感器,以 10N·m 的力矩拧紧内六角紧固螺栓。

③ 电子控制单元检修。

桑塔纳 2000 俊杰轿车 ABS 电路图如图 4-129 所示。电子控制单元 25 针插头各端子的功能如图 4-130 和表 4-9 所示。

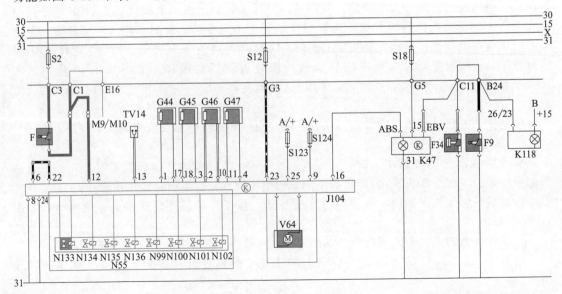

图 4-129 ABS 电路图

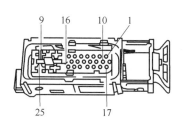
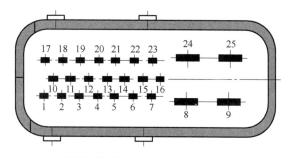

图 4-130 ABS 电子控制单元插头

表 4-9 ABS 电子控制单元各端子的功能

端子	连接的元件	端子	连接的元件
1	右后轮转速传感器	14	空位
2	左后轮转速传感器	15	空位
3	右前轮转速传感器	16	ABS 故障警告灯
4	左前轮转速传感器	17	右后轮转速传感器
5	空位	18	右前轮转速传感器
6	电控单元端子 22	19	空位
7	空位	20	空位
8	蓄电池（-）	21	空位
9	蓄电池（+）	22	电子控制单元端子
10	左后轮转速传感器	23	中央线路板接头
11	左前轮转速传感器	24	蓄电池（-）
12	制动灯开关	25	蓄电池（+）
13	诊断导线，K 线		

a. 检测条件。
- 熔断丝完好。
- 关闭用电设备，如大灯、空调和风扇等。
- 拔下 ABS 电子控制单元上的线束插头，使其与检测箱 VAG1598/21 的插座相连接，如图 4-131 所示。

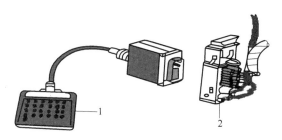

图 4-131 连接检测箱 VAG1598/21
1— VAG1598/21；2—ABS 电子控制单元线束插头

b. 检测的方法及标准数值见表 4-10。

表 4-10 电气检测方法及标准数值

测试步骤	VAG1598 /21 插孔	测试内容	测试条件 （附加操作）	额定值 /kΩ
1	3+18	右前转速传感器（G45）的电阻	点火开关关闭	1.0～1.3
2	4+11	左前转速传感器（G47）的电阻		

续表

测试步骤	VAG1598/21 插孔	测试内容	测试条件（附加操作）	额定值/kΩ
3	1+17	右后轮转速传感器(G44)的电阻	点火开关关闭	1.0～1.3
4	2+10	左后轮转速传感器(G46)的电阻		
5	1+17	右后轮转速传感器(G44)的电压信号	举升汽车,点火开关关闭,使右后轮以约1r/s的速度转动	190～1140mV的交流电压
6	2+10	左后轮转速传感器(G46)的电压信号		
7	3+18	右前轮转速传感器(G45)的电压信号		
8	4+11	左前轮转速传感器(G47)的电压信号		
9	8+25	电子控制单元对液压泵的供电电压	点火开关关闭	10.0～14.5V
10	9+24	电子控制单元对电磁阀的供电电压		
11	8+23	电子控制单元供电电压	点火开关接通	
12		制动灯开关的功能	点火开关关闭（不踩制动踏板）	0～0.5V
			（踩制动踏板）	10.0～14.5V
13	8+12	ABS故障警告灯功能	点火开关关闭 点火开关打开	灯亮
14		制动装置警告灯功能	点火开关关闭 点火开关打开	灯亮

④ ABS制动压力调节器的检修。

以桑塔纳2000俊杰轿车ABS制动压力调节器为例进行说明。

a. 结构。桑塔纳2000俊杰轿车ABS制动压力调节器采用整体式结构、循环式调压。它与ABS的电子控制单元（ECU）组合为一体后安装于制动主缸与制动轮缸之间，其外形如图4-132所示。

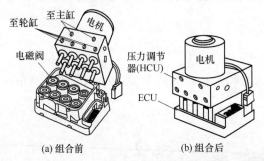

图4-132 桑塔纳2000俊杰轿车ABS制动压力调节器

b. 组成。其包括电磁阀、液压泵及低压储液器。低压储液器与电动液压泵合为一体装于液控单元上，液控单元内包括8个电磁阀，每个回路一对，其中一个是常开进油阀，一个是常闭出油阀。

c. 检测。制动压力调节器的检测包括电磁阀、电动液压泵及继电器的检测。

桑塔纳2000俊杰轿车制动压力调节器的可用VAG1552仪器进行检测，操作步骤及项目见表4-11。

表4-11 桑塔纳2000俊杰轿车制动压力调节器的电磁阀、油泵检测操作步骤及项目

步骤	操作	屏幕显示	电磁阀、油泵动作正常时的结果	电磁阀密封性检测结果
1	连接诊断线	输入地址码：××		
2	输入"03"确认	输入功能码：××		
3	输入"03"确认	液压泵V64测试	听到油泵工作噪声	
4	按"→"键	踩下制动踏板		
5		进油阀0V 出油阀0V 车轮抱死	车轮无法自由转动	踏板不下沉,出油阀良好
6	踩住制动踏板不放	进油阀0V 出油阀0V 车轮抱死	车轮无法自由转动	
7		进油阀通电出油阀通电车轮可以自由转动	车轮可自由转动,踏板回弹,可听见油泵工作噪声	踏板不下沉,进油阀良好

步骤	操作	屏幕显示	电磁阀、油泵动作正常时的结果	电磁阀密封性检测结果
8	踩住制动踏板不放	进油阀通电出油阀通电车轮可以自由转动	车轮可以自由转动	
9		进油阀 0V 出油阀 0V 车轮抱死	车轮无法自由转动,踏板自动微微下沉	
10	松开制动踏板			

⑤ 液压 ABS 常规检查与操作。

a. 常规检查。

常规检查主要包括以下几个方面。

- 检查制动液面是否在规定范围内。
- 检查所有继电器、熔断丝是否完好,插接是否牢固。
- 检查电子控制装置导线插头、插座是否连接良好,有无损坏,搭铁是否良好。
- 检查下列各部件导线插头、插座和导线的连接是否良好:电动液压泵、液压单元、四个轮速传感器、制动液面指示灯开关。
- 检查传感器头与齿圈间隙是否符合规定,传感头有无脏污。
- 检查蓄电池电压是否在规定范围内。
- 检查驻车制动器是否完全释放。
- 检查轮胎花纹高度是否符合要求。

b. 制动液的更换与补充。

更换或补充制动液的程序如下。

- 先将新制动液加至储液罐的最高液位标记处,如图 4-133 所示中的"∧"标记处。
- 如果需要对制动系统中的空气进行排除,应按规定的程序进行。
- 将点火开关置于 ON 位置,反复踩下和放松制动踏板,直到电动泵开始运转为止。
- 待电动泵停止运转后,再对储液罐中的液位进行检查。
- 如果储液罐中的制动液液位在最高液位标记以上,先不要泄放过多的制动液,而应重复以上的③和④过程。

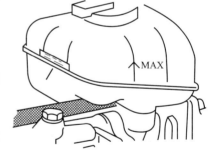

图 4-133 储液罐最高液位标记

- 如果储液罐中的制动液液位在最高液位标记以下,应向储液罐再次补充新的制动液,使储液罐中的制动液液位达到最高标记处,但切不可将制动液加注到超过储液罐的最高标记,否则,当蓄能器中的制动液排出时,制动液可能会溢出储液罐(制动液具有较强的吸湿性,当制动液中含有水分后,其沸点降低,制动时容易产生"气阻",使制动性能下降。因此,一般要求每 2 年或 1 年更换制动液)。

⑥ 制动系统的排气。

液压制动系统有空气渗入时,会感到制动踏板无力,制动踏板行程过长,致使制动力不足,甚至制动失灵。当 ABS 的液压回路内混入空气后,同样会引起制动效能不良。因此,在空气渗入液压系统后,必须对其进行排除。在排除空气之前,应检查液压制动系统中的管路及其接头是否破裂或松动;检查储液罐的液位是否符合要求。ABS 系统的排气方法有仪器排气和手动排气,应根据不同的车型和条件进行选择。

a. 仪器排气。将车辆停放在水平地面上,抵住车轮前后,将自动变速器的选挡杆置于

P位；松开驻车制动器；安装ABS检测仪（具有排气的控制功能）或专用排气试验器的接线端子；向用于制动主缸和液压组件的储液罐加注制动液到最大液面高度。启动发动机并以怠速运转几分钟，稳稳地踩下制动踏板，使检测仪器进入排气程序，并且感到制动踏板有反冲力。按规定顺序打开放气螺钉。有的车型要求排气必须对ABS和常规制动系统分别进行，排气分为三个步骤进行，即先给常规制动系统排气，然后再利用仪器对液压控制系统排气，最后再对常规制动系统排气。

b. 手动排气。排气前准备必要的工具、制动液容器、擦布和软管等，仔细阅读对应车型的维修手册中的相关内容；清洗储液罐盖及周围区域，拆下储液罐盖，检查储液罐中的液面高度，必要时，加注到正确液面高度，安装储液器罐。具体操作是将排气软管装到后排气阀上，将软管的另一端放在装有一些制动液的清洁容器中。踩下制动踏板并保持一定的踏板力，缓慢拧开后排气阀1/2～3/4圈，直到制动液开始流出。关闭该阀后松开制动踏板。重复进行以上步骤，直到流出的制动液内没有气泡为止。拆下储液罐盖，检查储液罐中的液面高度，必要时，加注到正确液面高度。按规定的排气顺序，在其他车轮上进行排气操作。排气顺序为右后轮→左后轮→右前轮→左前轮。

(2) 气压ABS的检修

气压ABS系统能满足最高的安全性和可靠性要求。在车辆起步之前，控制单元先自检，而且，整个ABS系统受到监控，包括：传感器、调节器、ABS电磁阀、线束、发动机控制系统接口等。一旦发生故障，ABS即完全或部分停止工作（取决于故障的类型），警示灯亮。此时行车制动系统仍发挥常规功能。除安全监控系统外，ABS控制元件的自我自诊断机构还能迅速、可靠地显示故障。当ABS控制元件识别出某个故障时，其代码就被储存起来。以后如在车间维修时，这个代码还可以调出。采用这种方法甚至连插接件接触松动这种微小故障也能迅速排除。下面以西沃牌B10M型豪华客车为例进行介绍。

① 辨别故障代码输出方法。

辨别故障代码输出有两种方法。

• 根据ISO推荐的有关信息交换的标准，带"智能"检测器的标准诊断接口，检测器用启动线与ABS系统相连。

• 警示灯发出闪烁代码。诊断开关打开后，闪光灯发出不同的脉冲光波，以表示故障的类型。

② 故障代码的读取。

客车在正常行驶时，仪表板上的ABS报警灯点亮。当车速低于6km/h时，ABS系统不起作用，车速超过6km/h时，仪表板上的报警灯应熄灭。将发动机熄火，用诊断仪表（见图4-134）按以下步骤检查。

• 诊断仪线路图如图4-134所示，指示灯灯泡为24V/3W，插座为四接头。将诊断仪插

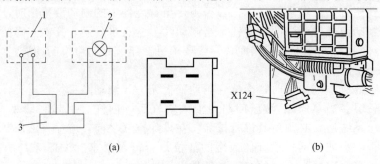

图4-134　诊断仪线路图
1—按钮；2—指示灯；3—插座

座与 X124 插头连接。

- 先切断电源 3s，再接通电源，按下按钮 1，保持 3s 后松开按钮。
- 记录下每组灯光闪烁次数即故障代码。检查指示灯闪亮的时间为 0.2s，指示灯熄灭到下一次灯亮时间为 0.4s。每组之间有 1.5s 的熄灭间隔，根据这一特点可以确定组别。第 1、2 组闪码表示设备配置情况，第 1 组应闪 3 次，第 2 组应闪 2 次。第 3、4 组应闪 3 次。第 3、4 组闪码表示 ABS/ASR 系统中故障的原因，如表 4-12 所示。根据故障代码，确定故障原因排除故障。

③ 故障代码的清除。

当故障原因查明并排除故障后，应当消除故障存储器里的故障信息，步骤如下。

- 把诊断仪插座与 X124 插头接上。
- 按下诊断仪按钮并保持住不动。
- 接通电源（位置Ⅰ）。
- 3s 后松开按钮，故障信息即被清除。

④ 故障代码表。

西沃牌 B10M 型豪华客车 ABS 系统故障代码见表 4-12。

表 4-12 故障代码

故障代码	含　义	故障代码	含　义
1	ABS/ASR 系统无故障	11	后调节器信号通路中断
2	ABS/ASR 控制单元内部故障	13	调节器继电器不能动作（触点黏滞）
3	前传感器与脉冲环间隙过大或断路或短路	14	ASR 电磁阀信号通路中断路
4	后传感器与脉冲环间隙过大或断路或短路	15	伺服电动机故障
6	前传感器断路或短路	16	C3/B7 信号故障
7	后传感器断路或短路	17	W 端子信号故障
9	当前电压不足，或调节器继电器失效	18	车轮平衡误差太大
10	前调节器信号通路中断		

4.5　驱动防滑系统

4.5.1　ASR 系统概述

（1）驱动防滑系统的功用

驱动防滑系统英文简称 ASR（Acceleration Slip Regulation），有的车辆称为牵引力控制系统，英文简称 TCS 或 TRC。其作用是防止汽车在加速过程中打滑，特别是防止汽车在非对称路面或转弯时驱动轮空转，以保持汽车行驶方向的稳定性、操纵性，维持汽车的最佳驱动力，提高汽车的平顺性。从控制车轮和路面的滑移率来看，ABS 和 ASR 系统采用了相同的技术，但两者所控制的车轮滑移方向是相反的。可见，ABS 系统与 ASR 系统密切相关，故常将它们结合在一起使用，构成行驶安全系统，它们可共用许多电子元件和共同的系统部件来控制车轮的运动。ASR 系统中的电子计算机、车轮速度传感器和制动压力调节器是与 ABS 系统共用的，而差速制动阀、发动机控制缸和控制阀是它专有的。

（2）滑转率及其与附着系数的关系

与汽车在制动过程中的滑移率相同，在汽车的驱动过程中，车轮与路面间附着系数的大小随着滑转率的变化而变化。在干路面或湿路面上，当滑转率在 15%～30% 范围内时，车轮具有最大的纵向附着系数，此时可产生的地面驱动力最大。在雪路或冰路面上时，最佳滑移率在 20%～50% 的范围内；当滑转率为零，即车轮处于纯滚动状态时，其侧向附着系数最大，此时汽车保持转向和防止侧滑的能力最强。随着滑转率的增加，侧向附着系数下降，当滑转率为100%时，侧向附着系数变得极小，轮胎与路面之间的侧向附着力接近于零，车轮将完全丧失抵抗外界侧向力作用的能力。

(3) 驱动防滑系统的控制方式

① 发动机输出功率/转矩控制。

一旦 ASR 电子控制单元检测到一个或两个驱动车轮发生滑转的情况，就立即发出控制指令，控制发动机的输出功率/转矩，以抑制驱动轮的滑转。发动机输出功率/转矩控制通常有以下几种方法。

　　a. 调整供油量：减少或中断供油。

　　b. 调整点火时间：减小点火提前角或停止点火。

　　c. 调整进气量：减小节气门的开度。

② 驱动轮制动控制。

当汽车在附着系数不均匀的路面上行驶时，处于低附着系数路面的驱动车轮可能会滑转，此时 ASR 电子控制单元将使滑转车轮的制动压力上升，对该轮作用一定的制动力，使两驱动车轮的向前运动速度趋于一致。

③ 防滑差速锁控制。

防滑差速锁能对差速器锁止装置进行控制，使锁止范围从0~100%，并通过 ASR 有效控制驱动车轮的驱动力，从而提高汽车在较滑路面上的起步和加速能力及行驶方向稳定性。

4.5.2 液压 ASR 系统

(1) 液压 ASR 基本组成

如图 4-135 所示为一典型的具有防抱死制动和驱动防滑功能的系统。其中驱动防滑系统

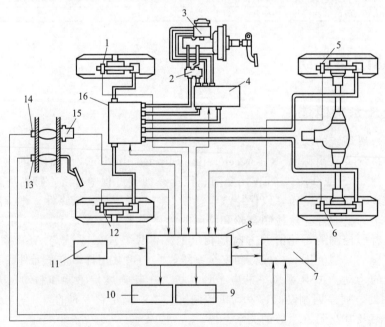

图 4-135　典型 ABS/ASR 系统的组成

1—右前轮速传感器；2—比例阀和差压阀；3—制动主缸；4—ASR 制动压力调节器；5—右后轮速传感器；6—左后轮速传感器；7—发动机/变速器电子控制单元；8—ABS/ASR 电子控制单元；9—ASR 关闭指示灯；10—ASR 工作指示灯；11—ASR 选择开关；12—左前轮速传感器；13—主节气门位置传感器；14—副节气门位置传感器；15—副节气门驱动步进电动机；16—ABS 制动压力调节器

与 ABS 共用轮速传感器和电子控制单元，只是在通往驱动车轮制动轮缸的制动管路中增设了一个 ASR 制动压力调节器，在由加速踏板控制的主节气门上方增设了一个由步进电动机控制的副节气门，并在主、副节气门处各设置一个了节气门位置传感器。

① 副节气门驱动装置。

副节气门驱动装置的功用是根据电子控制单元传送的指令来控制副节气门的开启角度，从而控制进入发动机气缸的空气量，达到控制发动机输出转矩的目的。

副节气门驱动装置安装在节气门壳体上，如图 4-136 所示。它是一个由电子控制单元控制转动的步进电动机，由永磁体、传感线圈和旋转轴等组成。在旋转轴的末端安装一个小齿轮（主动齿轮），由它带动安装在副节气门轴末端的凸轮轴齿轮旋转，以此控制副节气门的开启角度。

当驱动防滑系统不工作时，副节气门在弹簧力作用下保持全开状态，进入发动机的空气量由驾驶员控制主节气门的开度决定。当前、后轮速传感器检测到车轮滑转需进行防滑控制时，电子控制单元驱动步进电机通过凸轮轴齿轮旋转，从而控制副节气门的开度。

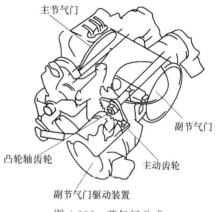

图 4-136 节气门总成

② ASR 制动压力调节器。

防抱死系统中的制动压力调节器接收电子控制单元的控制指令，适时地调整制动轮缸的制动液压力，控制制动车轮的滑移率，从而保证制动车轮与路面之间的附着系数处于最佳。而驱动防滑系统也需要控制驱动车轮与路面之间的运动状态，使轮胎与路面的附着系数处于最佳。防滑转制动压力调节器所处的位置与防抱死系统中制动压力调节器所处的位置相同。

ASR 制动压力调节器的结构型式有独立式和组合式两种。独立式 ASR 制动压力调节器即与 ABS 制动压力调节器在结构上各自分开，如图 4-137 所示。组合式制动压力调节器即将 ABS 和 ASR 制动压力调节器组合为一体。

两种类型的 ASR 制动压力调节器在结构上虽然有所不同，但都离不开液压泵总成和电磁阀总成。液压泵总成由一个电动机驱动的液压柱塞泵和一个蓄能器组成，如图 4-138 所示。其中电动柱塞泵的功用是从制动主缸储液罐中吸取制动液，升压后送到蓄能器。蓄能器的功用是储存高压制动液，并在系统工作时向车轮制动轮缸提供制动液压。

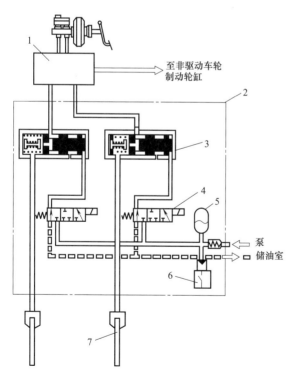

图 4-137 独立式 ASR 制动压力调节器

1—ABS 制动压力调节器；2—ASR 制动压力调节器；3—调压缸；
4—三位三通电磁阀；5—蓄能器；6—压力开关；7—驱动车轮制动器

电磁阀总成主要由三个二位二通电磁阀,即蓄能器切断电磁阀、制动主缸切断电磁阀、储液罐切断电磁阀以及压力开关等部分组成,如图4-139所示。其中蓄能器切断电磁阀的功用是在防滑系统工作时,将制动液由蓄能器中传送至车轮制动轮缸;制动主缸切断电磁阀的功用是当蓄能器中的制动液压传送给车轮制动轮缸后,防止制动液流回制动主缸;储液罐切断电磁阀的功用是在防滑系统工作时将车轮制动轮缸中的制动液传送回制动主缸中;压力开关的作用是调节蓄能器中的压力。

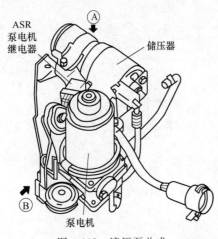

图4-138 液压泵总成

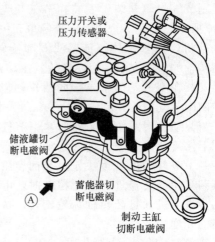

图4-139 电磁阀总成

雷克萨斯LS400轿车同时具有ABS和ASR系统,且共用一个电子控制单元。其组合式制动压力调节器的液压回路如图4-140所示。

ASR不起作用时,电磁阀Ⅰ不通电。汽车在制动过程中如果车轮出现抱死,ABS起作用,通过电磁阀Ⅱ和电磁阀Ⅲ来调节制动压力。

当驱动轮出现滑转时,ASR使电磁阀Ⅰ通电,阀移至右位,电磁阀Ⅱ和电磁阀Ⅲ不通电,阀仍在左位,于是,蓄压器的压力通入驱动轮轮缸,制动压力增大。

当需要保持驱动轮的制动压力时,ASR使电磁阀Ⅰ半压通电,阀移至中位,隔断了蓄能器及制动主缸的通路,驱动车轮轮缸的制动压力保持不变。

当需要减小驱动车轮的制动压力时,ASR使电磁阀Ⅱ和电磁阀Ⅲ通电,阀Ⅱ和阀Ⅲ移至右位,将驱动车轮轮缸与储液器接通,于是,制动压力下降。

需要对左右驱动车轮的制动压力实施不同的控制时,ASR分别对电磁阀Ⅱ和电磁阀Ⅲ实行不同的控制。

③ 电子控制单元(ECU)。

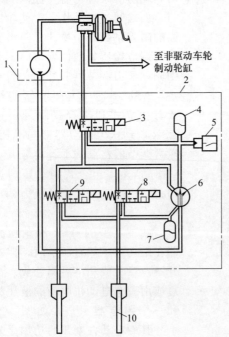

图4-140 ABS/ASR制动压力调节器
1—电动液压泵;2—ABS/ASR制动压力调节器;3—电磁阀Ⅰ;
4—蓄能器;5—压力开关;6—循环泵;7—储液器;
8—电磁阀Ⅱ;9—电磁阀Ⅲ;10—驱动车轮制动器

一般来说，ABS和ASR共用一个电子控制单元。对于驱动防滑系统，它根据驱动车轮转速传感器输送的速度信号计算判断出车轮与路面间的滑转状态，并适时地向执行机构发出指令，以降低发动机的输出转矩和车轮的转速，从而实现防止驱动轮滑转的目的。此外，电子控制单元（ECU）还具有初始检测功能、故障自诊断功能和失效保护功能。

a. 车轮防滑控制。电子控制单元不断地监测由驱动轮轮速传感器传来的速度信号，并不断地计算出每个车轮的速度，同时也计算出汽车的行驶速度和车轮滑转率。当汽车在起步或突然加速过程中，驱动轮滑转时，电子控制单元（ECU）立即使防滑系统工作。

例如，当踩下加速踏板后，主节气门迅速开启，驱动轮加速。若驱动轮速度超过设定控制速度时，电子控制单元即发出指令，关闭副节气门，减少发动机进气量，从而使发动机转矩降低。同时，电子控制单元发出指令接通 ASR 制动压力调节器电磁阀，并将 ABS 压力调节器电磁阀置于"增压制动"状态，于是 ASR 蓄能器高压制动液使制动轮缸的液压力迅速升高，实现对滑转驱动轮的制动。

当制动起作用后，驱动轮加速度立即减小，电子控制单元将 ABS 压力调节器的三位电磁阀置于"保压制动"状态；若驱动轮速度降低太多，则电磁阀处于"减压制动"状态，使制动轮缸中的液压降低，驱动轮转速又恢复升高。

b. 初始检测功能。当汽车处在停止状态，自动变速器选挡杆处在 P 位或 N 位而接通点火开关时，电子控制单元（ECU）即开始对副节气门驱动装置和 ASR 制动压力调节器电磁阀的工作状态进行检测。

c. 故障自诊断功能。当电子控制单元检测到防滑转系统出现故障时，即点亮仪表盘上的 ASR 警告灯，以警告驾驶员 ASR 系统已出现故障，同时将故障以代码的形式存入存储器，供诊断时重新显示出来。

d. 失效保护功能。当电子控制单元（ECU）检测到 ASR 有故障时，电子控制单元（ECU）立即发出指令，断开 ASR 节气门继电器、ASR 液压泵电机继电器和 ASR 制动主继电器，从而使 ASR 系统不起作用。而发动机和制动系统仍可以按照没有采用 ASR 系统时那样工作。

（2）液压 ASR 工作原理

当驱动防滑系统处于工作状态时，电子控制单元根据各轮速传感器检测到的转速信号，确定驱动车轮的滑转率和汽车的参考速度。当电子控制单元判定驱动车轮的滑转率超过设定的限值时，就使驱动副节气门的步进电动机转动，减小副节气门的开度。此时，即使主节气门的开度不变，发动机的进气量也会因副节气门开度的减小而减少。如果驱动车轮的滑转率仍未降低到设定的控制范围内，则电子控制单元会控制 ASR 制动压力调节器和 ABS 制动压力调节器，对驱动车轮施加一定的制动压力，使驱动车轮上作用一制动力矩，转速降低。

4.5.3 气压 ASR 系统

（1）气压 ASR 系统的基本组成

气压 ASR 防滑转装置是由 ABS/ASR 共用计算机 ECU、压力调节器、直流步进式伺服电动机、控制按钮开关等组成的。ASR 压力调节器串接在驱动轮的制动管路中，用来对驱动轮单独进行压力调节；而伺服电动机则连接在高压喷油泵的供油拉杆上，用来对两驱动轮进行统一调节。ASR 装置只对两驱动轮进行控制，只在湿滑的路面上行驶时，在一定的车速范围内进行防滑转调节，多在 30km/h 以内车速区工作。当车速较高时，因行驶惯性较大，就没有必要进行调节了。为此，其增设了车速设定开关和中断开关，以便驾驶员根据路面情况和滑转时的车速，选定 ASR 装置的使用时机。当打开车速设定开关后，汽车即处于防滑转状态；当汽车在良好的道路上行驶时，可打开中断开关，停止防滑转控制，以减轻因发动机转动惯量对传动系统和差速器额外的工作负载,这主要是扭转振动和差速器行星齿轮自转磨损。

a. 不制动时:两个电磁阀均不导通,进气电磁阀常闭,排气电磁阀常开,两个膜片阀都在其弹簧的作用下关闭,随时可以投入制动。

b. 制动时:两个电磁阀不导通,制动阀的压缩空气,进入膜片式进气阀的右侧,因进气电磁阀处于关闭状态,切断了压缩空气与进气膜片左侧控制气室的通道。此时,控制气室通大气,在压力差的作用下,膜片式进气阀打开,压缩空气即进入通往制动气室的管路。又因排气电磁阀未导通,处于开启状态,压缩空气进入膜片式排气阀右侧控制气室,在其弹簧力和气压的作用下,膜片式排气阀保持可靠的关闭,压缩空气畅通无阻地流入制动气室,产生随动制动作用。

c. 防抱死降压时:当某一车轮将要抱死时,轮速信号发送给计算机 ECU,ECU 即以占空比方式,使进、排气电磁阀都导通,进气电磁阀打开,关闭大气通道,压缩空气进入膜片阀控制气室,使膜片进气阀处于关闭状态。而排气电磁阀导通则切断了膜片阀控制气室与压缩空气的通道,并打开了大气通道,其膜片在气压差的作用下开启,使制动气室与大气相通,制动气压随之下降,防止了该车轮抱死。

d. 防抱死保压时:当将要抱死的车轮角速度信号,处于最佳状态时,ECU 只导通进气电磁阀,使其开启,并切断膜片阀左侧控制气室与大气的通道,压缩空气使膜片进气阀关闭,切断了制动阀与制动气室的通路。由于排气电磁阀仍处于开启状态,其膜片阀处于关闭状态,故制动气室中的气压保持不变(双阀关闭)。

e. 防抱死升压时:当该车轮的轮速信号从最佳状态加快时,ECU 即发出指令使两个电磁阀都不导通,恢复正常制动状态,制动气室的气压即随动升高。

可见,ABS 防抱死的调压过程是:降压—保压—升压。三个连续的工作过程,使车轮在制动时,处于最佳状态,提高了附着力的利用率和制动效能。

下面以安凯牌 HFF6130GD 型大客车 ASR 为例来介绍气压 ASR 基本组成。

① 传感器。

安凯牌 HFF6130GD 型大客车 ABS/ASR 的传感器为电磁式传感器,由脉冲环和传感器两部分组成。脉冲环固装在轮毂上,传感器装在桥壳的传感器支架中,二者无接触配合,空气间隙为 0.6～1.2mm。当车轮转动时,脉冲环切割传感器永久磁铁的磁场,产生了一个随车轮转速变化而变化的电压信号。控制单元根据此信号判断车轮的运动状态。脉冲环与轮毂固装在一起,传感器通过弹簧衬套装在传感器支架上。

② 控制单元。

ASR 控制单元是 ABS 控制单元的扩展。车辆驱动加速时,可将非驱动轮的速度作为车速,以此计算滑移率快且准确;ABS 使用的参考车速是对车轮速度进行逻辑处理后得到的,故计算的滑移率有误差。

在未进行驱动防滑转控制时,控制单元使 ASR 电磁阀处于断电状态,ASR 电磁阀将储气筒至后轮制动压力调节器的旁通制动管路封闭,系统即可进行制动防抱死控制。在驱动过程中需要进行防滑转控制时,控制单元一方面与发动机控制单元进行通信,由伺服电动机控制减小发动机的输出转矩,另一方面使 ASR 电磁阀通电换位,使旁通制动管路处于沟通状态,由储气筒通过旁通制动管路和后制动压力调节装置向后轮(驱动车轮)的制动气室供给压缩空气,使后轮制动器产生一定的制动力矩。进入后制动气室的压缩空气由控制单元通过控制后制动压力调节器中的电磁阀进行调节,使驱动车轮的驱动力与附着力相适应,防止驱动车轮发生驱动滑转,从而提高汽车的加速和上坡能力,改善汽车在加速过程中的方向稳定性。

③ 气压调节器。

气压调节器采用两个电磁阀分别控制两个膜片式截止阀。图 4-141 为其构造示意图。

图 4-142 为气压调节器工作程序示意图。图 4-142（a）所示为调节器使制动气室制动压力增加时的工作状态。进气电磁阀线圈Ⅰ和排气电磁阀线圈Ⅱ（见图 4-141）均不通电，进气电磁阀处于关闭状态，进气电磁阀芯 i 切断了进气先导气室 a 的供气通道，进气阀 c 在气压差作用下打开，A—B 畅通，制动阀 1 到制动气室 2 之间的制动管路畅通无阻；排气电磁阀处于开启状态，排气电磁阀芯 h 接通了排气先导气室 g 与气源之间的通道，排气阀 e 在气压差的作用下处于关闭状态，切断了制动气室与大气之间的通道，制动气室处于制动压力增加的状态。

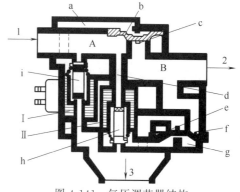

图 4-141 气压调节器结构

A—A 腔；B—B 腔；a—进气先导气室；b—进气阀膜片；c—进气阀；d—先导气通道；e—排气阀；f—排气阀膜片；g—排气先导气室；h—排气电磁阀芯；i—进气电磁阀芯；Ⅰ—进气电磁阀线圈；Ⅱ—排气电磁阀线圈；1—自制动阀；2—到制动气室；3—到大气

图 4-142（a）所示的调节器的增加制动压力的工作状态，也是制动时 ASR 不工作时的工作状态。当 ASR 电器出现故障时，必须保证调节器的工作状态恢复到此时的状态。

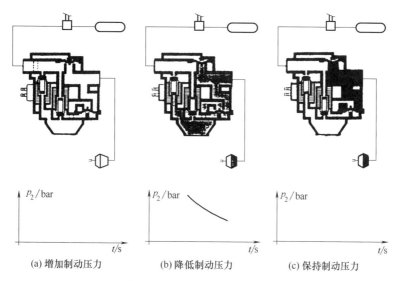

图 4-142 气压调节器工作程序

图 4-142（b）所示为调节器降低制动气室制动压力时的工作状态。两个电磁阀线圈Ⅰ、Ⅱ均通电，进气电磁阀处于开启状态，进气电磁阀芯 i 使进气先导气室 a 的供气通道畅通，进气阀 c 在气压差的作用下关闭，切断了制动阀 1 到制动气室 2 之间的制动管路；排气电磁阀处于关闭状态，排气电磁阀芯 h 切断了排气先导气室 g 与气源之间的通道，排气阀在气压差的工作下开启，使制动气室与大气相通，制动气室中的压缩气体排到大气，制动气室的制动压力降低。

图 4-142（c）所示为调节器使制动气室的制动压力保持不变时的工作状态。进气电磁阀线圈Ⅰ通电，进气电磁阀、进气阀 c 的工作状态同降低制动压力时的工作状态一致；排气电磁阀线圈Ⅱ不通电，排气电磁阀 e 的工作状态同增加制动压力时的工作状态一致，即进气阀 c、排气阀 e 均处于关闭状态，切断了制动气室与外界的联络，因而制动压力保持不变。

④ ASR 电路图。

ABS/ASR 布局图如图 4-143 所示。

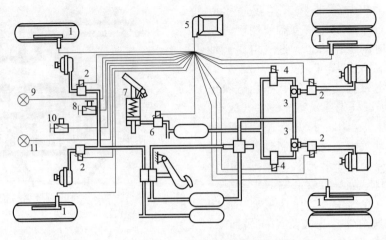

图 4-143 ABS/ASR 布局图

1—传感器；2—调节器；3—二通阀；4—ASR 电磁阀；5—控制单元；6—比例阀；7—功能阀；
8,10—功能转换器；9—ABS 警示灯；11—ASR 信号灯

(2) ASR 气压压力调节器工作原理

ASR 压力调节器由五孔阀体、两个二位三通电磁阀 (2/3)、两个控制柱塞及回位弹簧等组成，装于汽车后部的车架上，串接在制动阀与两后驱动轮的压力调节器之间。每组电磁阀各控制一个驱动轮的制动气室（中经 ABS 压力调节器），气源直接由存气筒供给，它实际上是一个压缩空气的继动截止阀。由于防滑转控制不是全制动气压，故采用控制通道较小的继动控制柱塞阀。

① 当驱动轮不滑转时：两个电磁阀都不导通，为关闭状态，控制柱塞在其弹簧和压缩空气的作用下关闭，切断压缩空气道而不投入工作。

② 当某一驱动轮滑转时：高频率和高电位信号发送给 ECU，ECU 将该信号与另一驱动轮和非驱动轮的轮速信号相比较，判定该轮处于滑转状态，即对该轮的电磁阀进行导通控制，根据滑转程度的大小，以占空比的方式通断，改变压缩空气量的多少，对该轮施加定量的制动力矩，并通过差速器行星齿轮的自转，推动附着良好车轮的牵引力加大，其加大值与制动力矩成正比。从而加大了汽车牵引力和爬坡能力，减小了轮胎的消耗，提高了在湿滑路面上的起步加速能力，使行驶平稳性大幅度提高。

③ 当两个驱动轮都滑转时：通过和非驱动轮角速度信号的对比，ECU 发出指令使直流步进式伺服电动机动作，将高压喷油泵的供油拉杆向减油方向移动，降低发动机的转速和转矩 (M_e)，使驱动轮的牵引力 (F_t) 减小，将牵引力控制在最佳的行驶状态下 ($F_t \leqslant F_\phi$ 附着力)，防止两个驱动轮的滑转，提高汽车的加速能力和行驶的平稳性。因直流步进式伺服电动机与供油拉杆的连接是单向传动关系，连接点产生了空行程，再踩加速踏板就失去了加油的能力，故只能依靠直流步进式伺服电动机来随动操纵供油量。

4.5.4　ASR 系统的检修

这里以安凯客车为例介绍气压 ASR 检修。

(1) ASR 指示灯

ASR 指示灯为黄色，位于组合仪表上方，在灯罩上有 ASR 字样。当启动开关接通后指示灯亮约 1s 进行自检，而后应熄灭。如 ASR 指示灯不熄灭说明系统有故障，可能是 ASR 系统有断路或短路，或其他原因。

(2) ASR 电气系统检查方法

安凯牌 HFF6130GD 型大客车 ASR 电气系统出现故障时，ASR 指示灯会提醒驾驶员注意，小心驾驶。要查找电气系统的原因，需使用厂家提供的专用仪表，从控制单元自诊断触发线处插接，查找原因。人工检查 ASR 电气系统的方法如下。

① 蓄电池电压检查。

检查蓄电池电压是否合乎技术要求。

② 线路检查。

断开点火开关，查找线路是否合乎技术要求，可用欧姆表进行检查。电缆不得有破损，特别是传感器电缆，它的绝缘电阻应为 2000kΩ。电缆连接要可靠、不松动；电缆插头不得破裂，插接牢靠、不松动。

③ 传感器检查。

a. 线圈电阻检查。传感器线圈电阻值为 800～1500Ω。可将传感器电缆从插座处分开，用欧姆表检查。如发动机线圈有短路或断路，就应更换。

b. 传感器输出电压检查。让车轮以 60r/min 的转速度运转，传感器输出的交流电压应不低于 0.15V。检查时，断开点火开关；将车辆顶起，用手转动车轮；将传感器电缆从插座处分开，用电压表进行测量。如车轮转速均匀，则输出交流电压值应无大的变化，否则表明传感器与脉冲环的间隙有变化，如车轮轴承松旷、车轮发摆等均会出现上述现象。传感器输出交流电压应随转速传感器的增加而增高，否则应更换传感器。

④ 调节器检查。

a. 泄漏检查。如果发现调节器有泄漏，就应排除。如果泄漏是由零部件破损所引起的，就应更换零部件。

b. 电磁阀线圈阻值检查。电磁阀线圈电阻值为几欧，可用欧姆表进行检查。

c. 电磁阀功能检查。将汽车顶起，支承牢靠。将调节器的电缆从调节器插座上断开；闭合点火开关；踏下制动踏板，车轮不能转动，让电磁阀通电，应能听到排气声，且车轮可转动；让电磁阀不通电，然后松开制动踏板，车轮可转动。

⑤ ASR 电磁阀检查。

a. 泄漏检查。如果发现有泄漏，就应排除。如果泄漏是由零部件破损所引起的，就应更换零部件。

b. 电磁阀电阻值检查。电磁阀线圈电阻值为几欧，可用欧姆表进行检查。

c. 功能检查。将驱动桥顶起，让驱动轮可自由转动；断开点火开关，将 ASR 电磁阀电缆从电磁阀处插座上断开，给电磁阀通电，驱动轮不能转动，不通电则可转动。

(3) ASR 工况检查

闭合点火开关，ASR 指示灯会亮而后熄灭。表示 ASR 系统完好，已进入准备工作状态；如果 ASR 指示灯亮而不熄，表明 ASR 电气系统有故障。行车中，ASR 指示灯亮而熄灭，表示驱动轮滑转，ASR 系统进入工作状态；如果 ASR 指示灯亮而不熄，表示 ASR 系统有故障，ASR 退出控制。

① 车辆低速（小于 30km/h）行驶时的检查。

如果仅一个驱动轮有滑转，控制单元就会指令 ASR 电磁阀作用，使该车轮制动器作用。

如果两个驱动轮均滑转，则控制单元指令伺服电机工作，降低发动机转速，此时加速踏板会失去对节气门的控制作用。

② 车辆中、高速（大于 30km/h）行驶时的检查。

如果驱动轮有滑转（一个或两个），则控制单元指令伺服电动机工作，降低发动机转速，此时加速踏板丧失对节气门的控制作用。

第5章
汽车车身控制系统

5.1 汽车总线系统

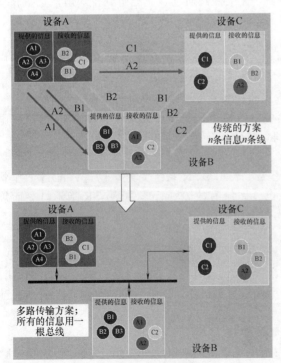

图 5-1 多路信息传输示意图

5.1.1 汽车总线系统的结构特点

（1）概述

总线系统的信息一般采用多路传输，如图 5-1 所示。所谓多路传输也叫时分复用技术，是将不同的信号相互交织在不同的时间段内，沿着同一信道传输，在接收端再用某种方法，将各个时间段内的信号提取出来还原成原始信号的通信技术。

（2）总线系统的基本构成

总线系统主要由控制器、数据总线、网络、通信协议、网关等组成。

① 控制器。控制器即 ECU，是探测信号或进行信号处理的电子装置。

② 数据总线。数据总线（BUS）是控制单元之间运行数据传递的通道，即所谓的信息"高速公路"。如果一个控制单元可以通过总线发送数据，又可以从总线接收数据，则这样的数据总线就称之为双向数

据总线。汽车上的数据总线实际是一条导线或两条导线。

③ 网络。局域网是在一个有限区域内连接的计算机网络，通过这个网络实现这个系统内的信息资源共享。局域网一般的数据传输速度在 105kbit/s 范围内，汽车上的总线传输系统（车载网络）是一种局域网。

克莱斯勒轿车的数据总线和连接到总线上的数据模块如图 5-2 所示，几条数据总线又连接到局域网上，构成整个车载网络。

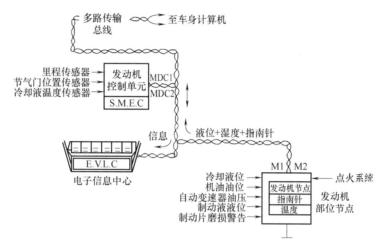

图 5-2　克莱斯勒 CCD 系统的双绞线

④ 通信协议。通信协议犹如交通规则，包括"交通标志"的制定方法。通信协议的标准蕴含唤醒访问和握手。唤醒访问就是一个给模块的信号，激活为节电而处于休眠状态的模块。握手就是模块间相互确认兼容并处在工作状态。各个汽车制造商的通信协议各异，维修诊断时所需的软件亦有不同。

⑤ 网关。由于车控网络功能日益强大，因此需要大量的数据信息在不同的数据总线之间进行有效的传递；网关可以将不同的总线连接在一起，同时使相互传递成为可能。

有的网关集成在组合仪表或汽车电气控制单元内部；而单独的网关一般在仪表板左下方，加速踏板上方。

按照汽车装配的不同控制单元对总线系统性能要求的不同，汽车上的总线系统各有不同。如图 5-3 所示为一汽迈腾轿车 CAN-BUS 系统，共设定了动力系统总线（驱动系统总线）、舒适系统总线、信息系统总线、仪表系统总线和诊断系统总线 5 个不同的区域。

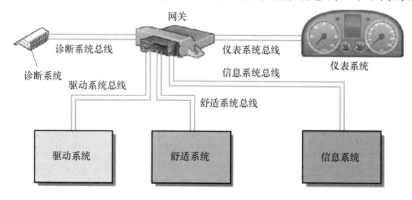

图 5-3　网关连接的车载网络 CAN-BUS 系统

车载网络系统如图 5-4 所示，但不同区域车载网络的速率和识别代号不同，因此，一个信号要从一个总线区域进入到另一个总线区域，必须对它的识别信号和速率进行改变，能够让另一个数据总线系统接收，这个任务由网关来完成。另外，网关还具有改变信息优先级的功能，如车辆发生相撞事故，安全气囊控制单元会发出负加速度传感器的信号，这个信号的优先级在动力系统总线中是非常高的，但转到舒适系统车载网络后，网关调低了它的优先级，因为它在舒适系统中的功能只是打开车门和灯。

由于通过 CAN 数据总线的所有信息都供网关使用，所以网关也用作诊断接口。

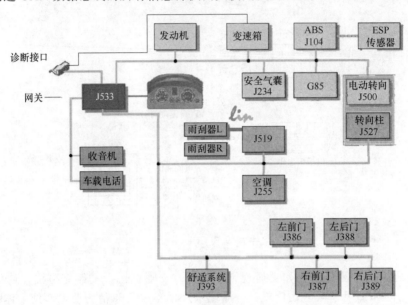

图 5-4　车载网络系统

(3) 典型总线系统的种类及其特点

当前应用最为广泛的三种类型总线 CAN-BUS、LIN-BUS、MOST 的功能和特点见表 5-1。

表 5-1　不同功能总线系统的比较

项目	A 类	B 类	C 类	D 类	E 类
功能	面向执行器、传感器的低速网络	面向模块间数据共享的中速网络	面向多路、实时闭环的高速网络	面向信息、多媒体系统的网络	面向乘员的安全系统
位速率	10kbps	10~125kbps	1Mbps	250kbps~400Mbps	500kbps 以上
应用场合	实时性要求不高的场合，主要应用于电动门窗、座椅调节、灯光照明等控制	面向独立模块间的数据共享，适用于对实时性要求不高的场合，如电子车辆信息中心、故障诊断、仪表显示等方面的控制	主要面向高速、实时闭环控制的多路控制多路传输网，用于动力系统等对实时控制及可靠性要求较高的场合	面向信息、多媒体系统等	面向乘员的安全系统，应用于车辆被动安全性领域，主要是安全气囊
协议	LIN UART I2C BEAN	CAN VAN SAE J1850	FlexRay ISO 11898-2 TTPTM/C	MOST Bluetooth	Safetybus Planet Dsi
传输介质		双绞线		光纤	

① CAN-BUS 的结构。

a. CAN-BUS 组成。如图 5-5 所示，CAN-BUS 包括控制单元、CAN 控制器、CAN 收发器、双绞线、数据传输终端等。

控制单元：接收传感器信号，经过运算处理后，输出控制信息驱动执行器。例如发动机电控单元 J220、安全气囊电控 J234 等。

CAN 控制器：接收在控制单元中的数据，处理数据并传送给 CAN 收发器；接收 CAN 收发器的数据，处理并传送给微处理器。

CAN 收发器：由 1 个 CAN 发送器和 1 个 CAN 接收器组成，将 CAN 控制器提供的数据转化为电信号并通过数据线发送出去；同样可以接收数据并发送给 CAN 控制器。

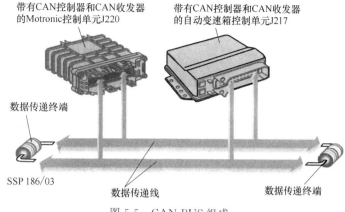

图 5-5　CAN-BUS 组成

数据传递线：传输数据的双向数据线。

数据传输终端：它是一个电阻器，阻止数据在传输终了被反射回来并产生反射波。

b. 数据传输形式。目前，在汽车上应用的 CAN-BUS 总线数据传输采用双线形式。两条线上的电位是相反的，可以有效抑制外界的电磁波干扰和向外辐射，增强数据传输的可靠性。

电控单元之间的所有信息都是通过两根数据线 CAN-low 线和 CAN-high 线来传输的，例如，发动机和自动变速器控制单元之间的传输如图 5-6 所示。

图 5-6　发动机和自动变速器控制单元之间的传输

c. 数据传输原理和过程。CAN-BUS 中的数据传递就像一个电话会议，如图 5-7 所示。

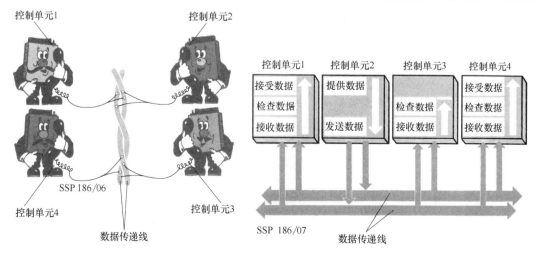

图 5-7　CAN-BUS 数据传递

一个电话用户（电控单元）将数据"讲入"网络中，其他用户通过网络"接听"这个数据，对这个数据感兴趣的用户就会收受并利用数据，而其他用户则选择忽略。

d. 传递数据的格式。总线传递的数据由多位构成。数据中位数的多少由数据域的大小决定。CAN-BUS在极短的时间里在各控制单元之间通过串行模式传递的数据，可将其分为开始域、状态域、检查域、数据域、安全域、确认域和结束域7个部分，如图5-8所示。该数据构成形式在两条数据传输线上是一样的。

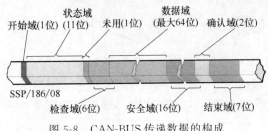

图5-8 CAN-BUS传递数据的构成

e. 数据传输的优先级。如果多个电控单元要同时发送各自的数据列，那么数据总线上可能会发生数据冲突。为了避免发生这种情况，CAN-BUS必须决定哪个控制单元的数据列首先发送。传输仲裁的原则是：具有最高优先权的数据首先发送。

② LIN-BUS。

a. LIN-BUS的含义。LIN（Local Interconnect Network）总线，表示所有的控制单元都装在一个有限的空间内（如车顶），所以它也被称为"局域子系统"，即LIN总线是CAN总线网络下的子系统。车上各个LIN总线之间的数据交换是由控制单元通过CAN数据总线实现的。LIN总线应用如图5-9所示。

b. LIN总线的特点。作为一种低成本的串行通信网络，它用于实现汽车中的分布式电子系统控制。LIN总线是CAN网络的辅助总线网络，可节省成本。主要特征如下。

- 车上各个LIN总线系统之间的数据交换是由控制单元通过CAN数据总线实现的。该系统可让一个LIN主控制单元与最多16个LIN从控制单元进行数据交换。
- LIN总线系统是单线式总线，底色是紫色，有标志色（白色）。该线的横截面面积为$0.35mm^2$，无须屏蔽。

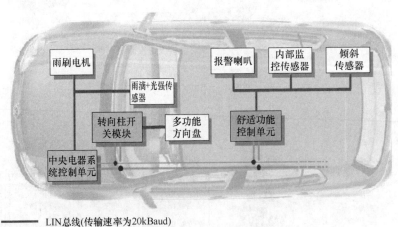

图5-9 LIN总线应用

c. LIN总线组成。

- LIN主控制单元：连接在CAN数据总线上，它执行LIN的主功能，如图5-10所示。其主要作用是监控数据传递和数据传递的速率；该控制单元的软件内已经设定了一个周期，这个周期用于决定何时将哪些信息发送到LIN数据总线上多少次；该控制单元在LIN数据总线系统的 LIN 控制单元与 CAN 总线之间起"翻译"作用，它是 LIN 总线系统中唯一与 CAN 数据总线相连的控制单元；通过 LIN 主控制单元进行与之相连的 LIN 从控制单元的自诊断，如图 5-11 所示。

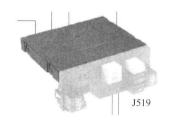

图 5-10　中央电器控制单元 J519

图 5-11　主控制器和从控制器

- LIN 从控制单元：LIN 执行元件都是智能型的电子或机电部件，这些部件通过 LIN 主控制单元的 LIN 数字信号接受任务。LIN 主控制单元通过集成的传感器来获知执行元件的实际状态，然后就可以进行规定状态和实际状态的对比了。

在 LIN 数据总线系统内，单个的控制单元（如新鲜空气鼓风机的）或传感器及执行元件（如水平传感器及防盗警报蜂鸣器）都可看作 LIN 从控制单元。传感器内集成有一个电子装置，该装置对测量值进行分析。数值是作为数字信号通过 LIN 总线传递的。有些传感器和执行元件只使用 LIN 主控制单元插口上的一个针脚。只有当 LIN 主控制单元发送出标题后，传感器和执行元件才会作出反应。

③ MOST 系统。

汽车网络常见的 MOST 是 Media Oriented Systems Transport 的缩写，即多媒体定向系统传输。MOST 利用光缆的网络协议，将音响系统、电视、定位系统及电话等设备连接起来，如图 5-12 所示。

MOST 的特点：借助调整后的光波进行数据传输；功率小；重量轻；固定的节奏频率（数字音频器显示为 44.1kHz）；能够实现同步传输数据；高数据传输率（在 21Mbit/s 以内）；借助信号编码能让各种不同的应用结合成一个数据圈；不会受到电磁影响；不会受到电磁干扰源的影响。

MOST 系统的组成如图 5-13 所示。

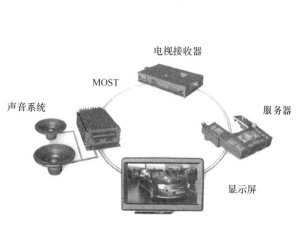

图 5-12　MOST 总线应用

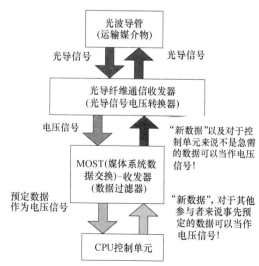

图 5-13　MOST 系统的组成

5.1.2 汽车总线系统的故障检修

本手册以大众车系为例介绍汽车总线系统的故障检修。

（1）大众车系总线系统的组成

独立网关的安装位置如图 5-14 所示，奥迪轿车的车载网络图如图 5-15 所示。

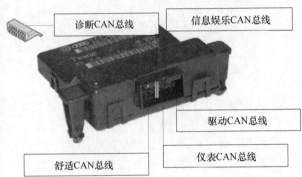

图 5-14　独立网关的安装位置

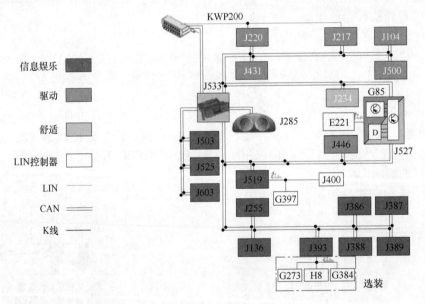

图 5-15　奥迪轿车的车载网络图

注意：所有的控制单元在网关上必须注册，才能够进行正常的通信。

（2）总线的万用表检测

如图 5-16 所示，CAN 数据总线可以采用数字万用表进行电压信号测试，判断数据总线的信号传输是否存在故障，检测方法如下。

① 电压信号检测。

a. 动力 CAN 总线。CAN-high 线上有信号传输时，总线上的电压值在 2.5～3.5V 之间高频波动，因此 CAN-high 线的主体电压应是 2.5V，所以万用表的测量值为 2.5～3.5V 之间，正常情况下应不导通。CAN-low 线信号在总线空闲时的电压约为 2.5V，总线上有信号传输时，

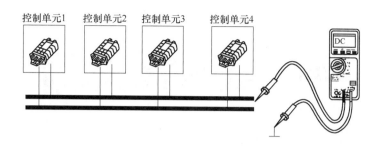

图 5-16 用万用表测量 CAN 总线

总线上的电压值在 1.5~2.5V 之间高频波动,因此 CAN-low 的主体电压应是 2.5V,测量值为 1.5~2.5V 之间,小于 2.5V 但靠近 2.5V。动力 CAN 总线的波形图如图 5-17 所示。

b. 舒适 CAN 总线。CAN-high 线信号在总线空闲时的电压约为 0V,总线上有信号传输时,总线上的电压值在 0~5V 之间高频波动,因此 CAN-high 线的主体电压应为 0V。测量值为 0.35V。CAN-low 线信号在总线空闲时的电压约为 5V。总线上有信号传输时,总线上的电压值在 0~5V 之间高频波动,因此 CAN-low 线的主体电压应是 5V,测量值为 4.65V。舒适 CAN 总线的波形图如图 5-18 所示。

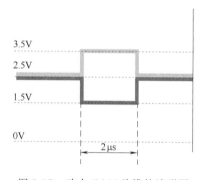

图 5-17 动力 CAN 总线的波形图

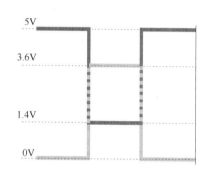

图 5-18 舒适 CAN 总线的波形图

② 电阻测量。测量 CAN-high 线和 CAN-low 线之间的电阻,正常情况下应该有一个规定的电阻(电阻值因车型而异),不应直接导通;测量 CAN-high 线或 CAN-low 线分别与供电线或搭铁线之间的导通性,正常情况下应不导通。

③ CAN-BUS 系统的波形检测。

a. 双通道模式 CAN 数据总线波形必须采用带有双通道的示波器或检测仪进行检测,例如,VAS5051 检测电路连接如图 5-19 所示。

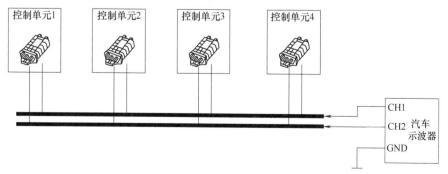

图 5-19 用汽车示波仪的双通道模式检测 CAN 总线

b. CAN-BUS 数据总线的标准波形如图 5-20 所示。

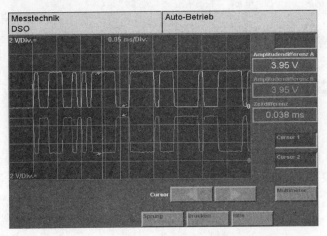

图 5-20　CAN-BUS 数据总线的标准波形

c. CAN-BUS 数据总线对地短路时的波形如图 5-21 所示。

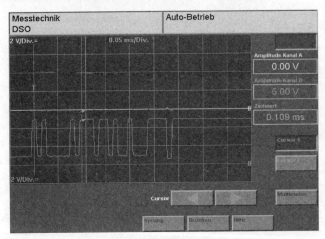

图 5-21　CAN-BUS 数据总线对地短路时的波形

d. CAN-BUS 数据总线对正极短路的波形如图 5-22 所示。

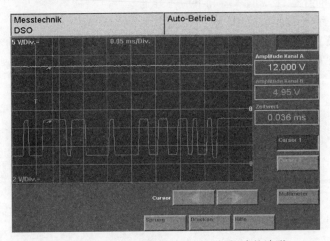

图 5-22　CAN-BUS 数据总线对正极短路的波形

e. CAN 数据总线高位线/低位线之间短路的波形如图 5-23 所示。

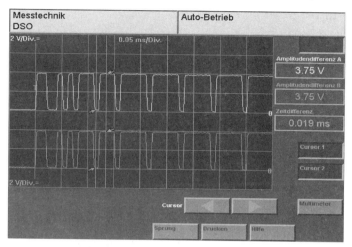

图 5-23 CAN 数据总线高位线/低位线之间短路的波形

f. CAN 总线睡眠模式的波形如图 5-24 所示。

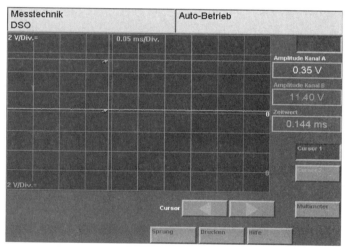

图 5-24 CAN 总线睡眠模式的波形

（3）CAN-BUS 系统的故障自诊断

CAN-BUS 系统故障自诊断见表 5-2。

表 5-2 数据块代号

数据块代号	含 义
125	发动机/变速箱/ABS/组合仪表
126	方向盘转角传感器/安全气囊/电动助力转向/大灯照程自动调节
127	未使用/防盗器/未使用/未使用
130	双线模式/中央电器系统控制单元/舒适系统控制单元/驾驶员侧车门控制单元
131	副驾侧车门控制单元/左后车门控制单元/右后车门控制单元/驾驶员侧座椅记忆控制单元
132	轮胎压力监控控制单元/转向柱控制单元/空调/停车辅助控制单元
133	辅助加热控制单元/折叠顶棚控制单元/挂车控制单元/副驾侧座椅记忆
140	双线模式/数字音响/导航
141	电视/语音/收音机/电话
142	辅助加热/未使用/未使用/未使用

5.2 汽车电控安全带

5.2.1 汽车电控安全带的结构特点

(1) 概述

对乘员最有效的被动保护方法之一就是人体约束装置，它包括安全带约束系统和安全气囊约束系统，安全带与安全气囊统称为辅助约束系统（SRS），属于被动安全保护装置。

早时的安全带结构非常简单，仅有织带、带扣和固定件系统。20世纪60年代出现了安全带收紧器，20世纪70年代出现了自锁式收紧器和紧急锁止式收紧器。到了20世纪80年代以后，出现了智能性安全带、自动脱戴式安全带和安全气囊式安全带等。

正确佩戴安全带可以把汽车乘员保持在一个正确的座位位置上。在汽车发生碰撞时，安全带能明显降低运动能量，将乘员"束缚"在座椅上，使乘员的头部、胸部不至于向前撞到转向盘、仪表板及风窗玻璃上，使乘员免受车内二次碰撞的危险，同时使乘员不被抛离座椅。汽车碰撞时没有系安全带，如图5-25所示。

(2) 安全带系统的组成

安全带大体可分为二点式安全带、三点式安全带和全背式安全带。其中使用得最多的是三点式安全带。它在靠近肩部的车体上设有一个固定点，可同时防止乘员躯体前移和上半身前倾，增强了乘员的安全性，是目前使用最普遍的一种安全带。其结构如图5-26所示，主要由织带、带扣、安装附件以及卷收器等组成。

图5-25 汽车碰撞时没有系安全带

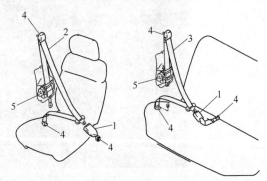

图5-26 三点式紧急锁止（ELR）类型的座椅安全带
1—锁扣；2—前安全带；3—后安全带；4—固定螺栓；5—卷收器

① 织带。织带多用尼龙、聚酯、维尼纶等合成纤维原丝编织而成，宽约50mm，厚约1.5mm，具有足够的强度、延伸性能和吸收能量的性能。发生事故时，织带将乘员固定在座椅上，以免乘员在冲击力的作用下离开座椅受到大的伤害，同时也要求其有适当的延伸以适应人体运动的变化。带锁扣是一种能使乘员方便佩带和解脱安全带的连接装置，它有锁舌和锁扣两个部件。

② 卷收器。卷收器既有收卷、储存部分或全部织带的功能，又有紧急锁止织带的功能。当汽车的速度变化较大或车身姿态变化较大，织带的拉出速度大到一定程度时，卷收器会锁紧安全带，从而将乘员束缚于汽车座椅上。根据安全带紧急预紧装置的驱动方式不同，其可分为机械式锁紧装置和火药式锁紧装置两大类。

机械式预紧装置大多设计安装在安全带的带扣处，主要由卷筒、卷筒轴、棘轮棘爪机构和离合器等组成，如图5-27所示。在汽车正常行驶时允许织带自由伸缩，但当汽车速度急剧变化时，其锁止机构锁止并保持安全带束紧力约束乘员。当汽车正常行驶时，卷收器借助卷簧的作用，既能使织带随使用者身体的移动而自由伸缩，又不会使织带松弛。但当紧急制动、碰撞或车辆行驶状态急剧变化时，卷收器内的敏感元件将驱动锁止机构锁住卷轴，使织带固定在某一位置上，并承受使用者身体加给制动的载荷。

火药式锁紧装置设计安装在卷收器总成中，主要由气体发生器、棘轮、卷筒等组成，如图 5-28 所示。卷收器中的卷轴与锁紧转轴相咬合，当传感器感应到车辆碰撞信号后触发点火装置，通过高压气体发生器产生的爆破力来推动活塞向下移动，带动钢丝绳使卷收器轴向回卷安全带，使安全带快速拉紧以消除其松弛量。其工作过程如图 5-29 所示。

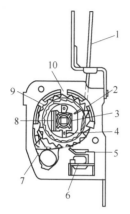

图 5-27 卷收器结构

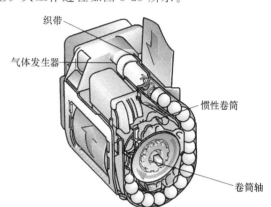

图 5-28 火药式安全带卷收器总成

1—织带；2—惯性卷筒；3—卷筒轴；4—平衡块；5—执行臂；
6—摆锤；7—棘爪；8—平衡弹簧；9—棘轮机构；10—离合器

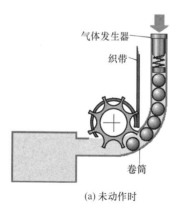

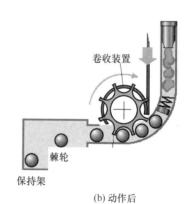

(a) 未动作时　　　　　　　　(b) 动作后

图 5-29 安全带卷收器工作过程

③ 安全带限力器。限力器、安全带锁紧装置与座椅安全带搭配使用，可使驾驶员和前排乘员受到最大的保护。当发生严重撞击而使安全带卷收器收紧时，若安全带施加在乘员身上的张力达到预定值，则限力器限制这一张力，以此控制施加在乘员胸部的安全带张力。安全带限力器的结构如图 5-30 所示，主要由限力板、卷筒和固定轴等组成。

当车辆发生严重的正面碰撞时，由于乘员进一步向前移动而使安全带所受的力超过预定值时，限力板开始变形，卷筒立即旋转，使得绕在其上的安全带得以向外拉出。与此同时，限力板继续随卷筒的旋转而绕固定轴变形，成为安全带继续拉出的阻力。当卷筒转过 1.25 圈，随着限力板两端接触，限力板完成绕固定轴的转动，卷筒也不能再进一步转动，则限力器完成其工作。

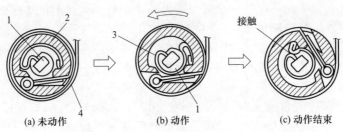

图 5-30 安全带限力器
1—固定轴；2—卷筒；3—限力板；4—安全带

(3) 汽车安全带系统工作原理

座椅安全带卷收器的工作原理与安全气囊气体发生器的工作原理相似，如图 5-31 所示。当安全气囊 ECU 接收到传感器输入的碰撞信号后，向卷收器的点火器发出点火指令，点火器引爆点火剂，充气剂受热分解产生大量的气体，推动活塞运动，带动钢丝绳使卷收器轴向回卷安全带。

图 5-31 汽车安全带系统的工作原理图

5.2.2 汽车电控安全带系统的故障检修

图 5-32 诊断插座的位置

(1) 故障检修注意事项

用万用表检查预紧安全带可能会导致预紧安全带展开，这会引发严重伤害，故不要用万用表检查预紧安全带。一般用车载诊断系统诊断预紧安全带的故障。

(2) 汽车安全带系统的自诊断

按照图 5-32 所示连接诊断插座，用"02"功能进行"故障存储器"查询，读出其故障码。在更换任意一个部件前，先应按电路图检查诊断部件的导线有无短路、断路及搭铁情况。同时还应检查所有继电器有无安装松动。安全带故障代码表见表 5-3。

表 5-3 安全带故障代码

屏幕显示	故障原因	故障排除
00591 驾驶员安全带开关位置不确定，对地短路，对正极断路/短路	• 导线或插接器故障 • 驾驶员安全带开关 E24 损坏	• 更换有故障的导线和插接器 • 更换驾驶员安全带开关 E24
00592 前排乘客安全带开关 E25 开关位置不确定，对地短路，对正极断路/短路	• 导线或插接器故障 • 前排乘员安全带开关 E25	• 更换有故障的导线和插接器 • 更换前排乘客安全带开关 E25
00654 驾驶员侧安全带张紧点火器 N153 电阻过高或过小，对正极或对地短路	• 导线或插接器故障 • 驾驶员侧安全带张紧点火（触发）器 N153 故障	• 更换有故障的导线或插接器 • 更换驾驶员侧安全带张紧点火器 N153
00655 前排乘客安全带张紧点火器 N154 电阻过大或过小，对正极或对地短路	• 导线或插接器故障 • 前排乘客侧安全带张紧点火（触发）器 N154 故障	• 更换有故障的导线或插接器 • 更换前排乘客侧安全带张紧点火器 N154

续表

屏幕显示	故障原因	故障排除
01211 左后座安全带张紧点火器 N196 电阻过大,电阻过小,对正极短路	• 导线或插接器故障 • 左后座安全带张紧点火(触发)器 N196 损坏	• 更换有故障的导线或插接器 • 更换左后安全带张紧点火器 N196
01212 右后座安全带张紧点火器 N197 电阻过大,电阻过小,对正极短路	• 导线或插接器故障 • 右后座安全带张紧点火(触发)器 N197 损坏	• 更换有故障的导线或插接器 • 更换右后安全带张紧点火器 N197
01214 安全带张紧器的碰撞数据被存储	• 故障存储器或控制单元故障 • 安全带张紧器被触发	• 清除故障存储器或更换控制单元 • 如果安全带张紧器被触发,可以通过清除故障存储器来消除此信息两次
01213 后中安全带张紧点火器 N198	• 导线或插接器故障 • 后中安全带张紧点火器 N198 损坏	• 安全带张紧器被触发了 3 次,则"控制单元损坏"被记录,此时必须更换控制单元 • 更换安全带张紧器和所有损坏部件
01286 驾驶员安全带张紧器已关闭	驾驶员安全带触发器不工作	对控制单元进行匹配(自适应)
01287 前排乘客安全带张紧器已关闭	前排乘客安全带张紧点火器不工作	对控制单元进行自适应

(3) 汽车安全带系统的检查

① 汽车内部检查。

a. 检查安全带,确保它们没有扭曲或挂在任何东西上。

b. 固定装置安装完成后,检查固定装置螺栓是否能自如地动作。如有必要,拆卸固定装置螺栓,以检查垫圈和其他部件是否损坏或安装不正确。

c. 检查安全带是否损坏或老化。如有必要,安全带可用软肥皂和水以布或海绵进行清洗。积聚在固定装置金属环内的污垢会引起安全带收缩缓慢,应使用在乙丙醇中浸湿过的干净布擦拭环的内部。

d. 当缓慢拉出安全带时,确认安全带不会被锁住。在设计上,安全带只有在突然停车或受冲击时才会锁住。

e. 当释放时,确保安全带会自动缩回。

f. 对于某些型号的乘客座椅安全带,要检查座椅安全带收紧锁止机构 ALR(自动锁止收紧器)。这可以用来固定儿童座椅。将座椅安全带拉出,启动 ALR。座椅安全带应回缩,并伴有"咔嗒"声,但不会伸展,这是正常的。为了解除 ALR,可松开安全带,并让其完全回缩,然后拉出部分安全带,安全带应能正常地收缩。

g. 如果出现任何异常情况,应更换一个新的安全带,不要出于任何原因分解安全带的任何零件。

② 安全带的检查。

a. 确认座椅安全带正确安装。

b. 检测座椅安全带的金属部件是否有损坏或者变形。

5.3 电控安全气囊系统

5.3.1 电控安全气囊系统的结构特点

(1) 概述

① 功用。

安全气囊系统（Supplemental Restraint System，SRS）又称辅助防护系统或辅助约束系统，是当车辆发生碰撞事故时保护乘客的安全带补助装置，它与座椅安全带配合使用，在汽车发生碰撞时为乘客提供有效的保护。当汽车遭受冲撞导致车速急剧变化时，安全气囊迅速膨胀，承受并缓冲驾驶员头部与身体上部产生的惯性力，从而减轻人体遭受伤害的程度。安全气囊触发的过程如图5-33所示。

(a) 尚未引爆　　(b) 气囊充满　　(c) 能量吸收　　(d) 气体逸出

图 5-33　安全气囊触发的过程

② 气囊的类型及分布。

a. 驾驶员防撞安全气囊。其装在转向盘上。美式安全气囊是考虑到驾驶员没有佩戴座椅安全带设计的，体积较大，约60L。欧式安全气囊是按假定驾驶员佩戴座椅安全带设计的，其体积较小，约40L。日本车配备的安全气囊多采用欧式。

b. 副座乘员防撞安全气囊。由于副座乘员在车内的位置不固定，因此为保护副座乘员在撞车时免受伤害，安全气囊的体积也设计得较大。美式的安全气囊约160L，欧式的安全气囊约75L。有些车上还配有后排乘员防撞安全气囊，装在前排座椅的后面。

c. 侧面防撞安全气囊。其装在车门上。当汽车遭受侧面碰撞时，它可以防止乘员受到汽车侧面的撞击。

d. 窗帘式安全气囊。其位于A柱与车顶纵梁的内衬中。车辆发生侧面碰撞时，它与侧面安全气囊同时展开。座位与侧窗之间能瞬时充气膨胀，防止玻璃的碎片溅入车内，保护乘员头部安全。

e. 智能型安全气囊。为了减轻安全气囊的副作用，智能型安全气囊（Smart Air Bag）正在研制中，其具有以下6种功能：检测乘员是否系上座椅安全带；检测乘员乘坐位置；检测儿童座椅；调控安全气囊充气膨胀力；检测座椅上是否有乘员；检测气温。

例如，多级智能型安全气囊，把原来型号的一个充气膨胀器分为大小两个，这种膨胀器根据车辆碰撞的程度，使用大小型号充气膨胀器。当碰撞速度（以对固定壁障碍换算速度）在25km/h以下时，则安全气囊不工作。25~38km/h时使用小号膨胀器，38~48km/h时则使用大号膨胀器，而超过48km/h时则大小膨胀器同时使用。这就是说当使用多级膨胀器时，可以分为三个阶段调节安全气囊的充气膨胀力。

（2）汽车安全气囊系统的组成

如图5-34所示，汽车安全气囊系统主要由传感器、安全气囊控制单元（ECU）、安全气囊组件、安全气囊警告灯等组成。

① 传感器。

传感器是安全气囊系统主要的控制信号输入装置。其用于检测、判断汽车发生事故后的撞击信号，以便及时启动安全气囊，并提供足够的电能或机械能点燃气体发生器。

按其功能可分为碰撞传感器和安全传感器两种。安全传感器也称触发传感器，其闭合的减速度与碰撞传感器相比要稍小一些，起保险作用，防止因碰撞传感器短路而造成误爆开。

a. 碰撞传感器。碰撞传感器是安全气囊系统主要的控制信号输入装置。其作用是检测汽车正面或侧面的碰撞强度信号，并将此信号输入安全气囊控制计算机。

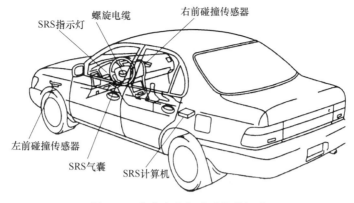

图 5-34 汽车安全气囊系统的组成

前部碰撞传感器一般安装在车身前部和中部，如车身两侧的前翼子板内侧、两侧前照灯支架下面、发动机散热器支架左右两侧等，如图 5-35 所示。其主要作用检测车辆发生前部碰撞时的减速度或惯性力，并将信号送到安全气囊控制计算机中。安全气囊系统一般装有 2~4 个碰撞传感器，碰撞传感器常采用惯性式机械开关结构。

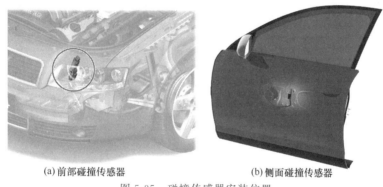

(a) 前部碰撞传感器　　(b) 侧面碰撞传感器

图 5-35 碰撞传感器安装位置

当汽车以 40km/h 的速度与一辆正在停放的同样大小的汽车相碰撞，或者以不低于 22km/h 的车速迎面撞到一个不可变形的固体障碍物时，碰撞传感器会动作，接通搭铁回路。

b. 中央传感器。如图 5-36 所示，中央传感器放置在安全气囊 ECU 内，用来检测汽车发生高速碰撞的信息，利用电子式加速度计的原理对汽车正向加速度进行连续测量，并将测量结果输送给 ECU。

c. 安全传感器（防护碰撞传感器或防护传感器）。如图 5-37 所示，安全气囊传感器一般

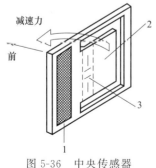

图 5-36 中央传感器
1—集成电路；2—惯性质量；3—变形针

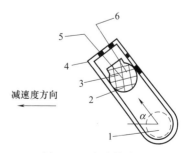

图 5-37 安全传感器
1—水银（正常位置）；2—水银（碰撞位置）；3—触头；
4—外壳；5—接电源；6—接电雷管

装于安全气囊 ECU 内，是一种水银常开关。其作用是为防止系统在非碰撞状况引起安全气囊误动作，供 SRSECU 确定是否真发生碰撞。

当汽车发生碰撞时，足够大的减速度惯性力将水银抛起，使两极接通，接通电爆管电路。一般情况下，安全传感器动作所需要的惯性力或减速度值要小些。在 SRS 中，只有当安全传感器与任意一只碰撞传感器同时接通时，SRS 电路才能接通，气囊才可能充气。

② 安全气囊控制单元。

ECU 主要由 SRS 逻辑模块、信号处理电路、备用电源电路、保护电路和稳压电路等组成，保险传感器一般与 SRS ECU 一起被制作在 SRS 控制组件中。安全气囊控制组件通常安装在驾驶室变速杆前、后的装饰板下面。

a. SRS 逻辑模块。SRS 逻辑模块主要用于监测汽车纵向减速度或惯性力是否达到设定值，控制气囊组件中的点火器引爆点火剂。在汽车行驶过程中，SRS ECU 不断接收前碰撞传感器和防护碰撞传感器传来的车速变化信号，经过数学计算和逻辑判断后，确定是否发生碰撞。

除此之外，SRS ECU 还要对控制组件中关键部件的电路不断进行诊断测试，并通过 SRS 指示灯和存储在存储器中的故障代码来显示测试结果。仪表板上的 SRS 提示灯可直接向驾驶员提供安全气囊系统的状态信息。逻辑存储器中的状态信息和故障代码可用专用仪器或通过特定方式从串行通信接口调出，以供装配检查与设计参考。

b. 信号处理电路。信号处理电路主要由放大器和滤波器组成，用于对传感器检测的信号进行整形、放大和滤波，以便 SRS ECU 能够接收、识别和处理。

c. 备用电源电路。安全气囊系统有两个电源：一个是汽车电源；另一个是备用电源。备用电源又称为后备电源。备用电源电路由电源控制电路和若干电容器组成。当汽车发生碰撞导致蓄电池和发电机与气囊系统断开时，备用电源在一定时间内（一般为 6s）可以维持气囊系统供电。

维修气囊系统时应注意备用电源的作用，在断开蓄电池电源后仍需要等待一段时间以使备用电源放电。

③ 安全气囊组件。

安全气囊组件主要由气囊、点火器和气体发生器组成。其中驾驶员侧安全气囊组件位于方向盘中心处，如图 5-38（a）所示；前排乘客气囊组件位于仪表板右侧、杂物箱的上方，如图 5-38（b）所示；侧面组件位于前排座椅的靠背里，如图 5-38（c）所示。

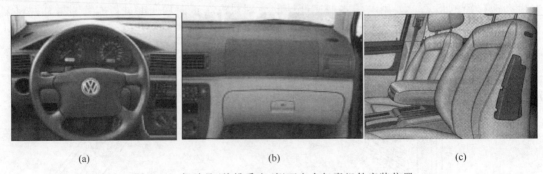

图 5-38　驾驶员/前排乘客/侧面安全气囊组件安装位置

a. 气体发生器（图 5-39）。气体发生器又称为充气器，用于在点火器引爆点火剂时，产生气体向气囊充气，使气囊膨开。气体发生器使用专用螺栓固定在气囊支架上，只有使用专用工具才能进行装配。

气体发生器由上盖、下盖、充气剂（片状叠氮化钠）和金属滤网等组成。上盖上有若干充气孔；下盖上有安装孔，方便与气囊支架固定；上盖与下盖用冷压工艺压装成一体，壳体内装充气剂、滤网和点火器；金属滤网用以过滤充气剂和点火剂燃烧后的渣粒。

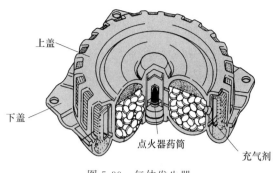

图 5-39　气体发生器

目前，大多数气体发生器都是利用热效反应产生氮气而充入气囊的。在点火器引爆点火剂的瞬间，点火剂会产生大量热量，叠氮化钠受热立即分解释放出氮气，经由充气孔充入气囊。

b. 点火器（图 5-40）。点火器外包铝铂，安装在气体发生器内部中央位置。为了便于安装，驾驶员气囊气体发生器一般都做成圆形。其作用是在碰撞传感器和防护碰撞传感器将 SRS 电路接通时，引爆点火剂，产生热量使充气剂分解。

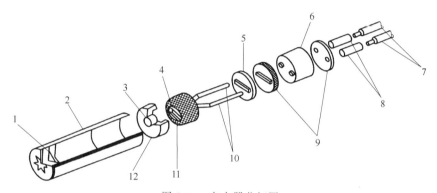

图 5-40　点火器分解图
1—引爆炸药；2—药筒；3—引药；4—电热丝；5—陶瓷片；6—永久磁铁；7—引出导线；
8—绝缘套管；9—绝缘垫片；10—电极；11—电热头；12—药托

点火器的工作情况：当 SRS 控制计算机发出点火指令时，电热丝电路接通，电热丝迅速红热引爆引药，引药瞬间爆炸产生热量，药筒内温度和压力急剧升高并冲破药筒，使充气剂受热分解释放氮气充入 SRS 气囊。

c. 气囊。气囊按其布置不同可分为驾驶员气囊、前排乘客气囊、侧面安全气囊、后座侧面安全气囊等。在汽车遭受碰撞时，气囊一般在一次碰撞后 10ms 内开始充气，从开始充气到气囊完全膨开的整个充气时间约为 30ms。气囊背面或顶部设置有 2～3 个排气孔，当驾驶员在惯性力作用下压在气囊上时，气囊受压后便从排气孔排气，持续时间不到 1s。

气囊采用尼龙制成，内层涂有聚氯丁二烯，用以密封气体。气囊静止时被折叠成包，安放在气体发生器上部和气囊饰盖之间，气囊饰盖表面模压有浅印，以便气囊充气爆开时撕裂饰盖，并减小冲出饰盖的阻力。

④ 安全气囊警告灯。

安全气囊警告灯位于驾驶室仪表板上，用于指示安全气囊系统功能是否处于正常状态，如图 5-41 所示。接通点火开关时，诊断单元对系统进行自检，若点亮 6s 后熄灭，表示安全气囊系统正常。若 6s 后，安全气囊 SRS 指示灯依然闪烁或常亮不熄，或者是点火开关打开后指示灯熄灭并重新亮起来，表示安全气囊系统有故障，提示驾驶员应进行维修。

⑤ 安全气囊系统线束。

为了便于将气囊系统线束与其他电气系统线束区别开，目前大多数汽车的气囊系统线束采用黄色连接线，如图 5-42 所示。也有采用深蓝色或橘红色连接器的。

图 5-41 仪表板上安全气囊警告灯

图 5-42 气囊系统线束采用黄色连接线

连接器采用了导电性能和耐久性能良好的镀金端子，并设计有防止气囊误爆机构、端子双重锁定机构、插接器双重锁定机构和电路连接诊断机构等，以保证气囊系统可靠工作。

a. 电路连接诊断机构。其用于检测连接器的插头与连接器是否连接可靠。

b. 系统线束。目前，安全气囊系统的所有线束都套装在黄色波纹管内，并与车颈线束总成连成一体，方便区别。为了保证方向盘具有足够的转动角度且又不损伤驾驶席气囊组件的连接线束，在方向盘与转向柱管间采用了螺旋线束。即先将电线束安装在螺旋形弹簧内，再将螺旋形弹簧安放到弹簧壳体内。在不同汽车制造厂提供的维修手册中，螺旋线束的名称各有不同，也称为螺旋弹簧、游丝或游丝弹簧。

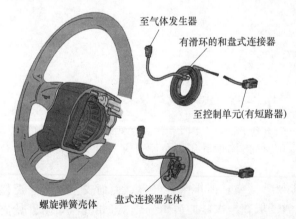

图 5-43 带插接器的螺旋弹簧

螺旋弹簧在方向盘和转向柱之间安装时，需要注意安装位置和方向。当拆卸和安装方向盘时，应将转向柱固定在"直向前"的位置，以免损坏螺旋线束。其安装位置及方向应保证不影响方向盘的转动，如图 5-43 所示。

(3) 安全气囊系统的工作过程和工作原理

① 安全气囊工作过程。

根据实验研究表明：当汽车以 30km/h 的速度与前面障碍物相撞时，SRS 气囊系统的驾驶员侧安全气囊引爆情况如图 5-44 所示。

0ms 时，前保险杠接触碰撞物。

30ms 时，转向盘安全气囊的罩盖被撕开，气体发生剂开始对气囊充气。

54ms 时，转向盘安全气囊完全被气体充满，驾驶员陷入气囊。

84ms 时，驾驶员完全陷入气囊，并开始向后离开转向盘。

150ms 时，驾驶员回到原位置，气囊内的大部分气体已排出。

② 安全气囊系统的基本原理。

安全气囊系统基本原理示意图如图 5-45 所示。当汽车受到前方一定角度范围内的高速

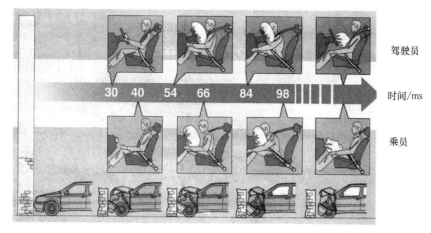

图 5-44　气囊引爆时序

碰撞时，安装在汽车前端的碰撞传感器和与 SRS 控制单元在一起的安全传感器就会检测到汽车突然减速的信号，使传感器触点闭合，将减速信号传送到 SRS 控制单元，SRS 控制单元中预先设置的程序经过对传感器所检测的信号进行数学计算和逻辑判断，必要时立即向 SRS 气囊组件内的电热点火器发出点火指令，引爆点火器，使点火剂受热爆炸，迅速产生大量的热量。充气剂受热分解使大量氮气充入气囊，气囊膨胀开，驾驶员头部和胸部压在充满气体的气囊上，使人体与车内构件之间的碰撞变为弹性碰撞，并通过产生变形来吸收人体碰撞时产生的动能，达到保护人体的目的。

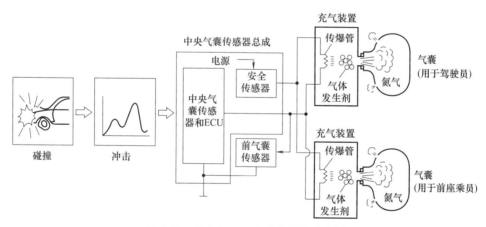

图 5-45　安全气囊系统基本原理示意图

（4）安全气囊电路图识读

① 雷克萨斯 LS400。

装备座椅安全带收紧器的安全气囊系统工作原理如图 5-46 所示。前右、左碰撞传感器 9、10 与安装在 SRS ECU 中的中心传感器相互并联，驾驶席气囊点火器 7 与乘员席气囊点火器 8 并联，左、右安全带收紧器点火器 5、6 并联。

在 SRS ECU 中，设有两只相互并联的保险传感器，其中一只与收紧器点火器 5、6 和 SRS ECU 中的驱动电路构成回路，收紧器的点火器受控于 SRS ECU。另一只保险传感器与气囊点火器 7、8 和碰撞传感器 9、10 构成回路，气囊点火器也受控于 SRS ECU。

② 大众捷达轿车。

大众捷达轿车安全气囊电路图如图 5-47 所示。

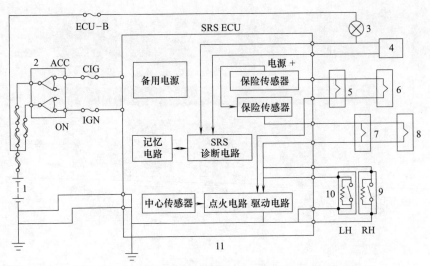

图 5-46 装备座椅安全带收紧器的安全气囊系统工作原理
1—蓄电池；2—点火开关；3—SRS警报灯；4—诊断插座；5,6—收紧器点火器；
7,8—驾驶员侧/副驾驶侧气囊点火器；9,10—右/左前碰撞传感器；11—SRS ECU

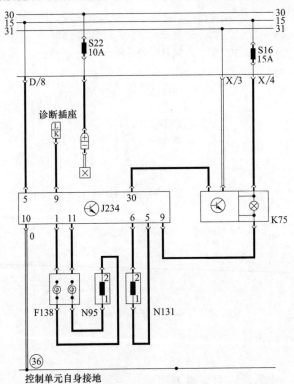

图 5-47 捷达轿车安全气囊电路图
F138—安全气囊螺旋弹簧；J234—安全气囊控制单元；K75—安全气囊故障警告灯；N95—驾驶员安全气囊引爆器；
N131—乘员安全气囊引爆器；S16—熔丝，15A；S22—熔丝，10A

5.3.2 电控安全气囊系统的故障检修

(1) 故障检修注意事项

① 检修工作必须在点火开关关闭时，并且拆下蓄电池搭铁线30s或更长一些时间才能

开始。在拆下蓄电池搭铁线之前，应将音响系统的密码记录下来。

② 即使只发生轻微碰撞而安全气囊未打开，也要对前气囊传感器和气囊组件进行检查。

③ 中央安全气囊传感器总成含有水银，不要将换下的旧零件毁掉。当报废车辆或只更换安全气囊传感器本身时，应拆下中央安全气囊传感器总成并作为有害废物处置。

④ 用万用表检查安全气囊组件时会使安全气囊突然展开，这会导致严重伤害，因此不要用万用表检查安全气囊组件。一般用车载诊断系统诊断安全气囊组件故障。

⑤ 不恰当的安全气囊系统线束维修，可能导致安全气囊或预紧安全带突然展开，这会引起严重伤害。如果发现系统线束有问题，应更换线束，不要试图维修线束。

（2）安全气囊的拆装

① 拆卸准备工作。

a. 先接通点火开关，检查仪表板上安全气囊指示灯工作是否正常。

b. 关闭点火开关，拔出钥匙。断开蓄电池正极，等待 2min 以上，如果安全气囊指示灯工作异常，则断开蓄电池正极后等待 10min，再进行操作。

c. 拆卸方向盘时，应使用专用工具将转向柱锁定在"直向前"的位置，以保证控制装置和螺旋线束在安装中不会被损坏。

d. 只能安装与原车零部件编号相同的配件，点火器是有失效期的，要遵守配件上注明的使用期限。

e. 接通蓄电池后，打开点火开关时，维修人员不要将身体放在安全气囊打开的轨迹之内。

f. 安装完毕后，检查安全气囊指示灯运行是否正常。

② 驾驶员安全气囊的拆装。

a. 拆卸时。松开转向柱调节装置，向上尽量拉出方向盘，将方向盘置于垂直位置，按箭头方向转动扳手，从前看为顺时针转动 90°，以松开定位爪。让方向盘反向转半圈，以松开另一个定位爪。拔下安全气囊插头，再取下安全气囊，将其缓冲面朝上放置。旋下螺栓，拆下转向开关上装饰件及下装饰件，拔下插头，松开定位爪，从转向开关上拉下带滑环的回位弹簧。

b. 安装时。将转向开关上部装饰件插入下部的定位爪内，向下摆动后，旋紧螺栓。

- 置打火开关于 "LOCK（锁）" 位置。
- 断开蓄电池负极，并保持至少 1min。
- 按照与拆除次序相反的次序，进行安装。
- 置打火开关于 "ON（开启）" 位置。
- 确认安全气囊系统指示灯点亮并保持大约 6s，然后熄灭。

如果安全气囊系统指示灯无法保持上述工作状态，则系统中存在故障。请用车载诊断系统对该系统进行检测。

c. 注意事项。

操作未爆开过的安全气囊组件时，气囊的前表面不要朝着人体，以避免气囊突然爆开时对人体造成伤害，如图 5-48 所示。通常采用的方式是将正面朝上放置，这样可以减小安全气囊展开时组件的运动，如图 5-49 所示。

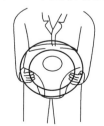 

图 5-48 操作未爆开过的气囊的正确位置

 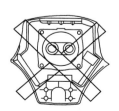

图 5-49 未爆开安全气囊组件的正确放置

③ 前排乘客安全气囊组件的拆装。
a. 置打火开关于"LOCK（锁）"位置。
b. 断开蓄电池负极，并且保持至少1min。
c. 拆除杂物箱。
d. 按照图5-50所示顺序，进行拆卸。
e. 按照与拆除次序相反的次序，进行安装。
f. 置打火开关于"ON（开启）"位置。
g. 确定安全气囊系统指示灯点亮并且保持大约6s，然后熄灭。

如果安全气囊系统指示灯无法保持上述工作状态，则系统存在故障。请用车载诊断系统对该系统进行检测。

④ 安全气囊控制计算机的拆装。

在点火开关打开时，拆下气囊控制计算机插头或气囊控制计算机可能导致安全气囊爆开。因此在拆卸气囊控制计算机插头或计算机之前，应将点火开关转到LOCK位置，然后拆卸蓄电池负极并等待1min以上。

只有在可靠安装汽车气囊控制计算机后，才能接上控制计算机插头。否则，控制组件中的碰撞传感器可能会向安全气囊组件发送电信号导致安全气囊组件展开，造成伤害。

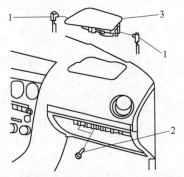

图5-50　前排乘客气囊组件拆装顺序
1—插头；2—螺栓；3—乘客处的安全气囊组件

注意，安全气囊一旦由于事故或其他原因爆开，则必须更换SRS单元。因为即使用过的SRS单元外部没有任何损坏，内部也可能已损坏。

（3）安全气囊的处置

① 车内引爆。

将车移到空闲场所，打开所有车窗和车门；摘下蓄电池负极和正极电缆；将蓄电池搬出车外。注意：摘下蓄电池电缆后应等待30s后再进行下一步工作。

拆下后控制台总成，摘下安全气囊控制块连接器，在气囊引发器端各接一条10m长的电线。让在场人员退出10m之外，将电线触及12V蓄电池的正负极，此时应能听到气囊爆炸的声音。等10min后，待气囊冷却，烟尘散尽，人才可以靠近。

② 车外引爆。

按保养手册的说明将气囊拆下取出，将气囊饰面朝上放在一块空旷的平地上，在气囊引发器端各接一条10m长的电线。让在场人员退出10m之外，将电线触及12V蓄电池的正负极，此时应能听到气囊爆炸的声音。等10min后，待气囊冷却，烟尘散尽，人才可以靠近。

（4）故障诊断步骤

安全气囊的故障检测和诊断步骤如图5-51所示。

安全气囊由控制单元的诊断单元进行监控，一旦安全气囊SRS指示灯报警，就表示安全气囊系统有故障，提示驾驶员应进行维修。安全气囊系统可用VAG1551/1552故障诊断仪进行诊断。

（5）安全气囊系统故障自诊断

① 安装后诊断。

帕萨特安全气囊系统主要部件的安装位置如图5-52所示。

a. 安全气囊控制单元（J234）位于中央控制台的后部，内有故障存储器。自诊断插接

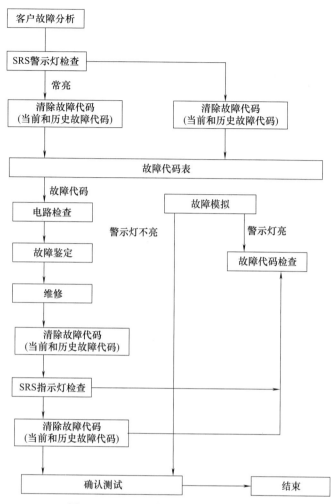

图 5-51 SRS 系统故障检测和诊断步骤

器位于驻车制动边上的中央通道上。控制单元探测安全气囊系统的故障并存储在永久存储器内。

b. 因为暂时线路短路或接头松动接触不良而导致的故障也会被存储起来。

这些故障将作为暂时性故障以"SP"显示。

c. 在点火开关接通以后,安全气囊故障警告灯(K75)将闪烁约 4s 后熄灭,如果警告灯又闪烁 15s,则表示前排乘客安全气囊失效。

如果警告灯(K75)在 4s 后不熄灭,则表示通向安全气囊控制单元(J234)的电源有故障。应读取故障码。

如果警告灯(K75)再次点亮,则表示存在故障,应读取故障码。

如果警告灯(K75)连续闪亮,则必须更换控制单元(J234)。

② 诊断步骤。

接通点火开关,SRS 指示灯亮,并在 6s 后熄灭,表示系统正常。如果接通点火开关以后,SRS 指示灯不亮,或者指示灯亮后不熄灭或闪烁,则表示 SRS 系统出现了故障。安全气囊系统故障诊断,更依赖于读取故障码和测量数据块。具体检查程序如下。

a. 将点火开关置于 OFF 位置。

b. 将诊断仪电源线插到点烟器插座上。

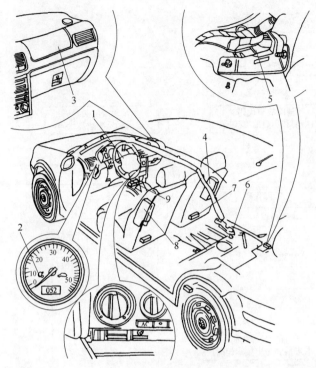

图 5-52 安全气囊安装示意图

1—驾驶员安全气囊；2—安全气囊故障警告灯 K75；3—前排乘员安全气囊；4—前排乘员侧面安全气囊；5—右后座侧安全气囊碰撞传感器；6—驾驶员/前排乘员头部安全气囊；7—前排乘员侧面安全气囊碰撞传感器；8—驾驶员侧面安全气囊；9—安全气囊控制单元 J234

  c. 将诊断仪接到诊断接口上。
  d. 接通点火开关。
  e. 用诊断仪检查故障码，按表 5-4 进行故障原因分析和排除。
  f. 断开点火开关，排除故障，然后接通点火开关，用诊断仪消去所存的故障代码。

表 5-4 安全气囊故障代码

屏幕显示	故障原因	故障排除
00000 没有识别到故障		
00003 安全气囊控制单元		更换控制单元
00532 • 供电电压 • 电压过大或过小	• 交流发电机损坏 • 气囊控制单元 J234 导线或插接器有故障 • 蓄电池放电或损坏	• 检查发电机 • 按电路图检查控制单元导线和插接器 • 蓄电池充电或更换电池
00588 驾驶员侧气囊点火(触发)器 N95 电阻过大或过小,对正极或对地短路	• 驾驶员侧气囊点火(触发)器 N95 损坏 • 导线或插接器故障 • 带滑环的回位环(H38)损坏 • 安全气囊控制模块损坏	• 更换驾驶员侧气囊点火器 N95 • 更换有故障的导线或插接器 • 更换回位环:对于带 ESP 车辆,同转向盘角度传感器 G85 装在同一舱内
00589 前排乘客侧气囊点火器 N131 电阻过大或过小,对正极或对地短路	• 导线或插接器故障 • 前排乘员侧气囊点火(触发)器 N131 损坏	• 更换有故障的导线和插接器 • 更换气囊单元 N131
00594 气囊点火线路短路	气囊模块的导线或插接器有故障	读取数据块,并排除故障

续表

屏幕显示	故障原因	故障排除
00595 存储了碰撞数据		• 更换控制单元 • 更换安全气囊模块和所有损坏的零部件
01025 故障警报灯失效	• 故障警报灯损坏 • 导线或插接器故障 • 控制单元损坏	• 更换故障警报灯 • 更换损坏的导线或插接器 • 更换控制单元
01044 控制单元编码错误	控制单元与车辆不相匹配	根据零件目录选择合适的控制单元装车
01217 驾驶员侧面气囊点火器 N199 电阻过大或过小,对正极/对地短路	• 导线或插接器故障 • 驾驶员侧面安全气囊点火器 N199 损坏	• 更换有故障的导线和插接器 • 更换驾驶员侧面安全气囊点火器 N199
01218 前排乘客侧面气囊点火器 N200 电阻过大或过小,对正极/对地短路	• 导线或插接器故障 • 前排乘客侧面安全气囊点火器 N200 损坏	• 更换有故障的导线和插接器 • 更换前排乘客侧安全气囊点火器 N200
01220 右后座侧面安全气囊点火器 N202 电阻过大或过小,对正极/对地短路	• 导线或插接器故障 • 右后座侧面安全气囊点火器 N202 损坏	• 更换损坏的导线或插接器 • 更换后座侧面气囊点火器 N201
01221 驾驶员侧面安全气囊碰撞传感器 G179 对正极对地短路,损坏,没有设置或设置错误	• 导线或插接器故障 • 碰撞传感器损坏 • 控制单元损坏 • 碰撞传感器未编程或编程错误	• 更换有故障的导线或插接器 • 更换损坏的部件 • 更换碰撞传感器
01222 前排乘客侧面安全气囊碰撞传感器 G180 对正极/对地短路,损坏,没有设置或设置错误	• 导线或插接器故障 • 碰撞传感器损坏 • 控制单元损坏 • 碰撞传感器未编程或编程错误	• 更换损坏的导线和插接器 • 更换损坏的部件 • 更换碰撞传感器
01223 信号中央锁止开路	安全气囊控制单元 J234 有故障	更换安全气囊控制单元 J234
01224 控制单元与车辆不匹配	控制单元与车辆装备(车上气囊的代码不对应)	根据备件目录选择合适的控制单元进行安装
01280 前排乘客安全气囊已关闭	前排乘客气囊不工作	对控制单元进行匹配(自适应)
01281 驾驶员安全气囊已关闭	前排乘客气囊不工作	对控制单元进行匹配(自适应)
01299 数据总线诊断接口无通讯、未设置或设置不正确	• 导线或插接器损坏 • 诊断接口 J533 损坏 • 仪表插接器上的诊断接口未编码或编码错误	• 更换损坏的导线和插接器 • 检查诊断接口 J533,若必要,进行更换 • 进行电气系统自诊断,以确定数据总线诊断接口有无故障
01312 数据总线驱动线损坏	• 导线或插接器故障 • 控制单元代码不正确 • 诊断接口 J533 损坏	• 更换损坏的导线和插接器 • 检查控制单元代码,查询所有控制单元的故障存储器 • 检查诊断接口 J533,在必要时更换仪表板插接器

续表

屏幕显示	故障原因	故障排除
01317 仪表板插接器里的控制单元无通信	• 导线或插接器损坏 • 控制单元代码不对 • 诊断接口 J533 损坏	• 更换损坏的导线或插接器 • 检查控制单元代码,查询所有控制单元的故障存储器 • 检查诊断接口 J533 如必要则更换 • 检查数据总线诊断接口
01578 前排乘客侧面安全气囊关闭报警灯 K145 对正极短路/断路	• 导线或插接器故障 • 前排乘客侧面安全气囊关闭报警灯 K145 损坏	• 更换损坏的导线或插接器 • 更换前排乘客侧面安全气囊闭报警灯 K145

5.4 电控防碰撞系统

5.4.1 电控防碰撞系统的结构特点

(1) 汽车防碰撞系统的功能

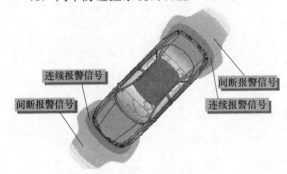

图 5-53 汽车防碰撞控制系统

汽车防碰撞系统是一种主动安全系统,它是一种可向驾驶员预先发出视听告警信号的探测装置,主要解决汽车行驶的安全距离问题。汽车防碰撞控制系统如图 5-53 所示,具有行车环境监测、防碰撞预测和车辆控制功能。

a. 行车环境监测功能。位于车辆前部的激光扫描雷达能够分辨出车辆前方物体的距离和方位,与附有的路面情况传感器共同承担环境检测功能。

b. 防碰撞预测功能。防碰撞分析系统对前后障碍物的距离和方位以及路面信号进行分析,提取有用数据,进行危险性判断,输出必要的警示信号或应急车辆控制信号。

c. 车辆控制功能。根据防碰撞系统输出的信号,实现对制动系统(ABS)或转向系统进行自动操作。自动操作系统处于工作状态时,如驾驶员的操作制动力大于自动控制系统提供的制动力,则驾驶员的操作有效,这样可以保证自动操作系统失灵时,驾驶员控制的制动系统仍然起作用。

(2) 汽车防碰撞系统的组成

汽车防碰撞系统由超声波传感器(俗称探头)、控制单元和显示器(或蜂鸣器)等部分组成,如图 5-54 所示。

① 前部防碰撞系统。

前部防碰撞系统如图 5-55 所示。该系统中,红外线激光传感器安装在车前端下

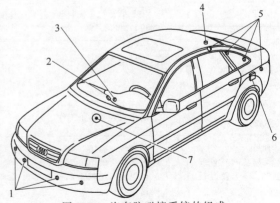

图 5-54 汽车防碰撞系统的组成
1—前停车辅助传感器;2—停车辅助按钮;3—前停车辅助蜂鸣器;4—后停车辅助蜂鸣器;5—后停车辅助传感器;6—停车辅助控制单元;7—倒车灯开关(手动变速器)或多功能开关(自动变速器)

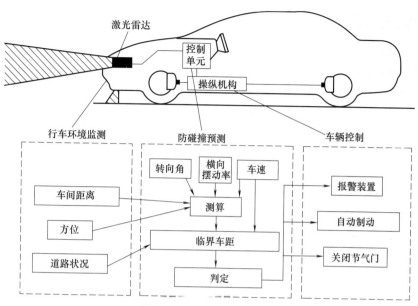

图 5-55　前部防碰撞系统

部,以脉冲形式发射红外线激光,在车前方 40m 处形成直径为 3m 的控制区,利用透镜聚焦障碍物反射激光测算障碍物距离,测距经计算分析,判断是否有碰撞危险(计算出现危险的"临界车距")。如果汽车未到临界车距则发出警示,并在驾驶室的显示器上提示;如果汽车达到临界车距,则自动启动制动控制系统进行制动。

② 倒车报警系统。

倒车报警系统如图 5-56 所示。奥迪等中高档车型倒车防碰撞装置在车辆前部有 4 个传感器。在后保险杠上涂漆的区域装有 4 个超声波传感器,即左后传感器、左后中传感器、右后中传感器、右后传感器。

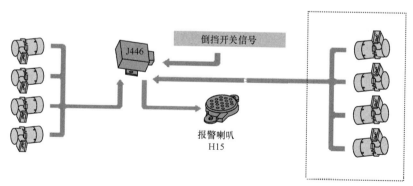

图 5-56　倒车报警系统
J446—超声波倒车防碰撞系统控制单元；H15—倒车防碰撞系统蜂鸣器

倒车防碰撞系统采用超声波测距原理,在控制单元的控制下,由传感器发射超声波信号,当遇到障碍物时,产生回波信号,传感器接收到回波信号后经控制单元进行数据处理、判断出障碍物的位置,由显示器显示距离并发出其他警示信号,使驾驶员得到及时警示。

当挂上倒挡时,超声波倒车防碰撞系统即开始工作,发出"嘟嘟"的声音,表明该系统状态良好。当车与障碍物相距 1.6m 时,可听见间歇报警信号。离障碍物越近,声音越急促。如距离小于 0.2m,则连续发出报警声。

5.4.2 电控防碰撞系统的故障检修

(1) 超声波传感器的检测范围

超声波传感器的检测范围如图5-57所示。

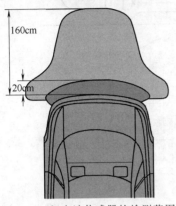

图 5-57 超声波传感器的检测范围

a. 根据超声波发射和接收的时间差可以测出汽车与障碍物间的距离。

b. 超声波的传播速度受空气的气压、温度等因素的影响。

c. 由于超声波在空气中逐渐衰减,因此离车较远的障碍物反射强度弱,不易被检出。

d. 为使障碍物位置分辨得更清楚,超声波传感器将车后方划分成左、右、中、三个检测区,且系统具有故障自诊断功能。

(2) 倒车防碰撞系统的自诊断

打开点火开关后,倒车警报装置开始进行约1s的自检。如果在自检过程中倒车警报控制单元没有发现故障,则系统会发出一种短的信号音,如果在自检过程中倒车警报控制单元识别出故障,则装置会发出一个5s的连续音。挂上倒挡后,当车辆距离障碍物约1.5m时,倒车警报装置开始工作,其警报音为75ms音频脉冲,车辆与障碍物之间的距离越短,音频脉冲间隔越小(即声越急);当车辆与障碍物之间的距离在250mm以下时,警报音变成连续音(在特殊情况下,如沿着墙壁倒车就会出现这种情况)。

① 读取和清除故障码。

大众车系故障码的读取和清除可用VAS5051或VAG1551进行操作。

连接故障检测仪VAS5051或VAG1551,用02功能读取故障码(查询故障存储器),用05功能清除故障码,用06功能结束输出。相关的故障代码如表5-5所示。

表 5-5 故障代码

诊断仪显示	故障描述	可能的故障原因	故障排除
00532	供电电压	供电线路断路或短路	按电路图查找故障 提示:检查倒车警报装置控制单元的电源
00625	车速信号	车速信号数值过大($v>$300km/h)可能是电源间歇接触不良	按电路图查找故障
01317	仪表板插件中控制单元	• 线路断路或短路 • 组合仪表匹配不当	• 按电路图查找故障 • 检修线路断路 • 选择61通道匹配并加入正确的匹配值
01336	共用组数据总线舒适性设备	• 一个控制单元上两根数据线处于共用组数据总线中 • 舒适性设备对正极/地短路	• 按电路图查找故障 • 修理短路
01543	倒车警报蜂鸣器H15对正极短路断路,对地短路	• H15与控制单元间导线断路或短路 • 蜂鸣器损坏	• 按电路图查寻故障 • 更换H15
01544	倒车警报装置指示灯K136	• 线路和插接连接处有故障 • 指示灯K136损坏	• 按电路图查找故障 • 更换倒车警报装置指示灯

续表

诊断仪显示	故障描述	可能的故障原因	故障排除
01545	倒车警报左后传感器 G203 对正极短路,断路/对地短路,部件损坏,不可靠信号	• G203 和控制单元间导线断路或短路 • G203 损坏	• 按电路图查寻故障 • 更换 G203
01546	倒车警报左后中传感器 G204 对正极短路,断路/对地短路,不可靠信号	• G204 与控制单元间导线断路或短路 • G204 损坏	• 按电路图查寻故障 • 更换 G204
01547	倒车警报右后中传感器 G205 对正极短路,断路/对地短路,不可靠信号	• G205 与控制单元间导线断路或短路 • G205 损坏	• 按电路图查寻故障 • 更换 G205
01548	倒车警报右后传感器,G206 对正极短路,断路/对地短路,不可靠信号	• G206 与控制单元间导线断路或短路 • G206 损坏	• 按电路图查寻故障 • 更换 G206
01549	倒车警报传感器供电	倒车警报传感器与控制单元间对地短路	按电路图查寻故障
01550	倒挡信号对正极短路	倒车灯开关与控制单元间对正极短路	按电路图查寻故障
01625	前倒车警报装置右警报蜂鸣器 H22	• 前倒车警报装置警报蜂鸣器与控制单元间短路或断路 • 警报蜂鸣器故障	• 按电路图查找故障 • 更换警报蜂鸣器
01626	倒车警报装置前右传感器 G252	• 倒车报警装置前右传感器和控制单元之间断路或短路 • 前右传感器 G252 故障	• 按电路图查找故障 • 更换传感器 G252 提示:检查倒车警报装置传感器电源
01627	倒车警报装置前右中传感器 G253	• 倒车警报装置前右中传感器和控制单元之间断路或短路 • 前右传感器 G253 故障	• 按电路图查找故障 • 更换传感器 G253 提示:检查倒车警报装置传感器电源
65535	控制单元损坏	倒车警报控制单元 J446 损坏	更换控制单元

完成修理及功能检查后,必须查询故障存储器,并清除故障存储器。

故障存储器记录静态和偶然故障,如果一个故障出现并持续至少 2s,就被认为是一个静态故障。如果该故障以后不再出现,即被认为是偶然故障,显示屏右侧将出现"SP"显示。

打开点火开关后,所有故障自动被重新确定为偶然故障,当检测后故障又出现时,才将其认定为静态故障。

经 50 次运行循环(点火开关至少打开 50min,车速超过 30km/h)后,如偶然故障不再出现,就将被自动清除。

更换有故障的部件前,应按电路图检查部件的导线和插头连接,以及接地状况。

② 倒车控制单元编制代码—07 功能。

该功能用于就下述内容给倒车警报控制单元编制代码,通过编制代码,可使通用的倒车警报控制单元 J445 适应于相应的车的特殊需要。如变速器:手动或自动;挂入倒挡的信号音:有或没有功能确认;车身结构:普通轿车或旅行车;车型。

编码步骤如下。

a. 按 0 和 7 键,选择"给控制单元编制代码",直至故障诊断仪屏幕显示"给控制单元编制代码输入代码号×××××"。

b. 按代码表 5-6 输入代码，示例：01106。

c. 按提示按键，直至屏幕显示："给控制单元编制代码 输入代码号 01106"。

d. 按屏幕上提示的按键确认输入，屏幕显示：

```
480919283 Parking system A6RDW
```

e. 按屏幕上提示的按键，结束编码过程。

表 5-6 控制单元编码代码

0					当前未使用
	1				自动
		1			带功能确认
			0		普通轿车
				6	奥迪 A6

③ 读取测量数据块—08 功能。

测量数据块显示组如表 5-7 所示。

表 5-7 奥迪 A6 测量数据块显示组一览表

显示组	显示区	名称	显示内容
001	1	左后传感器距离	左后传感器距离 0～200cm
	2	左后中传感器距离	左后中传感器距离 0～200cm
	3	右后中传感器距离	右后中传感器距离 0～200cm
	4	右后传感器距离	右后传感器距离 0～200cm
002	1	最小距离	最小距离：测出的 4 个距离中的最小值
	2	车速	车速 0～300km/h
	3	蜂鸣器	蜂鸣器
003	1	供电电压	传感器供电电压：0～15V
	2	倒挡	倒挡
	3	挂车	挂车
004	1	左后传感器衰减时间	左后传感器衰减时间
	2	左后中传感器衰减时间	左后中传感器衰减时间
	3	右后中传感器衰减时间	右后中传感器衰减时间
	4	右后传感器衰减时间	右后传感器衰减时间

④ 倒车防碰撞系统的匹配—10 功能。

倒车防碰撞系统的匹配功能用于执行和存储警报音量的大小和调整警报音频。

a. 连接故障诊断仪，接通点火开关，继续操作，直到故障诊断仪屏幕显示："输入地址码××"。

b. 按诊断仪屏幕提示的按键选择"匹配（自适应）"，故障诊断仪屏幕显示"10—匹配"。

c. 按诊断仪屏幕提示的按键确认输入，故障诊断仪屏幕显示："(1 3)"。

d. 按 1 键可减小匹配值，按"3"键可增大匹配值，或按"→"键修改匹配值。按"→"键，故障诊断仪屏幕显示"输入匹配值×××××"。

e. 用键盘输入匹配值，如 00005，故障诊断仪屏幕显示"输入自适应值 00005"。匹配通道号及其功能见表 5-8。

f. 按诊断仪屏幕提示的按键确认输入。

表 5-8 匹配通道号及其功能

匹配通道号	匹配功能
01	音量,可在 2~7 调整
02	音频,可在 0~4(500Hz~2kHz)调整

5.5 汽车防盗报警系统

5.5.1 汽车防盗报警系统的结构特点

(1) 汽车防盗系统的概述

汽车防盗系统,是指防止汽车本身或车上的物品被盗所设的系统。从防盗系统的发展情况来看,主要分为以下几个方面。

① 机械式防盗装置。

机械式防盗器仅在启动车辆所必需的零件上加锁。常见的有三种方法:轮胎锁、转向盘锁、变速杆锁等。然而其安全性较差,使用不方便,因此逐渐被淘汰。

② 机电式防盗装置。

中央门锁以电来控制门锁的开启或锁止,并由驾驶员集中控制所有车门门锁的锁止或开启。其功能是当锁住(或打开)驾驶员侧车门门锁时,其他几个车门及后备厢都能锁止(或打开);如钥匙锁门也可锁好(或打开)其他车门和后备厢;在车内个别门锁需要打开时,可分别拉开各自门锁的按钮。

③ 电控装置。

电控装置按功能分为两类。

a. 装有监控传感器、中央控制门锁和报警装置的防盗系统。利用振动传感器,或红外传感器,或超声波传感器等监测车辆,当盗贼非法打开车门、后备厢门、发动机盖,强行进入车内时,车内的报警系统可及时发出报警信号。但是,其成本较高,可靠性稍差。

b. 电子止动防盗系统。在安装中控门锁的基础上,增加电子止动系统。它通过电子应答来判断用户使用的钥匙是否合法,并以此确定是否允许发动机控制单元工作。若钥匙密码信号不符,则发动机的控制单元无法工作,并立即切断点火、喷油电路、供油电路、自动变速器电路,汽车处于完全瘫痪状态,而且报警系统亦会启动。

大众/奥迪公司车型选用的防盗系统都是由西门子公司开发的。第一代防盗止动器:1993 年(固定码);第二代防盗止动器 1997 年(固定码+可变码);第三代防盗止动器 1998 年(固定码+可变码,发动机控制单元参与防盗码的计算);第四代防盗止动器(在线进行匹配);第五代防盗止动器(售后服务方面与第四代无明显区别,使用诊断仪进行防盗止动器系统方面的工作得到简化,操作步骤更趋自动化);最新的发展趋势是指纹防盗止动器。

(2) 第二代防盗系统(以桑塔纳 2000GSi 为例)

① 防盗系统组成结构。

上海桑塔纳 2000GSi 时代超人轿车电子防盗装置主要由防盗器控制单元 J362(装于转向柱左支架上)、防盗器读识线圈 D2(在点火锁上)、防盗器警告灯 K117(在仪表板上)以及带转发器的汽车钥匙等元件组成。其组成结构如图 5-58 所示。防盗器经过与发动机控制单元匹配后,介入到发动机管理系统中。

② 防盗系统主要设备工作原理(图 5-59)。

a. 转发器。带转发器的每一把钥匙中都有一只棒状转发器,在系统工作期间,它与识读线圈一起完成防盗控制器与转发器中运算芯片的信号及能量传递工作。在点火开关打开

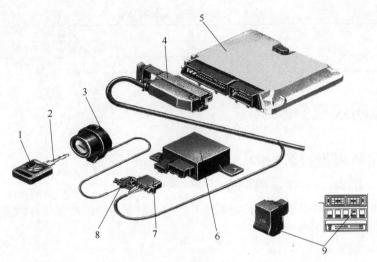

图 5-58 防盗系统组成结构
1—脉冲转发器;2—汽车钥匙;3—识读线圈;4—接插件;5—发动机控制单元;
6—防盗器控制单元;7,8—接插件;9—防盗器警告灯

后,受防盗控制器的驱动,识读线圈在它周围建立起电磁场;受该电磁场激励,转发器中的电磁线圈就可以提供转发器中运算芯片工作所需要的能量,还可以提供时钟同步信号,并在运算芯片与控制器之间传递各种信息。

图 5-59 钥匙与识读线圈
1—脉冲转发器;2—汽车钥匙;3—识读线圈

b. 识读线圈。识读线圈安装在点火锁芯上,通过一定长度的导线与防盗控制器相连,作为防盗控制器的负载,担负防盗控制器与转发器之间信号及能量的传递任务。

c. 防盗控制器。防盗控制器是一个包含一个微处理器的电子控制器,只有在点火开关打开时才工作,它进行系统密码运算、比较过程,并控制整个系统的通道过程(包括与转发器的通讯、与发动机控制器的同步),同时它还完成与 VAG 诊断仪通信的工作。

防盗控制器也称为防盗止动器控制单元,有三种类型:单独防盗止动器控制单元、集成在组合仪表内的防盗止动器控制单元、集成在舒适系统控制单元内的防盗止动器控制单元。

d. 故障警报灯。每次打开点火开关,防盗器读识线圈读取钥匙中转发器发出的答复代码。当使用合法钥匙时,警告灯亮一下就熄灭(3s)。如果使用非法钥匙或者在系统中存在故障,则打开点火开关后,警告灯

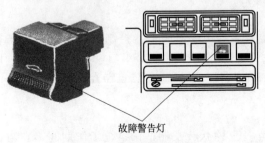

故障警告灯

图 5-60 警告灯安装位置

就连续不停地闪（每秒 2 次）。故障警告灯安装位置如图 5-60 所示。

③ 桑塔纳 2000GSi 防盗系统工作原理。

桑塔纳 2000GSi 时代超人的防盗系统用钥匙中转发器与识读线圈之间的电磁感应并通过无线电波识别技术来阻止非法盗用汽车。

在经过上海大众出厂匹配工序后，每辆桑塔纳 2000GSi 的防盗控制器就存储了本车发动机控制单元识别码以及三把钥匙中转发器的识别码，同时每个转发器中也存储了相应的防盗控制器的有关信息。

在桑塔纳 2000GSi 时代超人的点火钥匙内有一个转发器，转发器内存储有密码。当点火钥匙插入点火芯并将其旋至点火开关打开位置时，嵌在点火锁芯上的线圈马上受到防盗控制器的驱动，建立起一个电磁场，受这个电磁场的激励，转发器才可以开始工作。点火开关一打开，防盗控制器即通过收发线圈向转发器输出一个 56bit 长度的随机数，这是一个询问过程。转发器的响应也是一个数，这个数由转发器根据从防盗控制器收到的随机数和其自身存储的密码信息经过特定计算而得出。将这个数与从转发器收到的数进行比较，如果结果相吻合，防盗控制器才认为这把钥匙中的转发器是合法的。如果钥匙中没有转发器或者转发器信号太弱，则防盗控制器将在 2s 内重复进行询问过程直至收到转发器的响应信号。若 2s 内一直没有收到转发器的响应信号，那么防盗控制器将向发动机控制器发出不允许启动的信号。如果钥匙中的转发器非法，其响应信号也必然被防盗控制器认为不正确，防盗控制器同样会向发动机控制器发出不允许启动的信号。同时指示灯也会以一定频率闪动。

在与转发器之间进行询问/应答过程的同时，防盗控制器与发动机控制器之间也存在着通信过程。在点火开关打开后，发动机控制器发出一个唤醒信号及一内含发动机控制器识别码的请求信号给防盗控制器。只有发动机控制器识别码及转发器响应信号均与防盗控制器内存的有关信息相吻合，发动机控制器才会收到防盗控制器发出的允许启动信号。这之后，防盗控制系统停止工作，发动机控制器便会按照正常程序进行工作。

为提高安全性，在允许发动机控制器启动之后，若点火开关一直保持接通，则在 8h 后，防盗控制器会再次与转发器进行询问/应答过程，并以此回答发动机控制器的下一次请求信号。

(3) 第三代防盗系统

① 组成。

第三代防盗系统的元件，同第二代防盗系统一样，由点火钥匙（送码器）、点火开关上的识读线圈（天线）、仪表内的防盗止动器控制单元、发动机控制单元、仪表板上的故障警报灯等组成。

② 系统特点。

a. 发动机控制单元是防盗止动系统的一部分，不接受没有 PIN 的自适应。

b. 自适应后的钥匙（应答器）被锁止，不能再用于其他车辆。

c. 第三代防盗止动器提供对第二代功能的支持。

d. 由 CAN 总线进行数据传递。

③ 工作原理。

第三代防盗系统的工作原理如图 5-61 所示。

a. 固定码传输（图 5-62）：从钥匙到防盗止动器控制单元。

点火开关打开后，防盗止动器控制单元 ECU 通过改变天线中磁场能量，向送码器（钥匙）传输数据提出质询。此时，钥匙发送回来它的固定码（首次匹配中这个固定码就存储在防盗止动器中）。传送回来的固定码与存储在防盗止动器中的码进行比较，如果相同则开始

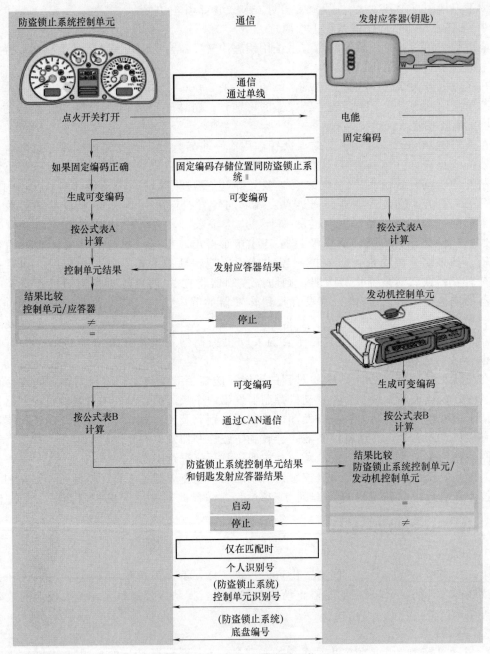

图 5-61 第三代防盗系统的工作原理

传输可变码。

固定码是用来锁定钥匙的。

b. 可变码传输(图 5-63):从防盗止动器控制单元到钥匙。

防盗止动器控制单元随机产生一个变码。这个码是钥匙和防盗止动器控制单元用于计算的基础。在钥匙内和防盗止动器内有一套公式列表(密码术公式)和一个相同且不可改写的 SKC(隐秘的钥匙代码)。在钥匙和防盗止动器中分别计算结果。钥匙发送结果给防盗止动器控制单元。防盗止动器把这个结果和自己的计算结果进行比较。如果相同,钥匙确认完成。

这个过程，第二代和第三代相同。

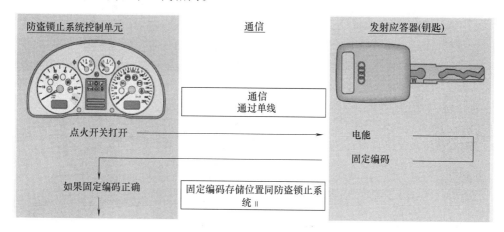

图 5-62 固定码传输

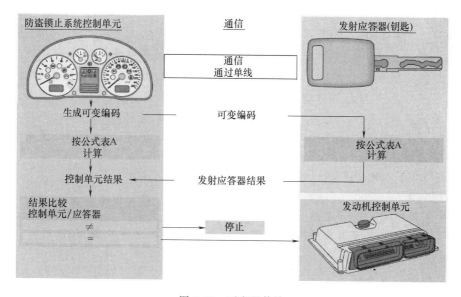

图 5-63 可变码传输

c. 可变码传输：从发动机控制单元到防盗止动器。

发动机控制单元随机产生一个变码并传送给防盗止动器。防盗止动器把这个码和存储的码进行比较。它们如果相同，发动机被允许启动。发动机控制单元每次启动后按照随机选定原则产生一码（变化的码），并把这个码储存在发动机控制单元和防盗止动器中，用于下次发动机启动时计算（第二代，由 W 线传输）。

发动机控制单元随机产生一个变码。在发动机控制单元和防盗止动器内有另一套密码术公式列表和一个相同的 SKC（公式指示器）。防盗止动器返回这个计算结果到发动机控制单元内与其计算结果进行比较。这个数据由 CAN 总线进行传递。如果结果相同，发动机被允许启动（第三代，由 CAN 总线传输）。

(4) 第四代防盗系统

① 系统组成。

第四代防盗系统的组成如图 5-64 所示。

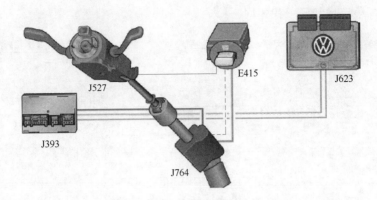

图 5-64 第四代防盗系统的组成

a. 点火钥匙（送码器）：进入和启动授权开关 E415，E415 中集成了钥匙读写线圈。该件更换后无须调整匹配。

b. 舒适系统中央控制单元 J393：防盗止动器控制单元集成在舒适系统控制单元中，更换后需要在线匹配调整。

c. 转向柱锁止控制单元 J764：转向柱锁止或是解锁必须得到位于舒适系统控制单元中防盗器的认可，故 J764 必须和舒适系统控制单元 J393 同时更换和在线匹配调整。

d. 发动机控制单元 J623：发动机控制单元是防盗器的一部分，更换后需要在线匹配调整。

② 系统特点。

a. 功能形式与第三代防盗器一致，只是所有与防盗器有关的元件均需在线进行匹配。

b. 只能通过诊断仪"在线查询"可确保安全、快速并可靠地将数据传送至车辆。通过传真来查询防盗器部件 PIN 码已经不再存在。

c. 所有车钥匙（包括补订的）在出厂前均已针对某一辆车编制了代码，因此这些钥匙只能与该车进行适配。

d. 不应将第四代防盗器理解成一个控制单元，而应看成一项功能。

③ 工作原理。

第四代防盗器的最重要的组成部分是位于狼堡总部的中央数据库 FAZIT。FAZIT 是汽车信息查询和中央识别工具的缩写，在这个数据库内存有控制单元所有与防盗有关的数据，如果不是处于在线联网状态，那么相关的控制单元就无法与中央数据库 FAZIT 进行自适应。

④ 技师进行在线（匹配）诊断的前提条件。

系统的所有用户要想使用检测仪在线的各项功能如"防盗器自适应""收音机密码查询"和"元件保护"，须单独申请以便登录用户管理-经销商系统。申请中的其中一项是填写开通申请表，进口商和销售中心收到这个表格作为开通凭据。授权后，技工会收到用户名和密码口令。

5.5.2 汽车防盗报警系统的故障检修

（1）更换发动机电控单元的匹配程序

更换发动机电控单元后，必须重新与防盗系统电控单元进行匹配，完成此项工作必须使用一把合法的汽车钥匙。

a. 连接 VAG1552 故障诊断仪，打开点火开关，输入防盗系统地址指令 25，并单击

"Q"键确认。

b. 单击"→"键,显示器将显示:

```
Test of vehicle system        HELP
Select function ××
```

```
车辆系统测试              帮助
选择功能××
```

c. 输入 10 "匹配"功能,此时显示器将显示:

```
Test of vehicle system        HELP
10-Adaptation
```

```
车辆系统测试              帮助
10—匹配
```

d. 单击"Q"键确认,此时显示器将显示:

```
Adaptation
Feed in channel number××
```

```
匹配
输入频道号××
```

e. 输入"00"频道号,单击"Q"键确认,此时显示器将显示:

```
Adaptation
Erase learned values?
```

```
匹配
清除已知数值?
```

f. 单击"Q"键确认,此时显示器将显示:

```
Adaptation
Learned values have been erased
```

```
匹配
旧数值已被清除
```

g. 单击"→"键,完成匹配程序,退回功能主菜单,此时显示器将显示:

```
Test of vehicle system        HELP
Select function ××
```

```
车辆系统测试              帮助
选择功能××
```

此时点火开关处于接通状态，发动机电控单元的随机代码就被防盗系统电控单元读入储存起来，完成匹配程序。

（2）汽车钥匙的匹配程序

① 匹配说明。

匹配汽车钥匙的目的是清除以前所有合法钥匙的代码。因为车主丢失了一把合法的钥匙，为了安全防盗，必须把其余合法钥匙都用故障诊断仪重新进行一次匹配过程。这样能使丢失的钥匙（尽管形状、材料不变）变为非法的钥匙而不能启动发动机，从而起到防盗作用。

此功能将清除以前所有合法钥匙的代码。必须将所有的汽车钥匙，包括新配的钥匙与防盗器控制单元匹配，同时完成匹配程序。

a. 钥匙数量增加，最多合法钥匙不能超过8把。

b. 如果用户遗失一把合法的钥匙，为了安全起见，必须将其他所有的合法钥匙重新完成一次配钥匙程序。这样能使丢失在外的钥匙变为非法钥匙，不能启动发动机。

c. 进行配钥匙的程序前需先输入密码，从用户保存的一块密码牌上刮去涂黑层可见4位数密码。

② 必要条件。

a. 必须使用汽车所有的钥匙。

b. 必须知道密码。

c. 连接VAG扫描仪，打开点火开关，输入防盗器地址码，然后开始匹配钥匙。

③ 操作要点。

a. 输入密码时，在4位密码之前，必须添加一个"0"。例如：密码为7735，则必须输入"07735"。

当密码输入错误时，必须重新输入密码。如果连续两次输入错误，第三次再想输入密码前，必须退出防盗系统自诊断程序，打开点火开关等30min以后再重新进行输入密码。

b. 按照要求输入汽车钥匙数量。防盗钥匙数量根据需要最多可以匹配1~8（把），既可直接输入数字，也可单击数字键"1"或"3"，输入匹配钥匙数目。单击数字键"1"为减少，单击数字键"3"为增加，直到显示屏右上角显示的数字与钥匙数目相等为止。如果输入数字"0"，则表示全部钥匙都变为非法，不能启动发动机。

c. 当所有操作完毕，确认退出防盗系统程序时，表明插在点火开关上的钥匙匹配完毕。

d. 断开点火开关，拔出已经匹配完毕的钥匙。再插入另一把需要匹配的钥匙，重复上述操作，直到把所有的钥匙都匹配完毕为止。

④ 匹配汽车钥匙时的注意事项。

在利用故障诊断仪VAG1551或VAG1552匹配桑塔纳2000GSi型轿车防盗钥匙的过程中，需要注意以下几点。

a. 无论新配钥匙，还是增配钥匙，都必须进行匹配钥匙工作。

b. 匹配全部钥匙的操作不能超过30s。

c. 如果只将钥匙插入点火开关，而没有接通点火开关，那么这把钥匙匹配无效。

d. 如果系统在读钥匙的过程中发现错误，如将已匹配过的钥匙再次进行匹配等，指示灯将以每秒2次的频率闪烁，匹配过程将自动中断。

e. 每次匹配钥匙的过程顺利完成时，防盗指示灯将点亮2s，然后熄灭0.5s，再点亮0.5s后熄灭。

f. 防盗钥匙全部匹配完毕后，应输入读取故障代码的功能代码"02"，读取故障代码。如果没有故障代码显示，说明匹配钥匙已完成。

g. 如果需要匹配的钥匙内的脉冲信号转发器故障，或钥匙内没有脉冲信号转发器，则故障诊断仪将拒绝执行操作。

按照上述方法，将发动机控制单元与防盗控制单元进行匹配后，又进行了点火钥匙匹配。经检测，车辆防盗系统工作正常。

（3）防盗系统的故障自诊断

根据此车出现的问题，用金德 K61 解码仪查询，仪器显示"发动机电控单元锁死"，结合故障现象，确认防盗系统出现故障。检查蓄电池电压为 12V，查看防盗报警系统电路图表明，系统使用 19 号熔丝，经检查熔丝与线路，发现 19 号熔丝虚接，造成电源断路，正确连接后试车，然后又进行复检，读取并清除故障码，确认系统正常。

① 连接诊断仪。

在读取故障码之前，先检查所有的熔断丝，应该完好。再检查蓄电池电压，正常值应不小 11.5V。关闭点火开关，连接诊断仪 VAG1551/1552 或 VAS5051/5052。图 5-65 所示为桑塔纳 2000GSi 型轿车上自诊断接口（它位于变速器换挡杆的前方，打开变速器换挡杆防尘套就可以找到）。

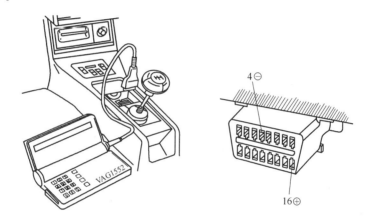

图 5-65　桑塔纳 2000GSi 型轿车自诊断接口位置及车上 16 端子诊断接口

② 防盗系统故障码读取方法。

打开点火开关，防盗警告灯闪亮后熄灭，说明防盗装置没有故障。如果发动机不能启动，则应先读取发动机计算机存储的故障码。如果存在故障码，说明发动机控制单元被"阻断"出现与防盗装置相关的故障。

故障初步识别的过程如下。

a. 点火开关打开后，防盗警告灯持续亮大约 1min，说明防盗装置匹配有问题。

b. 点火开关打开 2.5s 后，防盗警告灯开始闪亮并持续大约 1min，说明无钥匙密码或使用了不正确、未被授权的点火钥匙。

c. 点火开关打开后，防盗警告灯立即闪亮并持续大约 1min，说明防盗装置有故障。

上述情况发动机不能启动，可用扫描仪读取故障码。

选择防盗装置地址，读取故障码，记录故障码，然后结束退出。排除故障后，要清除故障码。

存储的故障分为永久性的和偶然性的。当故障持续 2s 以上时，被确认为永久性故障；当一个永久性故障在点火开关打开 2s 以上不再出现，被确认为临时故障，扫描仪显示器右侧显示"SP"。一个临时故障必须关闭和启动发动机 50 次后，不再出现，才会被自动清除。桑塔纳 2000GSi 防盗装置故障码见表 5-9。

表 5-9 桑塔纳 2000GSi 防盗装置故障代码

故障代码	故障原因	检查和措施
00750	• 防盗装置计算机与防盗警告灯之间的连线故障 • 防盗装置灯故障	• 检查线路是否有短路或断路 • 检查防盗警告灯,损坏要更换
00112	• 装置计算机与发动机计算机连线故障或识别线圈故障 • 防盗装置计算机故障	• 检查连接器及线路,更换识别线圈 • 清除故障码并再次读取,如有必要更换防盗装置计算机
01176	• 识别线圈故障或信号传输受阻 • 钥匙密码丢失 • 钥匙机械啮合不对	• 检查识别线圈和接线插头,如有故障要更换 • 检查更换钥匙,并重新匹配钥匙数,密码在钥匙牌黑胶纸上
01177	发动机计算机与防盗装置计算机不能通信确认(不匹配)	重新进行匹配
01179	点火钥匙匹配故障	输入密码重新匹配并检查其功能
01202	• 诊断线短路(防盗装置计算机 7 和 8 脚短路) • 防盗装置计算机故障	• 检查线束接头 • 清除故障码后再次读取,视情更换防盗装置计算机
065535	• 防盗装置计算机 7 和 8 脚短路 • 防盗装置计算机不能识别正确信号 • 防盗装置计算机故障	• 检查线束接头 • 更换防盗装置计算机

5.6 中控门锁系统

5.6.1 中控门锁系统的结构特点

(1) 概述

为了使汽车更加安全舒适和安全,现代轿车多数都安装了中央门锁控制系统。可以实现如下功能。

① 将驾驶员车门锁扣按下时,其他几个车门及后备厢门都能自动锁定;如用钥匙锁门,也同时锁好其他车门和后备厢门。

② 将驾驶员车门锁扣拉起时,其他几个车门及后备厢锁扣都能同时打开;用钥匙开门,也可以实现该动作。

③ 在车室内个别车门需打开时,可分别拉开各自的锁扣。

(2) 中控门锁系统的结构

中控门锁系统的零件安装位置如图 5-66 所示。

① 门锁总成。中控门锁系统所用采用的门锁总成,都是电动门锁。常用的电动门锁有直流电动机式、电磁线圈式、双向压力泵等。

门锁总成主要是由门锁传动机构、门锁开关和门锁壳体等组成的。门锁开关用来检测车门的开闭情况,当车门关闭后,门锁开关断开;车门开启时,门锁开关接通。

门锁传动机构由电动机、齿轮和位置开关等组成。当门锁电动机转动时,蜗杆带动齿轮转动。齿轮推动锁杆,车门被锁上或打开,然后齿轮在回位弹簧的作用下返回原位置,防止操纵门锁钮时电动机工作。位置开关在锁杆推向锁门位置时断开,推向开门位置时接通。

直流电动式:利用控制直流电动机的正反转实现门锁的开、关动作。主要由双向直流电动机、门锁开关、连杆操纵机构、继电器及导线等组成,操作机构如图 5-67 所示。驾乘人员可以利用门锁开关接通或断开门锁继电器。电路图如图 5-68 所示。

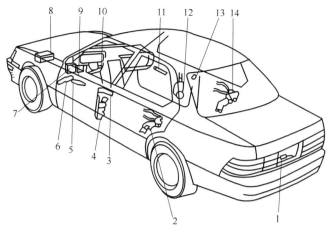

图 5-66 中控门锁系统的零件安装位置

1—后备厢门控器电磁阀；2—左后门锁电动机及位置开关；3—门锁控制开关；4—左前门锁电动机、位置开关及门锁开关；
5—左前门锁控制开关；6—No.1 接线盒门控线路断路器；7—防盗和门锁控制 ECU 及门控制继电器；
8—No.2 接线盒、熔断丝；9—后备厢门控器开关；10—点火开关；11—右前门锁控制开关；12—右前门锁电动机、
位置开关和门锁开关；13—右前门钥匙控制开关；14—右后门锁电动机及位置开关

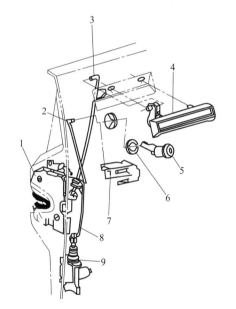

图 5-67 直流电动机式中控门锁

1—门锁总成；2—锁芯至门锁连杆；3—外门锁把手
至门锁连杆；4—外门锁把手；5—锁芯；6—垫圈；
7—锁芯定位架；8—电动机至门锁连杆；9—门锁电动机

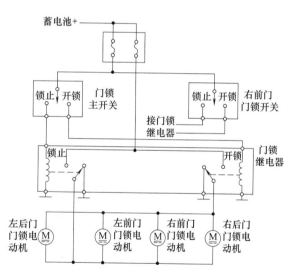

图 5-68 中控门锁电路图

电磁线圈式：电磁线圈式门锁执行机构如图 5-69 所示，当给锁门线圈通正向电流时，衔铁带动连杆左移，锁门；当给开门线圈通反向电流时，衔铁带动连杆右移，开门。

② 中央控制门锁开关。中央控制门锁开关安装在左前门和右前门的内侧扶手上，在车内控制全车车门的开启与锁止。其常与电动门窗开关组合在一起。

③ 钥匙控制开关。钥匙控制开关装在左前门和右前门的外侧门锁上。当从车外用车门钥匙开车门或锁车门时，便使全车车门同时锁止或打开，车门钥匙的功能是实现在车门外面锁车或打开车门锁，同时车门钥匙也是点火开关、燃料箱、后备厢等全车设置锁的地方共用的

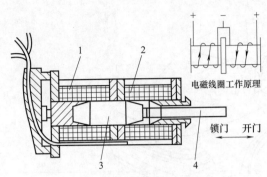

图 5-69 电磁线圈式门锁执行机构

1—锁门线圈；2—开门线圈；3—柱塞；4—连接门锁机构

钥匙。

④ 后备厢开启器开关。后备厢门开启器开关位于仪表板下面，拉动此开关便能打开后备厢门。不同车的后备厢开启器开关有所不同，后备厢门开启器开关操作时，先用钥匙顺时针旋转打开后备厢门开启器主开关，然后再使用后备厢门开启器开关打开后备厢。

⑤ 后备厢门开启器。后备厢开启器装在后备厢门上，由轭铁、插棒式铁芯、电磁线圈和支架组成。轴连接后备厢门锁，当电磁线圈通电时，插棒式铁芯将轴拉入并打开后备厢门。线路短路器用以防止电磁线圈因电流过大而过热。

⑥ 门控开关。门控开关用来检测车门的开闭情况。车门打开时，门控开关接通；车门关闭时，门控开关断开。

(3) 中央门控系统的功能

① 内外开启与内外锁止功能。

② 中央控制锁止功能。

③ 司机门防误锁功能。当驾驶员侧的内部锁止开关在锁止位置时，关上车门后，该车门也不能锁止，以防止钥匙忘在车内而车门被锁止。

有些车型为了防止钥匙锁在车内，设置了钥匙开锁报警开关。钥匙开锁报警开关探测点火钥匙是否插进钥匙门内，当钥匙在钥匙门内时，钥匙开锁报警开关电路接通报警；当钥匙离开钥匙门时取消报警。

④ 后车门儿童锁止功能。中央门锁控制系统设有后车门儿童安全锁止功能，防止车内儿童擅自打开车门。只有当中央门锁控制系统在"开锁"状态时，儿童安全锁闩才能退出。也有的车锁是当儿童安全锁闩拨到锁止位置时，在车内用内扣手不能开门，而在车外用外扣手可以开门。

(4) 车门控制单元

① 车门控制单元（J386~J389）。车门控制单元和电机有些是分别安装的，有些是集成到一起。图 5-70 为驾驶员侧车门控制单元 J386 的安装位置。控制单元用于控制下列用电器：中央门锁电动机；车门警报灯；上、下车灯；车门内把手照明；车门环境照明。

图 5-70 驾驶员侧车门控制单元 J386 的安装位置

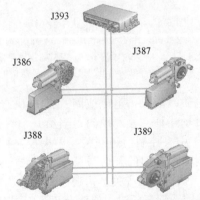

图 5-71 车门控制单元与舒适系统控制单元

驾驶员车门还有：驾驶员车门锁状态发光二极管；中央门锁安全指示灯。

前车门还有：后视镜调节电机；后视镜收折电机；加热式车外后视镜；自动防眩目后视镜；驾驶员和副驾驶一侧的车外后视镜的上、下车灯。

② 车门控制单元与舒适系统控制单元（J393）。在舒适系统中央控制单元 J393 失效时，司机一侧的车门控制单元 J386 会控制中央门锁。如果司机车门控制单元 J386 与舒适系统中央控制单元 J393 之间（图 5-71）的通信有故障，那么其他车门控制单元直接使用司机车门控制单元的信息，在这种情况下，就无法通过遥控或 Advanced Key（高级钥匙）来打开车门了。

5.6.2 中控门锁系统的故障检修

(1) 中控门锁系统的故障分析

中控门锁系统的常见故障有：操作门锁控制开关所有门锁均不动作；操作门锁控制开关不能开门（或锁门）；操作门锁控制开关个别车门锁不能动作；速度控制失灵（如果有速度控制）。

① 操作门锁控制开关，所有门锁均不动作。

该故障一般出在电源电路中。首先检查熔断器是否熔断，熔断器熔断应予更换。若更换熔断器后又立即熔断，说明电源与门锁执行器之间的线路有搭铁或短路故障，用万用表查找出搭铁部位，予以排除。

若熔断器良好，则检查线路接头是否松脱、搭铁是否可靠、导线是否折断。可在门锁控制开关电源接线柱和定时器或门锁继电器电源接线柱上测量该处的电压，判断输入电动门锁系统的电源线路是否良好。

② 操作门锁控制开关，不能开门（或锁门）。

该故障是由于开门（或锁门）继电器、门锁控制开关损坏所致，可能是继电器线圈断路、触点接触不良、开关触头烧蚀或导线接头松脱。

③ 操作门锁控制开关，个别车门锁不能动作。

该故障仅出在相应车门上，可能是连接线路断路或松脱、门锁电机（或电磁铁式执行器）损坏、门锁连杆操纵机构损坏等。

④ 速度控制失灵。

当车速高于规定车速时，门锁不能自动锁定。该故障是由于车速传感器损坏或车速控制电路出现故障所致。首先应检查电路中各接头是否接触良好，搭铁是否良好，电源线路是否有故障。然后检查车速传感器。车速传感器的检查可采用试验的方法进行，也可采用代换法，即以新传感器代换被检传感器，若故障消除，则说明旧传感器损坏，若故障仍存在，则应进一步检查速度控制电路中各元件是否损坏。

(2) 中控门锁系统的检修

① 门锁控制开关的检修。

根据开关的工作原理，用万用表测量开关在不同位置时的工作状态，以判断开关的好坏，然后作相应的修理。

② 门锁控制继电器的检修。

门锁控制继电器，一般地说，是由电子电路控制的继电器，它包括控制电路和继电器两个部分，为门锁执行器提供脉冲工作电流，也叫门锁定时器。

门锁控制继电器的检修，可根据其工作原理，测量其输出状态，从而判断是否有故障，然后作相应的处理。

③ 门锁执行器的检修。

门锁执行器有电磁线圈机构、直流电动机等。不论是哪种类型的执行器，都可以用直接通电方法检查其工作状态是否有开锁和闭锁两种状态，判断其是否损坏。

参考文献

[1] 《就业金钥匙》编委会. 图解汽车电工技能一本通 [M]. 北京：化学工业出版社，2014.
[2] 上海市职业指导培训中心. 汽车维修电工技能快速入门 [M]. 南京：江苏科学技术出版社，2010.
[3] 陈家瑞. 汽车构造 [M]. 北京：机械工业出版社，2005.
[4] 蒋智庆. 汽车电气设备构造与维修 [M]. 重庆：重庆大学出版社，2005.
[5] 王勇. 汽车电气设备构造与维修 [M]. 北京：机械工业出版社，2003.
[6] 周建平. 汽车电气设备构造与维修 [M]. 北京：人民交通出版社，2005.
[7] 赵福堂. 汽车电器与电子设备 [M]. 北京：北京理工大学出版社，2005.
[8] 凌晨. 汽车电气设备构造与维修 [M]. 天津：天津科学技术出版社，2010.
[9] 张森林，王培先. 汽车电气设备与维修 [M]. 北京：冶金工业出版社，2009.
[10] 郦益. 汽车电器设备构造与维修 [M]. 北京：北京邮电大学出版社，2006.
[11] 李春明. 汽车电器设备与维修 [M]. 北京：高等教育出版社，2005.
[12] 舒华，姚国平. 汽车电器设备与维修 [M]. 北京：北京理工大学出版社，2009.
[13] 李良洪. 汽车车身电气系统 [M]. 北京：北京理工大学出版社，2007.
[14] 周培俊，邵立东. 汽车电气系统 [M]. 北京：机械工业出版社，2007.
[15] 高群钦，满维龙. 汽车维修实用手册 [M]. 合肥：安徽科学技术出版社，2007.
[16] 廖祥兵，满维龙. 汽车维修工艺 [M]. 北京：金盾出版社，2006.
[17] 胡光辉. 汽车电器设备构造与维修 [M]. 北京：机械工业出版社，2007.
[18] 张蕾. 汽车空调 [M]. 北京：机械工业出版社，2007.
[19] 郝军. 汽车空调 [M]. 北京：机械工业出版社，2007.
[20] 天天汽车工作室. 轿车电气维修技能实训. [M]. 北京：机械工业出版社，2003.
[21] 凌永成，李雪飞. 实用汽车电工手册 [M]. 北京：清华大学出版社，2008.
[22] 董宏国. 汽车维修电工工作手册 [M]. 北京：化学工业出版社，2011.